"十三五"普通高等教育本科部委级规划教材

U0734240

服装生产管理 （第5版）

GARMENT PRODUCTION MANAGEMENT (5th EDITION)

万志琴　宋惠景　｜　编著

国家一级出版社　　中国纺织出版社　全国百佳图书出版单位

内 容 提 要

本书是服装高等教育"十三五" 部委级规划教材之一。全书共九章，主要包括服装企业的组织与资源、服装生产前准备、服装物料采购管理、服装主要生产过程（裁剪、缝制、后整理包装）的组织与管理、服装生产能力与生产计划编制与控制、工作研究与现场改善、服装品质管理、服装生产成本管理等内容。

此修订版，正处于ISO 9000质量体系要求2015最新版本全面实施阶段，因此，对该标准及其在服装企业有效实施进行了全面阐述。该教材的修订依然紧紧围绕服装生产这条主线，展开相关内容及其管理理论和方法的讨论，同时又结合服装企业与市场的发展趋势，使教材更加适应当今社会的需求。

本书主要作为服装高等教育的专业教材，也可作为服装专科教育或成人教育的服装专业教材，也供服装制造业和服装销售等各类服装企业管理人员阅读。

图书在版编目(CIP)数据

服装生产管理 / 万志琴，宋惠景编著. --5 版. -- 北京：中国纺织出版社，2018.12（2024.10重印）
"十三五"普通高等教育本科部委级规划教材
ISBN 978-7-5180-5409-1

I. ①服··· II. ①万··· ②宋··· III. ①服装工业—生产管理—高等学校—教材 IV. ① F407.866.2

中国版本图书馆 CIP 数据核字（2018）第 217460 号

策划编辑：李春奕　　责任编辑：谢婉津　　责任校对：王花妮
责任设计：何　建　　责任印制：何　艳

中国纺织出版社出版发行
地址：北京朝阳区百子湾东里A407号楼　邮政编码：100124
邮购电话：010—67004461　传真：010—87155801
http://www.c-textilep.com
E-mail:faxing@c-textilep.com
三河市宏盛印务有限公司印刷　各地新华书店经销
1999 年 2 月第 1 版　2004 年 1 月第 2 版
2008年1月第3版　2013年11月第4版　2018年12月第5版
2024年10月第28次印刷
开本：787×1092　1/16　印张：22.25
字数：438　千字　定价：49.80元（附数字资源）

第5版前言

近年来，受益于欧美经济的复苏，中国服装出口明显改善。随着全球经济一体化的深入推进，中国处于从服装大国到服装强国建设的关键期，服装行业竞争日益激烈，并逐渐向科技化、健康化等方向发展，对我国服装行业发展提出了更高要求。尽管目前纺织服装行业竞争格局仍高度分散，服装行业正处于并在未来一段时间内将始终处于整合阶段，也给我国纺织服装工业的发展带来了新的机遇和挑战。"十三五"期间，中国服装产业仍处于转型升级的阶段，培养高素质的服装实用型人才，是推动产业持续、快速、健康发展的关键。

本教材自1999年首版至今，已近20个春秋。本教材连续重印近20次后迎来第5版的修订，并被列入服装高等教育"十三五"部委级规划教材。《服装生产管理（第5版）》为适应服装工业升级换代的发展需要，延伸服装生产管理内涵和质量控制的现代理念，在 "十二五"部委级优秀教材的基础上进行了全面修订，在生产前原辅材料准备、生产进度控制、标准化管理、服装工程技术管理、服装质量控制、检验等方面均作了详细的论述。此次修订正处于ISO 9000质量体系要求2015最新版本全面实施阶段，因此，本书对该标准及其在服装企业中的有效实施进行了全面阐述。此次修订依然紧紧围绕服装生产这条主线，对服装生产管理的理论和方法进行了相关讨论，同时又结合服装企业与市场的发展趋势，使本书更加适应当今社会的需求。

本书内容充实，条理清晰，力求做到深入浅出，图文并茂，以体现服装高等教育的特点。

本教材内容共九章，第一章、第二章、第三章第一～二节、第五章第一～六节、第六章、第七章、第八章第四～六节、第九章由惠州学院万志琴编写与修订；第三章第三～四节、第四章、第五章第七节、第八章第一～三节由惠州学院宋惠景编写与修订。全书由万志琴同志担任主编并负责统稿。

本书在编写过程中参阅了国内外参考文书资料，在此，对有关作者表示衷心感谢。

由于编者研究水平有限，时间仓促，本书难免有不足和错漏之处，敬请读者批评指正，提出宝贵意见。

编著者

2018年5月

第4版前言

全球纺织服装工业不断发展给我国纺织服装工业的发展带来了新的机遇和挑战。"十二五"期间，我国服装产业处于转型升级的阶段。培养高素质的服装实用型人才，是推动产业持续、快速、健康发展的关键。

本教材就是为适应服装工业持续发展和服装高等教育发展的需要，在"十五""十一五"部委级优秀教材《服装生产管理》的基础上重新修订，力争使教材的内容新、知识涵盖面广，有利于学生管理能力的培养。本教材的编写延续了第1版、第2版、第3版的写作思路，紧紧围绕服装生产这条主线，展开相关内容及管理理论和方法的讨论。本教材从理论与实践上系统地阐述了有关服装生产管理的基本理论、管理方法和管理工具，同时又考虑服装企业与市场的紧密联系，使教材更加适应当今社会的需求。本书力求做到深入浅出，图文并茂，以体现服装高等教育的特点。

本教材内容共九章，第一章、第二章第一～第二节、第五章第一～第六节、第六章、第七章、第九章由惠州学院万志琴编写与修订；第三章第三～第五节、第四章、第五章第七节、第八章第二～第三节由惠州学院服装系宋惠景编写、修订；第二章第三节、第三章第一～第二节由惠州学院服装系李秀英编写、修订；第八章第一、四～六节由华南农业大学范福军编写、修订。全书由万志琴老师担任主编并负责统稿。

在本教材被列为服装高等教育"十二五"国家级规划教材和作为惠州学院首批精品教材出版之际，向给予我们大力支持和帮助的中国纺织出版社、惠州学院有关部门等单位表示由衷的感谢。同时，教材在编写过程中也参阅了国内外参考资料，在此，对有关作者表示衷心感谢。

由于编者研究水平有限，时间仓促，本书难免有不足和错漏之处，敬请读者批评指正，提出宝贵意见。

编著者
2012年9月

第3版前言

我国虽成为世界上的纺织服装生产和出口大国，但不是纺织服装强国。随着我国服装制造业的发展，服装工业新技术、新设备、新工艺应用的层出不穷，生产管理水平也有了较大幅度的提高。发达国家以高质量、高科技、高附加值的纺织品参与国际竞争，为我国纺织服装工业的发展带来新的机遇和挑战。

本教材就是为适应服装工业发展和服装高等教育发展的需要，为了满足教学的需要，组织惠州学院、华南农业大学、西安工程大学等一批在教学一线的教师，在"十五"部委级优秀教材《服装生产管理》基础上重新编写，力争使教材的内容新、知识涵盖面广，有利于学生管理能力的培养，也凝聚了几位教师在服装生产管理方面多年来的教学、研究和服装企业咨询实践的成功经验。在这次编写中，继承第1版、第2版的写作思路，紧紧围绕服装生产这条主线，展开相关内容及其管理理论和方法的讨论。从理论与实践上系统地阐述了有关服装生产管理的基本理论、管理方法和管理工具，同时又结合服装企业与市场的紧密联系，增加了服装企业组织、服装生产资源分析和近年来各种生产管理理念和新技术，使教材更加适应当今社会的需求。本书力求做到深入浅出、图文并茂，以体现服装高等教育的特点。

本书还有以下特点：

（1）每章前面配有重要知识点和学习目标，每章后附本章小结和思考题，主要引导学生复习和总结。

（2）本书配有光盘，光盘内容有每章的PPT讲义及练习题和参考答案。

（3）本书还配有课程设置、建议的学时安排及内容重点。

本教材主要作为服装高等教育的专业教材，也可作为服装专科教育及成人教育的服装专业教材，亦可供服装制造业和从事服装销售等各类服装企业管理人员阅读。

本教材内容共九章，第一章、第三章、第六章、第九章由惠州学院服装系万志琴编写修订，第二章由西安工程大学服装学院顾朝辉编写修订，第四章、第五章由惠州学院服装系宋惠景编写修订，第七章由惠州学院服装系李秀英编写修订，第八章由华南农业大学艺术学院范福军编写修订。全书由万志琴担任主编并负责统稿。教材在编写过程中参阅了国内外相关书籍资料，在此，对有关作者表示衷心感谢。

本书由于编者研究水平和实践经验有限，难免有不足和疏漏之处，敬请读者批评指正，提出宝贵意见。

编著者

2007年8月

第2版前言

　　在全国教育事业迅速发展的形势下，为了适应教育体制改革的需要，现对原中国纺织总会教育部委托中国纺织出版社组织上海纺织工业职工大学等6所院校编写的服装高等职业教育教材进行修订。

　　本套教材自20世纪90年代末问世以来，受到了服装专业广大师生的好评，在社会读者中也产生了深远的影响，对培养服装专业人才起到了积极的作用。随着教育改革的逐步深入，在服装工业中新技术、新设备、新工艺、新材料、新标准不断应用，而该套教材内容已显陈旧，亟须更新。为了满足教学的需要，我们组织有关专家对教材进行了修改补充，力争使教材内容新、知识面宽，更有利于学生专业能力的培养。

　　这次修订在原《服装生产管理》一书的基础上对内容作了较大的修改，将某些不恰当的内容作了删除与修改。同时结合服装企业与市场的紧密联系，增加了近期服装工业中运用的管理理念和新技术，使教材更能适应当今社会的需求。

　　首批修订后的教材包括：《服装结构设计基础》《服装制图与样板制作》《服装专业英语》《服装市场营销》《服装生产管理》5本。希望本套教材修订后更能受到广大读者的欢迎，不足之处恳请读者批评指正。

编著者
2003年

第1版前言

　　服装文化是我国五千多年悠久历史的重要组成部分，为人类发展和社会进步作出了重要的贡献。丰富的服装文化是祖先遗留给我们的宝贵财富，继承和发扬我国服装文化，是我们每位服装教育工作者义不容辞的神圣职责，我们编著"服装高等职业教育教材"，意在为发展我国的服装事业尽职尽责。

　　现代服装教学，已改变了传统、落后的师傅带徒弟的个体传授技艺方式和只讲穿针引线、缝缝烫烫的手工艺内容。一件优秀的服装作品，必然是现代实用艺术和现代科学技术的完美结合，而现代科技又需要赋予服装工业科学合理的经营管理。随着市场经济的发展，服装业已形成一个大的产业。所以，我们培养的目标也必须是会设计、懂技术、能管理、善经营并具有多方面知识和技能的复合型的服装专业人才。本教材正是为了培养既有服装专业基础理论，又具有实际动手能力，善于在现场组织指挥的高级服装专业人才而编著的。同时，本教材也可以作为在职服装专业技术人员的参考读物。

　　本教材是由中国纺织总会教育部委托中国纺织出版社组织上海纺织工业职工大学服装分校、惠州大学服装分院等一批在教育第一线工作的同志编写的，并得到了中国纺织大学服装学院、上海纺织高等专科学校、上海纺织工业职工大学、上海工程技术大学纺织学院、天津纺织职工大学、武汉纺织工学院、江西纺织职工大学、惠州大学服装分院、上海服装研究所等单位的领导、专家和教授的热心指点，在此一并表示感谢。

　　本教材共11册，由冯翼主编，参加编写的人员有包昌法、濮微、苏石民、李青、刘小红、刘东、陈学军、万志琴、宋惠景、顾惠生、徐雅琴、沈六新、陈平、严国英等，主审人员有刘晓刚、张文斌、缪元吉、孙熊、金泰钧、宋绍华等。由于服装高等职业教育教材在我国尚属首次编著，缺少经验和资料，加之编者水平所限，不足之处在所难免，望有关专家、学者给予指正。

编著者

1997年

教学内容及课时安排

章/课时	课程性质	节	课程内容
第一章 （4课时）	基本理论 （4课时）		• 服装生产管理概述
		一	服装生产概述
		二	服装生产管理体系
		三	生产管理的发展历程与趋势
第二章 （6课时）	服装生产系统运行 （46课时）		• 服装企业组织与部门职责
		一	服装生产类型与运作过程
		二	服装企业的组织结构
		三	服装企业的主要部门职责
第三章 （8课时）			• 服装生产前准备与物料管理
		一	服装生产订单分析与审核
		二	样衣试制与生产准备
		三	服装生产物料采购与准备
		四	服装物料入库检验与存货控制
第四章 （10课时）			• 服装裁剪工程技术管理
		一	服装裁剪工程主要内容
		二	服装裁剪分配方案的制订
		三	排料工序管理
		四	拉布方式与设备
		五	裁剪工艺要求与设备
		六	工票、捆扎与裁片对色标签
第五章 （12课时）			• 服装缝制工程的组织与管理
		一	服装生产的缝合方式
		二	服装生产大样试制与缝制前准备
		三	服装缝纫车间的布置
		四	服装缝制过程的时间组织
		五	服装缝制流水线的生产组织
		六	服装生产线的平衡
		七	服装后整理过程的组织与管理

章/课时	课程性质	节	课程内容
第六章 （10课时）	服装生产系统运行 （46课时）		• 服装生产能力与生产计划
		一	服装生产能力与分析
		二	服装生产计划的制订
		三	服装生产周期
		四	服装生产计划的实施
		五	服装生产作业控制
第七章 （8课时）	服装生产系统运行维护 （8课时）		• 作业研究与现场改善
		一	作业方法研究
		二	服装生产流程与工序分析
		三	动作分析
		四	作业测定
		五	标准作业时间
		六	7S管理与服装生产现场改善
第八章 （8课时）	服装生产系统改善与创新 （8课时）		• 服装品质管理
		一	服装品质与品质管理概述
		二	服装生产品质控制与检验
		三	常用成衣的品质检验
		四	ISO 9000质量管理体系与应用
		五	全面质量管理简介
		六	质量管理体系认证与审核
第九章 （6课时）	服装生产系统运行维护 （6课时）		• 服装生产成本管理
		一	成本与成本管理概述
		二	服装生产成本计算与分析
		三	服装标准生产成本与成本计划的编制
		四	服装生产成本的控制

注 各院校可根据自身的教学特点和教学计划对课程时数进行调整。

目录

基本理论——

服装生产管理概述

课题名称：服装生产管理概述

课题内容：服装生产概述

服装生产管理体系

生产管理的发展历程与趋势

课题时间：4 课时

教学目的：让学生了解成衣生产特征、服装生产管理的主要职能及其发展过程与趋势，使之在今后的生产管理实践中能与实际情况相结合。

教学方式：以教师课堂讲述为主、课堂讨论为辅，并查阅相关生产管理发展情况的资料。

教学要求：1. 明确服装企业的特点与成衣生产方式。

2. 熟悉服装生产与生产管理的含义。

3. 明确服装生产管理的职能。

4. 了解生产管理的发展过程。

第一章　服装生产管理概述

　　服装工业在我国的国民经济中占有很重要的地位。目前，我国服装产量和出口量仍居世界首位，不仅为国家出口创汇，还满足了十三亿多人口的穿衣要求。同时，也成为增加就业和带动城乡致富的重要产业，形成了一个全民、集体、个体、民营等多种经济形式并存、城乡齐步发展的局面，不仅有力地支持了我国工业化的发展进程，而且对世界贸易、经济乃至政治产生了重大影响。

　　经过不断努力，我国服装产业集群已经有了很大发展，区域特色明显。近年来，服装企业管理水平提高，技术改造和产业转型升级力度加大，在服装品牌和商品策划、款式设计以及裁剪、缝纫、整烫等方面，新技术、新设备等高新技术得到广泛应用。目前，服装市场竞争激烈，计算机技术、自动化技术、信息技术以及人工智能等高科技的迅速发展，使服装工业在生产形态和加工设备方面都有了重大突破，服装生产由劳动密集型逐步向知识、技术密集型发展，我国的服装产品也由产品数量优势向质量、品牌优势转化。服装计算机辅助设计（Computer Aided Design，CAD）系统、计算机辅助制造（Computer Aided Manufacturing，CAM）系统、柔性制造系统（Flexible Manufacturing System，FMS）等已推广使用，服装三维 CAD、立体服装模拟系统计算机集成制造系统（Computer Integrated Manufacturing System，CIMS）等经过研究和开发也在生产中应用。这些都要求服装生产管理体系与之相适应，并逐步加以完善。

　　为了迎合服装市场的全球化战略，发达国家在服装界率先倡导的 QR（快速反应）、SPA（制造—零售一体化）、SCM（供应链管理）、服装 EDI（电子数据交换）标准、POS（售点计算疵条码管理系统）、LR（敏捷销售）、Just In Time（及时生产供货系统）、TQC（全面质量控制）、ERP（企业资源计划）、Internet（因特网）和电子商务等为确保国际竞争力提供了新的理念，并制定了一系列符合国际质量、安全、环保要求的标准。

第一节　服装生产概述

一、我国服装工业发展状况

　　我国服装工业经过三十多年的发展，有了很大提高，服装产量和利润额相对集中，并已形成集团化、区域化的经营规模。目前，乡镇企业、合资企业和民营企业占全国服装企业的90%左右，是我国服装生产的主力军。进入21世纪后，我国服装工业逐步由服装市场营销、计算机技术应用、服装快速反应及供应链管理向互联网＋、电商C2C、微商等方向拓展。目前我国是服装大国向服装强国建设的关键时期，服装工业处于转型升级的时代，在全球纺织服装工业产业、质量水平不断增长的同时，我国服装工业面临着严峻挑战。

1. 我国服装工业的特点

我国服装工业的特点主要表现在以下几个方面。

（1）服装工业已处于转型与变革时代，生产类型由大批量、少品种、长周期向小批量、多品种、短周期大规模定制的快速反应方向发展。

（2）服装生产采用的面料、辅料多样化，新技术、新材料被广泛地应用。

（3）服装品牌快速发展，企业向集团化规模经营过渡。

（4）机械化、专业化、自动化、智能化作业程度在生产中逐步提高。

（5）服装产销模式和经营方式发生重大变化。

（6）服装信息网、电商平台基本建立，注重采集国际服装流行信息。

（7）服装定制开始显现，个性化、便捷化、多品种、短交货期成为大势所趋。

总体来说，我国服装企业的发展历史比较短，各方面基础比较薄弱，但一些早已进入市场并拥有自主品牌的企业，正在全方位地提高企业的应变能力和竞争能力，以提高市场的占有率，开始从有形资产经营向无形资产经营转变，从经验管理向现代化科学管理转变。

2. 我国服装工业的主要生产模式

我国服装工业经过三十多年的发展，根据行业的发展和市场需求，形成了多种生产模式，主要包括以下几种。

（1）订单加工模式。指服装生产企业根据订货商提供的产品信息进行生产加工的一种模式。其特点是由客户下订单并提供样衣、原材料或原材料样本以及服装生产工艺单，按客户的指令组织生产，也有企业使用订货商提供的品牌进行生产，属称"贴牌"加工。这种模式是在服装出口贸易中逐步形成的，并发展到承接各国各种品牌服装的贴牌加工，优点是可以做到零库存，基本无风险。缺点是没有自己的品牌，利润微薄，随着国际贸易形势的变化，企业会遭受预料不到的经济损失。

（2）自主品牌服装生产模式。指服装企业加工生产自主拥有并得到消费者广泛认可的品牌服装，并建立以内销为主的专卖店等营销渠道和营销网络。这类企业一般拥有雄厚的资金、庞大的生产规模并拥有自己的研发团队，如"雅戈尔""七匹狼""真维斯"等品牌企业都属于这类集团化企业。

（3）服装出口贸易模式。指专门承接国外服装订单但自己不加工生产的贸易企业，俗称"洋行"。企业接到订单后，将其外发或外包给各种服装生产企业进行加工，帮助国外客户进行验收发货。这类出口服装企业的主要工作人员有接单员、跟单员、采购员等，负责订单报价、合同签订、订单翻译、订单跟踪等。长期以来，外贸服装一直徘徊在没有品牌和专利优势、没有完善的销售网络、几乎没有附加值的三无状态。

3. 我国服装市场存在的不足

（1）交货期不能保证。我国的纺织品和服装，从包装、定船到运输、交货的时间较长，影响外商订货。

（2）服装性能的标注不清。一般来说，要在服装上标明服装衣料的成分以及洗涤、熨烫、保存等方法。另外，还要标清服装是否褪色等。但我国的服装生产企业还缺少这些意识。

（3）在国际贸易中，绿色壁垒成为服装贸易中的新阻碍。而我国的服装企业对服装绿色环保意识不强。

（4）服装质量不稳定。同一批货由不同地区、不同厂家生产，质量不统一。

随着我国经济的发展和改革的深入，服装工业技术改革的力度加大，服装工业分工更细、专业化程度更高，同时也引进了许多先进的技术和设备。另外，随着高科技的发展，电子技术、信息管理等被引入服装生产领域，各种电气技术、微电脑及计算机集成技术等将被广泛应用，这些都有利于我国服装工业的可持续发展。展望未来，知识技术密集型的服装生产形式将逐步建立，我国的服装工业必将步入一个从设计到成衣制作高速化、自动化、高效率的新时代。

二、服装生产企业的特征

1. 服装生产企业是劳动密集型企业

在有限的厂房面积内，可安排许多劳动力就业，如年产 150 万件衬衫的服装厂可安排 500 人就业，年产 15 万套西服的工厂，也可安排约 500 人就业。一般来说，在成衣总生产成本中，人工成本占了相当高的比重，在大多数情况下，人工成本是决定企业竞争力的一个重要因素。因此，投资者多将工厂设在可提供廉价劳动力的发展中国家和地区。

2. 投资少、见效快

相对其他行业而言，服装厂建设投资少、见效快、投资回收期短。要成立一家中小服装企业并不困难，因为缝纫机和裁剪机等生产设备的价格低廉，需要投入的资金并不多。

3. 产品品种多、更新快

服装产品是一种消费品，随着国内外服装市场的一体化、时尚潮流的快速传播，人们的审美、爱好、追求时尚的愿望越来越强，更新也越来越快，这使服装产品的款式、面料、色彩及图案等变化万千，流行周期不断缩短，产品品种多样，以适应社会发展的需要。

4. 服装企业生产的产品是技艺结合的半手工产品

除了在生产过程中制定生产技术外，服装生产还要讲究技艺的结合，生产产品所需的面料、辅料、工人、机械设备等必须适当配合，才能保质、保量，按时完成既美观又适体、耐用的服装。

5. 生产技术专业化、智能化

服装品种多样、分工细，服装生产主要采用流水作业，并配备各种专用设备，使生产工人的技术单一，专业性强。这种生产技术的专业化、智能化，为企业提高了效率，给企业的技术管理增加了难度。

三、服装生产方式

由于服装是历史、文化、艺术、科技等多方面知识的综合产物，而且不同消费层对衣着有着不同的要求，所以服装生产通常采用以下几种方式。

1. 成衣化（Ready-to-wear）

工业化标准生产方式。在我国，成衣化服装通常以"GB/T 1335 服装号型"为基准，结合款式工艺特征，由流水线作业工人分工序、分批量完成服装制作。成衣化服装生产的特点如下。

（1）能利用专业科学知识。

（2）可有效地利用人、物、机器设备（确定工艺标准和生产管理技术）。

（3）寻求完善的机械化和自动化（以计算机应用为主，推行自动化、机械化）。

（4）能进行工业化连续生产。

（5）质量好且价格适合。

2. 半成衣化（Easy Order）

以工业化标准生产为基础，由客户对某些部位提出特殊要求，结合工业化生产的方法，投入服装生产线进行生产。

3. 高端定制（Order）

服装生产不再只是简单的流水线作业，而是面向服装顾客的开放平台，通过集成 3D 人体扫描、定制 CAD 系统、工艺及生产系统，与各地定制店及定制企业合作，实现互联网＋智能设计＋柔性化制造＋数字化，使服装的个性标签变得更为重要。很多品牌和个人都推出了"高端定制"，就是利用"互联网＋"模式，以个人体形为准，3D 量体裁衣单件或少批量制作的生产方式。可从线上到线下，为客户提供既时尚又个性的轻奢服饰。定制服装生产模式具有以下特点。

（1）具有将生产、营销、顾客关系管理等全面数字化、智能化运作的条件与意识。可实现在线虚拟试衣，观看各种服饰穿在身上的 3D 效果。

（2）依据顾客的要求，凭设计师的经验和灵感，按个体特性进行设计。

（3）缝纫技术精湛，主要用专门设备进行缝纫、熨烫，技术工人需一专多能。

（4）质量好，但价格高。

通常，将前两种方式生产的服装称为"成衣"。成衣一般按规定的款式和统一的服装号型进行缝制。这类服装由于是大批量生产，因此也促进了服装在零售、制造和供销方面的现代化，且生产成本远比定制服装低，消费者在市场上也可以买到物美价廉的服装。但成衣生产也受很多因素的影响，如服装款式受潮流和季节的变化、经济的增长与衰减、国际贸易配额限制等因素的影响。

第二节 服装生产管理体系

一、生产管理的概念

1. 生产管理概念

生产管理，也称生产技术管理，是有关生产活动方面一切管理工作的总称。它由质量、成本、生产计划、生产组织、生产调度与控制等管理系统组成。

具体地说，生产管理是根据企业的经营目标和经营计划，从产品品种、质量、数量、成本、交货期等要求出发，采取有效的方法和手段对企业的人力、材料、资金、设备等资源进行计划、组织、协调和控制，通过对职工的教育和鼓励、对各项规章制度的贯彻执行，以期更好地完成预定的生产任务，生产出消费者需要的产品等一系列活动的总称。

生产管理的含义有广义和狭义之分。概括地说，广义的生产管理是指对人、财、物等资源及计划、标准输入，经过生产转换过程到产品信息输出并利用反馈的信息实行控制的全部活动过程的管理。

狭义的生产管理通常是指对产品生产过程的管理，即根据企业的生产类型，进行生产过程的计划、组织、控制和协调，使企业的各种生产要素和生产过程的不同阶段、环节和工序在时间、空间上平衡衔接，紧密配合，组成一个协调的生产系统，以达到在行程上、时间上和耗费上的最优组合，为实现企业的经营计划和经营目标创造有利的条件并提供可靠的物质基础。

2. 生产管理的基本要素

生产管理是企业经营活动的一个重要组成部分，也是企业管理的一个重要环节。服装生产管理的基本要素如图1-1所示。

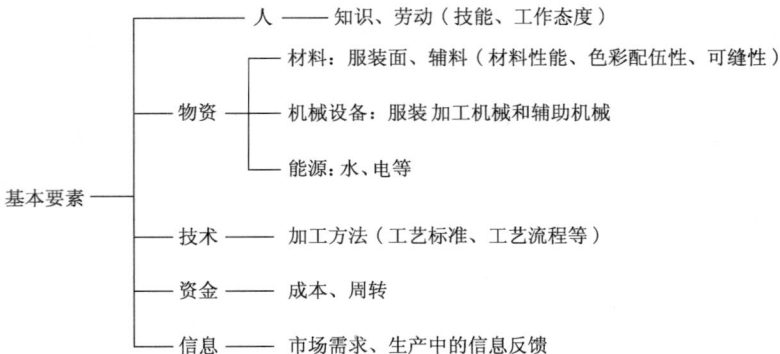

图1-1 服装服装生产管理的基本要素

（1）人（Men）。服装企业人力资源是指企业从事服装生产经营活动所需要的各类人员，包括管理人员、技术人员和直接劳作人员，是企业生产各要素中最具活力的因素，重视其开发和管理是企业生存和竞争的需要。

（2）材料（Material）。物力资源是指服装企业从事生产经营活动的物资基础，企业生产活动所必需的原材料、辅助材料等都属于劳动对象的资源，也包括设备、工具、厂房等属于劳动手段的资源。服装生产用材料主要包括：

①面辅料。面料、里料、衬料、线、纽扣等。

②消耗材料。如打板纸、机物料等。

③生产中半成品。如领、袖等。

④成品。如做成的衬衫、裙子等。

⑤设备。裁剪设备、缝纫配件以及缝纫、熨烫等设备。

（3）技术（Method）与工艺标准（Craft Standard）的制定。包括质量标准、检验标准、工时定额等。企业对技术资源的有效利用，能帮助企业不断地改进产品和服务，从而使其更具竞争力，更为消费者所接受。服装企业技术进步和产业升级的方向和重点是利用先进技术改造传统产业，在产品质量、工艺技术、生产装备、劳动生产率等方面加强现有企业的技术改造，力争提高质量和增加产量。

（4）机器设备（Machine）。指服装加工机器，如裁剪机、缝纫机、蒸烫机以及各种服装加工用辅助器具。

（5）资金（Money）。服装企业的生产经营活动不仅是服装产品生产和再生产的过程，同时也是价值的生产和增值的过程，企业的资金与生产经营活动如影随形，影响和制约着企业的多项生产经营活动。资金资源包括生产资金的周转、生产成本费用等，是服装企业用于从事服装正常生产、经营和其他投资活动的资产的货币表现，一定数额的资金代表着一定数量的资产价值。因而，服装企业资金状况的好坏关系到企业能否正常地运转。

（6）市场信息（Market Information）。现代的企业生产活动，对信息的依赖程度越来越高，同时对信息处理的要求也越来越高。信息是指依据一定需要收集起来的、经过加工整理而具有使用价值的图形、文字、公式、方法、数据、图表等知识元素的总称，是一种客观存在的事物。市场信息主要包括：

①服饰流行信息。色彩、款式流行信息等。

②市场需求（消费）信息。市场上对于某种服装产品的需求情况，如随着老龄化时代的到来，中老年服装的需求量将上升。

③竞争对手（同业）信息。竞争对手的生产情况、员工供给、员工工资等信息。

④生产研发（供应）信息。最新的服装面辅料研究成果、新材料的生产信息等。

服装企业生产信息资料是企业在生产过程中形成的，主要包括生产技术资料、生产计划文件、生产进度报表、品质检查报告等。它是记录或反映服装企业生产管理活动的重要资料，也可作为今后生产管理决策的借鉴资料，应按照规定保存，形成生产信息档案。

服装生产管理信息资料按其载体不同，可划分为实物样板档案和资料文件档案；按其内容不同，可划分为生产技术资料、生产报表档案、生产品质报告档案、客户提供资料档案及货物发放档案等；按其来源不同，又可划分为外来资料档案、内部资料档案等。生产管理信息资料通常要按照一定的分类方法加以整理、分类保存，一方面有利于生产管理信息的保存；另一方面，也有利于生产信息档案的快速调阅或查询，能够提高服务水平。

（7）服装品牌（Brand）。服装品牌是区分不同服装企业产品的主要标志，品牌价值是服装内在价值的重要组成部分，不同品牌服装的品牌价值相差较大。如果是多元的生产企业，可实施品牌共享战略，即共同使用同一品牌组合成一个品牌联合体。通过品牌共享，企业可以突破企业规模小、资金薄弱、产品类型单一的限制，集零为整，为品牌宣传和扩大知名度创造条件。这种共享不仅包括品牌价值共享，还包括销售渠道、客户资源的共享等。

服装企业与其他企业在生产管理上既有共性，也有本身的特殊性，如在质量检验时出现不合格的成品或半成品，经过换裁片、拆开重做可以成为合格品。又如在服装生产过程中，缝纫机缝合衣片时，缝纫的工作时间约占整个工作时间的20%，其余时间为拿、放、对衣片的时间和换线、剪线、记录、联系加工事宜等的时间。因此，服装生产的管理尤为重要。

成衣化服装分工序加工时，由于分工细致、生产技术要求复杂、生产社会化程度不断提高以及市场竞争激烈，如果没有管理这一专门的职能来计划、组织、指挥、协调和控制人们的集体劳动，就不可能进行正常的生产活动。在服装生产过程中，除了要有高水平的技术人员、先进的加工设备和优良的面辅料外，还应进行有效的管理，这样才能按时向用户提供价格合适、质量有保证的合格服装产品。

二、服装生产管理系统

1. 服装生产管理系统的构成

服装生产管理是一项涉及面较广的管理技术，包括服装生产技术、管理技术、质量管理、服装生产过程组织与管理、物料管理、产品制造和成本管理等内容，它们之间互相影响、互相制约。从整体看，服装生产管理的任务就是运用计划、组织、控制的职能，把投入生产过程的各种生产要素有效地进行组合，形成一个有机的服装生产管理系统，如图1－2所示。

生产管理系统的功能是由生产系统的构成要素及其组合关系决定的。生产系统的构成要素很多，就其性质和作用来划分，可分为硬件性要素和软性要素两类。

（1）生产管理系统的硬件性要素是指构成生产系统物质形式的那些硬件及其组合关系，主要包括生产技术、生产设施、生产能力、企业内外协作关系等。硬件性要素是以生产工艺和生产设备为核心的。

①生产技术。是指工艺过程的特点、工艺技术水平和生产设备的技术性能等。它是通过生产设备的构成及技术性能反映生产系统的工艺特征和技术水平。

②生产设施。是指生产设备、生产装置的构成及规模、设施的布局和布置。

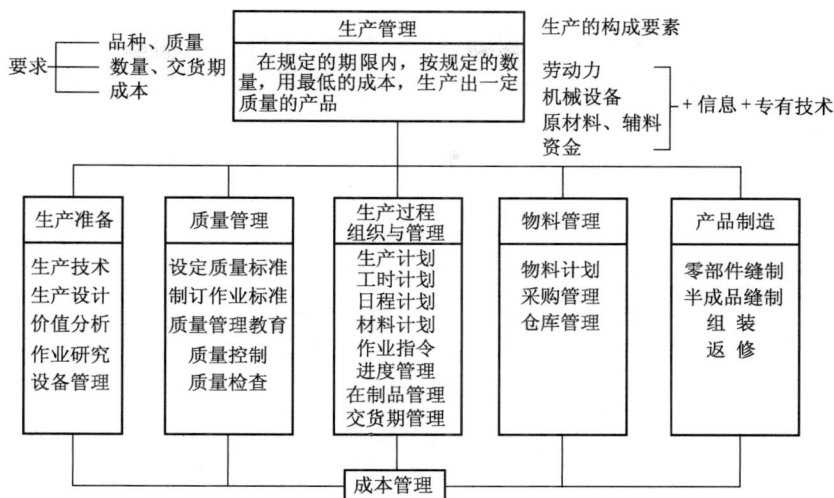

图 1 – 2　服装生产管理系统

③生产能力。是反映生产系统功能的重要指标，它是由生产设备的技术性能、种类和数量的组合关系所决定的。

为建立企业的生产系统，配置硬件一般需要较大的投资，且一旦建立并形成一定的组合关系后，要改变或进行调整是比较困难的，这是硬件性要素的一个重要特点。

（2）生产管理系统的软性要素是指在一定结构要素的框架结构基础上，起支撑和控制系统运行作用的要素，大部分以软件形式出现，主要包括人员组织、生产计划、库存控制和质量管理等要素。

①人员组织。人是支持和控制系统运行的主要力量和决定性因素，这一要素包含人员的素质特点、人事管理制度和组织机构等内容。

②生产计划。正确的计划是科学组织生产系统有效运行的依据。计划要素包含计划的类型、计划编制方法和计划实施的监控方式等内容。

③库存控制。正确控制库存是保证生产系统正常运行和提高经济效益的有效手段。库存控制要素包含库存系统类型、库存控制方式等内容。

④质量管理。保证产品质量是生产系统运行有效性的保证。质量管理要素包含质量检验、质量控制和建立质量管理体系等内容。

软性要素比较复杂，特别是人为因素影响比较大，同样一套制度和方法，由于贯彻实施的程度不一样，产生的效果会有很大差别。

2. 服装生产管理的要求和目的

服装生产管理的目的就是按照最经济的方式，生产出满足消费者需要的服装产品。具体地说，服装企业在生产管理中应力争做到以下三项要求：品种多样，产品质量高；产品成本低，价格合适；按期按量交货。

　　为此，科学的生产管理就要达到以下目的：降低成本；减轻职工劳动强度，提高生产率；增加产量和销售额；缩短生产周期，减少半成品的库存量；减少成品的库存量。

　　以上简单介绍了服装生产管理体系的各项活动，作为服装生产管理人员，主要考虑四个方面的问题，即生产管理、服装产品、生产过程和市场需要，对生产能力、标准、库存量、进度安排和生产控制这五个因素协调管理，这五个因素之间的制约关系如图 1 - 3 所示。

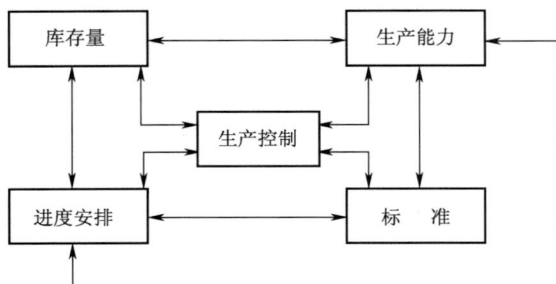

图 1 - 3　各生产因素相关关系

　　（1）生产能力。主要指人、机械、材料、资金、技术等方面的能力。

　　（2）标准。主要指质量标准、时间标准和产量标准等。质量标准是在服装生产前制定的；时间标准即时间定额，不能定得太高，也不能定得太低，要适中；产量标准是数量的标准，规定每个月生产多少量等。

　　（3）库存。通常包括原材料库存、半成品库存和成品库存等。

　　（4）进度安排。安排生产进度时要处理好几个关系，即库存与进度安排、库存与生产能力、生产能力与产量标准、进度安排与时间定额等的关系。

　　（5）生产控制。生产控制就是根据计划要求，采取一定的措施以保证计划的实现，一般包括检查、比较、修正三个过程。

　　对一个纯生产过程的管理者来说，通常要从质量、交货期、成本三个方面对生产过程进行评估。要同时满足这三个方面的要求实际上不太可能，必须有所侧重、有所取舍。例如，有的服装厂生产高质量、工艺精美的高级服装，这时工厂的主导思想是追求高质量，而成本和交货期则可放在次要的位置，对三个方面要求的次序应是质量、交货期、成本。而生产中档服装的工厂，其注意点是降低面料、辅料的成本，工人的技术水平不需要很高，其产品只需要保证一定的质量，并不要求十分精美。显然，对这些服装厂来说，对三个方面要求的次序是成本、交货期、质量。这表明每个服装生产企业都要对自己企业的具体情况进行分析、研究，确定自己的着重点。同样，对同一个服装企业或公司内部的生产人员、销售人员来说也存在着不同的侧重点。例如，生产管理人员考虑的次序是质量、交货期、成本，而销售人员考虑的次序是成本、交货期、质量。服装生产管理各类信息处理系统如图 1 - 4 所示。

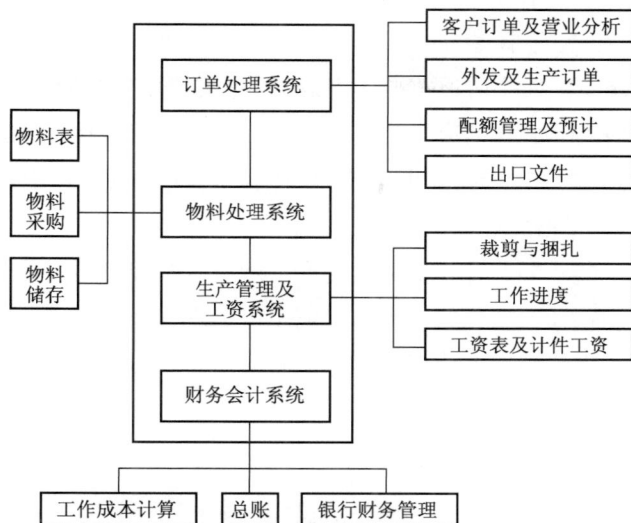

图 1-4 服装生产管理信息处理系统

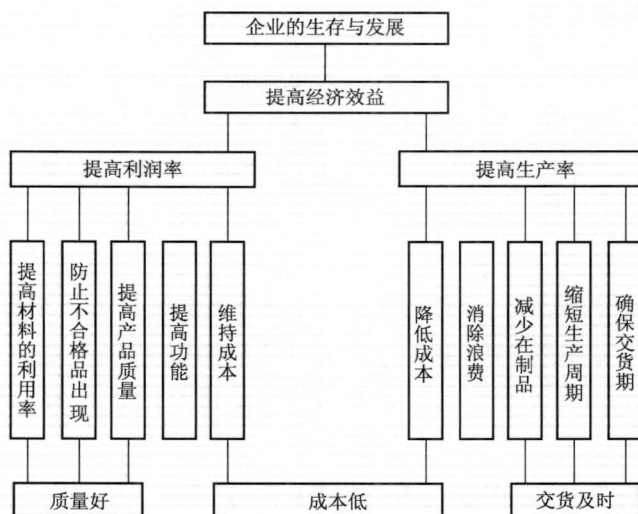

图 1-5 服装生产经营系统

综上所述，如果将市场的三点要求，即质量好、成本低、交货及时与生产管理的各项活动以及企业的目标综合起来，便可概括为服装生产经营系统，如图 1-5 所示。可以说，在不同类型服装公司工作的管理人员，必须根据本企业的特点来组织生产，必须根据生产条件和市场需求合理确定生产管理的重点。

三、服装生产管理的方法和特点

服装生产管理作为一门学科，它研究的对象是生产力的合理组织，即如何将生产中各种要素有效地结合在一起，形成有机整体，在企业内、外条件制约下，以最小的投入获得最大的产出。因此，在进行服装生产管理时，可分计划（Plan）、实施（Do）、检查（Check）和改进（Action）四个阶段完成，把成功的经验肯定下来，使之标准化，当下一次再进行同样的工作时，不必再研究、讨论、制订计划，可直接按标准进行生产。失败的则要总结经验教训，防止类似的现象再次发生，同时将这些内容再次反馈到下一次计划中，形成 PDCA 循环的管理模式。

随着现代管理科学的发展，计算机辅助生产管理技术和互联网技术得到广泛应用，现代化的管理手段如自动化和数字化的计量与检测手段、现代通信工具、工业摄像遥控技术装备和设施等的利用，将从根本上改变我国的服装生产管理方法和手段，赶上发达国家的先进管理水平。

第三节 生产管理的发展历程与趋势

一、生产管理的发展历程

近代生产管理始于英国蒸汽机的发明，其发展的原动力是产业革命，大量生产开始后需要对工厂进行系统的管理，进行与财务、人事等有关的生产经营活动。1835 年蒸汽机车的诞生、1839 年汽油发动机汽车的诞生以及 1889 年路巴索落和帕拿尔在法国成立第一家汽车制造厂，标志着生产管理的发展进入了一个新的阶段。

1. 科学管理

近代生产管理鼻祖泰勒的"科学管理法"的基本框架，是基于其本人在美国米德比尔钢铁制造厂的管理实践和研究中积累的经验和知识而形成的。泰勒的管理哲学从根本上动摇了旧的管理机构与方法，所以，泰勒被称为"科学管理之父"。科学管理法的基本观点如下。

（1）科学管理的中心问题是提高劳动生产率。泰勒在《科学管理原理》一书中充分强调了提高劳动生产率的重要性和可能性。通过科学观察、记录和分析，进行工时和动作研究，在实现工时合理有效利用的基础上，制订合理的日工作量，即工作定额原理。

（2）为了提高劳动生产率，挑选和培训"第一流的工人"。

（3）要使工人掌握标准化的操作方法，使用标准化的工具、机器和材料，并使作业环境标准化。

（4）实行有差别的计件工资制。为了鼓励工人达到或超额完成定额，在制定和执行有科学依据的定额（或标准）基础上，对达到定额者以正常工资率付酬，超过定额的以高工资率付酬，未达到定额者以低工资率付酬。以此来调动工人的积极性，从而促使工人提高劳动生产率。

（5）工人和雇主双方间谋求一种和谐的人际关系。使双方都把注意力从赢利的分配转移到增加赢利数量上来。

（6）把计划职能同执行职能分开，以科学工作法取代原来的经验工作法。

（7）实行"职能工长制"。将管理工作进行细分，每一工长只承担一种职能，使工长能够有效地履行职责。

（8）提出"例外原则"。上层管理人员把一般的日常管理问题授权给下级管理人员去处理，而自己只保留对例外事项的决策和监督权。

2. 福特流水生产线

"福特的大量生产方式"是美国福特汽车公司的生产管理方式，在改进的装配线上，实行专业化分工，每个工人只需做很小一部分工作，每辆底盘的平均作业时间只需 93min。这项管理技术的重大突破，是在科学管理和劳动分工原理的指导下取得的，这些原理至今仍然是十分有效的。

3. 霍桑试验

该试验始于 1924 年，完成于 1930 年。美国管理学家乔治·埃尔顿·梅奥等人在西方电气设备公司的霍桑工厂研究了工厂环境对工作效率的影响。研究结果发现人的因素要比以前理论工作者想象的重要得多。例如，尊重工人比只靠增加工资要有用得多。他们认为，工人的态度和行为取决于个人和社会作用的发挥。组织和社会对工人的尊重与关心是提高劳动生产率的重要条件。霍桑试验大大地推动了行为科学理论的发展，使管理的重点由物转向人。

4. 管理科学

第二次世界大战期间，在研究战争物资的合理调配中，以定量的优化方法为主要内容的运筹学得到迅速发展。战后，这些成果被广泛地应用于工厂等领域，生产管理发展到一个新的阶段。人们发现，生产管理的对象是社会经济运动，是一种最复杂的运动形式，其行为主体是人，数学模型很难准确地描述生产系统。而且，数学模型本身的局限性使模型的使用受到限制。

5. 计算机技术与 MRP

20 世纪 70 年代的主要进展是计算机技术在运营管理中得到了广泛应用。在制造业中，重大突破是物料需求计划（Material Requirement Planning，MRP）被用于生产计划与控制，这个技术不仅把结构复杂的产品的全部零件统一管理起来，也能使计划人员迅速地调整生产作业计划和库存采购计划以适应最终产品需求的变化。在 MRP 的基础上，进一步发展出 MRPII。MRPII 技术已不仅仅局限于生产管理，它的管理范围扩展到销售和财务，它的意义在于人们已经可以利用计算机技术把运营、营销、财务三大职能管理的信息集中管理。

6. JIT、TQC 和工厂自动化

进入 20 世纪 80 年代，管理哲学和技术上的成就当属准时化生产（Just In Time，JIT）。这一成果是由日本丰田汽车公司从 20 世纪 50 年代开始研究，经过二十余年的努力后取得的。JIT 包含丰富的管理思想和方法，并且将它们有机地组成一个体系，用最少的库存生产最多的产品，并且把全面质量控制（Total Quality Control，TQC）也融合其中，实现了零缺陷生产。它被认为是一种具有新的管理哲学的生产方式，并在 80 年代得到发达国家的承认和普遍重视。

7. 质量管理和 TQM

20 世纪 80 年代在管理实践和理论上，另一项重要贡献是全面质量管理（Total Quality Management，TQM）和质量保证体系。80 年代，TQM 在许多公司得到实施，而更广泛地使用于企业是在 90 年代。ISO 9000 是国际标准化组织提出的关于企业质量管理和质量保证体系标准，是每个企业在国际市场上共同遵守的关于质量方面的准则。

8. 供应链管理

20 世纪 90 年代，供应链管理成为企业发展的一种手段。主要围绕核心企业，从采购原材料开始，经制造过程制成中间产品以及最终产品，最后由销售网络把产品送到消费者手中，将供应商、制造商、分销商、零售商直到最终用户连成一个整体的功能网络结构模式。通过对信息流、物流、资金流的控制，实现对供应链的系统管理。

二、现代生产管理发展趋势

近年来，伴随着技术进步、全球制造一体化的加快以及信息技术的飞速发展，企业的经营环境发生了根本性变化。消费者需求多样化、技术创新、新材料层出不穷、产品生命周期不断缩短，市场竞争日趋激烈，生产管理的思想、手段和方法也在不断更新，向以下趋势发展。

1. 市场全球化

服装市场以及企业的发展实质上正日益全球化。涉及面更广的 WTO 组织的成员国也陆续同意开放各自的经济，减少关税和补贴，扩大知识产权保护。我国在加入 WTO 组织后，逐步取消纺织服装出口配额，给服装企业带来了新的机遇。但同时，很多国外服装企业在亚洲尤其是我国市场开展各种业务，建立服装制造工厂，给我国服装业也带来挑战。世界范围内的竞争将日益加剧。

2. 生产经营一体化

由于生产运营管理的成果（产品的质量、成本、交货期等）直接影响产品的市场竞争力，在市场竞争日趋激烈的今天，企业的经营活动与生产活动、经营管理与生产管理的界限会越来越模糊，企业的生产与经营（包括营销、财务等活动）间的内在联系将更加紧密并互相渗透，朝着一体化的方向发展，形成一个完整的生产与经营的有机整体。这样的生产经营系统能够更有效地配置和调度资源，灵活地去适应环境的变化，这是现代生产管理重要的发展趋势之一。

3. 重视生产运作战略

20 世纪的七八十年代，国外很多企业忽视了生产运作，有些企业为此付出了沉重的代价。现在，越来越多的企业开始认识到生产运作对其经营全面成功的重要性以及将运作战略与企业的整体经营联系起来的必要性。

4．柔性生产系统

对需求量、产品结构和产品设计变化的快速适应能力已成为主要的竞争战略。在服装制造业方面，尤其如此。

5．新技术应用与创新

技术进步促进大量新产品和新工艺出现，无疑计算机已经并将继续对企业组织产生最大的影响，它使企业运作方式发生了真正的革命。其应用涉及产品设计、加工技术、信息处理等。新材料、新方法和新设备方面的技术进步也极大地影响着运作。产品和工艺上的技术变化将直接影响企业组织的产品质量及其竞争力。

6．员工的参与

越来越多的企业正在采取让基层人员参与决策和解决问题这一举措。其原因是他们已经认识到职工掌握有关生产过程知识的重要性以及对改进生产系统做出的贡献。职工参与的关键是建立工作团队，在协商一致的基础上解决问题和进行决策。

7．流程再造

有些企业正在采取严厉的措施提高其经营业绩，在重新设计企业流程方面坚持从头开始。流程再造是指一切重来，对企业现有流程进行分析，找出问题所在，从而设计出新的企业流程。流程再造的核心是使现有企业流程得到重大改善。例如对满足顾客要求或将一种新产品投向市场所需要的步骤进行再造。当然，流程再造并非对任何企业都适合。最适合的应是那些处于困境和若不采取措施即将陷入困境的企业。流程再造并不是立竿见影的，也并不总是奏效，它需要小组成员积极参与、良好沟通、拥有奉献精神并关心员工。

8．绿色生产与重视环境

污染控制和废物处理是管理者必须关心的重要问题。企业正日益注重减少废物、使用毒性较少的化学制品以及设计出使消费者更容易再处理和再利用的产品或部件。与环保问题相关的规章制度越来越多，内容越来越细，对污染和废物控制不力的企业的处罚也越来越严厉。尽管这样会给一些企业加大负担，但从总体上看这将减少对环境的破坏，还人类一个美好的生存空间。

本章总结

本章论述了服装企业的生产特征、生产方式，比较详细地讨论了服装生产管理的概念、生产管理系统、生产管理的方法和特点以及生产组织的原则。另外，本章还讲述了生产管理的发展趋势。

思考题

1. 服装生产有什么特征?
2. 服装生产方式有哪几种? 各有何优缺点?
3. 我国成衣生产有何特点?
4. 生产管理在企业经营系统中处于什么地位?
5. 生产管理体系包括哪些内容?
6. 简述生产管理的主要方法?
7. 简述服装生产管理的原则。

服装生产系统运行——

服装企业组织与部门职责

课题名称： 服装企业组织与部门职责

课题内容： 服装生产类型与运作过程

服装企业的组织结构

服装企业的主要部门职责

课题时间： 6课时

教学目的： 通过本章教学，使学生掌握服装企业的组织模式和组织设计原则，了解服装企业的运作过程和服装企业主要部门的管理职责。

教学方式： 以教师课堂讲述为主，对典型服装企业案例进行分析。

教学要求： 1. 熟悉服装企业的生产类型和运作过程。

2. 熟悉服装企业组织的含义与作用。

3. 明确服装企业组织的原则与关系。

4. 掌握服装企业组织结构的几种类型。

5. 熟悉服装企业主要部门职责。

第二章　服装企业组织与部门职责

第一节　服装生产类型与运作过程

服装生产类型是影响生产运作过程组织的主要因素，也是企业设计生产系统首先要确定的重要问题。不同的服装企业在产品结构、生产方法、设备条件、生产规模、专业化程度等方面都有各自不同的特点，这些特点都直接影响生产过程的组织。因此，对服装的生产类型必须有明确的划分。

一、服装企业生产类型

1. 按企业接受生产任务的方式划分

按接受生产任务的方式，服装企业生产可分为订货型生产和预测型生产两种生产类型。

（1）订货型生产。指按用户的订单进行生产，生产出的成品在品种规格、数量、质量和交货期等方面是各不相同的，按合约规定按时、按量、按质交货。用户可能对产品提出各种要求，经过协商，以协议或合同的形式对产品性能、质量、数量和交货期的要求进行确认，然后企业组织设计和生产。这种生产类型的企业在接到订单之前，不储存任何产品，包括面料和辅料。接到订单后，企业再根据要求，在规定的期限内去采购物料，并完成生产。或者由客户提供生产所需的全部物料，企业只负责生产。这种企业的生产特点是"以单定产"，不会出现产品过剩（产品库存），但工作量不稳定。其生产管理的重点是"抓交货期"，按"期"组织生产过程各环节的衔接平衡，保证如期交货。这种生产类型的优点是投资少、风险小、适应性强、占用场地少，缺点是利润低、竞争能力小、不能承接特殊加急订单。

上述生产方式又可称为 OEM（Original Equipment Manufacturer），俗称"代加工"，是受托生产企业按客商的需求与授权，依特定的条件而生产，所有的设计图等完全依照客商的设计来进行制造加工，不得为第三方提供或采用该设计的产品。除此之外，还有另一种订货方式，即 ODM（Original Design Manufacture），俗称"贴牌"，是根据另一家厂商的规格和要求，从设计到生产都由生产方自行完成，在产品成型后贴牌方买走，生产方拥有设计能力和技术水平，基于授权合同生产产品。简而言之，OEM 指的是原装制造供应商，而 ODM 则是指原装设计供应商，虽然从 OEM 到 ODM 只是一字之别，但 ODM 是在理解客户品牌意念的基础上，帮助客户设计并生产，主要在于产品设计。这对于正在走向全球化的服装企业来说，从制造走向设计，具有深刻的意义。总之，ODM 是 OEM 体系中一个更高层次的组成部分，是提升 OEM 素质的一种体现。它并不是不要 OEM，而是把 OEM 做精、做强、做好。希望我国有更多、更好的服装企业，能进入 ODM 这个层面，并不断地提高 ODM 的水平。

（2）预测型生产。也称储备生产。这种生产类型需对市场有深刻的了解和研究，服装的款式、面料、颜色等都应符合市场的要求，由生产企业自行决定服装款式、规格、数量的生产。一般来说，企业根据上年销售情况和市场预测，已经准备好部分面料和辅料，通过订货会接到订单后，就可以立即组织生产。预测型生产的特点是"以产定销"，所以工作量稳定在一定的生产水准，但若预测失误，将会产生库存和资金积压。其生产管理的重点是抓"供、产、销"之间的衔接，按"量"组织生产过程中各环节之间的平衡，保证全面完成任务。

2. 按生产产品的数量和品种划分

按企业生产产品的数量和品种数，服装生产一般可分为以下三种生产类型。

（1）大量生产。大量生产的特点是产品的产量大而品种少（经常是一种或类似的几种），生产条件稳定，每个工作地完成的工作是固定的一道或两道工序。由于生产过程使用高效率的专业设备，如电脑开袋机，操作技术容易掌握，所以，工人的专业水平及操作熟练程度较高。生产车间采用流水线的生产组织形式，生产流程的编制精确、合理。

（2）批量生产。批量生产的品种较多，每种产品有一定的数量，各种产品在生产期内成批地轮番生产，大多数工作地要完成多道工序。当款式变换时，各工作地上的设备需相应调整，变换越频繁，工作调整的次数就越多，生产线适应这种变换就越困难，生产的产品品质就越不稳定。

（3）多品种、小批量生产。产品品种较多，每种产品的产量又很少，工作场地专业化程度较低，生产不稳定，款式基本不重复，每种产品只生产一次就不再生产或短期内不再生产。因此，生产多采用通用的设备和工艺装备。这种生产类型要求工人的技术水平较高，掌握的生产知识较广，这样才能灵活地适应频繁的款式变化。

电子技术、自动化技术、计算机技术等的飞速发展使大量生产方式向多品种生产方式的转换成为可能，多品种、中小批量的混合生产方式越来越成为主流，其生产特征如下：

①生产品种多样性。品种繁多且批量与交货期各不相同。

②生产过程的复杂性。生产工艺线路多种多样，生产过程因工作而异，交错复杂。

③生产能力的适应性。由于品种不一、需求量不等，生产能力过剩或不足，只能通过加班或多班运转调节。

④环境条件的多变性。由于订货规格、数量、交货期等变化大，往往因此而更新设计，易出现特急任务或外购物品交货不准时等意外情况。

⑤生产计划的变动性。订货规格不一会造成产品设计和生产过程多变，物流复杂，因

此难以实现工艺计划和进度的最优化。

⑥生产管理的动态性。由于具体生产车间实施生产过程中情况多变,容易引起设备故障、人员缺勤、熟练程度不足、次品多等问题,因此往往靠经验、凭感觉处理事情,难以实行规范化管理。

这三种基本生产类型与前述两种生产类型的关系如图2-1所示。

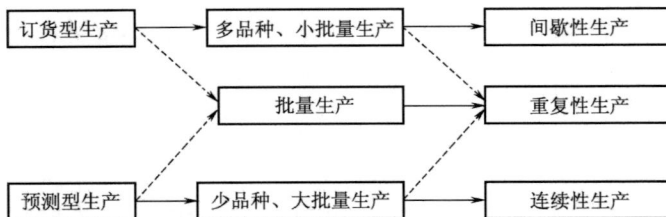

图2-1 几种生产类型之间的关系

3. 按企业产品的形式划分

按企业生产产品的形式,服装企业又可分为以下两种生产类型。

(1)物质型生产。生产的产品是可存储的物质产品,资本密集、可计量,以质量、成本、交货期作为绩效评价依据。

(2)服务型生产。这类企业的产品不是物质产品,而是无形的产品"服务",如服装销售、服装连锁店等,与顾客直接接触,其产品特点是不可存储、难以计量,以顾客的满意程度作为绩效评价依据。

服装企业决定了企业生产的类型后就可以决定如何组织生产过程,不同过程的组织方法是以不同的生产类型来确定的,只要生产类型相同,就可以采用同样的组织方式。

4. 服装流水线生产类型

服装流水线生产类型是指服装企业中的同一种产品,在生产过程中按工艺规程规定的速度和路线,一件接一件地按一定的生产节拍流水般地通过所有工序,直至产品制成,其特点如下。

(1)工作场地专业化程度高。

(2)产品在工序间作流水式单向移动。

(3)各道工序工作地的数量同各道工序的生产时间比例一致。

(4)按某一生产节拍进行加工,在一定的节拍时间内投入和产出产品。

流水线生产最理想的是应用机械化传递,但并不是必要条件。例如,一排工人排坐在一起,每人做一道工序,做完即传到下一道工序,无论有无机械化传送装置,都可看做流水式生产作业。

成衣化生产采用分工序流水线作业的形式,能达到合理组织生产、提高生产效率的目的。由于具体的生产条件不同,组织流水线生产可以有多种不同的形式。例如,可按生产工艺的类型和生产品种两种形式来组织生产，也可按单一品种或多品种组织连续流水线或间断流水线作业等。

5. 服装大批量定制生产类型

服装大批量定制生产类型是一种全新的企业生产经营模式，它结合了完全定制和大批量生产两种方式的优势，既满足客户个性化需求，又使企业保证较低的生产成本和较短的交货期。其核心是通过产品结构和制造过程的重组，运用现代信息技术、柔性制造技术等手段，把定制生产问题转化为批量生产问题，以大批量生产的成本和速度，为单个客户或小批量多品种市场定制任意数量的产品。

大批量定制实现了产品的系列化、模块化、标准化和阶段化，使产品在开发阶段就充分考虑设计、生产、检验、销售和使用等整个生命周期的各个环节，最大限度地满足了消费者的需求，而企业生产成本也能达到最低。

二、服装生产运作过程

1. 生产过程构成

生产过程是指从投料开始，经过一系列的服装加工，直至成品生产出来的全过程。一般来说，服装企业为了进行某种产品的生产，需进行与产品生产过程有关的其他活动，如生产技术的准备、机械设备的维修等。因此，服装企业的生产过程，包括以下几个部分。

（1）服装生产技术的准备过程。指产品在投入正式生产前所进行的各种生产技术的准备工作，主要包括服装款式的设计、工艺设计、工艺设备的准备、服装样板的制作、服装材料的准备以及工时定额的制订和修改等。

（2）服装主要生产过程。指直接为完成某种服装成品所进行的生产活动，包括服装面料和辅料的排料、画样、裁剪以及衣片的缝制、熨烫、包装等生产活动。

（3）服装辅助生产过程。指为保证服装生产过程正常进行所必需的各种辅助生产活动，如设备的维修、包装材料加工等工作。

（4）服装生产服务过程。指为保证服装正常生产所进行的各种生产服务活动，如服装面料和辅料的采购与供应，原材料、半成品、生产工具等的保管与收发，厂内外的运输等。

以上四个过程既有区别又有联系，核心部分是服装主要生产过程。在服装企业中，缝制过程也是其核心，从裁片准备到成衣缝制结束的全部生产过程就是服装的缝制过程。

2. 服装生产主要运作流程

按服装主要生产过程中工艺加工的性质，生产过程可分为若干相互联系的生产阶段，即裁剪、缝纫、整烫、包装阶段，每个生产阶段按劳动分工和使用设备及工具的不同，又可划分为不同的工种和工序。

不同的服装企业有不同的组织结构、生产形态和管理目标，但其生产过程基本一致。服装企业的生产运作流程大体上由以下十道主要生产单元和环节组成。

（1）订单咨询。当服装企业接到订单后，要对客户的订单进行详细咨询，如客户对产品的要求、款式更改、使用的材料、订单数量、交货期等作详细了解，并取得双方的确认。

（2）服装设计。一般来说，大部分大、中型服装厂都有自己的设计师设计服装款式系列。服装企业的服装设计大致分为两类：一类是成衣设计，根据大多数人的号型比例，制订一套有规律性的尺码，进行大规模生产（设计时不仅要选择面料、辅料，还要了解服装厂的设备和工人的技术）；第二类是时装设计，根据市场流行趋势和时装潮流设计各款服装。

（3）纸样与工艺设计。当服装的设计样品被客户确认后，下一步就是按照客户的要求绘制不同尺码的纸样。将标准纸样进行放大或缩小，称为纸样放码或推档。目前，大型的服装厂多采用计算机来完成纸样的放码工作，在不同尺码纸样的基础上，还要制作生产用纸样并画出排料图。在纸样设计基础上，编制生产工艺技术文件。

（4）生产准备。生产前的准备工作很多，例如，生产制造单的准备，用料预算，对生产所需的面料、辅料、缝纫线等材料进行必要的检验与测试，材料的预缩和整理，样品、样衣的缝制加工等。

（5）生产与工作安排。根据企业的实际情况，编制各生产部门的工作安排，明确完工的日期，详细地制订每天的生产计划。

（6）裁剪。一般来说，裁剪是服装生产的第一道工序，其内容是把面料、里料及其他材料按排料、划样要求剪切成衣片，还包括排料、铺料、算料、坯布疵点的借裁、套裁、验片、编号及捆扎等。

（7）缝制。缝制是整个服装加工过程中技术性较强，也较为重要的成衣加工工序。它是按不同的款式要求，通过合理的缝合，把各衣片组合成服装的一个工艺处理过程。所以，如何合理地组织缝制工序，选择缝迹、缝型、机器设备和工具等十分重要。

（8）熨烫定型。成衣制成后，经过熨烫处理，达到理想的外形，使其造型美观。熨烫一般可分为生产中的熨烫（中烫）和成衣熨烫（大烫）两类。

（9）成衣品质控制。成衣品质控制是使产品质量在整个加工过程中得到保证的一项十分必要的措施，是研究产品在加工过程中产生或可能产生的质量问题以及制订必要质量检验标准的依据。包括样板复核、面辅料质量控制、裁片质量控制、工艺质量控制和成品质量控制等。

（10）后处理。后处理包括包装、储运等内容，是整个生产过程中的最后一道工序。操作工按包装工艺要求将每一件整烫好的服装整理、折叠好，放在胶袋里，然后按装箱单上的数量分配装箱。有时成衣也会吊装发运，将服装吊装在货架上，送到交货地点。

服装生产企业为了按时交货，赶上销售季节，在分析服装产品的造型结构、工艺加工等特点后，要对纸样、样板设计、工艺规格、裁剪工艺、缝纫加工、整烫、包装等各个生产环节制订出标准技术文件，这样才能保证生产出保质、保量、成本低并满足消费者、客户需求的服装产品。

综上所述，服装生产流程可简单地用图 2-2 所示。

```
生产计划 ─── 服装设计 ─── 材料采购
              样衣制作 ─── 材料检测
              订  货 ─── 预缩整理
              基本纸样
              样衣试制
              修  改 ─── 成品规格
技术文件 ─── 样板制作 ─── 技术要求      生产准备
              排  料 ─── 质量标准
流水线编制 ─ 工艺规程
              流水线配置
              排  料
裁剪 ─────── 铺  料
              划板裁剪
              做标记、捆扎 ─── 衣片黏衬    质量控制
缝制 ─────── 零部件缝制
              中间工序熨烫
熨烫 ─────── 组合缝制
              成品熨烫
              成品检验
后整理 ───── 包  装
              储  运
```

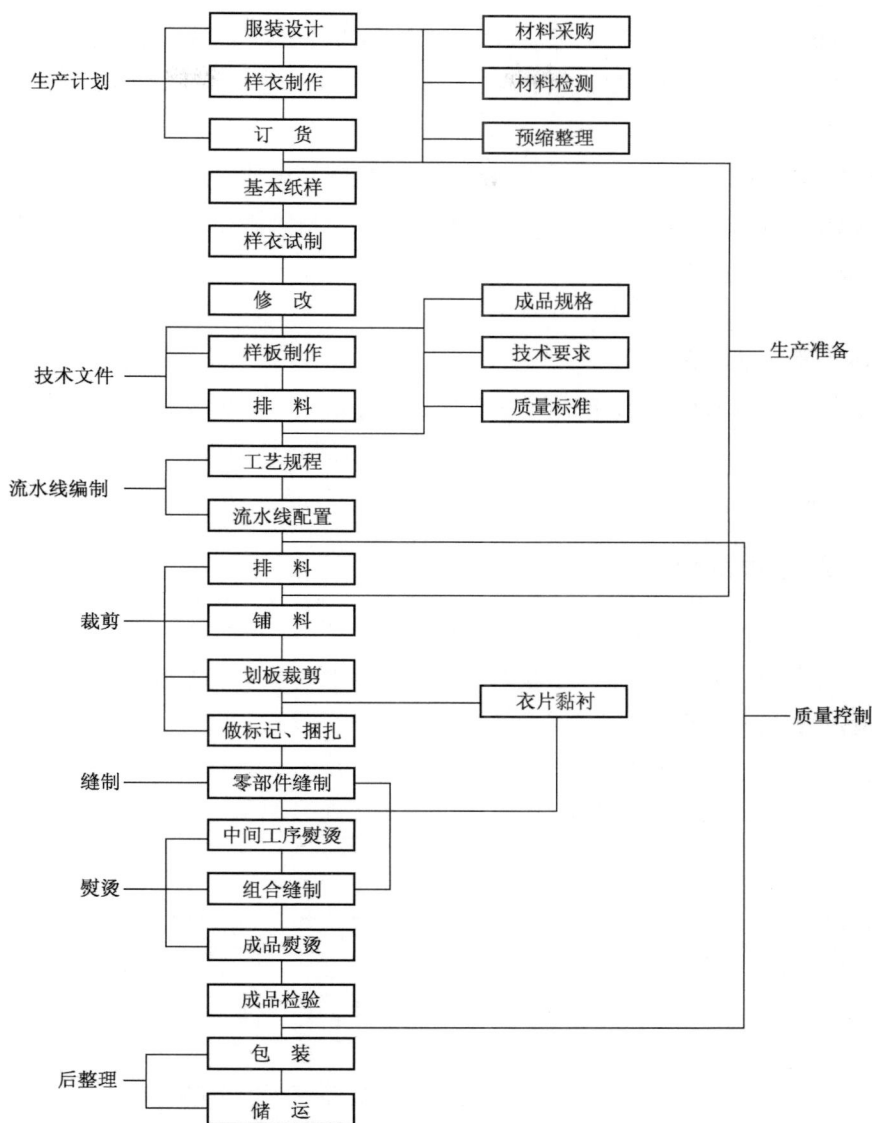

图 2 - 2　服装生产过程流程图

三、服装生产运作过程实施条件

1. 订单条件

当服装企业接到订单后，需要对客户的订单资料进行详细的咨询。每一份服装订单都必须有适当的约束条件，双方共同信守履行合同条款。除每件服装的单价、付运方法、付款方式等营业上的事项外，有关生产的资料也必须具体说明。

2. 款号和尺码

对决定制作的服装编订号码，作为今后生产的代号和存档编号。服装的尺码按

"GB/T 1335 服装号型"确定,也可用 S、M、L、XL 等字母来表示,各成衣商和设计师也可以自定服装的尺码。另外,还要考虑尺码分配与颜色分配,以便在一箱产品中有混码包装和单码包装,也有混色包装和单色包装。

3. 面辅料与包装材料

服装的面料有棉、毛、丝、麻、化学纤维等,根据其厚薄、组织、色彩的不同,适应不同的场合。辅料的种类繁多,有拉链、纽扣、缝线、松紧带、商标等。包装材料主要有衣架、纸板、别针、透明胶袋、吊牌、衬纸、纸盒、纸箱等,所用的数量和品质,根据客户的要求来控制。

4. 产品质量检验方法

包括检验执行的标准、检验的数量、抽样情况、成衣尺寸测量和容差、纺织品基本安全性能检查等。如衣长 72cm,其容差为 ±0.5cm;测试面料的染色牢度、抗燃性、疵点、色差等;测试面料的经纬向强力、缩水率等。

四、服装生产流程设计

服装产品是一种流行时尚产品,要求品种多、批量小。服装企业为了适应市场结构的变化,满足不同层次消费的需求,在激烈的市场竞争中立于不败之地,最关键的是制订切实有效的销售与生产计划,设计完善的服装生产流程,保证产品质量、数量的实现。图 2-3 为服装产品的生产与品质控制流程图。

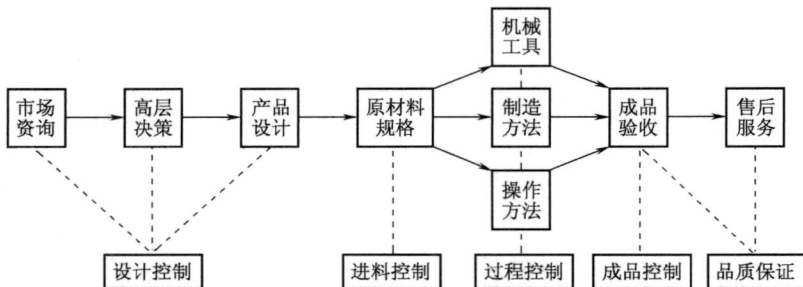

图 2-3　生产与品质控制流程图

企业在进行批量生产之前要做市场调查,掌握消费者的消费心理和服装流行趋势,设计出满足市场需求的新产品。从新产品设计到工艺制作的各阶段,除了设计生产工艺有要求,同时还应有相应的"品质控制"程序,这样才能保证高质量的产品投入市场,被消费者所接受。

对于来料加工的服装企业来说,首先要对客户提供的样板的造型结构、工艺特点等加以分析、研究,然后对产品的工艺规格、裁剪方案、缝制技术、后整理及包装等各个生产环节制订出生产技术文件,以便控制生产进程,保证产品质量符合客户要求。图 2-4 为服装生产工艺与控制关系图。

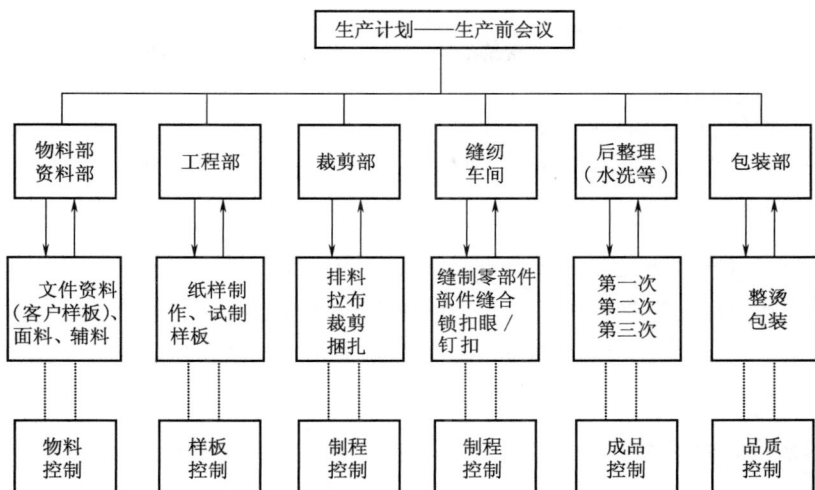

图 2 - 4 服装生产工艺与控制关系图

第二节 服装企业的组织结构

为了使服装企业内的成员能进行有效的工作，达到企业的生产经营目的，必须建立一个职能明确、层次分明以及富有前瞻性、协调性和制约性的组织构架。由于企业的生产品种、生产方式不同，会有不同的组织形式。服装生产过程能够有效运作，依赖于企业内部有效的组织机构和机构内的各级人员，任何人都不可能独自管理一个企业。

一、服装企业组织结构的设计原则

企业组织结构的设计是以企业目标为依据，对企业各项工作加以分解和组合，进而设计不同职能部门、机构和职位，明确其工作内容、责任、权限及其相互协作关系，说明其任职资格、规章制度和工作顺序等一系列活动。组织结构的基本要素是服装企业在进行组织设计时必须考虑的因素，企业可根据自身规模、生产和产品特点、管理能力等诸多实际情况加以取舍，在尊重基本组织原则的基础上，进行本企业组织结构的设计。企业组织结构的设计需遵循以下几项原则。

1. 专业化原则

所谓专业化是指将管理组织的业务适当地予以划分，并在尽可能的范围内由专职人员担任。企业为了实现其目标必须进行各种业务活动。为了有效地开展这些业务，有必要进行业务的划分，并由专职人员来担任。分工是指按工作任务逐步分工分解，最后把组织分成不同的职位，每个职位有明确的责任。首先明确职位的责任、职务和权限，其次选择担任该职务合适的人选。在经验式管理的中小服装企业中，通常存在着因人设事、因职找事的现象，从而造成管理成员不胜任工作的弊端。

2. 职权和责任对等原则

职权是指管理职位所固有的发布命令和希望命令得到执行的一种权力。职权与组织内部的职位相对应，担任该职位的管理者拥有的职权是其职位所赋予的。一个职位被赋予一定权力的同时，也必须承担一种责任，这就是职责。服装企业应做到权责对等、责权一致，职权与职责对称，避免有责无权、有权无责和权责不等的现象。

服装企业还应注意适度授权，即企业管理者应把自己的部分职权授予下属，使下属拥有一定的自主权和决策权。适度授权将有利于发挥基层管理人员的才干，调动其工作积极性，及时地处理日常事务，做出有利于企业的决策。

3. 岗位分解合理原则

岗位分解是通过组织结构设计使企业各职能部门的责、权、利相互匹配，形成最佳的业务组合和协作模式。同时，将企业主要职能部门的工作内容进行分解，明确企业各部门的具体职责任务，使企业各部门的岗位或职能的划分更为科学和合理。

企业各部门的职能设计不单单是按照职能去划分，更重要的是按照服装业务管理流程去划分。服装生产企业按生产业务流程划分为：面辅料准备裁（床）剪、车缝、后整理三大部门和环节。这三大部门又可细分：裁床部由码架组、裁剪组、查裁片组构成；车缝部由车缝车间、碎片组、车缝组、中烫组、质检组构成；后整理部由纽部组、剪线组、前查组、熨衣组、总查组和包装组构成。

4. 有效的管理层次与管理幅度原则

管理幅度是一个主管人员直接有效管辖的下属人员的数目，是一种水平分工形式。由于管理人员的能力、精力有限，企业管理幅度不宜太大，要将他担任的部分管理工作分给一层主管，因此，管理层次是组织的纵向等级数，是最高主管到基层主管之间的职位等级。有多少层次就有多少等级，这是一种垂直分工形式。管理幅度与管理层次的高低有关，管理层次越高，管理幅度应当越小，如上层管理幅度以 4~8 人为宜，下层管理幅度以 8~15 人为宜。

5. 管理层次分工明确原则

服装企业的管理层可分为三层：高层管理、中层管理和基层管理。三个层次之间是上下级关系、管理和被管理的关系，各有分工。三个层次解决的问题总是形成一个正金字塔形分布。越是高层管理，其要处理的问题越是抽象、不确定和具有创新性；越是基层管理，要处理的问题越具体、确定和具有可操作性等特点。

二、服装企业组织结构的基本形式

组织结构是企业组织结构系统的构成形式，是企业内部的组织层次，通常分为高、中、低三层。企业组织机构图是对企业动态的组织结构变化进行静态的描述。组织结构图中标明管理层次组织结构，可以作为规范化体系的组织结构设计的一个管理文件。常见的服装企业组织结构可分为直线制、职能式和直线—职能式组织结构三类。

1. 直线制组织结构

在直线制组织结构中，企业管理者只负责其管辖范围内所有员工的行动，并且有权下达命令。组织中每一个人只能向一个上级报告。员工的首要职责是按照上级管理者的命令去执行，而不考虑正确与否。直线制组织结构适用于规模小、人员少、产品不复杂的企业，优点是结构简单、权力集中、职责分明、命令统一。其组织结构的形式如图 2－5 所示，处于最顶端的是企业厂长，车间一级的负责人员将自己的任务进一步细分后分配给更下一级的班组长，这样一直延伸到每一个员工。这种组织构架一般适用于规模比较小的小型服装企业。

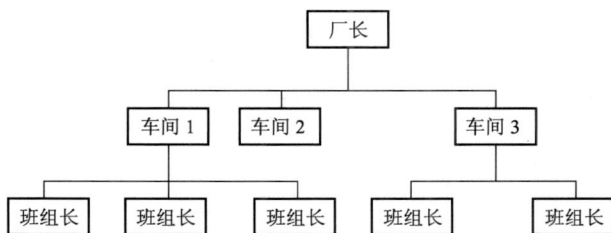

图 2－5　直线制组织结构例图

2. 职能式组织结构

职能式组织结构是基于管理过程的专业知识，按企业管理中的不同职能活动划分部门，可分为采购、生产、销售、人事、财务等职能部门，其结构形式如图 2－6 所示。适用于人数在 1000 人左右的中型服装企业。

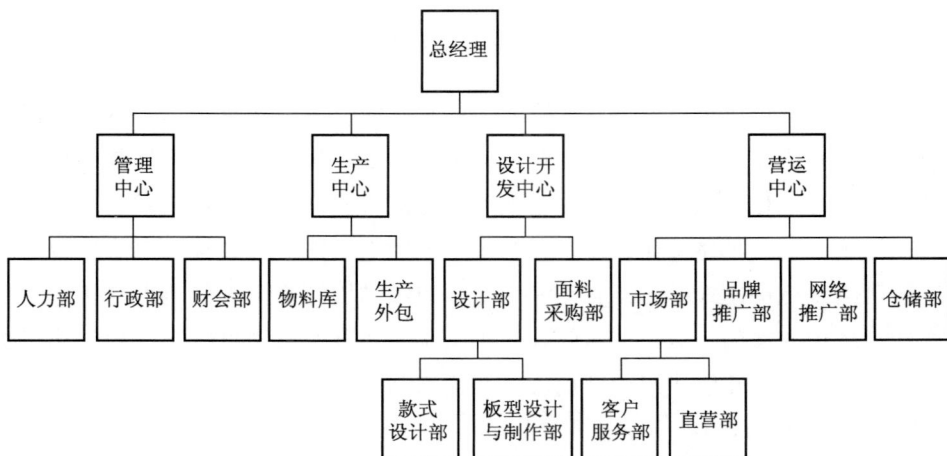

图 2－6　职能式组织结构图

在职能式组织结构中，组织从上到下按照相同职能将各种活动组织起来。职能式组织结构设计的基本依据是组织内部业务活动的相似性。其优点是分工细，能够发挥职能部门的专业管理作用，减轻上层主管人员日常工作负担。这种组织结构模式对进入发展阶段的中小服装企业而言是最为有效的。

3. 直线—职能式组织结构

直线—职能式组织结构是以直线制为基础，在各级行政领导下，设置相应的职能部门。即在直线制组织统一指挥的基础上，增加了参谋机构。目前，直线—职能式组织结构被我国大多数大型企业采用。如图2-7所示是宁波雅戈尔服装有限公司直线—职能式组织结构。

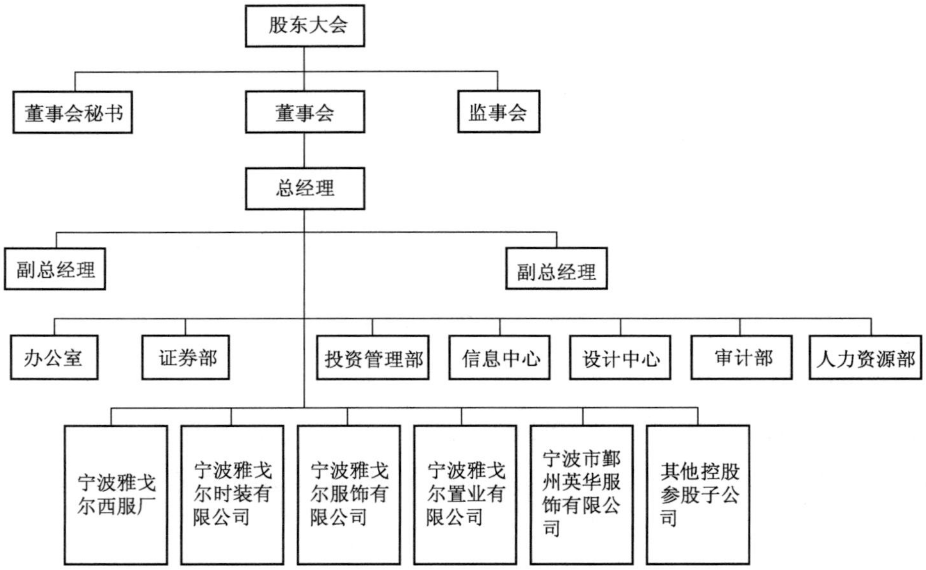

图2-7　宁波雅戈尔服装有限公司的直线—职能式组织结构图

直线—职能式组织结构模式适用于进入成熟阶段的大中型服装企业。这个阶段的企业发展比较稳定，规模越来越大，经营的产品品种日趋多样化。经营活动的复杂性要求企业管理活动分工更加细化，这样高层管理者就有充分的时间来考虑企业的发展战略问题，中层管理者承担了大量的具体工作，而基层管理人员则更多地负责日常事务性活动。

与直线制组织结构模式相比，直线—职能式组织结构模式最大的特点在于更注重参谋人员在企业管理中的作用。直线—职能式组织结构模式既保留了直线制组织结构模式的集权特征，同时又吸收了职能式组织结构模式职能部门化的优点。

4. 三种组织结构的比较

直线结构、职能结构、直线—职能组织结构被用于不同发展阶段、不同产品生产企业的管理，每一种组织结构的存在，都是按照企业自身管理特点来构建其内部管理框架的。不同类型的组织结构使得企业在管理权的分配、管理层次与幅度、组织内部不同部门之间的关系等方面的侧重点有所不同。由于组织是由小到大、由简单到复杂连续发展的,处于某个发展阶段的组织应采用适宜的组织结构。这三种类型的组织结构适用于不同的企业,它们主要特征的比较见下表。

三种组织结构主要特征比较

项　目	组织结构的优点	组织结构的缺点	适用企业类型
直线制组织结构	1. 命令统一 2. 权责分明 3. 组织稳定	1. 缺乏横向联系 2. 权力过于集中 3. 对变化反应慢	小企业
职能式组织结构	1. 高专业化管理 2. 轻度分权管理 3. 培养选拔人才	1. 多头领导 2. 权责不明	专业化组织
直线—职能式组织结构	1. 命令统一 2. 权责分明 3. 分工清楚 4. 稳定性高 5. 积极参谋	1. 缺乏部门间交流 2. 直线与参谋冲突 3. 系统缺乏灵敏性	大中型企业

以上三种组织结构所共有的缺陷是:或多或少地带有集权主义倾向,在组织中分权程度是低的。这种低的分权度使得组织成员缺乏责任感、自律意识、决策权限,从而造成组织缺乏创新精神与激励创新的动力。

第三节　服装企业的主要部门职责

服装企业的组织架构是由多部门构成的,而服装生产活动的正常运转也有赖各部门的合作以及明晰的职责范围。

一、产品开发部

负责收集市场信息,预测最新趋势(颜色、款式和花型等),确定产品的用途、造型结构、材料选用以及配色要求和规格、加工工艺与工具装备要求、包装、工时和材料消耗定额、生产成本等。根据待开发的项目与方案,安排设计师的设计工作,由总经理与设计部经理共同选定款式后进行系列样板的制作整理,做好接单的准备工作,其职能范围如下。

(1)接受总经理领导,对公司产品开发负责。

(2)服装新产品的开发应遵循顾客至上和塑造品牌的宗旨。

(3)经常进行各种形式的市场调查和市场预测。

（4）通过各种渠道掌握服装流行趋势的信息，并利用 CAD 或手绘表达对新产品的构思。想法成熟后，画成正式的服装效果图和结构设计图。

（5）新产品开发，要充分体现新造型、新色彩、新材料、新工艺的创新原则。

（6）制作结构设计图，应力求真实、准确、结构清晰，为技术部制作生产样板提供可靠的依据。

（7）与技术部保持密切合作，圆满完成新产品的打样工作。

（8）新产品样衣经模特试穿演示，组织有关部门专家评审合格后，交总经理审批，然后可以出样征订或批量投产。

（9）负责新产品的号型选用和规格设计，交技术部制作生产样板。

二、业务部

主要负责企业的接单业务。进行客户分类与管理，负责安排客人看款、选款、落实订单等工作，并根据客人选定的款式、订单数量、货期等条件与其签订订购合同。业务部职能范围如下。

（1）接受总经理领导，对公司销售和承接订单工作负责。

（2）做好销售、接订单工作，确保均衡生产。

（3）收集和查询客户资料，建立客户档案，主动联系订单。

（4）协助技术部，为订货客户做好确认样衣，及时交到客户手中。再将客户对确认样衣的意见尽快反馈到技术部。

（5）协助采购部按客户提供的面辅料小样以及打样单联系加工厂打样，并按时把面、辅料样本交由客户确认。

（6）应客户要求，联络技术、采购、生产部门编制科学、合理、准确的报价单，快速向客户报价。

（7）对订单进行登记和生产排期，及时理单，把订单信息、来样款式、规格表、面辅料供应情况、包装和装箱方法、工艺要求、交货时间等信息提供给生产部安排生产。

（8）编制客供面辅料供应计划，提醒客户按计划供货。而对于自供面辅料，要求技术部算出单耗和合理损耗率，交采购部按时采购，然后要对采购来的面辅料样本进行确认。

（9）做好跟单工作，随单对生产质量、面辅料供应状况等进行监督，保证保质、按时交货。

（10）做好单证准备工作，确保报关顺利，并使大货按时发运。

（11）做好催款工作，及时回收客户货款。

（12）做好售后服务，争取客户加单或另下订单。对客户的抱怨要及时解决，使客户满意。

三、工程技术部

负责服装生产工序分析、工序流程的制订和编制以及审核生产工艺单。技术部职能范围如下。

（1）接受总经理的领导，对公司的技术工作负责。

（2）接受并收集订单资料、客供工艺单、客供产品标准、本企业产品标准等技术文件并录入电子文档，以供日后使用和查阅。

（3）配合业务部做好面辅料耗用的报价工作，并编制面辅料单件（套）用料定额表。

（4）根据业务部提供的样衣、客供技术资料，制作确认样衣，通过评审、修改、批准后交业务部。

（5）制作大货裁剪样板和缝制工艺样板，审核、修改和确认样板后，录入电子文档，以供日后使用和查阅。

（6）会同裁剪人员使用 CAD 软件或手工绘制科学、合理、准确的排料图，并通过绘图仪输出排料图提供给裁剪车间使用。

（7）编制服装生产工艺单，经过审查、修改、批准后分发给与生产有关的各部门，指导生产全过程按标准化进行。

（8）协助缝制车间工程技术人员（一般为车间主任）绘制流水生产工序分析图，对流水生产的流程、机台、人员配置做出科学、合理、公平的安排。

四、物料采购部

接收所有输入的货品并确保这些货品安全运输，如面辅料的采购、检查等。采购部职能范围一般如下。

（1）接受总经理领导，对公司生产用物料供应负责。

（2）做好面辅料供应商、加工商资料的建档和考查工作，定期考查供货的质量、价格、货期、服务等方面的内容。

（3）根据技术部编制的"单件（套）用料定额表"上的数据加上合理损耗后，确定单件服装应采购的面辅料数量，再结合订单的订购数算出采购总数。

（4）采购前应列出"采购清单"，提出采购申请，得到采购部经理（或总经理）批准后，方可进行采购。

（5）对于需要印染的面料，在接到业务部的"面料打样通知单"后，就可以联系印染加工商进行印染打样，并限期完成。完成后交业务部转给客户确认。确认后应及时与加工商洽谈加工价格和交货时间，达成加工合同后交总经理审批执行。

（6）采购设备和其他耐久性物料，这需要生产部提出申请、编制清单，经总经理审批后方可进行采购。

（7）采购员要进行市场调查，了解各种物料的价格行情，编制"每旬价格表""货比三家"，选择优质、优价、服务好、交货准时的供应商。

五、仓储部

储存订购回来还未投入生产的物料，原料仓内设置很多储物架、储物箱等，用来安放不同种类的物料。仓库管理职能范围如下。

（1）接受采购部领导，负责公司的生产用物料存储。

（2）做好面辅材料和其他有关物料的入库工作，入库前要按购进发票核对数量、检验质量。数量准确、质量合格才可办理入库手续，并及时入账。

（3）入库后的所有物料要合理堆放或整齐摆放在货架上，并附有品名和规格的标志，以方便存储和发放。仓库要清洁、防潮、防鼠、防盗，确保物料的安全。

（4）为了生产正常运行，要坚守岗位，识别领料人，做到随到随发，不耽误生产。物料出库时要按公司的制度办理出库手续，并及时入账。

（5）对全部物料要定期盘点，做到物、账、单三项符合，并填好"盘点表"，报送采购部，使采购部能够随时掌握物料库存情况，决定是否补充物料。

（6）盘点后如果发现实际库存量与账面不符，除查明差异原因外，还要编制"盘点损溢单"，经总经理审批后，可调整账面数字，使账、物数字相符。

（7）仓管员要做好物料入、出库日报表和月结表，以供相关部门使用。

六、生产部

生产部包括排料划样车间、裁剪车间、缝纫车间和熨烫车间等，是将布料剪裁成裁片后制成服装，并负责熨烫制成的产品使其平整挺括。生产部职能范围如下。

（1）向董事长、总经理负责并报告全部生产工作。

（2）接受业务部下达的生产通知单、技术部下达的服装生产工艺单以及相应的技术资料，向车间下达产量和质量任务。

（3）设法降低管理和生产费用，提高劳动生产率。

（4）负责公司的机器、设备的维护，保证生产能够正常运作。

（5）与相关部门或上级协商解决生产所需的人、财、物以及如期交货等问题。

（6）决定委托外加工或接受来料加工事宜，报总经理核准。

（7）下车间查看进度与质量，听取车间主任和员工的意见，改进工作。

（8）对延误货期和质量事故负领导责任。

（9）及时处理车间与车间、车间与部门之间发生的问题和矛盾。

（10）对车间主管工作质量进行考核。

（11）定期召开生产例会，确保生产顺利进行。如果出现异常情况应召开紧急会议，及时、妥善地解决问题。

（12）在生产过程中，对客户的抱怨进行分析，并与有关部门合作做出令客户满意的处理。

七、质检部

质检部的主要工作是检查服装的质量，确保所有产品符合客户的标准。质检部职能范围如下。

（1）接受总经理领导，对公司产品质量负责。

（2）把好产品质量关，放行的产品必须达到 99.5% 的合格率。

（3）领导、组织、调配本部的所有工作人员，完成生产全过程的质量控制任务。

（4）经过终检的产品不允许出现疵点。

（5）根据交货期完成检验任务。

（6）除董事长、总经理以外，不得接受任何人对检验标准的异议，如有异议必须出具书面担保。

（7）按 ISO 要求制订各种检验统计表格，准确反映各车间的半检以及交货验收的不良率。

（8）每天下车间进行质量巡查，发现问题用书面形式反馈给车间主任并限令其改进，负责考核车间产品的不良率。

（9）在生产过程中对客户的抱怨进行分析，并与厂长合作做出令客户满意的处理。

（10）对产品质量负责到底，如果客户提出投诉、索赔、降价、拒付，造成巨大的损失，同样要追究质检部的责任。

（11）每天填写质量日报表，交本公司厂长审核后再转交给总经理。

八、包装与装箱部

包装与装箱部负责把服装包装好并放入适当的包装箱或货柜，以便保存、陈列和运输，使成品顺利到达客户手中。

本章总结

本章首先介绍了服装企业的生产类型、运作过程与主要流程；对当代服装企业管理中的组织结构设计原则以及组织结构基本形式进行了叙述；最后阐述了服装企业主要部门的职责。随着服装市场需求日趋个性化和企业间竞争的加剧，大批量定制模式将成为制造业发展的必然趋势，实现大批量定制生产，是服装企业获取竞争优势的出路。

思考题

1. 简述服装企业的整个运作过程。

2. 服装生产运作过程实施需要具备哪些条件？

3. 服装企业进行组织构架设计时考虑的因素有哪些？

4. 比较服装企业常用的三种组织构架的优缺点。

5. 举例说明如何根据服装产品特点设计服装生产运作流程。

服装生产系统运行——

服装生产前准备与物料管理

课题名称： 服装生产前准备与物料管理

课题内容： 服装生产订单分析与审核

样衣试制与生产准备

服装生产物料采购与准备

服装物料入库检验与存货控制

课题时间： 8课时

教学目的： 通过本章教学，使学生理解服装工业化生产前准备工作的必要性和重要性，帮助学生熟悉服装生产前准备工作的内容和方法，只有做好生产前的各项准备，才能确保产品质量以及生产的如期顺利进行。

教学方式： 以教师课堂讲述为主，辅以服装生产企业实地参观和生产实习。

教学要求： 1. 服装生产订单分析与审核。

2. 了解样衣确认和生产纸样制作的程序及要求。

3. 掌握服装生产制单、生产工艺单的编制内容和方法。

4. 熟悉服装生产物料的采购要求与程序。

5. 掌握物料入库检验的主要内容和方法。

6. 掌握服装物料库控制模式及其特点。

第三章　服装生产前准备与物料管理

服装企业为使服装生产保持一定的稳定性、均衡性、连续性，在实施生产前需做大量的准备工作，主要是订单分析、物料准备和技术准备。服装生产企业所用的物料主要是生产中使用的面料、辅料、燃料、生产工具和配件等。保证物料的及时供应，是组织生产活动的基本条件，也是企业在生产过程中不可缺少的重要环节。技术准备是确保服装批量生产顺利进行及成品符合质量要求的重要环节。

第一节　服装生产订单分析与审核

服装企业的业务部门完成订单合同的签订后，在订单转入生产部门进行大货生产之前，还需要对订单进行进一步分析和审核，全面了解客户要求，确定生产排期。

一、订单资料分析

1. 查询客户

接到订单后，应综合考虑各方面的因素，特别是关于新客户，一定要对其进行各方面的考察与分析，以免产生不必要的麻烦和风险。在国内外客户中，会有一些不讲诚信甚至存在诈骗行为的客户，为杜绝这类事件发生，作为服装生产企业，应该对客户真假资格进行审核。对于国内客户，可以通过客户所在地的工商行政管理部门查询；对于国外客户，可以通过省级外贸部门查询，确认客户身份。

2. 审核客户提供的订单资料

仔细查看客户提供的一些订单资料，如客供原版服装、面料样板、辅料样品等，审核订单合同中的款式名称、款号、加工价格、总数量、服装的尺码与颜色分配、交货期、交货方式等内容，为生产排期做好前期准备工作。

二、技术分析

技术分析是指对本企业所拥有的生产技术能否满足订单需求进行的可行性分析。由于有些客户给出的款式资料往往只是一个模糊的概念或者仅仅只是一个款式图，有些工艺技术不明晰，会给今后的生产造成一定的困难，导致产品出现质量问题，因此要根据客户要求进行技术分析，主要包括以下三点。

1. 款式、面辅料及品质要求分析

主要指对服装的基本款式图、面辅料的要求等进行分析，如对款式描述"女装100%棉前中全开口贴身运动服"进行分析，又如对色差、染料中的有害物质指标等能否达到客户的要求进行分析。

2. 服装加工工艺技术分析

分析现有技术工人的技术水平、洗水方法等能否满足产品的技术要求，如服装某些重要部位腰部、领子、袖口等具体的工艺和方法。

3. 生产设备性能分析

分析目前现有的设备性能能否满足产品的技术要求，如果不能，要评估再添置新设备是否值得等。

三、交货期分析

一些大型的服装企业，同期一般有几个或几十个订单。当新的订单进入时，相关责任人必须综合分析本企业和协作企业的产能以及订单的生产排期，作出是否有把握按期交货的评估。切忌盲目接单而引起超期索赔。按期交货对国外客户显得格外重要，要通过科学计算，与客户达成合理的交货共识，不能因违约而丧失诚信。

四、价格与成本分析

国内服装企业竞争激烈，常常互相压价，这导致企业利润非常低。所以，企业必须制订利润底线，保证企业的利益。服装的加工报价一般由服装面辅料材料费、制造费（包括人工费、能源费、设备折价费等）、管理费、增值税及利润组成。对各项成本费用进行综合估算后，就可以向客户报价。运输费用另计，如果在本地口岸交货，可以算离岸价，如果到对方口岸交货，可以算到岸价。

五、制订订单生产排期

订单分析确认后，企业有关部门应综合考虑订单的大小、客户重要程度、交货期、制作难易程度、货值等因素，排出具体的生产日期。排期表见表3-1。

表3-1　X月份生产排期

款号	客户	品名	数量	材料期	纸样期	裁剪期	缝制期	生产单位	交货期

第二节　样衣试制与生产准备

样衣试制和生产样板的制作，是服装投产前技术准备工作的两个重要环节。样衣制作的好坏会直接影响企业在客户眼中的形象以及后续工作的开展，所以样衣制作要求严谨、规范。而生产样板制作的好坏会直接影响整批成衣的质量，非常关键。工程技术部门应充分考虑本企业的实际情况，组织技术、人员等各方面，完成好样板制作工作。

一、样衣的制作与确认

客户下单并签约后，为了确保产品质量，生产企业首先要制作样衣。其目的一是为了考察生产企业的制作技术水平；二是通过样衣与客户共同商量样板以改进不足之处，得到令客户满意的确认样衣，最终生产出高质量的产品。

1. 成衣样板跟踪的基本流程

（1）客户提出起板要求。

（2）跟进样板所需的面料、辅料及款式资料。

（3）填写成衣样板制作工艺单。

（4）样板资料和生产进度的跟踪。

（5）样板的评核。

（6）样板翻造。

（7）投送样板给客户批复。

（8）分析客户批复报告。

（9）处理客户批复意见。

2. 服装样衣通知单制作与下达

样衣制作一般由技术部的样板车间来完成。当客户提出起板要求后，由技术部门根据客供实物样衣或客户打样技术资料编制服装样衣生产制造单，然后下达给样板车间生产。样衣通知单是为生产样衣使用的一种文件，包括款式图、面辅料要求、工艺要求、尺码要求、包装要求等内容，其用途是作为样衣生产使用的技术文件，也可作为资料储存并用于信息沟通，表3－2所示的是其中一种形式。

表3－2　样衣通知单

客户：_____　板单编号：_____　款式：_____

数量：_____　完成日期：_____

面料	布料组织： 布料规格： 颜色： 用布量：	附：布料样品

续表

辅料	衬布与用量： 拉链： 纽扣： 缝线：	附：各辅料样品
尺码表（各部位尺寸）：		款式图例及量度方法：
车缝工序、工时及制作注意事项：		裁剪及品质检查：
成品处理：		包装要求：

承制单位：＿＿＿＿＿＿＿　　　制表：＿＿＿＿＿＿＿

3. 样衣评审与确认

样衣要提供给客户进行确认，为了顺利通过客户的确认，企业一般事先对样衣进行内部评审。为达到评审目的，应严格按照相应制度、程序进行。样衣评审的主要内容如下。

（1）一般情况下，样衣的评审由业务部、产品开发部、工程技术部各抽专业人员组成评审小组。对于客户要求特别严格、数量又大的订单，还应增加生产厂长和质检部部长一起参与评审。

（2）评审人员应熟悉客供样衣和客户提供的订单资料，并以此为标准进行评审。

（3）评审人员应填写评审表，提出修改意见。如果样衣评审不合格，必须在样衣修正或重做后再评审，直到合格为止。

（4）评审合格由审核人员签字后，送客户确认。

样衣评审合格后，必须尽快交客户确认。样衣确认是指客户对企业提供的样衣进行检查、评定的过程，主要包括以下几个方面。

（1）以最快的方式把样衣寄到客户手中。

（2）客户对样衣进行检查后，得出以下结论：确认、不通过、确认但部分需修改，并将意见通过有效方式传给生产企业。

（3）如果客户认为样衣不通过，会提出修改意见。生产企业应根据客户意见重新打样、评审，重新确认。

（4）如果客户认为样衣可以确认，只存在某些缺陷或者客户提出局部修改意见，应将这些信息存入技术资料中，不需要重新制作样衣。

（5）业务部应将客户的更改意见及时传达给技术部、采购部等部门，以重新更改工艺或重新采购更换的材料，由此造成的损失由客户承担。

4. 跟板的注意事项

（1）跟板员要掌握较好的外语交流能力和服装生产专业知识。

（2）认真核算生产成本，准确报价。

（3）耐心听取客户的意见，细致跟进样板的每次修改过程。

（4）认真检查每一件样板，充分考虑样板是否都适合大批量生产。

（5）严格控制样板的生产期限与物料的交货期限。

二、生产纸样的制作与复查

生产纸样，也叫工业用纸样，是为了加工生产出品质一致的产品，以初始纸样（样衣、模特纸样）为基础，通过结构设计制作出工业化、批量化裁剪生产用的标准化基础纸样。生产纸样是在签订购货合同和确认样衣后，在进一步修改初板纸样的基础上绘制的。

1. 生产纸样设计与注意事项

生产纸样由服装款式、样板内外结构、样板缝份、纱向、对图案条格线等要素构成。有些服装企业还分裁剪纸样和工艺纸样，除了制作服装衣身面、袖面、领里等主体构成部分的纸样，领面、贴边、袋布、口袋、里样、衬样等的纸样也要提供给加工厂。另外，按型号制作缩放纸样也是工业用生产纸样制作的重要工作之一。

优质的生产纸样是批量生产时产品质量保证的关键。生产纸样号型多、规格多，套数与片数较为多样，因此纸样生产制作的工作量大、程序复杂，制作生产纸样时必须严谨、细心、负责，以确保每一号型的纸样都准确无误。根据初始纸样在制作生产纸样的过程中，应注意以下几项。

（1）初始纸样根据模特的体型制作，生产纸样则应根据销售区域的号型标准设计制作。

（2）样衣主要是由一位样衣缝纫工缝制，而大货生产的服装是在生产车间的流水操作下分工制成的，两者的制作工艺极不相同，生产纸样要考虑大货生产的工艺。

（3）样衣纸样的结构未必是最合理、最省料的，而生产纸样设计要顾及在不改动样衣款式外形的基础上节省面料。

（4）掌握各种面辅料的缩率和性能，准确加放纸样尺寸。

（5）设计人员要更改样衣纸样上不太重要部位的分割线，使生产纸样在排料时节省面料。但修改时需与设计师、排料工互相沟通，使服装的设计达到工艺和客户的要求。

（6）先制作出中间号型的面板纸样，然后按号型标准或客户提供的技术资料的档差，推板制作出所需要的各个规格的面板纸样。

（7）以各个规格的面板纸样为依据制作各种规格的里料板、衬料板、定位板和净板纸样，以备裁剪、缝纫加工使用。

（8）在每个纸样上标明纸样的信息资料，如订单号、款号、规格、裁片号、丝缕方向以及样板师的工号等。

（9）要考虑纸样的纸质。纸样作为缝纫用工艺板时，边缘易受磨损，如果纸质太柔软，难以用铅笔或画粉沿着纸样的边缘将它勾画出来。因此，对于一定批量的服装订单，纸样应该采用优质坚韧的厚纸来制作，多次使用后，其形状、边缘和角位也不易磨损。

2. 生产纸样复核与备份

生产纸样因号型多，又分为面料板、里料板、衬料板、定位板和净板纸样等，容易出现差错或遗漏，所以一定要对全套生产纸样进行严格复查，确保万无一失。一般是制板人先对全套生产纸样制作的内容进行检查，检查无误后交技术部负责人复查。复查无误后填写生产纸样复查记录表。

一般来说，一片裁片有一个纸样最好，但服装的裁片很多都是左右对称的，如左袖和右袖，为了节省时间和人力，通常只预备对称纸样的其中一个，然后在上面写明需要裁剪的数量，如裁 2 块或裁 4 块。如果某套纸样是经常使用的，就应该保存一套备份，以便纸样裁片遗失或破损时，可用此备份复制。

3. 制作工业纸样的质量要求

工业纸样的质量会直接影响成衣加工的质量。绘制纸样时应注意以下几点。

（1）纸样的各种记号与标志。在面板纸样的正面标注纸样制作完成时间、品种类型、部件名称、裁剪数量、部件总数等内容，纸样上的省位、袋位等定位记号也不能遗漏，否则到了车缝工序就会遇到困难，车缝质量会受到影响。

（2）纱向与丝缕方向。工业用纸样的纱向线位置及方向必须准确无误，这决定了样衣缩放、排料划样的精确度和效率。同时，纱向线位置及方向不准确也是造成裁剪错误的重要原因。

（3）检查纸样角位磨损。如果使用的纸样角位磨损，那么纸样的形状就会失去准确性，裁片的精度也会大大下降。

（4）检查纸样边缘磨损。如果纸样的边缘发生磨损，纸样的线条就不顺畅，会直接使裁片形状产生变化。

4. 纸样登记与保管

服装生产企业应保存一份纸样并记录每一套纸样裁片的状况，并对以下各项资料进行登记。

（1）纸样编号。

（2）服装类别。

（3）纸样裁片的数量。

（4）绘制纸样的日期。

（5）客户名称。

（6）纸样发送至裁剪部的日期。

（7）纸样从裁剪部收回的日期。

（8）负责人签字，证实裁片资料正确无误。

（9）纸样出现破损或遗失等状况时，是否需要再补制，用备注形式登记，见表3-3。

表3-3　纸样记录登记表

纸样编号	款式	纸样的数量	绘制纸样的日期	客户	发出日期签名	收回日期签名	备注
786—75	半截裙	10	2/1/18	×××	15/1/18 ×××	19/1/18 ×××	边位磨损一块

纸样登记后还应注意妥善保存。如果纸样储存不当，可能会受到损坏或遗失。损坏的纸样在排料时不易控制，会影响裁片的质量。如果纸样遗失，造成的损失更大，除了时间、物力损失外，漏裁的裁片很可能在颜色方面与原来的不相同，产生色差疵点。正规的纸样储存应该是把纸样集合成一套一套，用挂钩挂在横杆上，储存在柜里，锁放在指定的纸样保管室里。

5. 生产纸样的备份

如果某套纸样是经常使用的，就应该保存一套生产纸样的备份，以便纸样裁片遗失或破损时，可用此备份复制。

三、缝制工艺单的编制

服装缝制生产工艺单，有些生产企业也称其为作业指导书，它是指导服装生产全过程的工艺技术文件。除了具有作业指导的功能外，它还有贯彻产品质量标准、保证产品质量的功能。因此，在编制工艺单时要格外严格和周全。一般来说，内销企业可以国家标准为依据，将缝制工艺要求、各部位的尺寸允差等用表格形式展示。出口企业一般使用国外标准，由于国外订单及技术资料都用英文表示，必须经业务部门翻译成中文后，再制订工艺单。

服装缝制工艺单主要包括：工艺单表头、成衣规格表、主要部位规格极限偏差、生产款式图、针距密度、经纬纱向技术规定、工艺要求等。

1. 服装规格要求与尺寸允差

通常包括以下内容：号型设置，内销服装应以国家标准为依据；成品主要部位规格，一般上衣至少应给出衣长、胸围、领围、袖长和肩宽五个部位的尺寸，下装应有腰围、臀围、裤长或裙长三个部位的尺寸。此外，还可根据生产实际情况及客户的要求来选定成品规格尺寸。成品规格测量方法及允差范围要规范统一、明确具体，必要时可附图说明。

尺寸允差范围是尺寸偏离规格标准而又能被客户接受的范围。各个服装部位的尺寸允差通常在品质检验标准内注明，如表3-4所示。从表中可以看到工序各部分的允差都不同。对于会影响牢固性和外观的部位，不允许有允差。对服装外观影响不大的部位可以有一定的允差。

表3-4　西装衣袖的品质要求和允差

"缝袖底线"说明	要求	尺寸允差
A. 裁片放置		
裁片两端对齐	对称	上端0~2mm差异 下端0~4mm差异
边	对称	其中一边0~2mm差异
定位	对称	同一方向有0~2mm差异
B. 缝口与车缝		
止口	1cm	与缝口长度的差异不超过1mm
位置、头尾	车尽	0~2mm差异
回针	12mm来回重叠	离开止口0~2mm
C. 缝口和针距类型		
针距类型	平车针步301	
针距	12针/2.5cm	10~14针/2.5cm
线尾长度		0~2cm

2. 生产款式图绘制

服装生产款式图如3-1所示。当绘制生产款式图时，必须依照以下的要求。

（1）设计图要简单，但必须显示出实质的外形。

（2）设计图外形线条要清洁、顺直。

（3）款式细节与设计图大小成正比，并处在正确的位置。

（4）如果成衣有明线迹，应在生产设计图中显示出。

（5）有些部位缝型特殊，应另外表示出来。

（6）如果服装侧面有款式细节需要注意时，应绘出侧面图。

3. 材料要求

技术标准中要注明材料的各项要求，特别是面料、里料、衬垫料、缝纫线等均应注明，并在工艺色卡上用小样标示，对材料用量、使用部位以及辅料和装饰材料的使用，均应详细指明。

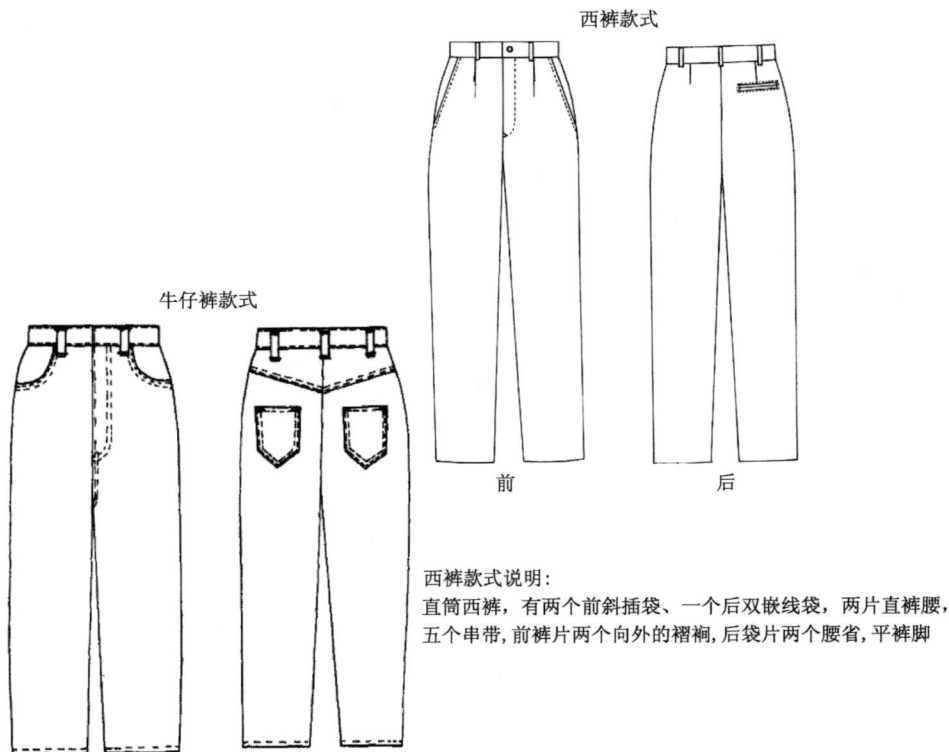

图 3-1 服装生产款式图

4. 工艺缝制技术质量要求

包括服装各部位的缝型、针码密度、缝迹要求等；线迹要顺直、平服、牢固、无跳线、起珠等；袖窿、袖缝、底边、袖口、大身摆缝等部位叠针牢固等。

5. 外观质量要求

服装产品外观要求是为满足使用要求而必须具备的外观质量要求。常包括以下内容：材料丝缕方向规定，明确不同服装产品、不同部位衣片允许倾斜的范围；面料衣片缝合时，布面花纹图案、条格对正及允许偏差的程度；面料正反面及倒顺方向规定；色差规定，不同服装、不同部位色差程度规定；外观疵点名称及各部位允许存在的不同程度规定，必要时应附图说明；衣片允许拼接部位及范围的规定。要求成衣外观平整，对称、圆顺、整洁。

四、生产制造单的编制

服装生产制造单又称服装生产任务书，它是根据产品的规格、使用的面辅料、加工方法等方面的要求编写的一种生产计划性文件。一旦它作为任务书下达给生产相关部门，又是服装生产中的一种命令性文件，目的是为了确保各部门能按制造单指示组织生产。因此，生产制造单必须具备完整性、准确性和可操作性等特点，制单编制包括订单资料收集、编写生产制造单、审核、分发和生产制造单资料储存等过程。

1. 生产制造单的作用

主要表现在以下几个方面。

（1）生产制造单是各生产部门组织生产的依据，使管理人员了解产品的制作要求。

（2）生产制造单是质量控制的依据，标明各种标准、细节等，可稳定质量。

（3）生产制造单是耗用面料、辅料和工人费用等成本核算的依据。

（4）生产制造单可以协助生产部门主管分派工作并控制生产进度。

（5）生产制造单可以作为领用物料的依据。

（6）生产制造单可以作为成品入库依据。

（7）生产制造单可以作为主管部门控制进度的资料文件。

2. 编制生产制造单的具体要求

作为服装生产的技术文件必须具备完整性、准确性、适应性及可操作性，四者缺一不可。

（1）制单的完整性。完整性主要指工艺文件内容的完整。它必须是全面的和全过程的，主要有裁剪工艺、缝纫工艺、锁钉工艺和整烫、包装等工艺的全部规定。

（2）制单的准确性。作为生产指导性工艺文件必须准确无误，不能模棱两可，含糊不清。准确性的主要内容包括：

①图文并茂，一目了然，在文字难以表达的部位，可配图解，并标以数据，如两线间距0.8cm，手巾袋边长10.5cm、宽2.5cm等。

②措辞准确、严密，逻辑严谨，紧紧围绕工艺要求、目的和范围撰写，条文或词句既没有多余，也无不足。在说明工艺方法时，必须说明工艺部位，如前身、后身、袖子、里子、领子等。

③术语统一。工艺文件所用的全部术语名称必须规范，执行服装术语标准规定的统一用语。为照顾方言，可以有不同的术语称谓，可以配注解同时使用，但是在同一份工艺文件中对同一内容，不可有不同的称呼，以免产生误会，导致发生产品品质事故。

（3）制单的适应性。制定生产制单，须符合市场经济及本企业的实际生产情况。脱离实际的工艺文件，是难以取得预期效果的。适应性的工艺文件内容有：

①工艺文件要与我国技术政策及国家颁发的服装标准规定的要求相适应。

②工艺文件要与产品销售地区的风土人情及生活习惯相适应。

③工艺文件要与本产品的繁简程度、批量大小、交货日期、现有的专用设备及通用设备条件、工人的技术熟练程度、生产场地、生产环境以及生产能力等相适应。

（4）工艺文件的可操作性。工艺文件的制订必须以确认样的生产工艺及最后鉴定意见为生产工艺的依据。文件应具有可操作性和先进性，未经实验的原辅材料及操作方法，均不可以轻易列入工艺文件。

3. 服装生产制造单的主要内容

（1）制单属性与客户信息。包括制单编号、客户名称、订单编号、款式编号、产品名称、订单数量、交货日期、编制日期等。

（2）基本生产技术资料。主要包括产品的尺码、规格、数量分配、颜色分配、面辅料规格、缝制工艺说明与质量要求、缉面线、商标位置、后整理方式、包装说明与要求等。

（3）生产制单格式。可根据企业的实际情况进行设计，以表格形式配图解说较为普遍，见表3-5。

表3-5　×××服装企业服装生产制造单

制单编号：_____　合同号：_____　编制日期：_____年__月__日

订单编号	款式编号	产品名称	总数量	交货日期

产品规格与主要尺寸要求					
尺码 数量 部位	XS	S	M	L	尺寸允差

面料基本资料		
面料名称	面料组织结构与成分	面料颜色与实物样板

辅料资料				
缝纫线及其他配线	拉链	商标	纽扣	吊牌

缝制工艺要点与要求	
后整理方式	
包装说明与要求	
缝制工艺图解	

4. 编写生产制造单的注意事项

（1）编制资料的准备应充分，应根据客户要求编制。

（2）术语等要准确。专业术语、名称、企业内部语境术语等的描述应通俗易解。

（3）内容详细，图文并茂。

（4）内容描述要清楚，不得含糊其辞。

第三节 服装生产物料采购与准备

服装生产使用的物料种类繁多,合理地选择与使用好物料,对稳定服装生产、提高产品品质、节约资源、降低成本等有重要的作用。对物料的采购、验收、管理要有合理的规章制度,使物料储备量既能保证生产需要,又无过多积压。

一、服装物料分类

服装生产中所需的物料种类繁多,为了便于管理,必须对物料进行分类。

1. 按物料在生产中的作用分类

(1)主原材料。指构成产品的主要材料,如面料、辅料等。

(2)辅助材料。在生产中起辅助作用,但不构成主要实体的材料,如润滑油、纸张、划粉等。

(3)生产工具。生产过程中使用、消耗的各种刀具、量具等,如剪刀、尺、缝纫针等。

(4)半成品、成品。如领、袖、裤腿等。

(5)动力。特殊辅助材料之一,如电力、蒸汽等。

(6)配套件和备用件。指用于维修配套机器设备而备用的配件和备件,如轴承、齿轮等。

按物料在生产中的作用分类,便于制定物料消耗定额、计算各项物料需要量、核算产品的成本和确定流动资金定额等。

2. 按物料的自然属性分类

(1)金属材料。如金属纽扣、缝纫针、大头针等。

(2)非金属材料。包括橡胶、水泥、纸箱、纸等。

(3)机电产品。包括缝纫机、电熨斗、仪表、各种工具等。

按自然属性分类,便于编制物料目录,也便于采购和保管。

3. 按物料使用范围分类

(1)基本建设用料。如钢筋、水泥等各种建筑材料。

(2)产品生产用料。如服装面料、辅料等。

(3)技术措施和技术改造用料。

(4)经营维修用料。

(5)科学研究、开发新产品用料。

(6)工艺装备和设备制造用料。

按使用范围分类,有利于企业对物料的使用进行核算平衡。服装生产企业多以第一种分类方法对物料进行分类。物料分类是物料管理的基础,如果没有良好的物料分类体系,就不能有效地进行物料管理。

二、服装生产物料消耗定额确定

1. 物料消耗的构成

服装生产物料消耗的构成是指企业从取得物料如面料、辅料、配件等开始，到制成成品为止的整个过程中物料消耗的去向。服装企业中的物料消耗一般由产品的有效消耗、加工工艺性消耗和非工艺性消耗三部分构成。

（1）产品的有效消耗。指构成服装的净面料消耗部分。

（2）加工工艺性消耗。指在加工产品过程中由于铺布、裁剪等操作产生原材料的消耗，如裁剪后剩余的边角料、碎料等。

（3）非工艺性消耗。指由于产生废品（如牛仔服水洗后造成的破损）及运输、生产、保管、装卸等方面在非正常条件下所造成的无效损耗。

了解服装企业物料消耗构成，有利于确定企业物料消耗定额。

2. 制订物料消耗定额的基本方法

（1）技术计算法。是根据产品设计和工艺的要求，通过科学分析和技术计算来确定物料消耗定额的方法。如通过计算机自动排料系统进行排料后，可自动得出产品的消耗定额及面料的利用率。这种方法比较准确。

（2）实验测定法。可以通过实验测得面积参数，然后计算工艺性消耗。也可直接测定工艺性消耗量，将其作为确定工艺消耗的依据。例如，通过测定服装各纸样的面积来确定某服装的工艺消耗定额，但需要专门的仪器设备，因此，必要时才使用这种方法。

（3）统计分析法。是根据以往生产中物料消耗的统计资料，结合计划期内生产、技术、组织管理条件的变化因素，通过分析、比较和计算来制订物料消耗定额的方法。这种方法要求具备物料消耗的以往统计资料。由于统计资料反映的是实际消耗，其中包括了某些非工艺性消耗，所以缺乏先进性。这种方法的优点是简单易行，一般在成批生产中较多采用。从工艺定额到供应定额的换算比例也通常是采用统计分析方法获得的。

（4）经验估算法。是根据技术人员和生产工人的实际经验，并参考有关技术文件和产品实物以及企业生产技术条件变化等制订物料消耗定额的方法。这种方法最为简单易行，工作量较小，但受估计人员的主观影响较大，有时准确性较差。经验估算法一般用于单件小批生产或技术资料和统计资料不全的情况。

以上几种基本方法的应用，应与物料 ABC 分类法（详见第三章第四节）相结合。用量少、价格高的 A 类物料应尽可能采用技术计算法或实验测定法来确定消耗定额，而用量大、价格低的 C 类物料可以采用经验估算法和统计分析法确定消耗定额。但无论采用哪种方法，都应注意切合实际，使定额准确合理。

3. 服装物料供应定额的制订

物料供应定额可由工艺消耗定额换算：

$$供应定额 = 工艺消耗定额 \times （1 + 材料供应系数）$$

其中，材料供应系数为单位产品非工艺消耗与工艺消耗定额之比。单位产品非工艺性消耗可根据统计资料确定。

物料消耗定额不但是控制服装生产中物料消耗和采购的依据，也是计算产品成本的重要资料。正确制订物料消耗定额并严格按定额控制消耗，是企业降低物料消耗的重要手段。

4. 影响物料消耗的因素

在确定物料消耗定额时，必须首先在计划用料的基础上考虑其他影响因素，影响用料消耗的因素主要有以下七种。

（1）自然回缩。面料、里料和辅料在后处理时经拉伸以及成包时受压缩，在干燥处理后，有时会出现回缩或伸长的情况，所以从开包发料到铺料前会产生长度和幅宽的自然回缩或伸长，从而出现数量上的缺、溢，这种缺、溢必须在标准用料的基础上加放。其他损耗如缝纫损耗、工艺回缩、缝制回缩及熨烫回缩等均应在纸样工艺设计中加以考虑，这属于标准用料之内的缺、溢，可不必计算。

（2）缩水率。面料、里料和辅料缩水率比较大的，必须在裁剪前进行预缩处理。这种现象所引起的短缺，属于缩水率损耗。这种损耗也应该在标准用料的基础上加放。加放数据可在不同的材料缩水率的基础上进行计算。

（3）疵点。质量等级越低的面料疵点就越多，在材料预算时必须考虑到这一因素，因为它直接影响成衣用布的制成率。

（4）段料。段料的损耗通常称为段耗，即在服装加工时净坯布经过铺料后，由于断料所产生的消耗。

（5）残疵产品。在成衣生产过程中，由于产品的加工难度、工人技术熟练程度及工序加工中事故等因素，使服装产品出现残、疵等损失，这种情况也应该在材料预算中加以适当考虑。

（6）特殊面料。由于布纹、图案、组织对面料用料产生影响的特殊情况，应适当给予加放。如一般倒顺的绒毛类面料每件应回放7cm、格子料加放1格、倒顺格加放2格、倒顺花加放7cm等。

（7）其他。除上述各类损耗外，材料测试、样品试制等情况所需要耗用的材料应根据用量的大小予以加放。

以上各类因素的损耗，应该在定额用料的基础上估算，并根据产品的具体情况采用不同的估算方法。

三、物料管理的主要内容

物料管理包括采购、验收、分类、发放、控制存量、呆废料等，物料管理主要有如下几种内容。

1. 用料计划与预算

预订在一个固定的生产周期中，所需物料的种类与数量。由制造部主管决定用料计划并与采购部门协调制订预算。

2. 物料采购管理

物料采购管理包括采购作业方式、采购预算、供应商的确定等。

3. 物料仓储管理

物料仓储管理包括物料的检验、收料、发料、存储与呆废料的处理等。

4. 物料存货控制

物料存货控制是物料管理的中心，目的是配合生产实况，以最低的仓储量，提供最经济有效的服务。

四、物料管理的职能

良好的物料管理应具备以下五大职能。

1. 适时

在需要使用物料时，及时地供应物料，不发生停工待料，也不过早送货，挤占货仓和积压资金。因此，物料管理部门应对供应商生产能力、运输交货时间、检验收货时间等进行详细分析，才能做到适时。

2. 适质

供应商送来的物料和企业外发出去生产的物料，其品质都必须符合要求。如果物料品质不符合标准，产品就难以达到客户的标准，从而影响企业的声誉。

3. 适量

申请采购的物料数量应控制适当，不应发生缺料或呆料现象。采购数量不足，会引起停工待料，影响交货期；采购数量过多，会使资金积压，甚至造成浪费。因此，应有一个经济的订购量。

4. 适价

物料的价格应保持在一个适当水平。若采购价格要求过低，可能会降低物料的品质，损害交易条件；若采购价格过高，成本难以负担，企业的利润减少，竞争力减弱，就会容易失去市场。

5. 适应

供应商的厂址与企业的距离越近越好。如果距离太远，运输成本加大，影响产品定价。也会造成沟通协调不便，容易延误交货期。

五、服装生产物料采购管理

采购是企业为获得所需的物料，向外界所作的购买行为。其目的不仅是以最低的总成本获得所需，还要能获得保质、保量和适时的物料，顺利地供给需用部门使用。物料采购的原则是以尽量便宜的价格和最低的费用，供应服装生产所需的物料，采购管理是物料管理的核心。

1. 物料采购的目的

（1）采购储备适量的物料来保证生产的连续性。物料的供应能力必须像生产线流水作业一样，源源不断，这样才能保证生产作业的需要，否则会影响生产连续均衡地进行。

（2）掌握物料的信息。在现代化服装生产中，竞争环境日益激烈，企业必须重视市场信息，密切注意用户的需求动向，搜集分析各种物料信息。信息来源于贸易单位、制造厂家、专业商社等，将搜集到的信息加以综合分析，便可为采购决策提供可靠的依据，形成最佳采购循环，包括确定适当的物料采购量。

（3）降低采购成本。在符合质量要求的前提下，购买成本最低的物料，降低物料采购费用。

2. 物料采购计划的构成要素

服装生产物料采购、供应计划是生产计划的重要组成部分，是服装企业组织采购各种物料的依据。为了有效地做好物料的供应与采购工作，必须明确以下计划构成要素。

（1）采购对象。明确所购买的物品及其规格和质量。

（2）采购数量。明确购买物料的数量，做到既满足生产需要，又储备安全。

（3）采购价格。掌握物料市场行情，明确购买物料的合适价格。

（4）采购时间。明确何时需要何种物料，做到及时采购、及时发放，使所需物料既不超储，又不短缺，保证企业生产正常进行。

（5）需求部门。明确采购的物料是哪个部门需要的。

（6）采购地点。明确采购物料的生产厂家。尽量选择质优价廉、运输线路短、交通方便的厂家。

（7）采购条件。明确采购所需的物料以及物料供应商提出了哪些附加条件，做到心中有数，经济合理。

上述各项要素，必须根据企业生产计划通盘考虑，其中的（1）～（5）项需根据生产计划和采购政策（是临时需要采购，还是库存采购或储备采购）来决定。

物料供应是以生产计划的设定为基点制订出采购要求和采购政策的，按合同生产的物料采购程序如图3-2所示。

采购部门必须与其他部门之间保持协调的作业关系。采购与财务部门的协作有采购预算、支付政策；采购与生产部门的协作有采购日程、采购数量等。采购与其他部门（如运输、仓库、品管部等）的协作也需保持协调，便于物料的运输配合。只有各部门保持良好的协作关系，才能保证采购工作正常进行，从而保证生产正常有序地进行。

3. 采购方式

采购方式可分为两种：一种是集中采购，另一种是分散采购。集中采购是指企业的采购由总公司的采购部负责，分公司直接向总公司申请物料，而不能自行采购；分散采购是公司各部门自行负责本身所需物料的采购事宜。集中采购和分散采购的优缺点

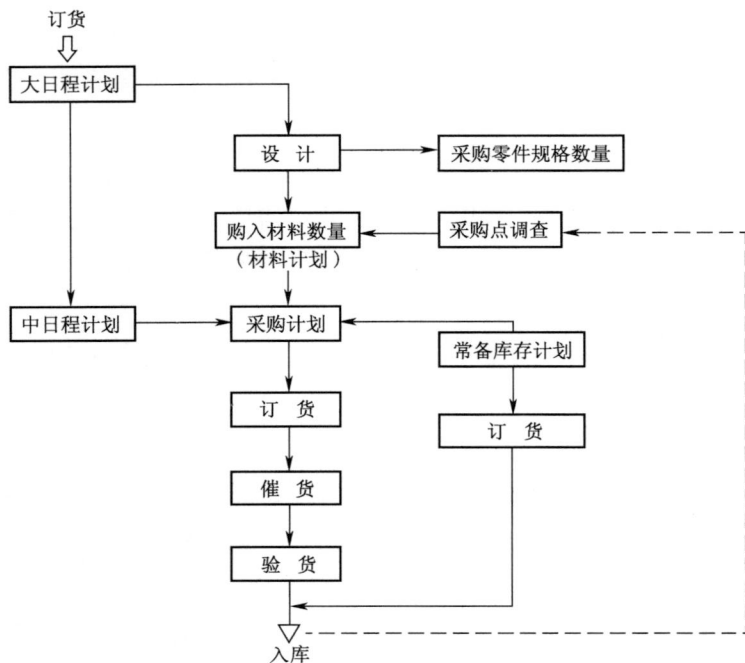

图 3 - 2　按合同生产的物料采购程序

如下。

（1）集中采购的优缺点。

①集中采购的优点：集中大量采购可享受折扣的优惠且易获得所需的物料，可节省订购成本；容易获得品质一致的物料；有利于采购技术的专业化。

②集中采购的缺点：作业流程太长，缺乏弹性；不能因地制宜，丧失有利的时机和价格；对紧急需求物资不能及时供应。

（2）分散采购的优缺点。

①分散采购的优点：作业速度增快；有效地利用当地资源；权责分明，易于管理。

②分散采购的缺点：订购成本过高；不易享受折扣优惠；物料品质不易达到一致。

4. 采购定价的方法

采购定价的方法有议价、比价、招标和询价现购等多种方法，要根据采购的需要与市场供应情况而定。

（1）议价。议价是指买方与供应商以商议方式决定其所需的物料。适用场合为：供应商仅有一家，而无其他竞争者；或者迫切需要时。

（2）比价。比价是指买方函告有关厂商，定期前来报价，并以议价方式选定供应厂商。其适用场合为：合格的投标厂商不足三家；采购的物料必须保密，不能公开招标；经公开招标后，可能会有违标现象发生。

（3）招标。招标是指买方以公告方式，召请供应商定期前来报价，并以公开标价的方式选定供应商。该方法在供应商有三家以上时可付诸实施。

（4）询价现购。询价现购法是指买方直接向市场询明价格，现货采购，又称市场选购。适用场合为采购数量少且价值不高的物料时。

第四节 服装物料入库检验与存货控制

一、仓储物料的分类与编号

物料分类是物料管理的基础，如果没有良好的分类体系，就没有良好的物料管理。因此，物料分类的作用可归纳为：为物料编号提供基础；可大大提高物料管理的效率；便于管理信息，迅速正确地传递和联络；简化物料种类，提高仓储管理的功能。

物料分类是根据一定的标准，如基本性质、用途等，将物料进行系统的排列，让性质、用途相近的归并成类。

1. ABC 分类法

按价格高低、用量大小、重要程度、采购难易将企业库存的物料分为 A、B、C 三类，实行分类管理。ABC 分类法根据这些情况，将较重要、较难采购的占全部存货数量25%，而其价值占总成本70%的物料称为 A 类物料；将占全部存货数量25%，而其价值占总成本25%的物料归为 B 类物料；存货量占全部存货数量的50%，而其价值占总成本的5%并且容易采购的物料归入 C 类物料。其构成如图 3-3 所示。

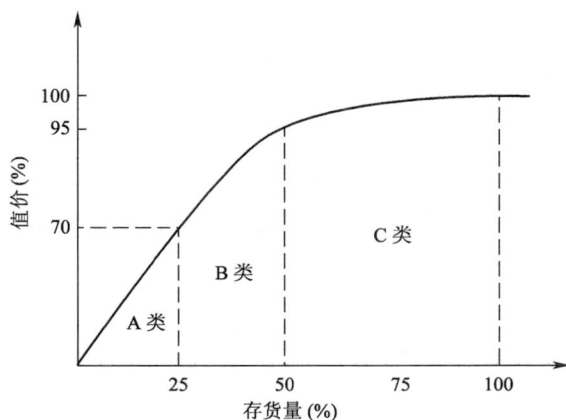

图 3-3　ABC 分类图

2. 物料编号

为了方便物料的仓储管理，要将物料进行编号。物料编号是在物料分类的基础上，以符号、文字或数字等代表物料的类别、名称、规格及其他有关事项的管理制度。经过编号，物料便于记录和查找，也可将数据输入计算机，建立物料数据库，从而提高仓储管理的效率，快速为生产部门拟订生产计划或采购部门作预编采购计划提供有关资料。

物料编号的方法有以下五种。

（1）英文字母法。英文字母法是以一个或一组英文字母代表某项物料，如以 A 代表面料，AA 就代表棉斜纹布、AB 代表牛仔布等。

（2）数字法。这种方法是最原始的方法，将所有物料依照分类标准排列后，依序编好顺序号，代表各种物料。

（3）编号法。这是在数字法的基础上改进的一种方法。将所有物料分成十大类，分别用数字 0～9 表示，然后再将每大类物料划分为十小类，以此类推。

（4）暗示法。暗示法是用与物料有关的文字或符号代表该物料，能让人望文生义。如金属材料以 M（Metal）表示、布料以 F（Fabric）表示等。

（5）混合法。混合法是指文字、符号、数字等混合使用表示物料的类别和规格，如 F－R－112，代表的是红色 112cm 幅宽的棉斜纹布。其中，F 代表棉斜纹布、R 代表红色、112 代表布幅宽是 112cm。

二、物料入库验收与发放

当物料送到收货仓，收货人员就要检查物料的数量是否与订购单的要求一致。如送来的物料是整匹布料，则要检查附于布匹之上的标签。如果物料的规格和数量与订购单上所列的不同或是有损坏，都要做好记录，酌情处理或退货。验完货之后，应在供应商提供的交货单上签名或盖章，以证明物料已经核收。

1. 物料规格和数量的复核

在成衣生产之前，必须对使用的物料进行检查和复核，其目的是为了提高产品质量和物料的利用率。对物料进行规格、数量的复核，是生产前的一项重要工作，一般在物料仓库进行或者在裁剪车间进行。

（1）数量复核。对物料进行复核时，首先要检查出厂标签上的品名、颜色、数量等是否正确，两头印章、标记等是否完整，并按订购单逐一核对，做好记录。

卷筒包装的物料，一般应该在量布机上复核，折叠包装的物料应先测量折叠长度是否正确。有一些按重量计算的物料如针织类面料也应该过秤复核，并按面料的平方米重量计算其数量是否正确。

（2）核对幅宽规格。在复核每匹物料长度时也要测量其幅宽。如果差距在 0.5～1cm 之间，应在物料上标明，并在点校后单独堆放，发料时应该按最小幅宽数发料；如果差距在 1cm 以上，可以按实际幅宽计算，并在每匹上都注明幅宽和长度，整理后列出清单，提供给下道工序，以便合理使用物料。

2. 其他辅料复核

首先核对品名、颜色、规格、数量等与实际是否相符。如果是物件较小、数量较大的物品，如纽扣、裤钩、商标等物件，可按小包装计算并拆包抽验数量与质量是否与要求相符。配套用的材料，要核对其规格、颜色和数量是否有短缺、差错的情况，以便及时纠正。

以上各项复核无误后，需填写服装物料入库单，以便查询。

3. 物料收发程序

物料收仓和发放要遵循一定的管理程序，这样才能使物料流通顺畅。

（1）收料。收料部门的责任在于检查进厂物料的数量与品质。收料的主要步骤如下：

①清点送来物料的种类与数量。

②填写收料单。

③检验物料规格是否与订购规格相符。

④发生数量不足或品质不合格时，通知采购部补足或更换。

⑤签物料验收单。

⑥将物料存放在适当的地方，以备领用。

（2）发料。使用单位填写领料单后方可到仓库提货，仓库管理员发料时应注意以下事项：

①审查"领料单"的填写是否符合规定。

②根据"领料单"所填数量，分发物料。

③按"先进先出"的原则发料，以防物料变质，造成损失。

④非仓库管理员，不得任意进出仓库，确保仓库的安全。

三、服装面辅料检验与预缩

对服装面料进行质量检验和一些物理、化学性能的测试，其目的是为了掌握材料性能的有关数据和资料，以便在生产过程中采取相应的手段和技术措施，提高产品质量及布料的利用率等。

面料检验的主要任务是检查布料中的疵病，如织疵、染整疵点、印花疵点等。在逐匹进行检查时发现有疵点的位置要作出明显记号，以便在铺料划样时合理使用布料。

1. 疵点检验

（1）在验布机上进行验料。一般应用于圆筒卷料包装和双幅材料。验布机可分为窄和宽两种，其工作过程是：布料通过送布轴和导布轮的传送，在毛玻璃的斜台面上徐徐通过。在毛玻璃的台面下装有日光灯，利用柔和的灯光透过布面，使其充分暴露疵点。验布者如发现色差、破损、格子大小等方面的疵点，应随即做好记号，以便铺料划样时利残借裁。

（2）台板检验。这种检验方法，一般应用于折叠型包装的材料。检验时应将布匹平放在检验台上，光线要柔和稳定，一般检验台应设在朝北的窗口边上。检验者从上至下，逐页翻阅，发现疵点就随即做好记号。

检验的标准可按照企业标准或同类产品的部级标准、国家标准，并根据服装疵点允许范围和要求进行检验。

2. 色差、纬斜的检验

在检验疵点的同时，也应该进行色差与纬斜的检验。

（1）色差。检验色差时，将面料左右两边的颜色对比，同时也和布幅中间的颜色对比。每间隔10m应进行一次这样的对比。整匹布验完后还要进行头、尾、中三段的色差比较。

（2）纬斜与纬弯。纬斜和纬弯是因为纬纱与经纱不成垂直状态而影响布料外观质量的疵点。纬斜一般指纬纱呈直线状歪斜。纬纱歪斜会使面料产生条格的歪斜和纹样的歪斜。纬弯是指纬纱成弧状歪斜，有弓形纬弯、侧向弓形纬弯和波形纬弯等。纬弯也会造成布面的条格、纹样等歪斜变形。纬斜和纬弯可按服装疵点允许范围要求进行检验。

（3）缩率、色牢度、起毛起球、染料中的有害物质检验。通过理化测试室对相应指标进行测试。

服装物料经以上各项质量检验后，需填写物料检验报告，按疵点绩点计算布匹等物料积分，以判断该检验物料是否符合要求。

3. 面辅料预缩

服装材料由于在生产过程中经过织造、精练、染色、整理等各种处理，在各道工序中所受的强烈的机械张力会导致织物发生纬向收缩、经向伸长的不稳定状态，使织物内部存在各种应力及残留的变形，材料在生产过程中就会产生一些自然曲缩、湿热收缩等不良变形特性。根据材料的不同，这些变形特性各异，因而在裁剪前要消除或缓和这些变形的不良因素，使服装成品的变形降低到最小限度，这就是材料的预缩。在产品投产前对材料进行预缩处理，可以提高服装成品的形态稳定性、穿着性等性能。

由于材料中存在的变形因素不一样，所以在预缩处理过程中所采用的手段和方法也不同，常见的方法有以下几种。

（1）自然预缩。在裁剪前将织物拆包、抖散在无堆压及无张力的情况下，存放一段时间。一般应放置24h以上，使面料、辅料等自然回缩，消除张力。

（2）湿预缩。收缩率较大的材料或质量要求较高的服装，在裁剪前，所用材料必须给予充分的缩水处理。一些收缩率较大的辅助材料，如纱带、彩带、花边等，也同样需要给予"湿预缩"处理。

（3）干热预缩。干热预缩法按给热的方式分为两种：一种是直接加热法，即用电熨斗、呢绒整理机等对布面直接接触加热预缩；另一种是间接加热法，利用加热空气和辐射进行加热，可利用烘房、烘筒、烘箱等热风形式及红外线的辐射热进行预缩。如果遇到一些在温度作用下收缩较大的面料，可采用这种预缩方法。

（4）汽蒸预缩。这是一种湿热预缩的方法，织物在蒸汽给湿和给热的作用下，恢复纱线的平衡弯曲状态，达到减少缩水率的目的。

服装厂可将准备预缩的材料在无张力作用的松弛状态下放入烘房，内通一定的蒸汽压力，让织物在受湿热的作用下自然回缩。时间可根据材料不同而定，然后经过晾干或烘干方法进行干燥处理。

其他辅料，如橡胶松紧带等也可应用汽蒸方法帮助预缩。

目前，一些大型服装厂已经逐步采用预缩机进行预缩处理，这是一种比较先进的预缩方法。预缩机的种类很多，主要有呢毯式和橡胶毯加热承压辊式两大类。

四、服装生产物料的存货控制

1. 存货控制的目的

存货控制本身不能创造利润，但用减少库存成本的方法可达到开源节流的目的，仍然可以产生效益。存货控制的目的如下。

（1）达到最经济的订购量，降低采购成本。

（2）在最适当的时间订购物料，保证生产供应。

（3）把存货量控制在一个适当的范围。

简言之，存货控制的目的是配合生产，以最少的费用维持对生产或客户的服务。

2. 存货控制的基本内容

一般说，存量控制工作主要有三方面：确定最高的存货量、确定最低的存货量、确定再订货存量。

（1）确定最高的存货量。确定最高的存货量时，有关人员需要考虑三个因素：物料的消耗速度、物料变坏或过时的可能性、当前可用的储存空间。

这三个因素是相关的。如果物料消耗得快，库存的数量就要多。不过，这些因素也要考虑到物料的特性。如果是易于变坏的物料，存量就应该减少，避免更多的物料变坏。此外，工厂可用的储存空间也是要考虑的，工厂应预备足够的空间来容纳所需的存货量。在很多情况下，前人的经验对确定最高存货量有着很好的参考价值，也可以参考公式：

最高存货量 =（购备时间 + 订购周期）×耗用率 + 安全存量

（2）确定最低的存货量。确定最低的存货量时，有关的人员需要考虑两个因素：物料的消耗速度、物料的交货时间（即从下订单至收到物料所需的时间）。

如果物料消耗得快，最低的存货量也要相应提高，但这也受物料交货时间的影响。如果下订单后供应商的物料很快到位，物料消耗快的影响则不大，最低的存货量也不用调得很高，以免占用过多的资金和空间。计算最低存货量的简单公式为：

最低存货量 = 单位时间需求量 × 交货所需的时间

例如，如果物料的单位时间需求量为每星期 100 件，需 6 个星期交货，那么最低的存货量应该是：

100 件/星期 × 6 星期 = 600 件

（3）确定再订货存量。再订货存量要比最低存货量定得高些。在确定再订货存量时，要考虑的因素有：物料的消耗速度、物料的最低存货量、物料的交货时间。

如果物料消耗得快，那么再订货存量通常也调得较高，但也受物料的最低存货量和交货时间的影响。在交货时间不长、最低存货量又小的情况下，即使物料消耗得很快，也不需将该存货量调得很高。

3. 存货控制的两种极端情形

在物料存储过程中，如果生产、财务和采购三者之间的矛盾不能协调好，会出现两种极端的存货控制模型，即存货过多型和存货过少型。

（1）存货过多型。即由于怕影响生产连续进行，一次订购过多的物料，造成存货过多。存货过多存在以下缺点：

①增加企业资本成本。储存过多物料，会占用大量资金，使资金无法投入其他利润可能更好的项目。

②增加企业生产成本。多余的存货需要额外的储存空间、设备和保管人员，因而会使管理等费用增加。

③物料可能变质变坏。物料若放置在物料仓内时间过长，就可能损坏，甚至完全不能使用。

④不能适应市场需求。服装市场变化很快，同一款式的服装随着潮流的变化会很快过时，因而过时的物料可能会跌价或变得完全无价值。

（2）存货过少型。存货过少也不利于生产，它存在以下不足：

①打乱生产进度。物料存量不足可能会影响甚至中断生产所需的物料供应，从而扰乱生产进度，严重者会使工厂不能按期交货，造成订单被取消或顾客要求索赔。

②增加生产成本，降低生产利润。生产车间因物料存量不足而停产，导致产量降低，但工人的工资、厂房的租金等各项费用仍要支付，因而导致产品的生产成本上升、生产利润下降。

③增加采购成本。为了补足物料存量，工厂要另下订单来采购这些物料，使采购成本上升。

由此可见，物料存货过多或过少都不利于生产，所以充分控制存货量，是物料管理的首要任务。在大多数服装生产企业，存货控制一般都是由仓务管理部门和采购部门共同负责。

4. 存货控制模式

理想的物料库存控制系统应包括生产计划、生产排期和控制。另外，还需与其他计划及控制活动相结合，如现金计划、资产预算与销售预测等。

存货控制系统包括三方面：长期计划编定预算有利于存货投资；中期政策与计划作为短期排期的基础；短期排期计划安排生产日期。

它们之间的关系如图3-4所示。

合理的储存量，应是能够满足生产要求而且全年存储费用最少的经济量。物料存量控制一般有以下几种模式。

（1）物料预先储备模式。物料预先储备按其作用可分为以下两大部分：

①经常储备。是指企业在前后两批物料运进时间的间隔期内，为了保证生产消耗而必须建立的物料储备。经常储备是正常生产条件下必不可少的储备，如在服装企业中，缝纫线、缝针、缝线梭等是必不可少的经常储备物料。

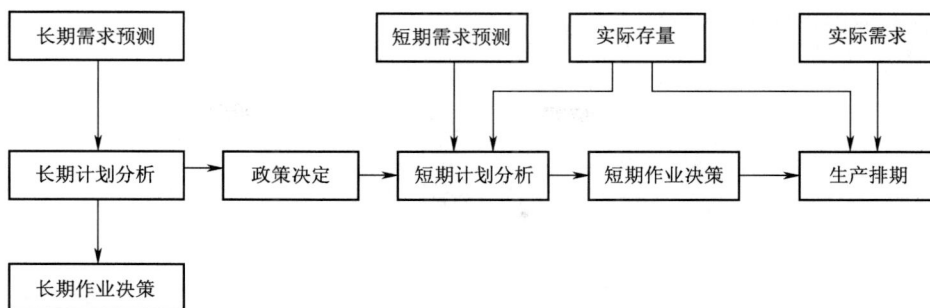

图 3-4 存货控制与生产计划的关系

②安全储备。又称保险储存，它是一种后备的储存，用于防止经常储备因交货延误、运输延误等原因及生产需要量突增出现的生产和供应脱节而设置的物料储备。

安全储备在一般正常情况下不予动用。一旦动用应立即补足以确保生产连续进行。图 3-5 为企业物料储备模式示意图。

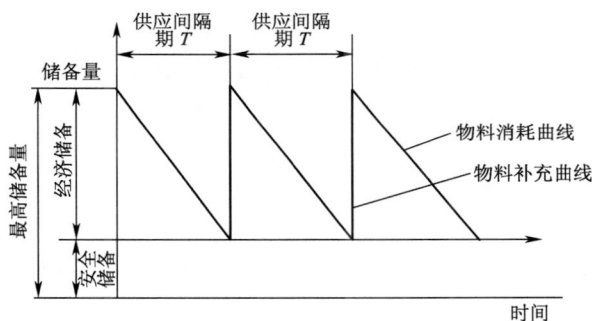

图 3-5 物料预先储备模式

（2）等量消耗瞬时补充模式。等量消耗是指在两批物料运进的供应间隔期内，每一单位时间的物料消耗量都相等。物料购进从开始入库到验收完毕，总要经过一定的时间，当这段时间与生产过程相比很短时，可以认为全批物料是一次即刻到达的，称瞬时补充。这种模式是库存中最基本的类型，也是一种理想化的模式，如图 3-6 所示。

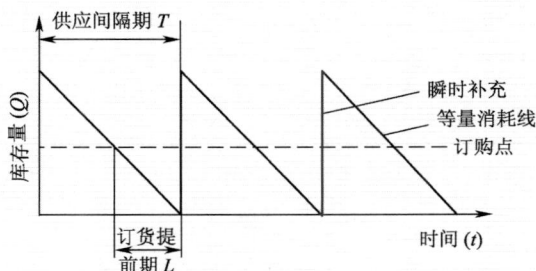

图 3-6 等量消耗瞬时补充模式

计算每批订货量和供应间隔期公式为：

$$EOQ = \sqrt{\frac{2DS}{I}}$$

$$N = \frac{D}{EOQ}$$

$$T = \frac{365}{N}$$

式中：EOQ——每批订货量（米）；

　　　N——每年订货次数（次）；

　　　T——每批货间隔的时间（天）；

　　　D——全年物料需要量（米）；

　　　S——每次订货所需订货费用（元/次）；

　　　I——单位物料全年存储保管费用（元/米·年）。

一般情况下，物料的订货量往往不可能一发出订货单就立即得到，通常需要一个订货提前期（从发出订货单至货物到达工厂的这段时间用 L 表示）。若已知订货提前期，则可根据库存物料数量，确定发出下一批物料订单的日期。必须发出订单的库存量称为再订购点库存量，由 ROP 表示，即：

$$ROP = \frac{EOQ}{T} \cdot L$$

只要物料的库存量随生产消耗下降到再订购点数量时，立即由采购部门发出下一批物料的订单。

（3）边消耗边补充模式。前面介绍的模式是指物料供应在瞬时补充的条件下进行的，但在实际生产中，由于运输、厂商的制造能力等原因，物料的补充过程往往是一边消耗一边补充的。如图3-7所示，只有单位时间内物料补充量大于消耗量时才能使生产连续进行。

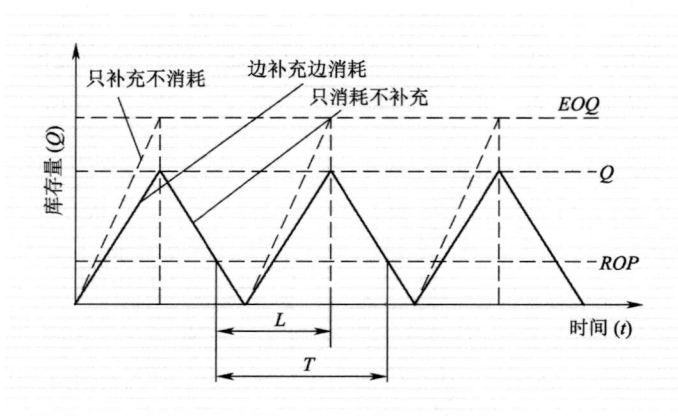

图3-7　边消耗边补充模式

最经济订货批量 Q 为：

$$Q = \sqrt{\frac{2DS}{I(Y-X)}}$$

式中：X——单位时间物料消耗量（米/分钟）；

Y——单位时间物料补充量（米/分钟），I、S、D 与前式相同。

（4）有价折扣模式。以上讨论的物料库存模式都是在物料购进单价不变的条件下成立。实际生产中，物料销售部门为了扩大销售量，经常会采用价格折扣的方式，规定每次购买量达到某一数量以上时给予价格的优惠，即对原单价有一个折扣率。因此，订购物料时在权衡各种利弊后再确定一个经济的订购量。

（5）考虑安全库存存储模式。以上讨论的几种库存模式都是在不会出现缺货的情况下建立的，这在供求关系稳定的情况下按每批经济订货量订货可以取得良好的经济效果。但实际情况往往更复杂，供求关系脱节将导致缺货现象发生。缺货的发生主要有以下两方面的原因。

①订货未能按期送到而使生产停产，称为到货延误，如图 3-8 所示。

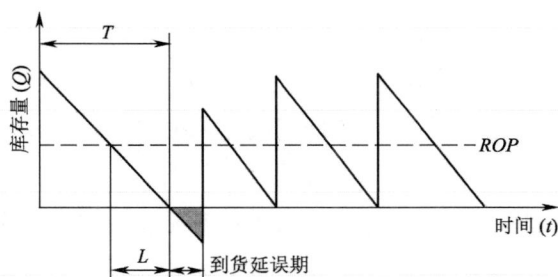

图 3-8 等量消耗到货延误模式

②在生产中，由于销售需要或生产情况发生异常等，造成物料需要量突增，而按合同订货未能到达，称为过量消耗，如图 3-9 所示。

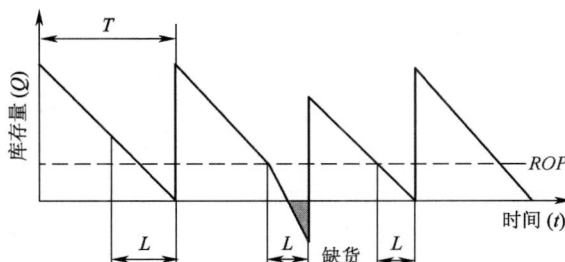

图 3-9 按期供货过量消耗模式

缺货会使生产停顿，造成损失。为了避免或尽量减少缺货损失，企业有必要建立一定的保险库存量，来缓冲供求脱节的矛盾。但由于这部分库存量在供应关系稳定时是不会动用的，从而增加了库存的总成本。因此，在设置安全库存时，要确定合适的库存量，使总费用支出降到最低。

服装企业物料存货控制应根据企业的实际情况，综合考虑决定采用一种模式或几种模式共用的方法来存储物料。

5. 存货控制方法

（1）ABC 库存分类管理法。ABC 库存分类管理法就是对库存物料根据 ABC 库存分类法，按其价格高低、用量大小、重要程度、采购难易分为 A、B、C 三类。对库存物料进行 ABC 分类后，服装企业可以对不同类别的物料采取不同的控制和管理的方法。

①A 类物料是控制的重点，要进行严格控制，订购批量及安全库存量、订货时间要进行计算，进出库要有详细记录，而且要定期检查，在保证需求的前提下，库存量要尽可能低，节约流动资金。

②B 类物料要实施一般控制，订购批量和安全库存量可根据历史数据与经验确定，进出货要有记录，要进行定期检查。

③C 类物料，由于占用的资金不多，但品种繁多，可用简便的方法进行管理，如采用三堆法管理：第一堆供日常领用，用完后需要立即发出订货通知；第二堆表示订货点库存量；第三堆表示安全库存量，供紧急情况下使用。对 C 类物料可稍加控制，但不能不加控制。

（2）定量订货控制。定量控制也称订购点法或 Q 制度，其特性有：每次订购数量一定，由存货控制的基本原则来决定；订货周期按需求决定；确定安全存量，应付前置时间内不正常的需求；经常检查当前的存货是否减至订购点，以便订购。

定量订购制的经济订购量 = 平均每天使用量 × 一个生产周期的天数

定量订货控制的存货模式如图 3 - 10 所示。

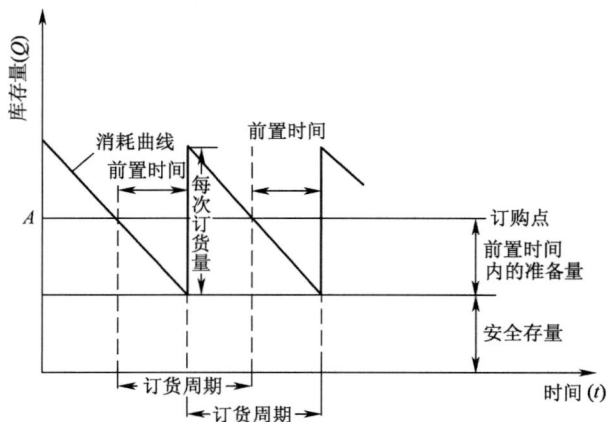

图 3 - 10　定量订货控制的存货模式

（3）定期订货控制。定期控制或称 P 制度，其特性有：订货的周期固定不变；订货的数量为存货水平的数量减去现存量，订货数量是不确定的；定期执行盘点作业，确定现存量。

定期订购制的订购量＝最高存量－已订未交量－现有存量

定期订货控制的存货模式如图 3 - 11 所示。

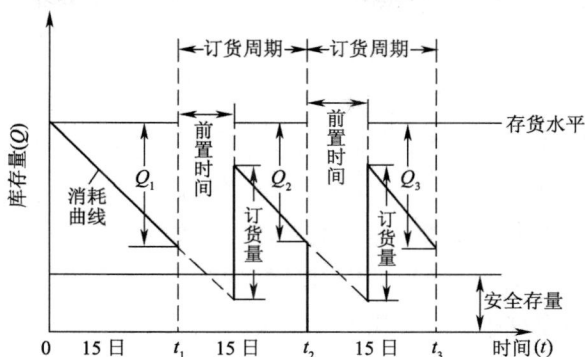

图 3 - 11　定期订货控制的存货模式

（4）双份控制。双份控制是将特定物料分为 A、B 两份，平常使用 A 份，B 份作储存。待 A 份用完后才准动用 B 份，同时订购 A 份的数量，在前置时间内则以 B 份来维持需求。

（5）综合订货控制。采用定期控制的方法，在定期检查存货时，往往会发生存货已减至应订货存量之下的情况，即使立即订购物料，待新物料到库已无法应付需求。为了弥补这一缺点，管理人员可将双份控制与定期控制配合使用。如果定期检查日期未到而双份制中的第一份存货已经用完，则应立即订购。如果定期检查的日期已过，而双份制中第一份尚未用完，则仍需进行订购。

综合订货控制的存货模式如图 3 - 12 所示，图中 t_1 表示第一份存货用尽之日，若在 t_1 日订货，则 t_3 日待进货到库时仅用去安全存量中 S_1 的数量，尚不致产生缺货。若在 t_2 日订货（即安全存量点），t_4 日进货到库时，会用尽安全存量并产生 S_2 数量的缺货情况。

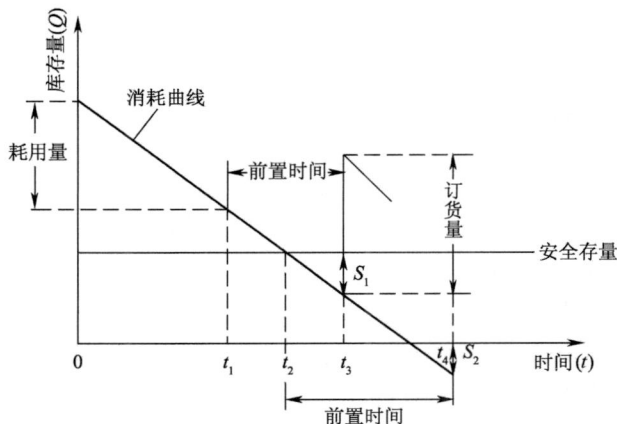

图 3 - 12　综合订货控制的存货模式

（6）物料需求计划（MRP）控制。物料需求计划（Material Requirement Planning, MRP）是近年来发展起来的一种用计算机辅助生产计划和库存控制系统。这种方法的功能是根据产品的要求，计算出构成这些产品原材料的需求量，并根据产品的交货期推导出零部件的生产进度和原材料、外购辅件的采购日程，情况变化时可以及时调整，重新编制符合新情况的作业计划。其目标是在保证按时供应原材料的条件下，统一安排生产、供应和销售活动，尽量降低库存水平。通过录入产品生产计划、库存状态和产品结构，计算机系统进行一定的计算和处理，输出采购订货单和工作命令。MRP 的使用在降低库存水平、提高服务水平、更好地满足市场需求、提高劳动生产效率等方面取得了显著效果。目前，MRP 系统已向生产系统的外延发展，形成多级库存分配网络服务体系，以合理的各级库存水平使网络内的各级库存始终处于最佳分布状态。

本章总结

服装物料准备是服装生产企业用以生产产品的物质基础，物料管理工作的水平直接影响企业的市场竞争力和经济效益。本章主要介绍了样衣制作与生产前纸样制作、工艺单与制单制作的要求，对服装生产前的准备工作、物料入库检验与存货控制方法等内容进行了全面阐述。

思考题

1. 物料采购的方式有哪几种？

2. 物料采购的方法有哪些？

3. 物料分类的方法有哪些？

4. 物料编号的方法有几种？

5. 存货控制的基本原则是什么？

6. 试阐述库存控制的四种模型。

7. 考虑数量折扣的情况，如何确定订货批量？

8. 定期订货控制法与定量订货控制法各有哪些优缺点？

9. 某服装公司对某面料库存的年需求量为 3600 万米。已知：一次订货成本为 4.00 元/次，保管成本为 0.06 元/（万米·月）。试求：

（1）经济订货批量及库存总成本。

（2）当该面料订货量增减 10%，20% 时，库存总成本的变化。

10. 弘华制衣企业需要某种物料 7200 单位，每批定购费用为 480 元，存储费用为每单位每月 10 元，试求：

（1）该原料的经济定购批量。

（2）该原料全年最低储存费用。

（3）采用定量定购方式，定购周期为 4 天，安全储备量为 60 单位，则应在库存降至何种水平提出订货（全年以 360 天计）？

11. 试阐述服装生产前应做好哪些准备工作？

12. 编制男衬衫的生产工艺单。

13. 试阐述生产文件制订的重要性和作用。

14. 编制牛仔裤的生产制造单。

服装生产系统运行——

服装裁剪工程技术管理

课题名称： 服装裁剪工程技术管理

课题内容： 服装裁剪工程主要内容

服装裁剪分配方案的制订

排料工序管理

拉布方式与设备

裁剪工艺要求与设备

工票、捆扎与裁片对色标签

课题时间： 10 课时

教学目的： 通过本章教学，使学生掌握服装裁剪工程管理的有关技术理论和方法，为今后服装生产管理打下基础。

教学方式： 以教师课堂讲述为主，辅以服装生产企业实地参观和生产实习。

教学要求： 1. 了解服装裁剪部门的工作内容及生产组织。

2. 掌握裁剪分配方案的制订方法。

3. 熟悉排料工艺制订与要求。

4. 了解裁剪设备与裁剪要求。

5. 掌握捆扎与工票的使用。

第四章　服装裁剪工程技术管理

第一节　服装裁剪工程主要内容

在服装生产过程中，裁剪是成衣生产过程的第一阶段，裁片的裁剪工作由裁床部门负责完成。生产人员首先将面料、衬里和衬布等原材料裁剪成服装的各个部分，如前片、衣领和衣袖等，再用缝纫设备缝合起来，然后进行压烫和整理包装，才可以将合格的服装产品交付给顾客。因此，裁剪工程的生产组织在服装生产中就显得非常重要。

一、服装裁剪工程的主要内容

服装企业裁剪部门的工序和专业化程度因裁剪产品的数量而异，但各服装企业的裁剪部门负责的主要工序是基本相同的，主要分为以下几项内容。

1. 制作和复制排料图

排料的主要目的在于尽量节省用料。排料就是排列纸样图，又称排板，如图 4-1 所示，同一块面料上排放了一件或多件服装的所有纸样。绘制排料图就是将排好的纸样勾画在面料或纸张上的工艺操作。

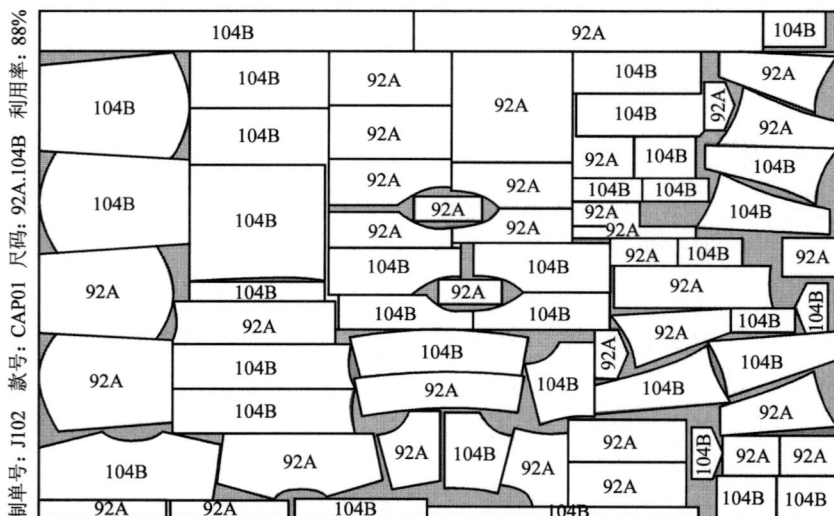

图 4-1　牛仔外套排料图

每一次裁剪需要排料图一张，固定在布料最上面，按图上的线条裁剪布料，如需再次裁剪，则需将本床的排料图纸进行复制，就可满足多次同样方案的裁剪时对同一排料图的需求。

2. 拉布或铺料

根据裁剪分配方案所规定的拉布层数和拉布长度，将面料一层层铺放在裁床上，直到铺完工艺所需的层数为止，这种铺放面料的工序被称为拉布或铺料。拉布时要求面料的两端布头垂直，布边与布边对齐，面料要铺平。

3. 裁剪

裁剪在我国南方又被称为割布，它是根据排板上的纸样形状，用裁剪机械沿纸样形状把整床面料剪成生产所要求的裁片。在成衣工业化生产中，一般使用电动裁剪刀进行裁割。

4. 捆扎

由于裁片的数量多，为了避免混乱及衣片搭配出错，在面料裁剪完毕后，应将裁片按数量、大小、重量等分成一小堆，然后用绳线等进行捆绑，这项工作被称为捆扎。捆扎后的裁片便于搬运。

通过上述工序处理并对裁片进行检查合格后，才能将符合要求的裁片交付缝纫车间进行缝制加工。

二、裁剪工程部的设置形式

大中型服装生产企业通常会设立专门的裁剪工作部门，可称"裁剪工程部"。裁剪工程部一般根据企业的实际情况可以设为定制裁剪部、成衣裁剪部以及两者兼顾的裁剪部门。

1. 定制和成衣裁剪的比较

在服装企业中，定制裁剪主要用于样衣和少批量等加工，成衣裁剪用于批量生产。定制与成衣裁剪的比较见表4-1。

表4-1 定制与成衣裁剪的比较

裁剪定制服装的裁床部	裁剪成衣的裁床部
1. 每张订单的货量只是一件或几件衣服（少件多种品种加工）	1. 每张订单的货量数百或数千且款式相同（大批量、少品种加工）
2. 每张订单要求的颜色、尺码和款式都不同	2. 每张订单一般所需的尺码和颜色类别不多
3. 采用剪刀或圆刀式裁剪机等简单设备	3. 采用电动裁剪机，操作需要特别的训练
4. 裁剪人员兼画纸样和裁剪等工作，裁剪人员的技能水平较高	4. 纸样、铺料、裁剪等各种工作由专门的员工来负责
5. 直接在面料上排板	5. 排板先画在纸上
6. 每一扎裁片包括此款服装的所有衣片	6. 每一扎裁片是同一种形式的衣片

2. 兼顾定制和成衣加工的裁剪部

兼顾定制和成衣加工的裁剪部通常应有如下特点。

（1）裁剪人员较多，常需聘请技能水平高的裁剪技师。

（2）作业场地大，需要较多的空间来画纸样、拉布和裁剪。

（3）有经验的裁剪技师可以根据标准尺码的纸样作修改，变成顾客的纸样，减少在制时间。

第二节　服装裁剪分配方案的制订

一、服装裁剪分配方案的概念

所谓裁剪方案就是有计划地把订单中的服装数量和颜色合理地安排，并使面料的损耗减至最低的裁床作业方案。在工业化服装生产中，服装生产是以数量多、品种多的形式进行的，面料的耗用量很大，约占总成本的50%以上。为了降低面料的成本，必须有计划地利用面料，这就需要制订一个合理的裁剪分配方案。裁剪方案包括以下内容。

（1）排料方式，包括款式、尺码、件数等。

（2）拉布的方式、拉布的数量和颜色搭配等。

二、裁剪分配方案的制订

1. 裁剪分配的编号

客户是以大多数人的号型，确定订单的尺码和数量。一般来说，订单中以中码 M 居多，小码 S 和大码 L 则较少，特小码 XS 和特大码 XL 就更少，依此类推。

根据尺码和颜色的分配比例，有均码和不均码两种分配情况：

（1）均码（各尺码数量相同）：

XS	S	M	L	XL
1	1	1	1	1

（2）不均码（各尺码数量不相同）：

XS	S	M	L	XL
1	2	3	2	1

①平均颜色：

	XS	S	M	L	XL	总数（件）
红：	100	200	300	200	100	900
黄：	100	200	300	200	100	900
蓝：	100	200	300	200	100	900

②不平均颜色：

	XS	S	M	L	XL	总数（件）
红：	100	200	300	200	100	900
黄：	100	100	200	200	100	700
蓝：	100	150	300	100	100	750

2. 裁剪方案的制订

例如，某1200件产品的订单有三种颜色：

	S	M	L	总数（件）
红：	100	200	100	400
黄：	100	200	100	400
蓝：	100	200	100	400

根据列出的尺码、件数和颜色，裁剪方案或其排料分配如下：

方案一　拟定一张排料图，可以完成各尺码及颜色的分配比例：

S	M	L	
1	2	1	＝4 件

方案二　用两张排料图完成各尺码及颜色的分配比例：

S	M	
1	1	＝2 件

M	L	
1	1	＝2 件

从以上两个方案可以知道，订单的裁剪分配方案可以有多种，但最理想的裁床方案基本上只有一种。最佳裁剪方案拟订原则：排料图张数越少、床数越少，则方案越好，裁剪任务完成的速度也就越快。同时，面料的利用越高，方案越佳。

制订裁剪方案应该注意：排料图的长度会影响拉布的层数和作业效率。通常排料图的长度短，拉布的层数就增多，但当拉布的层数高到某一数值时，会影响裁剪精度。排料图中的件数直接影响面料的用量，件数少，则面料的利用率较低；件数越多，面料的利用率会提高，但到了一定程度后，面料的利用率也会适当回落。排料图中的件数过多，会增加拉布长度，影响拉布质量和效率。排料长度会受下列因素的限制。

（1）裁床的长度。裁床的长度越长，容纳排料件数越多，但也要根据订单的数量来决定排料的件数。

（2）面料因素。

①各种颜色的匹数。如果某种颜色的匹数少，排料的长度不宜长，否则会减少该种颜色拉布的层数。

②布匹的长度。如果布匹的长度较短，排料的长度也不能太长，否则易出现（如驳布、印票等）问题。

③成衣的用布量。在排料前，要了解该款式单件成衣的大概用布量，排料长度应与之配合，单件用布量少，就可以多排几件。

④每床拉布层数。根据该面料的质地及厚薄来决定每床所拉的层数，面料比较薄时，可以适当地在每床多拉些层数；当面料比较厚时，所拉的层数就不能太多，否则会影响作业效果，如捆扎裁片时会出现困难。

3. 裁剪分配方案实例分析

（1）单色混码。

例 1 订单资料如下：

尺码：	S	M	L
数量：	225	450	450

要求：每床最多拉 300 层，每张唛架最多排 6 件。

试求：最佳的裁剪分配方案。

解：

	S	M	L	层数	件数
	225	450	450		
（1）	1（0）	2（0）	2（0）	225	5

床次（1）：$1/S + 2/M + 2/L = 5$ 件，拉 225 层。

例 2 订单资料如下：

尺码：	S	M	L
数量：	200	250	150

要求：每床最多可拉 200 层，每张唛架最多排 3 件。

试求：最佳的裁剪分配方案。

解：

	S	M	L	层数	件数
	200	250	150		
（1）	1（50）	1（100）	1（0）	150	3
（2）	1（0）	2（0）		50	3

床次（1）：$1/S + 1/M + 1/L = 3$ 件，拉 150 层；

床次（2）：$1/S + 2/M = 3$ 件，拉 50 层。

例 3 订单资料如下：

尺码：	S	M	L	XL
数量：	175	860	120	175

要求：每床最多可拉 150 层，每张唛架最多排 10 件。

试求：最佳的裁剪分配方案。

解：

	S	M	L	XL	层数	件数
	175	860	120	175		
（1）	1（55）	7（20）	1（0）	1（55）	120	10
（2）	2（15）	1（0）		2（15）	20	5
（3）	1（0）			1（0）	15	2

床次（1）：$1/S + 7/M + 1/L + 1/XL = 10$ 件，拉 120 层；

床次（2）：$2/S + 1/M + 2/XL = 5$ 件，拉 20 层；

床次（3）：$1/S + 1/XL = 2$ 件，拉 15 层。

例 4 订单资料如下：

尺码： 8　　　　10　　　　12　　　　14　　　　16

数量： 150　　　396　　　960　　　960　　　300

要求：每床最多可拉 100 层，每张唛架最多排 6 件。

试求：最佳的裁剪分配方案。

解：	8	10	12	14	16	层数	件数
	150	396	960	960	300		
（1）	（150）	1（296）	2（760）	2（760）	1（200）	100	6
（2）	（150）	1（196）	2（560）	2（560）	1（100）	100	6
（3）	（150）	1（96）	2（360）	2（360）	1（0）	100	6
（4）	1（54）	1（0）	2（168）	2（168）		96	6
（5）	1（0）		2（60）	2（60）		54	5
（6）			2（0）	2（0）		30	4

床次（1）～（3）：$1/10 + 2/12 + 2/14 + 1/16 = 6$ 件，拉 100 层；

床次（4）：$1/8 + 1/10 + 2/12 + 2/14 = 6$ 件，拉 96 层；

床次（5）：$1/8 + 2/12 + 2/14 = 5$ 件，拉 54 层；

床次（6）：$2/12 + 2/14 = 4$ 件，拉 30 层。

（2）混色混码。

例 1 订单资料如下：

尺码： 8　　　　10　　　　12　　　　14　　　　16

数量： Y：60　　　120　　　180　　　180　　　60

　　　　B：360　　　320　　　520　　　360　　　120

　　　　W：170　　　190　　　300　　　240　　　80

要求：每床最多可拉 300 层，每张唛架最多可排 10 件。

试求：最佳的裁剪分配方案。

解：		8	10	12	14	16	层数	件数
	Y	60	120	180	180	60		
	B	360	320	520	360	120		
	W	170	190	300	240	80		
（1）	Y	1（0）	2（0）	3（0）	3（0）	1（0）	60	10
	B	1（240）	2（80）	3（160）	3（0）	1（0）	120	10
	W	1（90）	2（30）	3（60）	3（0）	1（0）	80	10
（2）	B	3（0）	1（0）	2（0）			80	6
	W	3（0）	1（0）	2（0）			30	6

床次（1）：$1/8 + 2/10 + 3/12 + 3/14 + 1/16 = 10$ 件，YBW 分别拉 60 层、120 层、

80 层；

床次（2）：3/8 + 1/10 + 2/12 = 6 件，BW 分别拉 80 层、30 层。

例 2 订单资料如下：

尺码：	8	10	12	14	16
数量：红：	100	300	400	300	100
黄：	100	300	400	300	100
蓝：	100	300	400	300	100
白：	100	300	400	300	100

要求：每床最多拉 200 层，每张唛架最多排 4 件。

试求：最佳的裁剪分配方案。

解：		8	10	12	14	16	层数	件数
（1）	红黄蓝白	(100) 1	(250) 2	(300) 1	(250)	(100)	50×4	4
（2）	红黄蓝白	(100) 1	(200) 2	(200) 1	(200)	(100)	50×4	4
（3）	红黄蓝白	(100) 1	(150) 2	(100) 1	(150)	(100)	50×4	4
（4）	红黄蓝白	(100) 1	(100) 2	(0)	(100) 1	(100)	50×4	4
（5）	红黄蓝白	1 (50)	1 (50)		1 (50)	1 (50)	50×4	4
（6）	红黄蓝白	1 (0)	1 (0)		1 (0)	1 (0)	50×4	4

床次（1）～（4）：1/10 + 2/12 + 1/14 = 4 件，RYBW 各拉 50 层；

床次（5）、（6）：1/8 + 1/10 + 1/14 + 1/16 = 4 件，RYBW 各拉 50 层。

下面这个例子将结合排料的应用率来设计裁床方案。

例 3 订单资料如下：

尺码：	8	10	12	14	16
数量（件）：	120	360	600	240	120
单件排料长度（m）：	1.2	1.4	1.6	1.8	2

面料价格为 40 元/m，裁床长度为 6m，混码排板可省布 10%，布头尾消耗为 4cm。

试求：面料总用量和价值。

解：裁床分配方案一：

床次	8	10	12	14	16	件数	拉布层数
（1）	1	3	5	2	1	12	120 层

按题目的要求已知裁床长度只有 6m，而方案 1 所得的排板长度为：

$$(1×1.2m + 3×1.4m + 5×1.6m + 2×1.8m + 1×2m) × (1 - 10\%) + 0.04m$$
$$= 17.14m$$

显然，该方案不符合生产条件，这样就应该设法将排板的件数减少，进行第二方案设计：

尺码：	8	10	12	14	16	件数	层数

第一方案排板件数:	1	3	5	2	1	12	120
尺码:		8	10	12	14	16	件数	层数

第一方案排板件数:　　　1　3　5　2　1　12　120

尺码:　　　　　　　　　8　10　12　14　16　件数　层数

第二方案排板件数:(1) 1　1　1　　　1　4　120

　　　　　　　　　(2)　　1　2　1　　4　240

得出两个排板件数,裁剪方案为:

第 1 床:$1/8 + 1/10 + 1/12 + 1/16$,拉 120 层布。

第 2 床:$1/10 + 2/12 + 1/14$,拉 240 层布。

第 1 床的排料长度为:

$$(1 \times 1.2\text{m} + 1 \times 1.4\text{m} + 1 \times 1.6\text{m} + 1 \times 2\text{m}) \times (1 - 10\%) + 0.04\text{m}$$
$$= 5.62\text{m} < 6\text{m}$$

第 2 床的排料长度为:

$$(1 \times 1.4\text{m} + 2 \times 1.6\text{m} + 1 \times 1.8\text{m}) \times (1 - 10\%) + 0.04\text{m} = 5.8\text{m} < 6\text{m}$$

以上两床排料的长度都符合裁床要求。

总用布量为:

$$(5.62\text{m} \times 120) + (5.8\text{m} \times 240) = 2066.4\text{m}$$

总价值为:$2066.4\text{m} \times 40$ 元/m $= 82656$ 元

例 4 订单资料如下:

尺码:	A	B	C	D	E
数量(件):	20	25	15	10	10
单件排料长度(m):	2	2.05	2.1	2.2	2.3

混码排板可节省布 5%,每个排料最多排 3 件,布头位损耗为 4cm,现有 4 匹布长度分别为:39m,20m,51m,51m。

问:如何安排裁床方案。

解:先定出裁床分配方案:

排 板	床 次	尺 码					件 数	拉布层数
		A	B	C	D	E		
第一板	1	—	—	1	1	1	3	10
第二板	2	1	1	—	—	—	2	20
第三板	3	—	1	1	—	—	2	5

第 1 床:$1/C + 1/D + 1/E$,拉 10 层。

排料长度:

$$(1 \times 2.1\text{m} + 1 \times 2.2\text{m} + 1 \times 2.3\text{m}) \times (1 - 5\%) + 0.04\text{m} = 6.31\text{m}$$

第 2 床:$1/A + 1/B$,拉 20 层。

排料长度:

$$(1 \times 2\mathrm{m} + 1 \times 2.05\mathrm{m}) \times (1 - 5\%) + 0.04\mathrm{m} = 3.89\mathrm{m}$$

第3床：1/B + 1/C，拉5层。

排料长度：

$$(1 \times 2.05\mathrm{m} + 1 \times 2.1\mathrm{m}) \times (1 - 5\%) + 0.04\mathrm{m} = 3.98\mathrm{m}$$

下面对3床布层数进行分配：

第1床：

（1）用第一匹51m的布匹拉5层：

$$6.31\mathrm{m} \times 5 = 31.55\mathrm{m}（剩：51\mathrm{m} - 31.55\mathrm{m} = 19.45\mathrm{m}）$$

（2）用第二匹51m的布匹拉5层：

$$6.31\mathrm{m} \times 5 = 31.55\mathrm{m}（剩：51\mathrm{m} - 31.55\mathrm{m} = 19.45\mathrm{m}）$$

第2床：

（1）用第一匹51m拉剩的布拉5层：

$$3.89\mathrm{m} \times 5 = 19.45\mathrm{m}$$

（2）用第一匹51m拉剩的布拉5层：

$$3.89\mathrm{m} \times 5 = 19.45\mathrm{m}$$

（3）用39m的布拉10层：

$$3.89\mathrm{m} \times 10 = 38.9\mathrm{m}$$

第3床：

用20m的布匹拉5层：

$$3.98\mathrm{m} \times 5 = 19.9\mathrm{m}$$

这样分配布匹，恰好将所有的布匹基本用完。最后39m的布匹剩0.1m，20m的布匹剩0.1m，51m的布匹则全部用完。

三、选择裁剪分配方案应考虑的因素

确定裁剪方案是为了提高生产效率，尽可能节省面料，提高面料的利用率。因此，在选择裁剪方案时，应考虑以下几种因素。

1. 排料工的技术水平

在同一种裁剪方案中，排料工技术上的差异可能会导致产生多种不同的纸样排料图。其主要原因是每个人对空位的观察能力有差异。

2. 排料画样设备

排料画样机可以减少因排料工技术水平的差异而导致的面料损耗的增加。如采用纸样缩图系统排料或电脑排料等。

3. 排料纸的宽度

为方便裁剪作业，排料纸的宽度应等于布料宽度，否则会增加面料的损耗。采用排料纸排料的服装厂应备有各种不同宽度的纸以适应不同面料宽度的需要。

应该指出，进行工业化服装生产时，排料画样不考虑布边的利用，避开面料的"边缘"部分，根据面料的具体情况，确定避开布边的程度，实用的面料幅宽是小于原来面料的幅宽。

4. 裁剪数和省料

裁剪方案中服装数量越多，排料时，纸样裁片互相贴合套排就越容易，可提高面料的利用率。但服装数量达到某一数量后，面料的利用率会降低。服装数量与省布量的关系见表4-2。

表4-2 服装数量与省布量的关系

服装的数量（件）	面料的利用率（%）	面料节约量（m）
1	80	—
2	82	2
3	84	4
4	86	6
5	88	8
6	90	10
7	88	8
8	86	6

可供参考的数据是对于男装运动外衣而言，排放6~8件服装都可以改善面料的利用率。至于男西裤，如果排料纸的宽度或布幅可以排4块前片或3块后片，则可排放的西裤最佳数量是12条。

5. 裁剪方案中服装尺码的组合

在排料时，排放不同尺码的纸样裁片，可以减少裁片之间的空位，达到省料的目的。一般小尺码与大尺码裁片的组合要多一些。

6. 布头位与余布的损耗

布头位损耗是裁床上整叠面料两端的裁剪损耗。因为拉布时面料两端不可能对得十分整齐，裁剪时要保证最短层衣片的用布量，一般在布层的两端各加放2cm左右，即拉布长度比排板长度长4cm左右。

余布是指整匹布拉好后所剩的面料。拉布时要用尽面料是不可能的，但要选择合理的布匹，尽量减少余布的损耗。

7. 接匹

接匹就是在拉布时剪掉面料上有疵点的部分，然后将面料断口重叠并接搭在一起。

接匹应尽量避免，因为它会影响预定的拉布方式。剔除面料疵点的另一个常用方法是在有疵点的部位做记号，裁剪完后，拿掉有疵点记号的裁片，用余布或同色号面料补裁。

第三节　排料工序管理

一、排料的基本知识

排料是依照裁剪方案和规格精密地编排服装裁片纸样，以最小的面积或最短的长度将所有纸样画在排料纸或面料上。

排料时所需要的资料有：生产制造单、纸样、生产样板、面料幅宽、裁剪方案等。

1. 排料操作步骤

（1）检查整套纸样与生产样板是否相同以及纸样的数量是否正确。

（2）检查面料幅宽是否正确。

（3）根据裁剪方案取其所需的尺码纸样进行排料。

（4）取出排料纸，折出 –90°角的布头线，用笔画出，然后画出布幅的宽度。

（5）先放最大块或最长的纸样在排料纸上，有剩余空间时才放上适当的细小纸样，并注意纸样的丝缕方向。

（6）在排料结束时，各纸样要齐口，不可凹凸位，然后画上与布边垂直的结尾线。

（7）重复检查排料图，不能有任何纸样遗漏。

（8）在排料纸的一端写上制单号、款号、长度、宽度、尺码、件数、拉布方法和利用率等有关数据。

2. 排料图例

参见图 4 – 1 牛仔外套排料图。

3. 影响排料质量的因素

（1）线条的准确性。排料图上线条的粗细、正确与否会直接影响成衣的尺寸和外形。

（2）裁剪设备的活动范围。排料时，应注意纸样与纸样间的排列要有足够的位置，能够让裁剪刀顺利地剪割弯位和角位，否则，易导致裁片尺寸不正确。

（3）适当的标记。在排料图上，每一块纸样都应标有服装的尺码、款号、纸样名称，还有省位、袋位、袖衩位、丝缕方向等记号。

（4）纸样的排列方向。注意丝缕方向，纸样的排列方向要和工艺要求的方向一致。如果是有方向性的面料，就要特别注意纸样的排列方向，否则成衣上会出现毛羽方向不一致的质量问题。

（5）节省面料。纸样紧密地排列在一起，尽可能提高面料的利用率。

二、排料图的制作

排料图的制作方法很多，归纳起来有以下三种：实际生产纸样排板、缩样排板和计算机排板。

1. 实际生产纸样排板

最常见的就是直接画在面料或空白纸上。这是一种比较传统的排料方法，其操作过程是将纸样排列在布面上，用蜡笔或画粉沿纸样边画下来，纸样移走后，在面料上留下清晰的纸样线条。画在空白纸上的排板过程也是一样的，只不过间接地先将纸样画在空白纸上。

（1）优点：

①操作简便。

②不需要特别的辅助设备。

③多次重复操作完成排料图的复制工作。

（2）缺点：

①人工操作多。

②工效低，耗时。

2. 缩样排板

将实际生产纸样缩小成比例图样，如1:4或1:5，然后再用缩样进行排板。纸样缩小由纸样缩图系统完成。纸样缩图系统由两部分组成：缩放绘图器和影印箱。

（1）缩放绘图器。缩放绘图器包括金属框架、缩放绘图器和发热器件。

金属框架、缩放绘图器和发热器都是安装在台面上的。用磁块把实际生产纸样吸在台面的适当位置，以便工作人员勾画。

准备好塑胶片和纸样后，划针移到纸样周界上的任一点位置，按下操作手柄，热熔切割针降下，与塑胶片接触。工作人员拿着划针端，使针笔依着纸样的廓线移动，同时，热熔切割针就从塑胶片中裁出一个形状相同但尺寸缩小的图样。

发热器件用来加热热熔切割针，使针头将塑胶片熔化，以便裁出图样。图样的尺寸比例根据需要而定。

（2）影印箱。影印箱的组成部分有台罩、不透明塑胶工作台以及胶板下面的紫外光灯光源，工作台的面积约为2m×0.5m。

排料工先将一张半透明的方格纸放在工作台板上，纸的尺寸与工作台大小相似，方格纸上有横向和纵向以cm为单位的标度，构成方格，以便排料工计算排板的宽度和长度。

排料工将缩放器制作的缩小的塑胶片纸样放在方格纸上，可以尝试不同形式排列图样的组合，以求最佳排列方案。

缩小的纸样最后的排料形式确定后，在图样上铺上感光纸，然后将台罩合上，紫外光灯照射5~10min。感光纸暴露于紫外光的部分会变深色，而方格纸和排列好的缩小型图样会同时移印在感光纸上，使感光纸成为一个缩小型纸样的排板。

3. 计算机排板

（1）计算机排板的方法。

①图形输入。首先，把纸样的图形输入计算机，方法有以下两种：

● 纸样数码器。纸样数码器是将每块纸样的所有 x、y 坐标输入计算机。

● 扫描器。用扫描器的方法将整块纸样的图形输入计算机，如图 4 - 2 所示的纸样，点 a 至点 n 可用数码器一一输入计算机。要画直线，点出两点就已足够。但如果要画曲线，就需要较多的点才可以。

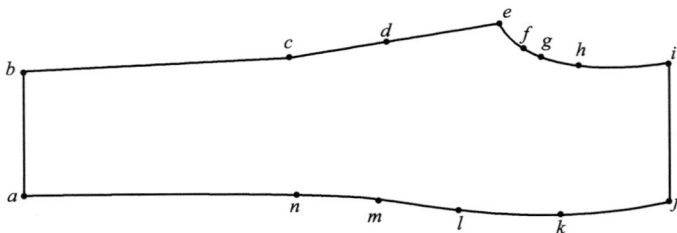

图 4 - 2　纸样数码器输入的纸样

如果订单需要几个尺码的纸样，不需要把每个尺码的纸样图形输入计算机，计算机可做放码推档工作。必须输入计算机的资料是：

● 一套尺码的全部纸样图形。

● 特定范围的放码量。输入纸样图形后，排料工就可以设定排板所需的参数，包括面料的幅宽、布边留量、排料图上各个尺码的搭配组合、面料上条子和格子图案的配对。

②生成排料图。基本纸样输入计算机后，计算机就可以自动绘制排料图或由人机对话操作绘制排料图。计算机自动绘制排板图时，会排出几个方案，然后自动选出最佳的，即排料利用率最高的方案。

排好的排料图最后储存在计算机的储存器内或软盘上，随时可取出使用。

（2）计算机排料的优点如下：

①计算机自动进行工艺计算，如计算纸样数量、面料利用率等。

②纸样精度高，能自动推档，确保纸样完整性，纸样与纸样的四周不会有重叠现象。

③排料利用率高，排料图存储方便、简单。

计算机排板是目前许多服装企业采用的排料方法，但使用计算机排板需要一定的投资，操作人员素质要求较高，需要专业培训等。

采用计算机控制绘制的排料图可通过绘图器立刻打印出来，并可任意变化比例以满足生产需要。绘图器是服装 CAD 或 CAM 的一个工作系统，有立式和卧式两种形式。

4. 排料图的复制

排料图是放在铺好备裁面料的最上面，在裁剪时与面料一起被裁剪，因此，每张排料图只能使用一次。如果需要同一张排料图来裁剪其他面料时，就必须复制原来的排料图。

现在企业大多采用计算机控制的绘图器绘制排料图，复制排料图的数量不限，使用非常方便、快速。

三、排料的质量要求

1. 纸样排列方式

纸样排列的方式必须使纸样和面料的丝缕方向保持一致。面料的毛羽和图案有方向性和无方向性之分，如棉府绸毛羽是无方向性的，则同一件服装的纸样可以如图 4 - 3 所示那样两种方向排列，不会影响成品服装的整体外观。而方向性面料又称顺向布，如灯芯绒或其他起绒织物，若裁片无特殊要求而不同方向排放，呈现的外观是不一样的。面料的毛羽无特殊要求时只顺着一个方向排列，若按图 4 - 4 所示的排板进行裁剪，那么服装的外观就会出现色泽差别。

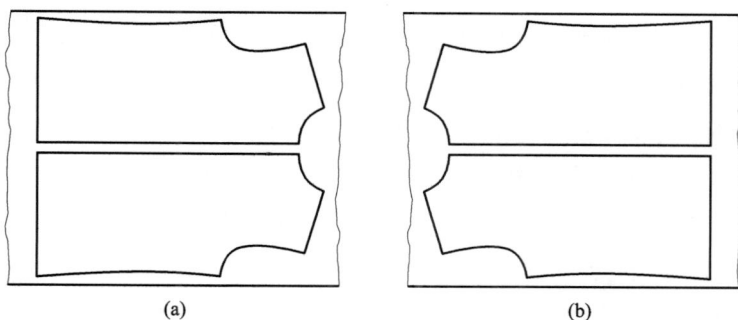

图 4 - 3　方向性面料的排放方式

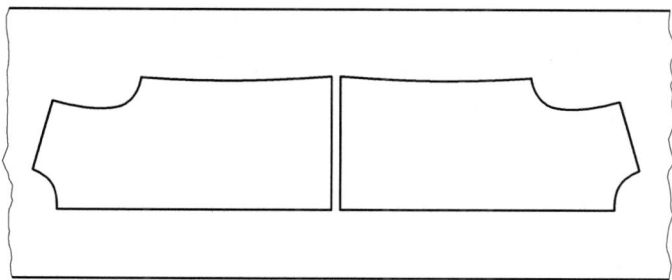

图 4 - 4　无方向性面料的排放方式

有些顺向面料，如灯芯绒纸样朝左朝右排放都可以，只要同一件服装的所有纸样都朝着同一方向摆放便可，如图 4 - 3 所示；但在另一些顺向面料上，纸样只允许按指定方向排列。裁剪如图 4 - 5 所示有明显方向性（帆船图案）的面料时，应该按图 4 - 3（a）的方式排放纸样，成品服装穿着时帆船的帆是向上的。同一件服装的纸样在顺向面料上必须按照特定的面料方向排列。

2. 纸样数量

服装上的纸样经常是左右对称、大小一样的，为了节省纸样绘图和制作，通常对一样大小的纸样只做一块，在其上面写上"裁 2 块"或"裁 4 块"等指示。但是如果排料时

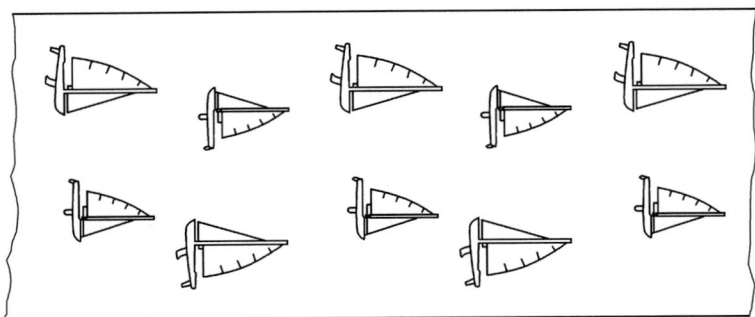

图 4－5　顺向布

没有注意，就可能发生遗漏裁片的情况。重补裁片会造成面料浪费或对色困难。

3. 排料图上的标志

排料图上的标志在混码的排板时尤其重要，标志记号清楚的排料图方便裁片的分类和捆扎，不会产生不同尺码的裁片缝接在一起的现象。排料图上的标志主要有尺码、面料纱向、车缝记号（包括省位、口袋定位）等，这些记号不可遗漏、模糊不清或错位。

4. 划样线条清晰

划样线条太粗或用画粉绘制的排料图或复制的线条过于模糊，都会影响裁剪衣片的精度。

5. 刀锋余位

裁剪刀在裁剪时可以活动的空间称刀锋余位。余位的大小和排料上各块纸样裁片之间的空位有密切关系，也与裁剪刀的切割操作有关。排料时应考虑刀锋余位，排料工要与裁剪操作工商量，避免裁剪刀因活动空间不足而影响裁剪工作的准确性。

6. 对格、对条

面料上条格图案配对的位置不一定要每件服装都相同，一般根据客户的要求或工厂的标准执行。如客户要求对条、对格时，纸样在面料上排列的方式一定要满足对条、对格的要求。

第四节　拉布方式与设备

一、拉布的方法

拉布方法可以分为两大类：一般拉布法和对折拉布法。

1. 一般拉布法

一般拉布法是将面料全幅铺放在裁床上，拉布的方式有以下四种：

（1）布面对布底（毛羽方向一致）。布面对布底又称单程同向铺料，如图4-6所示。

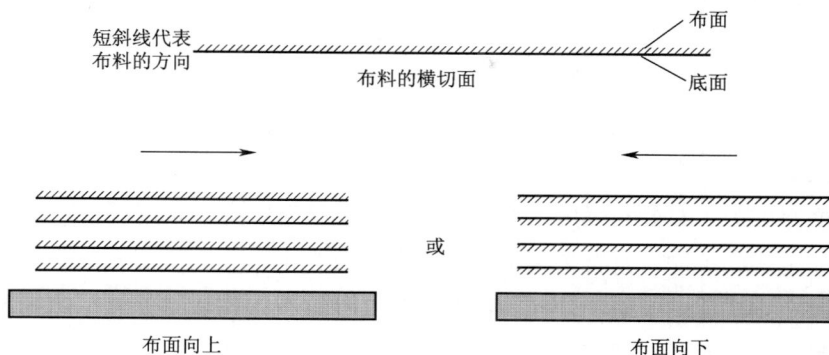

图4-6 布面对布底（毛羽方向一致）

（2）布面对布面（毛羽方向一致）。布面对布面又称单程双面铺料，如图4-7所示。

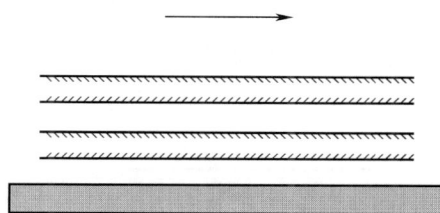

图4-7 布面对布面（毛羽方向一致）

（3）布面对布面（毛羽方向不一致）。布面对布面又称双程双面铺料，如图4-8所示。

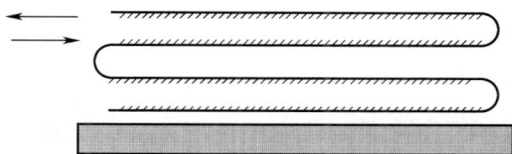

图4-8 布面对布面（毛羽方向不一致）

（4）布面对布底（毛羽方向不一致）。布面对布底又称双程单面铺料，如图4-9所示。

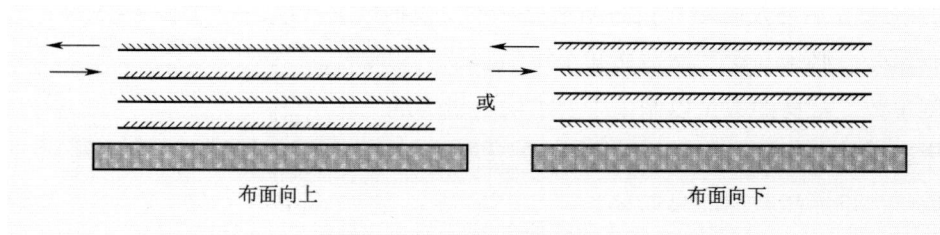

图4-9 布面对布底（毛羽方向不一致）

拉布时可用手工、半机械或全自动铺布机。拉布的基本过程如下：

①从布匹卷装上拉出所需长度的面料。

②将面料末端与裁床上的排板末端记号叠对整齐。

③用压铁或其他工具固定面料末端的位置。

④拉直面料，将其中一边的布边与整叠面料的布边对齐，并防止面料起皱或过度拉伸。

⑤将这段面料剪离布匹，又称断料。

⑥剪出面料的另一端要与裁床上的排板开端记号叠对整齐，并用压铁固定其位置。

不断重复上述的工序，直至铺到工艺所需的层数为止。

第一种拉布方式适用于毛羽顺向的面料。第二种拉布方式适用于如灯芯绒布等有方向性的起绒面料，这类面料的摩擦系数使它们需要布面对布面地铺放。第三种拉布方式适用于一些没有任何方向限制的面料。第四种拉布方式适用于一些因摩擦系数而不可布面对布面铺放的无方向性的面料。

2. 对折拉布法

对折拉布铺料方法是把面料沿着中央部位的经向折叠，如图4-10所示。面料中央对折工作通常是在面料生产厂整理进行，有时也可以由制衣厂的裁床部完成。格子和宽条子面料一般采用这种方法拉布。

图4-10 对折拉布法

3. 拉布注意事项

（1）拉布长度和层数要正确。

（2）布边要对齐，铺料的方式按工艺要求执行。

（3）布面平整，尽量做到无张力拉布。

（4）注意疵点面料的剔除。

（5）注意对格、对条的工艺要求。

（6）铺料厚度不能超过裁剪设备的最大裁剪高度。

（7）拉布完后要及时填写拉布明细表，主要包括以下八项内容（表4-3）：

①制单号。必须与生产制造通知单中的制单号相吻合。

②制单数。裁剪的数量以制单中要求的数量为准。

③床次。标明本制单号是第几床裁剪。

④数量。本床次裁剪的总数量。

⑤尺码、颜色、数量的分配。即本床中每扎裁片的编号分配。

⑥拉布层数。本床布共拉的层数。

⑦排板分配。标明本床布的尺码及件数的分配。

⑧用料。标明本床布共用了多少面料（实际耗用数）。

表4-3 拉布明细表

制单号：T-512　　制单数：166DOZ　　拉布日期：　　年　月　日

床次：4　　数量：19打8件　　累计：118打　　尚欠：47打4件

尺 码	9		11	
项目 颜色	层数	编号	层数	编号
	17	111	17	121
	12	112	12	122
	11	113	11	123
	11	114	11	124
	12	115	12	125
	11	116	11	126
	12	117	12	127
	11	118	11	128
	10	119	10	129
	11	120	11	130

注 铺料层数：蓝色布，118层。

二、拉布质量要求

1. 布边对齐

布边不对齐会导致有些裁片不能完整裁出。拉布时，要做到每层面料四边上下对齐是有困难的，因为面料的幅宽定形始终存在差异，但做到两端和一边对齐是可达到的。拉布时，考虑到各层面料不对齐的误差，拉布长度上留出裁剪余量是必要的。

2. 布料疵点

拉布时检查面料有无疵点，方法如下：

（1）根据验布时指出的疵点位，检查疵点是否位于排料图上的主要裁片位置。

（2）发现疵点位于裁片位置，面料又无方向性，可将面料调头排放，避开疵点。

（3）如果不能避开疵点，就驳布或在有疵点的位置做上记号，用余料补裁。

如果布边紧皱卷曲，可沿布边每隔一段距离剪一小口，这样可以消除布边紧皱情况；反之，如果布边松弛卷曲，可沿布边每隔一段距离剪去一些面料，以避免布边松弛。处理好布边的卷曲，可以使面料铺得平整，提高裁片精度。

3. 拉布张力控制

拉布张力失控会有两种极端情况：如果拉布时过于松弛，裁出的裁片尺寸就会偏大；反之，如果面料拉得太紧，裁剪后回缩，裁片尺寸就会变小。拉布张力失控会直接影响裁片尺寸的精度。

4. 静电荷排除

静电荷在各层化学纤维面料互相摩擦时产生，会引起布层间互相吸引或排斥，使各层面料不能叠放整齐。解决的方法是使作业面四周的空气湿度上升或采用静电消除器。

5. 底纸和隔纸应用

底纸和隔纸的作用如下：

（1）底纸有助于面料顺畅地经过直刀式裁剪机的底座板，减少底座板对底层面料产生的高低起伏的影响。

（2）底纸有助于当布层剪成以后一组组移走。

（3）隔纸用于防止热塑性面料裁剪时刀刃口熔化裁片的边缘。

（4）隔纸方便裁片捆扎。隔纸将各层面料分开，从切口可清楚地对裁片计数，将裁片分成数量相同的一扎扎。

三、拉布常用机械设备

1. 裁床

一般由可叠合的台面、斜撑框架和可调高低的钢制台脚等几个部分构成。裁床结构可配置拉布机，台面保持平滑，以便拉布和裁剪，如图4-11所示。

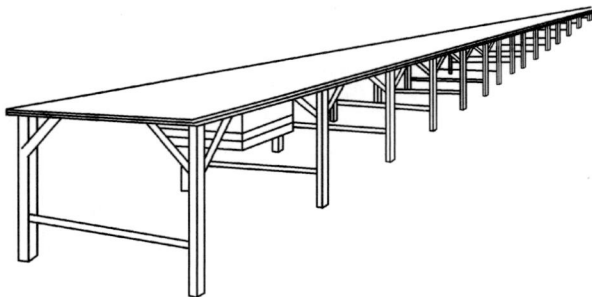

图4-11　裁床

裁床、拉布机、带刀裁剪机等设备配置成裁剪流水线的裁床装有压缩空气装置，它能让多层叠置的面料轻快地浮起和移动，自动裁剪机（如服装CAM）配置的裁床装有吹真空装鬃毛台面，可以使面料层"刚化"吸附在台面上，便于精确裁剪。

2. 拉布机

按拉布机的运动方式可分为两类：固定安装式和移动式。固定安装式拉布机，如图4-12所示。

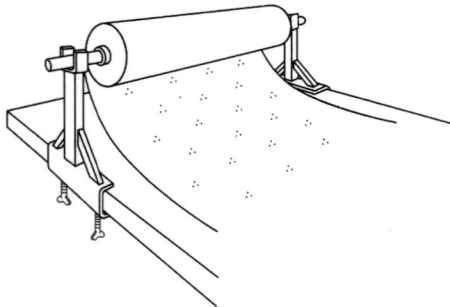

图4-12　固定安装式拉布机

这类拉布机结构简单，适合小型制衣厂使用。

移动式拉布机按其自动程度又分两种：一种是手动拉布机；另一种是半自动和自动拉布机。

自动移动拉布机的结构复杂，计算机控制的拉布机可自动完成上述四种拉布方法，每层面料铺得整齐，可做到完全无张力铺料。

第五节　裁剪工艺要求与设备

一、裁剪前的准备

1. 面料的检验

裁剪的任务是根据裁剪工艺单上所列的服装数量进行裁剪，裁片数量必须与工艺单一致。开裁前要认真检查将要裁剪的面料，确保面料符合服装生产任务书的要求。面料裁剪前一定要检查的项目主要有以下几项。

（1）面料的货号和成分（如 100% 棉）。

（2）面料的组织结构（如平纹、斜纹等）和经纬密度。

（3）面料的纱线线密度（如 28tex×28tex，即 21 英支×21 英支）。

（4）面料的幅宽（如 114cm/144cm）。

（5）面料的颜色和图案。

（6）每一种颜色或图案的面料匹数。

（7）每匹面料的长度等。

2. 排料图的检查

主要核对面料的规格与排料图纸宽度是否一致、排料图上的标记是否齐全、排料图上的订单资料是否与生产制造单一致等。

3. 裁剪工具的检查

主要检查裁剪设备的刀口、电源等是否处于正常状态。

二、裁剪工艺要求与质量控制

为保证裁片质量，实施裁剪时须从以下几方面加以控制。

1. 裁片尺寸精度

用手工裁剪，裁片精度主要取决于操作工的技巧、经验、方法、排板线条的清晰度和刀锋余位等因素。检查裁片的精度，可以从顶层和最底层抽出相同的裁片，将两块衣片重叠起来，检查其形状尺寸是否一样。还要检查裁片上的孔位是否从顶层垂直贯穿到底层、省位刀眼剪得是否太深或太浅。裁剪时，为保证衣片的裁剪精度，还要固定好面料。用冲压式裁剪和计算机裁剪机裁剪，衣片的精度是很高的。

2. 切口质量

如果裁剪刀的刀刃不锋利，裁片的切口就会毛糙。切口应整齐清晰，干净利落。

3. 裁片的烫焦和熔化

当裁剪刀剪进化学纤维面料时，裁剪刀刃积聚的摩擦热力会烫焦面料，对聚酯或聚酰胺等热塑性面料会产生切口熔化的现象。车缝切口熔化的裁片时，工艺操作上会有困难，制作的服装也会使人体产生不舒适感。

要避免面料烫焦和熔化，可采用以下方法。

（1）将裁剪刀刃涂上硅酮润滑剂。

（2）将裁剪机的运作速度降低。

（3）采用防熔化的隔纸和底纸。

（4）保持裁剪刀刀刃的锋利。

（5）削减布层的厚度。

（6）选择波形刀刃的刀片加工。

4. 选择合适的裁剪设备

根据工艺要求和面料性质，选择裁剪设备和裁刀形状。

5. 裁片标志

裁片上的定位记号要标出，如刀眼位、口袋位等。

6. 填写裁剪明细表

裁剪工作结束后，应详细填写裁床明细总表，以便核查裁剪的款式、每款的尺码和颜色及数量、床次等。裁床明细总表见表4-4。裁床明细总表通常也是一式三份，即裁床部、资料部和生产部各一份。

表4-4　裁床明细总表

制单号：B-363		款式：男装前活褶裤			客户：W.P.			制单数：835 DOZ				
码数 颜色（裤长）	28	29	30	31	32	33	34	35	36	38	40	42	合计
石色28#	73	110	73	183	38	—	—	—	—	—	—	—	477
	+1	+2	+1	+3	+2	—	—	—	—	—	—	—	+9
30#	73	—	110	183	731	620	510	—	875	—	256	335	3693
	+1	—	+2	+3	+11	+8	+6	—	+11	—	+4	+5	+51
32#	—	38	37	183	804	584	840	256	986	330	293	335	4686
	—	+2	+1	+3	+12	+8	+12	+4	+14	+6	+5	+5	+72
34#	—	—	—	—	256	366	147	402	147	—	—	—	1318
	—	—	—	+4	+6	+3	+6	+3	—	—	—	—	+22
开裁日期		08/01/2018	实裁数量		847DOZ10件		排板用料		44″×25.81Y				

三、常用裁剪设备

1. 直刀式裁剪机

直刀式裁剪机是裁剪车间最常用的裁剪工具，如图4-13所示。裁剪刀垂直地做往复运动切割面料，手工操作。适用于裁剪多层的面料，也能切割弯位和角位。

（1）直刀式裁剪机的优点：生产效率高，多层面料一次裁剪；适应性强，用于各种面料，能满足一般精度的裁片要求；容易操作，方便携带。

（2）直刀式裁剪机的缺点：面料固定不理想，裁片精度不高；尤其是小片裁剪，裁刀有一定宽度，裁剪曲率大的弧线有困难；结构上"头重脚轻、身子细"，刀鞘支柱容易变形，影响裁剪精度。

为了改善直刀式裁剪机的操作，悬臂式裁剪机在产量大的服装厂有所应用，如图4-14所示。悬臂系统担负整部直刀式裁剪机的重量。直刀式裁剪机的底座可以设计得很薄，裁剪刀的宽度窄，刀片垂直度好，曲率大的裁片也可适应，提高了裁片精度，且操作人员操作时省力。

2. 圆刀式裁剪机

圆刀式裁剪机也是一种手提裁剪机，配备圆形的裁剪刀，如图4-15所示。当裁剪机剪进面

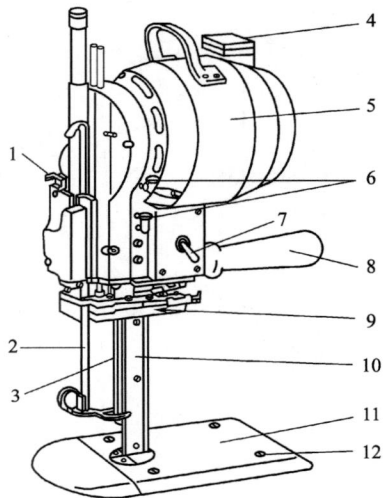

图4-13　直刀式裁剪机
1—磨刀带的开关　2—裁剪刀护罩
3—裁剪刀　4—电源的插座　5—发动机
6—加油孔　7—开关　8—手柄　9—磨刀带
10—裁剪刀外罩　11—底座板　12—脚轮

料时，裁剪刀以逆时针方向转动。这种机械一般用作沿直线裁剪面料，但在少层面料时可裁剪一些急转的弯位。圆刀式裁剪机常用于一般制衣厂的样衣间，样衣间内应用圆刀式裁剪机，主要是代替剪刀，在我国圆刀式裁剪机很少应用。

圆刀式裁剪机的特点：裁刀宽度随铺料层的增加而增加，各层面料裁割点有时间差，在裁单层或少层面料时，可像剪刀一样进行切割；多层时，裁刀宽度增加，裁剪直线十分理想，弯位、角位不理想，面料断口整齐美观。它也像直刀式裁剪机一样，操作灵活方便，但面料固定不理想，裁片精度不高。

3. 带刀式裁剪机

带刀式裁剪机的裁剪刀成带状，如图4-16所示。裁剪时，带状的裁剪刀沿逆时针方向转动。操作工手推面料层，使刀刃沿纸样画线痕裁割。由于刀刃非常窄，带刀垂直度好，所以能够精确地裁出优质的裁片，尤其是有弧线的小片衣片。

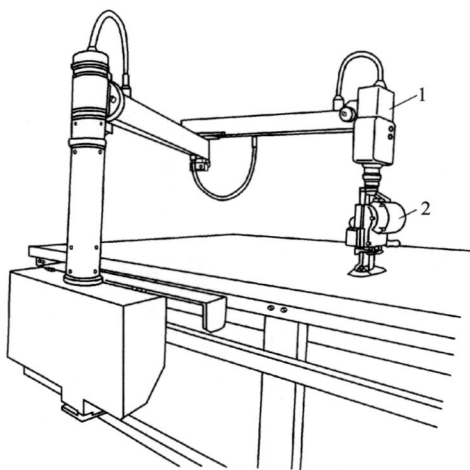

图 4－14　悬臂式裁剪机
1—悬臂系统　2—直刀式裁剪机

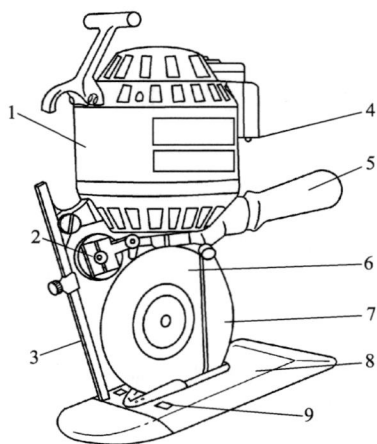

图 4－15　圆刀式裁剪机
1—发动机　2—磨刀石　3—裁剪刀护罩
4—开关　5—手柄　6—圆形裁剪刀
7—裁剪刀外罩　8—底座板　9—脚轮

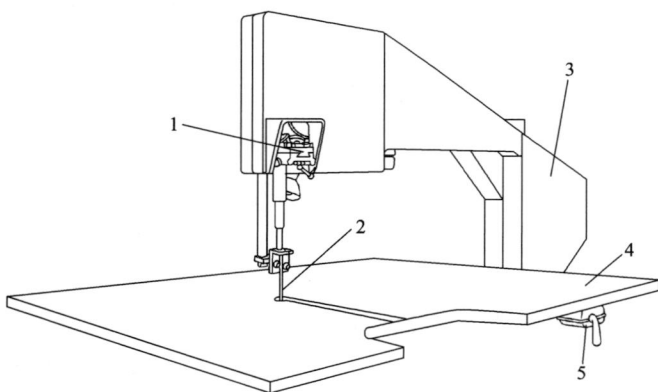

图 4－16　带刀式裁剪机
1—裁剪刀张力调节器　2—裁剪刀　3—裁剪刀外罩　4—裁床　5—开关

　　带刀式裁剪机的价格较高，体积大而笨重，要固定装在裁剪车间的某个位置，占地多，所以较适合大、中型的服装厂。带刀式裁剪机不能直接裁剪铺在裁床上的整床面料，故将这种裁剪过程称为二次裁剪。

　　4. 刀模

　　刀模是冲压裁剪中使用的模具，刀模放在面料层上，靠冲压机的压力将裁片冲压、成型，裁片十分精确，常用于细小的裁片，如衣领、衣袋、袋盖、袋唇等衣片。刀模用金属制造，有锋利的成形刃口，如图 4－17 所示。刀模制造复杂，价格高，刃口的刃磨也有难度，经常用于款式稳定、批量大的生产。

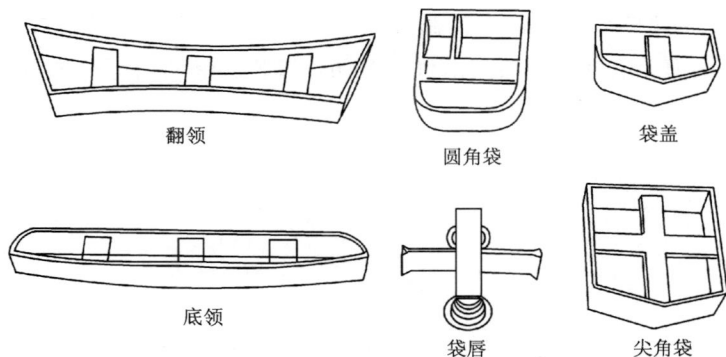

图 4 – 17   刀模

5. 钻孔机

钻孔机是一种辅助的裁剪工具，在标示衣袋、衣褶等位置时均要用到，是服装厂普遍采用的定位工具，如图 4 – 18 所示。

6. 发热切痕器

发热切痕器是一种裁剪时辅助的定位记号装置，用以在天然纤维面料和针织面料的衣片边上做记号，如图 4 – 19 所示。这些记号用来显示缝份大小和衣褶的位置等。切痕器上装置了一块很薄的刀片，刀片加热至适当的温度时，就可以在衣片边上烧切出笔直的切口。

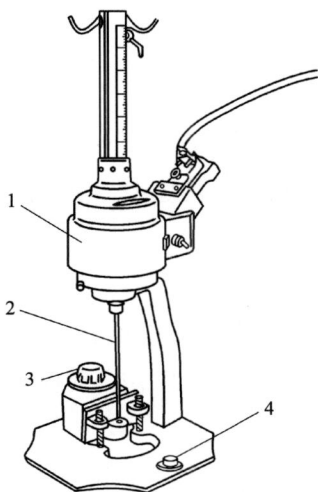

图 4 – 18   钻孔机

1—电动机 2—钻针

3—温度控制器 4—水准气泡

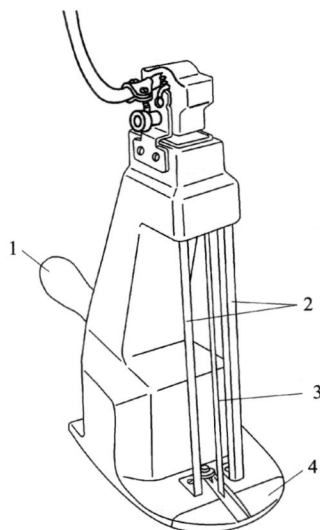

图 4 – 19   发热切痕器

1—手柄 2—用来调控定位深度的量规

3—刻痕用的刀片 4—底座板

7. 计算机裁剪机

计算机裁剪机是计算机放码和绘制排料系统下的裁剪设备,如图4-20所示。该系统又称CAM系统,即计算机辅助制造加工系统。裁剪刀部件的移动直接由计算机控制。计算机发出信号给裁剪刀部件,裁剪刀部件就按照计算机存储器所记载的排板资料裁出所需要的服装裁片。

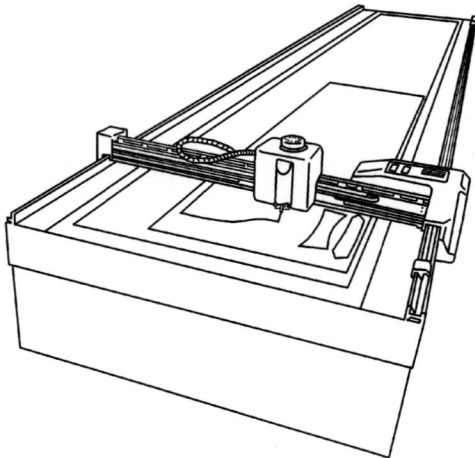

图4-20 计算机裁剪机

第六节 工票、捆扎与裁片对色标签

一、工票

为了保证服装加工质量,便于缝纫工按一定工序进行操作和搬运,有必要将裁片进行分类捆扎,捆扎时需将一种工作票(简称工票)扎在一捆裁片中,便于操作和掌握工作进度。

1. 工票内容

工票上一般印有款式、裁剪床次、裁片尺码、裁片数量、工序编号、捆扎号、操作工编号等内容,工票形式如图4-21所示。现在很多服装企业也采用条码作为工票。

2. 工票的作用

(1)工序完成后,操作人员将工票剪下来交付工厂管理部门,作为计算工人工资的依据和凭证。

(2)向管理和操作人员显示成衣加工所处的生产阶段。

(3)协调缝纫工艺的执行,如当两个或四个以上的服装部件已可以缝合时,能迅速将

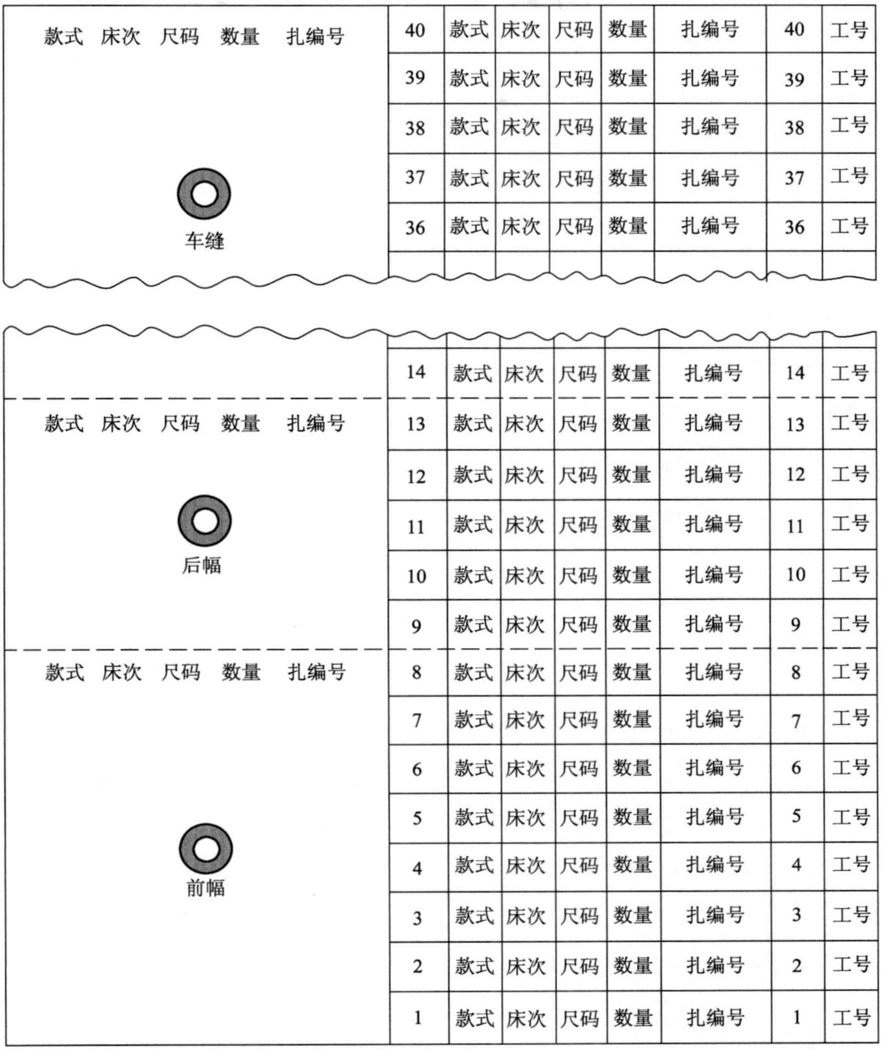

			40	款式	床次	尺码	数量	扎编号	40	工号
款式 床次 尺码 数量 扎编号			39	款式	床次	尺码	数量	扎编号	39	工号
			38	款式	床次	尺码	数量	扎编号	38	工号
			37	款式	床次	尺码	数量	扎编号	37	工号
◎ 车缝			36	款式	床次	尺码	数量	扎编号	36	工号

			14	款式	床次	尺码	数量	扎编号	14	工号
款式 床次 尺码 数量 扎编号			13	款式	床次	尺码	数量	扎编号	13	工号
			12	款式	床次	尺码	数量	扎编号	12	工号
			11	款式	床次	尺码	数量	扎编号	11	工号
◎ 后幅			10	款式	床次	尺码	数量	扎编号	10	工号
			9	款式	床次	尺码	数量	扎编号	9	工号
款式 床次 尺码 数量 扎编号			8	款式	床次	尺码	数量	扎编号	8	工号
			7	款式	床次	尺码	数量	扎编号	7	工号
			6	款式	床次	尺码	数量	扎编号	6	工号
			5	款式	床次	尺码	数量	扎编号	5	工号
◎ 前幅			4	款式	床次	尺码	数量	扎编号	4	工号
			3	款式	床次	尺码	数量	扎编号	3	工号
			2	款式	床次	尺码	数量	扎编号	2	工号
			1	款式	床次	尺码	数量	扎编号	1	工号

图 4 – 21　工票

它们配对到位，有助于控制生产。

（4）工票可表明每扎裁片的情况，明确指出各工序是由哪位员工完成的，以便查找、核对。

3. 工票资料的印制

在工票上印刷资料，一般采用以下三种方法。

（1）数字印台。它是最经济但速度最慢的方法，资料用印台盖印到每张工票上。

（2）打工票机。这种机器类似打字机，将工票放入机内，资料就会自动打印在工票上。

（3）计算机打印工票。这是未来的发展方向，计算机打印速度快，可避免人为的错误。操作员把资料输入计算机后，打印机就会连续在工票上印上资料。

二、裁片分类与捆扎

1. 裁片分类

（1）同件服装的裁片必须来自同一层布。如果一扎裁片中有来自不同布层的裁片，缝好的服装各部分的颜色有可能不同。

（2）同扎裁片必须同一尺码。每一扎裁片只可以有一个尺码。如果一扎裁片中混有不同尺码，则会给缝纫工带来困难，容易将不同尺码的裁片缝制在一起。

（3）每扎裁片数量准确。如果一扎裁片的数量比工票上所示的少，就是遗漏了一些裁片。遗漏的裁片必须补裁，不仅浪费人力、物力，而且补裁的裁片会带来色差。

2. 分类捆扎的步骤

（1）将一沓沓的裁片按序排在裁床上，并将裁片分成数量适中的一扎扎。

（2）每一扎裁片中的每一裁片按顺序进行编号。

（3）将工票（印有颜色、款式编号、尺码、数量和床次详细资料）附于每扎裁片上。

（4）分类后的裁片用绳线或布条捆扎，以便搬运。

3. 捆扎注意事项

（1）扎工票。要将各扎裁片相应的正确配对，工票是不可缺少的。如果工票遗漏、放错或混乱，再将尺码、颜色服装裁片重新配对就非常困难。

（2）配料。拉链、商标、带条和衬布等配料，通常应与裁片捆在一起。

（3）捆扎松紧合适。每一扎裁片要用绳带或布条捆扎起来，要确保绳带不会损坏面料，捆扎也不可过紧，以免布料起皱，也可以用储物筐放置裁片。

（4）每扎裁片的数量确定。每一扎裁片数量的多少，要根据工厂的政策和产品系列而定，没有一定的标准或最佳的数量。

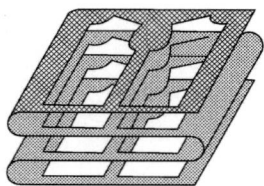

三、裁片对色标签或条形码

对色标签的作用是防止在捆扎时将各类裁片混杂起来。为保证成衣质量，缝在一起的两部分（如左前片和右前片）必须是从同一布层上裁出，因为面料生产厂不可能保证一匹面料的颜色从头到尾完全一样。因此，每片裁片上都附有对色标签，便于裁片缝纫时配对。

图4－22所示为裁片对色标签的应用。图4－22（a）和（b）说明裁片的次序必定不能像图4－22（c）那样混乱，否则会变成图4－22（d）的情况，缝合的各服装部分颜色不能匹配。

(a) 正常色泽

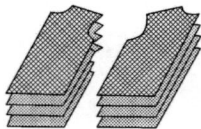

(b) 正常色泽匹配　　(c) 混乱色泽匹配

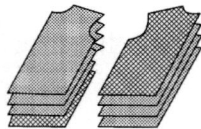

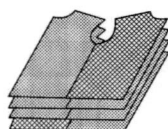

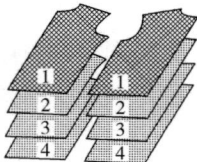

(d) 混乱色泽缝合　　(e) 对色标签的应用

图4－22　裁片对色标签的应用

要避免这种情况发生，就要采用裁片对色标签，正确的对色如图4-22（e）所示。

对色标签机可将标签附于裁片上，标签附于裁片上有三种方法，即热熔法、粘贴法、缝钉法。

有些工厂也采用一些更为简单的对色方法，划粉、蜡笔、铅笔等是通常用来标记服装裁片色泽的工具，用于不同的面料会有不同的效果。记号必须让人看得清楚，但不能穿透面料显现在面料正面上。

对色标签在整个车缝过程中都必须自始至终附于裁片上，车缝完毕后方可拿走。

四、裁片质量检查

裁片质量检查是对裁片进行品质控制的一种方法，通过检查，避免有疵点的裁片流入下一道工序。检查项目和检查情况可记录在表4-5所示的表格中。

表4-5 裁片品质检查表

制单号：_____ 客户：_____ 款式：_____ 交货期：_____

数量：_____ 颜色：_____ 水洗方法：_____

铺布方式：_____ 床号：_____ 铺布层数：_____

	裁　　片	是	否	捆　　扎	是	否
检查内容	1. 底、中、面是否有差异 2. 裁片是否有破口 3. 裁片线条是否准确 4. 裁片编号是否正确 5. 布头、尾接布宽容度是否标准 6. 裁布前放置唛架是否正确			1. 工票内容是否与裁片相符 2. 捆扎数量是否与工票数量相符 3. 面料是否与捆扎用工票相符		

存在问题：

检查员：_____　　检查日期：_____　　裁剪部主管：_____

本章总结

本章主要讲述了裁剪部门的工作内容及生产组织、裁剪分配方案的制订、排料工艺制订与要求、拉布方式与设备、裁剪设备与裁剪要求、扎工票对色和裁片的品质控制等相关内容。比较详细地对裁剪分配方案的制订、排料工艺制订、拉布方式、裁剪及捆扎等内容进行了介绍。

思考题

1. 服装裁剪工程的主要内容有哪些?

2. 定制和成衣裁剪有什么区别?

3. 简述排料长度受哪些因素的限制?

4. 简述服装排料的操作步骤。

5. 排料的质量受哪些因素的影响?

6. 在大量裁剪服装产品时,应如何有效地控制裁片的质量?

7. 有一张订单的资料如下:

尺码:　　 8　　 10　　 12　　 14　　 16

数量:　 200　 300　 500　 400　 300 (件)

要求:每床最多可拉100层,每张唛架最多排6件。

试求:最佳裁剪分配方案。

8. 有一张订单的资料如下:

尺码:　　　　 8　　 10　　 12　　 14　　 16

数量:红: 150　 250　 500　 250　 150 (件)

　　　蓝: 200　 300　 600　 300　 200

　　　黄: 250　 350　 700　 350　 250

要求:每床最多可拉300层,每张唛架最多排6件。

试求:混色混码的最佳裁剪分配方案。

服装生产系统运行——

服装缝制工程的组织与管理

课题名称： 服装缝制工程的组织与管理

课题内容： 服装生产的缝合方式

　　　　　　服装生产大样试制与缝制前准备

　　　　　　服装缝纫车间的布置

　　　　　　服装缝制过程的时间组织

　　　　　　服装缝制流水线的生产组织

　　　　　　服装生产线的平衡

　　　　　　服装后整理过程的组织与管理

课题时间： 12课时

教学目的： 通过本章教学，使学生掌握服装缝制工程组织和管理的理论和方法，为今后服装生产管理打下基础。

教学方式： 以教师课堂讲述为主，辅以服装生产企业实地参观和生产实习。

教学要求： 1. 了解服装生产的缝合方式。

　　　　　　2. 掌握大样制作与缝制生产前准备工作。

　　　　　　3. 掌握缝纫车间的布置。

　　　　　　4. 了解服装缝纫生产过程的时间组织。

　　　　　　5. 熟悉服装缝纫流水线的组织。

　　　　　　6. 掌握服装生产线的平衡。

　　　　　　7. 掌握服装后整理过程的组织。

第五章　服装缝制工程的组织与管理

服装缝制生产过程的合理组织是提高服装生产效率的重要保证，其目的是使产品在缝制生产过程中的工艺路线最短、加工时间最省、耗费最小，生产出满足客户要求的产品。也就是说，缝制生产过程的组织就是要以最佳的生产方式将各种生产要素结合起来，对缝制生产的各个阶段、环节、工序要进行合理的安排，使之形成一种协调平衡的生产作业系统。

第一节　服装生产的缝合方式

服装生产采用的缝合方法不同，组织服装生产车间的缝纫生产系统就有所区别，而且也影响各生产单位的专业化形式及生产单元的合理布局。

服装缝合有很多方式。有些服装企业由一个工人独立完成整个缝合过程；有些服装企业将产品分成多个工序，每个工序由一个工人或多个工人完成；在一些大型的服装企业中，车缝工序分工更细，每个工序都是由一组技术高度专业化的工人负责。

虽然服装的缝合方式有很多，但综合起来大致可分为单独整件生产、分工生产和精细分工生产三种缝合方式。

一、单独整件生产

单独整件生产俗称"全件起"或"单甩"，除了一些特别工序如锁眼、钉扣等机缝及熨烫外，只需一名熟练工人即可完成整件服装的缝纫过程。生产设备仅需一台平缝机和一张小工作台。

1. 单独整件生产方式的优点

（1）投资额低，工厂只需设置平缝机和工作台等少量设备。

（2）款式品种转换快，灵活性高，市场应变力强。

（3）在制品数量低，交货期易控制，管理工作负荷轻。

2. 单独整件生产方式的缺点

（1）厂方需要雇用高技术水平的工人，如果雇用新手或不熟练工人，需要长时间的培训。

（2）工人单独完成整件服装的缝制，生产效率低。

（3）产品质量高低和工人的技能水平相关程度高，质量稳定性不理想。

（4）工人的工资高，成衣的生产成本偏高。

（5）特种或专用的设备和工具应用少，甚至不用，某些工艺要求特殊的服装不能加工或加工不好，如电脑绣花、多褶裥位加工、弹性面料的缝制等。

所以，这种生产形式只适用于款式多而批量很少的成衣制作，前店后厂的服装公司和样衣加工普遍使用此法进行生产。

二、分工生产

分工生产俗称"小分科"。其生产形式是把整个制作过程，按成衣惯用的生产程序，分成若干个工序，每个工人只负责服装的某个部分的制作。制作过程的分工可依据不同操作和类别，如机械操作、手工操作和熨烫等，确定每个工人的工作，如图5-1所示。从图中可以看到衣身面布和衬里的缝制是分开进行的，衣身面布由一个工人缝制，衬里由另一个工人负责，第三个工人把面布和衬里缝合，第四个工人完成后整理和包装。因此，整件成衣的制作过程需要四个工人。在其他款式情况下，也会出现其他的工序，如车袖、车衣袋等，操作过程会变得复杂。

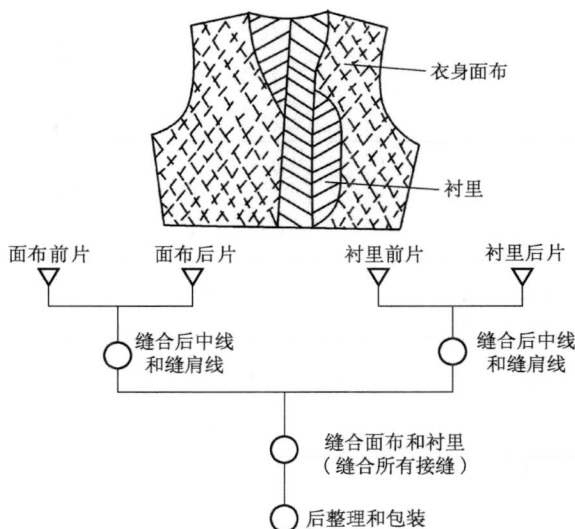

图5-1 分工生产

1. 分工生产的优点

（1）高度灵活，容易适应款式的转换。

（2）整个作业分组进行，管理较容易。

（3）生产线负荷平衡容易控制。

2. 分工生产的缺点

（1）很难达到设备和工具的高度专业化，生产效率偏低。

（2）生产需要的时间比单独整件生产的长，即生产周期较长。

这种生产适用于款式常变的时装及量身订制的成衣生产。

三、精细分工生产

精细分工生产俗称"大分科"。这种生产形式与分工生产类似，但分工更细，每个工人都要从事更专业化的操作，机器和工具都是为特定的工序而设计的，如图5－2所示。

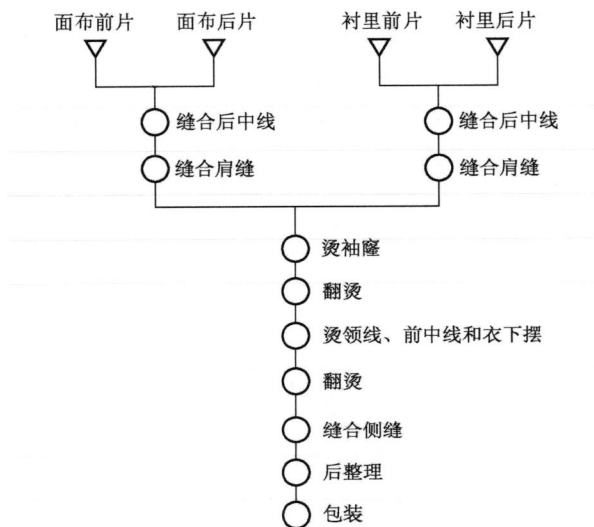

图5－2　精细分工生产

从图5－2的流程中可以看出，工人操作的专业化程度较高，例如，衣身面布的缝合，分工生产形式只用一名工人，而精细分工生产用一名工人缝合后中线，另一名工人缝合侧缝线，与分工生产相比较，精细分工生产要用两名工人去完成一个工序。在精细分工生产案例中，整个缝制过程共需一组（11名）工人来完成。

1. 精细分工生产的优点

（1）机器的专业化程度高，生产效率高，产量大。

（2）产品质量好并且质量稳定。

（3）生产成本低，重复的工序可以由不太熟练的工人担任。

2. 精细分工生产的缺点

（1）分工细致，需要更高的管理技巧。

（2）应变能力降低，灵活性差。

（3）生产线节拍性强，服装款式变换时，需重新调整设备和工人，否则生产线负荷不平衡，会出现"瓶颈"现象，造成生产率下降。

（4）投资成本较高。

（5）机器设备的利用率较前两种稍低。

这种生产形式适用于批量大、款式变化少的成衣加工。

服装生产企业无论采用哪一种缝制生产方式，都必须考虑产品的款式、数量、工人的技术水平、企业管理水平等因素，目的是为了提高产品的生产效率。

四、三种缝合方式的比较

从以下几个方面对单独整件生产、分工生产和精细分工生产三种缝合方式进行比较。

1. 生产形式

在服装的缝合方式中，在没有任何生产条件的限制下，不能肯定哪一种方式是最好的生产方式。这三种缝合方式的应用，往往是企业决定采用哪一种方式之后，才根据需要配置设备，招聘熟悉这种方式的管理员和工人。如果有任何的变动，必须重新调整组织生产线。

2. 操作方法

单独整件生产方式是由一个工人独立完成整件服装的制作，使用通用的平车，专业化机器没有专人负责操作，由工人根据需要自行安排操作；分工生产是将产品分组缝制，如衣身组、碎料组、锁边组、缝合组以及钉纽门组；精细分工是把车缝工作尽量分为简单的操作工序，每种机器配置专业化的零配件，如傍靴、车缝接合器等，使各个操作人员比较容易熟悉机器的操作方法，每条生产线负责生产一种产品，生产线内各操作人员分别负责指定的工序操作，生产线上的某道工序的产量不足或过盛，都需要管理人员设法调整，使之平衡，否则生产线上哪道工序的产量最低会使得整条生产线的产量也最低。

3. 工作程序安排

单独整件生产的缝合方式是由操作工人自行决定缝制的程序，工人与工人之间没有任何联系，管理人员每天与操作工人做好交收产品的工作；分工生产是以产品种类惯用的生产方法、程序作为操作流程，生产前半成品是以捆扎的形式输送，每一捆扎的数量根据运输的工具或半成品的重量和体积决定，收发工作由各分组组长负责；精细分工是根据每种款式的要求而定出生产工序，机器和工作位根据生产工序流程排列，开始生产时，把半成品的各部分分派到各生产支流或主流，当半成品在支流完成后，由配置人员依每扎产品的编号配入主流。

4. 设备的利用率

假如机器的运转速度为 4500 针/min，每件服装需要 16000 针，每天工作 8h，各种缝合方式的机器利用率经计算为：

单独整件生产：6.66%（9 件/天）；

分工生产：13.3%（18 件/天）；

精细分工生产：26.6%（36 件/天）。

5. 生产流通时间

生产流通时间是指产品开始生产到第一件成品完成的时间。单独整件生产的生产流通时间可以把操作员领料的数量乘以生产时间，通常一两天就可以完成第一批成衣；分工生产所需的时间较长，理论上的计算方法是把批量乘以生产时间，但是，如果生产线上的半成品存量多，那么就需要把半成品完成后再计算新款的时间。通常，这种生产方式需要五六天时间才可以完成第一批产品；精细分工生产由于半成品存量小，而且支流与主流部分同时操作，理论上的计算方法是把主流各工序的操作时间之和乘以每扎件数。但实际上，由于配置半成品的问题，所以，控制正常的生产线最少要 7 ~ 10h 才可完成第一扎产品。

6. 工人的技术水平

单独整件生产的方式需要聘用经验丰富、技术良好的工人；分工生产各部门出现专业化，因此，工人的技术也要求专业化，但所需程度不高，比较容易训练；精细分工生产要求工人的专业技术程度高，每个工人只需掌握和精于其所操作的工序，训练更加容易。

7. 生产批量

单独整件生产适合款式变化大、批量小的品种生产，产品的品质要求高且售价高；分工生产适合于小批量而且款式比较复杂的产品；精细分工生产适合生产大批量的成衣，精细分工生产由于生产效率高、生产成本低，厂家往往利用分工生产技术和管理来作为竞争的条件，精细分工生产的批量最少能供应生产线连续七天以上的生产时间。

8. 品质控制

单独整件生产是由操作员自己负责和控制产品的品质，品质控制的成本低；分工生产是由管理员与操作员共同控制，品质检查员对半成品缝合前的半成品进行检查，品质控制的成本较大；精细分工生产是由管理员设计车缝程序、机器及工具协助操作员做出标准的操作方法，操作员要按款式要求检查工序，品质检查员负责在制品的抽查，品质控制的成本大。

9. 管理水平

单独整件生产只需要个人技术高且能指导操作的管理员，生产编制、生产控制、工作调配在这种缝合方式中不是很重要；分工生产要求管理员的技术专业化，不需要掌握整个生产程序的操作，但对所属组别的作业技能应十分娴熟，对小组的品质和产量应充分了解并适当控制；精细分工生产的管理员要对产品有全面的认识，不仅技术水平要高，而且要善于灵活使用合理、恰当的操作方法，对工人的技术水平应十分了解，具有安排生产、计划生产、编制流程等管理能力。

10. 设备投资

单独整件生产的机器投资小，不需要配置大量自动化专业机器；分工生产的机器投资主要在每组别的专业化机器上，如锁边组的锁边车、钉纽门组的纽门机；精细分工生产的投资大，主要投资自动化专业机器和车缝附件，每条生产线都必须配置专业化机器，当款式变换时，生产线上的专业化机器有可能空置，造成投资成本大。

11. 产量比例

单独整件生产、分工生产和精细分工生产的产量比例是1∶2∶4。

12. 厂房面积

单独整件生产、分工生产和精细分工生产占用场地面积的比例为1∶1.6∶1.3。

13. 车间在制品流动存量

假设生产车间有100人，每人每天产量为10件。那么，单独整件生产的在制品流动存量为1000件，如图5-3所示；分工生产的在制品流动存量为分组的数量乘以每天产量，如分为五组，那么在制品流动存量为5×1000件=5000件，如图5-4所示；精细分工生产的在制品流动存量为支流和主流的人数乘以分扎数量，例如，65人×10件/扎=650件，650件为安全存量，如果每个工作位有2扎半成品，那么在制品流动存量为2扎×10件/扎×65人=1300件，如图5-5所示。

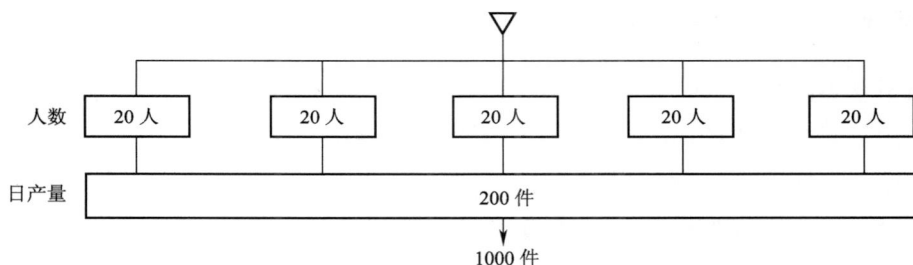

图5-3 单独整件生产的在制品流动存量

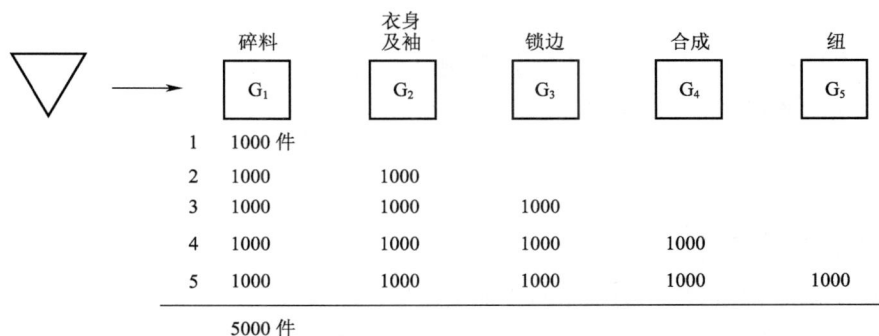

图5-4 分工生产的在制品流动存量

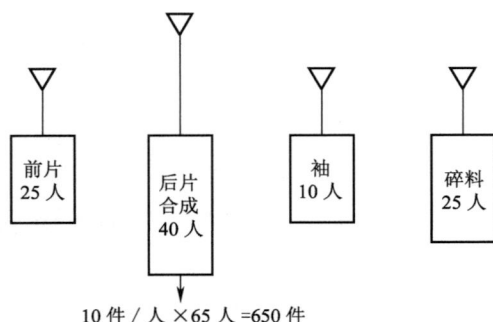

10 件 / 人 × 65 人 = 650 件

图 5 – 5　精细分工生产的在制品流动存量

第二节　服装生产大样试制与缝制前准备

一、服装缝制生产前工作进度的确认

1. 材料准备确认

（1）服装面料、里料、附属品、样板等是否按期到位。

（2）生产数量、产品号型等是否正确。

（3）面料样品与批量生产用面料质量是否一致。

2. 相关资料确认

（1）确认制单说明书的内容是否正确。

（2）业务有变化时，业务更改通告内容是否说明清楚。

3. 企业内部运作状态

（1）是否制订了符合交货期的生产计划。

（2）生产负责人是否对可能出现的问题制订了预案。

（3）缝纫生产用配件是否准备齐全。

（4）缝纫工艺卡是否准备齐全。

二、服装生产大样试制

正式流水线批量生产前，缝制车间或加工工厂还需要按照企业提供的样品实物和生产制造通知单的要求进行生产大样试制。产前大样也称首件封样，一方面用于供客户确认，另一方面是通过缝制产前样以发现产品的缝制难点和质量缺陷，便于批量生产的质量控制，也可以为工序定价提供可靠、公平的依据。产前样与确认样最大的不同是，产前样制作必须使用订单指定的原材料，不可采用替代材料，而确认样则可以使用替代材料。产前样代表成衣的质量，一旦确认后双方都应封样，交货时双方都以产前样的质量标准为依据验货。

为了避免批量生产出现品质不良和工期延误等问题，加工车间必须按照技术文件资料与样品进行大货投产前的样衣试制。根据样衣制作情况，加工车间要就样衣制作过程中的各类信息与服装企业工程技术等部门进行交流与确认。

大样制作确认的过程，既要执行生产制造单上缝制方法说明的要求，还要根据使用的设备种类，探讨是否还有更加适合该工厂生产设备、生产技术能力的方法，修改制订更能适合工业化批量加工生产的方案。

1. 大样制作的原则

成衣缝制因工作人员多、设备多、工序多、裁片多，管理起来很复杂，出现的质量问题也往往是在缝制流程中。因此，作为生产管理人员，为了对缝制流程进行有序和有效控制，必须对制作产前样衣进行严格规范，其原则如下。

（1）在缝制过程中，按工序需要随机抽调若干员工组成一条模拟生产流水线。

（2）根据客户订货规格数，将每个规格制作成两件样衣，双方各一件封样。

（3）对制作的每道工序都必须用秒表计时。样衣全部完成后，取每道工序的平均工时作为大货生产的工序计价工时。

（4）在生产大样的过程中，发现本款服装的缝纫难点和事故易发点，为大批量生产提供质量监督难点。

（5）大样制作完成后，由生产厂长、车间主任、生产组长、工程技术人员组成大样评审小组，提出修改意见，做好评审记录，直至合格为止。

（6）评审合格后由评审人员签名并填写大样封样表。

2. 缝制大样需要确认的事项

（1）缝制方法的确认。根据缝制方法说明中对面料、样板、里料、衬料、附属品等选择要求以及对明线的宽窄、衍缝固定、缂垫肩方法、钉纽位置等要求，确认实际操作是否与其相符。

（2）工艺流程分析及工序划分（生产流水线作业设计）的研究、时间计划的制订，确定生产数量及交货期。

（3）设备的研究、配制与生产现场的布置。

（4）是否与预算加工费相吻合。

（5）试制完成的大样是否符合客户对手感、风格、轮廓等完成效果的要求。

（6）试制完成的大样是否符合质量标准。

3. 大样试制报告

大样确认的结果要制成大样试制报告，对诸多事项做好备案记录。如果试制的大样是合格品，服装企业的技术主管部门要向生产车间发布可以批量生产的通知，车间进入生产状态。

4. 成品尺寸的确认

成品尺寸和生产前准备的样衣尺寸还是有一定差别的，因此，大样与成品的尺寸需要检查确认，以便交货验收时不会出现问题。大样与成品尺寸确认应注意以下几点：

（1）一般情况下，服装的腰围、臀围尺寸容易发生变小或变大的现象，因此，要对照材料、缝制效果、样板等进行认真确认。

（2）通过平面裁剪的服装如衬衫、西服等，采用常规测试方法进行检验；对采用立体裁剪方法完成的服装，要选择与该产品相适应的对应型号的人台进行着装确认。

5. 大样检验的项目与内容

大样检验主要包括外观检验、尺寸检验、缝制质量检验、整烫检验、物料检验等。

（1）外观检验。主要包括：大小是否相符；两胳膊、两夹圈的阔度；两袖长短、袖口宽窄、袖褶距离、袖衩长短；肩端两边高度；口袋大小、高低；门襟长短；左右条格是否对称。裤装主要检验裤的长短以及左右袋位、裤头等是否对称。

（2）尺寸检验。严格按照尺寸表要求进行核对。

（3）缝制质量检验。

① 目测服装各部位的缝制线迹是否顺直；装饰线是否美观；拼缝是否平服；绱袖吃势是否均匀、圆顺；袋盖、袋口是否平服；下摆底边是否圆顺、平服。服装的主要部位一般指领头、门襟、袖窿及服装的前身部位，这些是需要重点注意的地方。

② 查看服装的各对称部位是否一致。服装上的对称部位很多，可将左右两部分合拢，检查各对称部位是否准确。例如，对领头、门里襟、左右两袖长短、袖口大小、袋盖长短宽窄、袋位高低进出及省道长短等进行对比。

（4）整烫检验。整烫的重要部位有领、袖、门襟。要整烫平服，无烫黄、极光、水渍、脏污等。线头要彻底清除，还要注意黏合衬渗透胶。

（5）物料检验。检查主唛和旗唛位置、车缝效果以及示明标志，如号型、材料成分、洗涤标志等标签的车缝位置是否正确、有无遗漏，所有物料必须依照物料单指示操作。

三、缝制流水线的编排

成衣的批量生产要通过流水作业来完成，缝制要确保质量规范，绝不可让一个操作工进行整件服装的加工，这不仅影响速度，还会造成质量差异。从原则上讲，工序分得越细，生产效率越高，质量越好。流水线的编排详见本章第五节、第六节的内容。流水线的编排表见表 5-1。

表 5-1 吊挂式流水线编排与人员安排表
arrangement for hanger systems
吊挂式流水线安排及人员安排

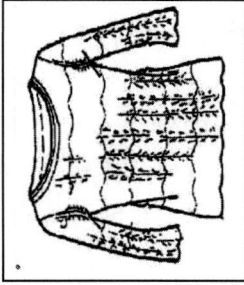

版本：
客户： JCP
2018年3月8日

S.O. NO. (订单号)	H205021-001
Linking machine(缝盘机针种)	8G
Knitting machine(织机针种)	7G
Material(成分)	55%RAMIE 45% CTN

Plan headcounts (计划上线人数)	36
Goal output(目标产量)/8h	964
Beat(节拍)	0.50
S.O. Qty(订单数量)	27558

NO. 序号	Operation 工序名称	SAM/pc 每件工时	Efficiency 效率	Predict SAM/pc 预算工时/件	Actual time 实测时间	Output(1h/man) 产量(1小时/人)	Output(11.25h/man) 产量(8小时/人)	Headcounts 人数	Machine 机台	Stations 站位	Output(8h) 计划人数总产出(8小时)
1	锁眼	1.44	125%	1.15		52	417	2	8G缝盘机	NO.2—NO.3	834
2	上膊	2.09	120%	1.74		34	276	3	8G缝盘机	NO.6—NO.8	828
3	上袖	3.01	100%	3.01		20	159	6	8G缝盘机	NO.10—NO.15	954
4	埋夹	3.46	110%	3.15		19	153	6	8G缝盘机	NO.17—NO.22	918
5	上领	3.31	120%	2.76		22	174	6	10G缝盘机	NO.24—NO.29	1044
6	挑唛	6.72	110%	6.11		10	79	12	挑唛台	NO.30—NO.41	948
7	加针	1.04	100%	1.04		58	462	2	挑唛台	NO.42—NO.43	924
8	查缝挑	0.76	150%	0.51		118	947	1	挑唛台	NO.44	947
TOTAL		21.83		17.92				38			

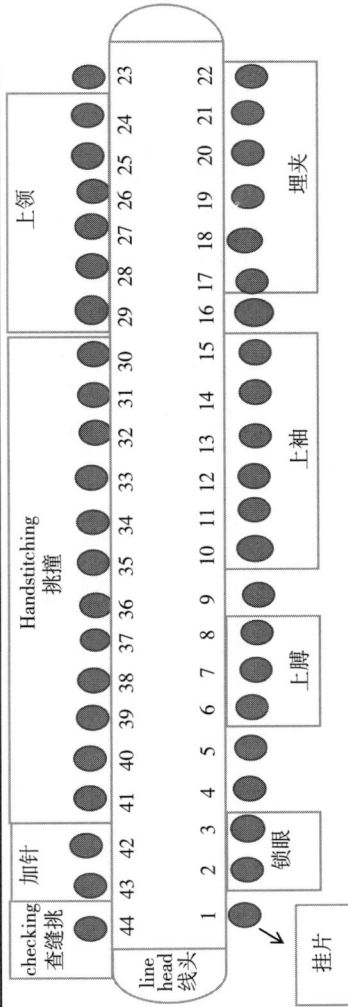

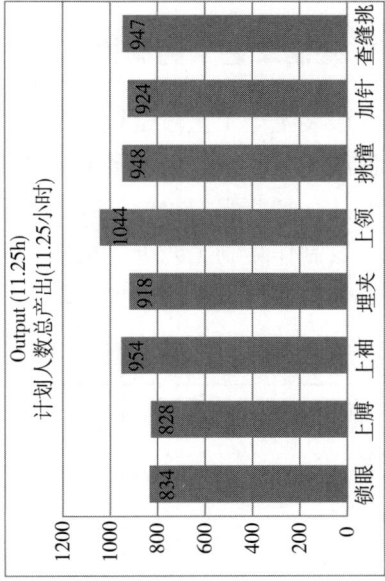

Output (11.25h)
计划人数总产出(11.25小时)

	锁眼	上膊	上袖	埋夹	上领	挑唛	加针	查缝挑
	834	828	954	918	1044	948	924	947

Handstitching 挑唛

上领

埋夹

上袖

上膊

锁眼

加针 checking 查缝挑

line head 线头

挂片

Remark:
备注：

四、缝制工艺卡的制作

服装生产工艺单是指导服装生产全过程的一种工艺技术文件。因为工艺单牵涉面大，牵涉的工艺复杂、工序繁多，特别是缝制工序，所以一张工艺单不可能面面俱到。有些固定产品，如西服、衬衫，其工序多则几百道、少则几十道，不是一张工艺单能涵盖的。所以，要制作缝制工艺卡，把每一道工序的工艺及要求清楚地标明，文字尽量简洁，使操作工一看就明白本工序的工艺要求，见表5-2。

表5-2 休闲衬衫缝制工艺卡之一

产品名称	休闲式女装	标准作业工艺卡		设计人		
品 号	001-2012			审核人		
工程号	02			制订日期	年 月 日	
工程名	折烫左刀背缝衣片的缝制			修改日期	年 月 日	

顺 序	作业动作内	时间（秒）	作业要领及品质注意事项
1	从左工作台取需左刀背缝缝制的衣片放置熨烫台	1.1	注意衣片的正反和顺序
2	用熨斗折烫左刀背缝的缝合	14.6	注意熨斗温度和衣片形状
3	把熨烫好的左前身放在右工作台上	1.3	注意裁片正反面和方向顺序

设备和加工物品布置	缝制工艺

使用机器标准		熨烫设备标准		使用工具		加工材料	
机种		机种	普通	剪刀		缝纫线	
回转数		形状	按作业标准	尺子		白棉线	
机针		重量		锥子		面料	
压脚				划粉		纽扣	

第三节　服装缝纫车间的布置

一、缝纫车间的布置的目的与原则

当服装生产的缝合方式确定以后，就要具体布置缝纫车间，车间布置反映了生产策划和流程组合的合理性。合理的车间布置，能使工人、设备和物料运送有效和经济地配合运作。如图5-6所示为某中型服装厂车间布置图，机器和设备都依照车缝的功能分组排列，目的是保证物料在制作过程中能够顺利传送。

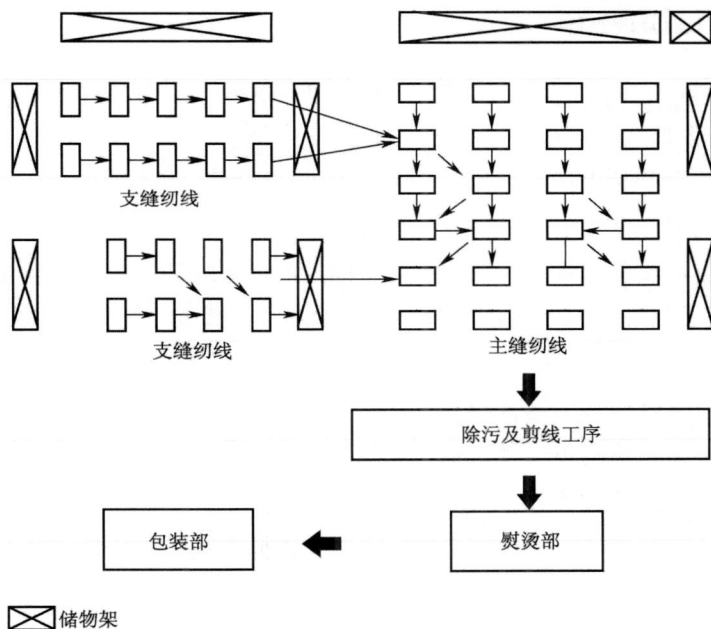

图5-6　某中型服装厂车间布置图

合理的车间布置可达到以下目的：

（1）减少物料的运送时间，保证在制品的快速运转，使生产流程更顺畅。

（2）可有效地利用车间的空间，使车间的空间得到最大限度的利用。

（3）文明生产，更好地利用人力，提供方便、安全和舒适的工作环境，使工人有效地工作，进一步提高生产效率。

车间布置是否合理，不仅影响车间占地面积的有效利用，而且会影响生产操作、检修和日常管理工作的进行。因此，在确定缝纫车间布置的形式时，要考虑以下原则：

（1）整个工序和设备的配合要有条不紊，如车间内缝纫机和运送工具的有效配合，以使物料在缝制过程中传递顺畅。

（2）物料应单向流动，避免交叉、迂回现象的发生。

（3）使物料的运送时间和流动路线最短或降至最低限度，以提高生产效率。

（4）尽可能有效地利用车间的空间，使车间的利用率达到最大。

（5）车间布置要有一定的灵活性，以适应不同款式的服装制作。

（6）车间布置要与工厂平面布置密切结合，在保证工艺路线顺畅的情况下，原料进入车间的入口要尽量靠近原料仓或裁剪部，成品出口处应尽量靠近成品库。

（7）车间布置时要结合机器的排列，注意采光和照明要求，以保证机台工作面的采光均匀。

（8）车间布置时，车间平面图尽量布置成矩形，以使外观整齐；尽量使用水、用电、用气较多的车间集中并选在锅炉、变电所和空压站旁，以节约能源，缩短供应距离，这样也便于集中供给和管理。

二、缝纫车间布置的种类

在服装缝纫车间，有三种类型的布置，即产品流程布置、工序分类布置和作业功能布置。

1. 产品流程布置

这类布置是依据产品工序流程的顺序来排列机器和缝纫工作的场地。图 5 – 6 就是按产品流程布置的实例，在图中，可以看到车缝机器是排列在一条主缝纫线和两条支缝纫线上，支流上的机器数量和位置是根据制衣流程确定的。主缝纫线负责缝制服装的主要部分（主要是衣身的前、后片）和将各衣片部件与衣身缝合；支缝纫线负责缝纫服装的其他部分（俗称"碎料"，如袖口、衣领、口袋等）。在支流中已完成的碎料被运送到主缝纫线的有关岗位，完成整件服装的缝合和拼装。

缝纫阶段完成后，服装再经过后整烫和包装等程序，就完成了整个成衣制作流程。

（1）采用产品流程布置有以下优点：

①车间专为一种产品的工序流程而设计布置，因此，处理和运送物料的工作量可以减至最少。

②物料的运送时间缩短，使整个生产程序所需的时间减少，缩短了生产周期。

③工序按工艺流程确定编排好后，生产管理简单、方便。

④不需要太多的存放空间。

（2）采用产品流程布置也存在以下缺点：

①不适应经常变换款式的服装生产作业，多品种会导致生产量下降，机器不能充分利用，因此，生产成本会提高。

②任何一个缝纫工作位的操作中断，都会造成整个生产线速度下降或停滞、待工。

③在不同的生产线上，可能需要多部同样的机器，所以会增加设备上的投资。

2. 工序分类布置

又称组合式布置，其特点是把类似工序所需的机器集中在一起。图 5 – 7 是这类布置的实例，从图中可以看到同类的机器是组合在一起的，按照预定缝制程序，所有需要锁边的裁片被送到锁边部，进行锁边；已锁边的裁片被送到车缝部，服装的主要部分在这里缝合；然后，被送到锁纽孔或钉纽扣部门，完成整个缝纫过程。

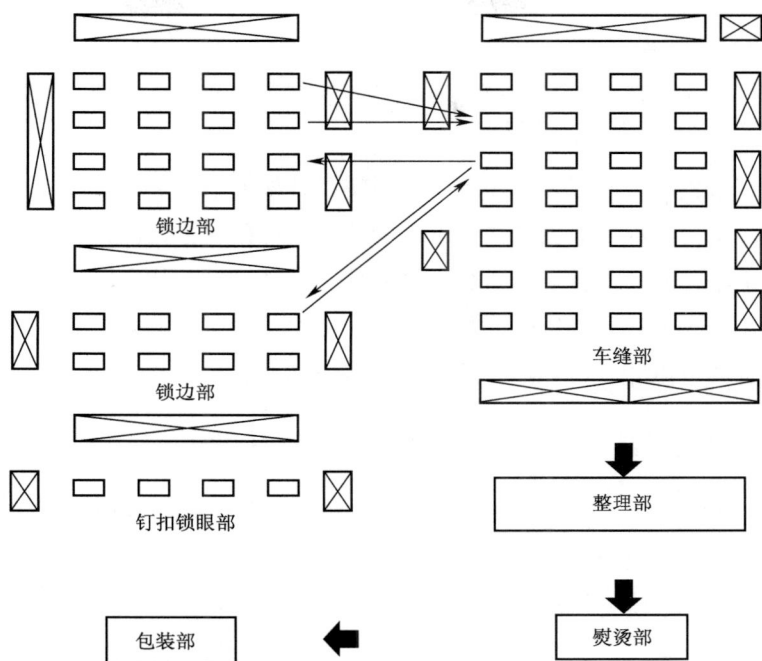

图 5 - 7　工序分类布置实例

（1）采用工序分类布置有以下优点：

①机器可同时供不同款式的工序使用，机器的利用率高。

②这类布置不受个别机器故障或工人缺勤的影响。

③类似的机器集中在一起，便于专业化管理。

④由于管理较为集中，可以加强对一些复杂或精细工序的控制。

⑤生产管理和工艺组合灵活，不需为转换款式和品种而重新编排机器。

（2）采用工序分类布置也存在以下缺点：

①在制品流量大，需要较多的储存空间。

②生产周期长，物料常要等待一些时间才可继续送到下一程序。

③流程线路长，会出现交叉、迂回现象。

④工序之间大量物料需要处理和运送，使生产控制复杂。

工序分类布置适用于款式多、批量少的成衣制作，同时，也适用于工人与设备难以达到平衡的服装厂。

3. 作业功能布置

将具有同类操作步骤的工序集中在一起，由一个作业工位来完成。例如，缝制衣领、袖头和服装前襟这三个工序都需要熨、翻程序，见表 5 - 3。

表 5 – 3　领、袖、前襟工序表

操作步骤 \ 部位名称	领	袖　头	前　襟
1	黏衬	黏衬	黏衬
2	翻领	翻袖头	翻前襟
3	车领	车袖头	车前襟

在服装生产过程中，有很多工序需要中间熨烫，如果中间熨烫的工序由一名工人去完成，其他的工序由另外的工人去操作，工人的技术熟练程度会很高，可适用于各种不同款式服装的同类工序作业。这种形式适合于多品种、少批量的服装生产。

在实际工作中，上述几种形式往往结合起来运用，即所谓混合形式，如开纽孔、钉纽扣等工序，混合式可以兼有三种形式的优点而避免其缺点。

三、缝纫车间的生产系统

根据车间布置的原则，服装生产车间有不同的缝纫生产系统，根据其特点分别加以介绍。

1. 捆扎式缝纫生产系统

捆扎式缝纫生产系统是把成品或半成品以 10 件或一打（12 件）扎成一捆。机器的排列往往把相同的机种配在一起。按制品的传输方式，可分为传统捆扎系统和传送带捆扎系统两种方式。

（1）传统捆扎系统。这一系统设有一个中央储存间来收发裁片，裁片先由储存间送到第一个工作岗位，第一个工序完成后，制品被送回储存间，再由储存间收发员分发到第二个工序，依此类推。储存间由一名分发员负责验收和分配捆扎的在制品，如图 5 – 8 所示。

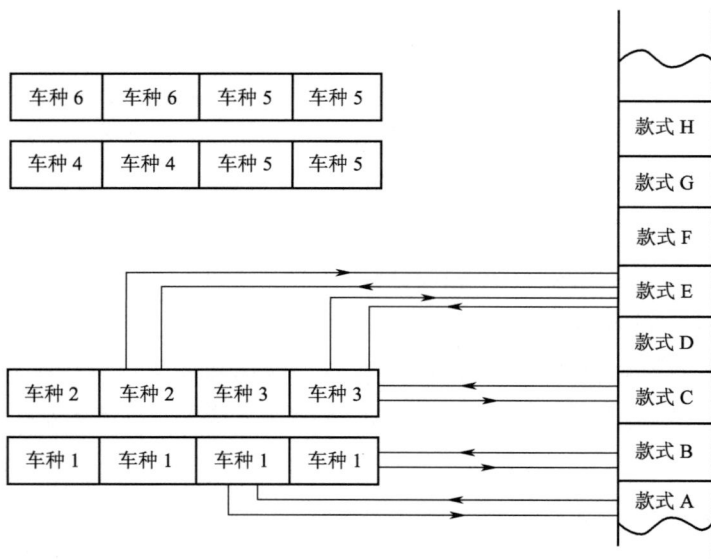

图 5 – 8　传统捆扎系统

这一系统现在一般不予采用，但仍有一些服装款式变化频繁、管理技术水平较低的小型服装厂使用这一系统模式。

另一个与传统捆扎系统有相似之处的系统是中央堆放系统，如图5-9所示。工人从收发台领取一批制品进行第一个工序的加工，完成这一作业后，交回收发台，然后由另一名工人从收发台领取这批在制品，进行第二个工序的作业，完成后仍交回收发台。这个"领回→作业→送回"的程序一个接一个地进行，直到最后完成整件成衣的缝合。

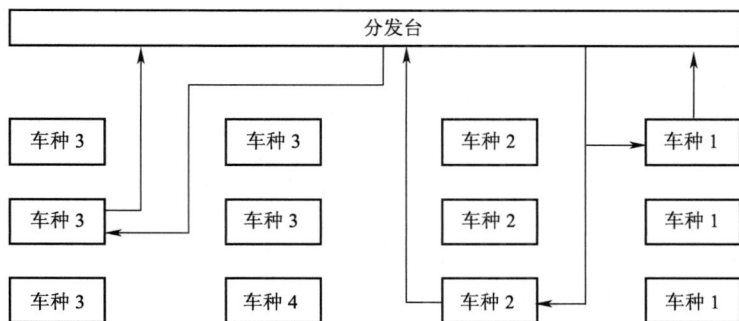

图5-9　中央堆放系统

（2）传送带捆扎系统。传送带捆扎系统是捆扎式与轨道作业方式的结合，借助于传送带进行在制品的搬运，用生产传票方式传递加工信息，制品放置于专用箱内，工作地常有两个箱交换使用，这样不会引起加工中断。输送箱由专人操纵控制器收发，用传输皮带送到工作位置。这种传送带装置有直线型，又称为FOO（Feeder Operator Operator）系统，即分发员—工人—工人。在这个系统里，负责发放制品的分发员，从供应箱取出制品，传送到第一个工序的工作岗位，当第一个工序完成后，工人便将制品传送到下一工序的工作岗位，当所有工序完成后，制品才被送回分发员，如图5-10所示。此外，还有一种回旋型，又称为FOF（Feeder Operator Feeder）系统，分发员把制品传送给工人，该工人完成自己那部分作业后，便把制品送回给分发员。这个系统是两层结构，如图5-11所示。上层输送带将装有制品的箱子由控制站送到工作岗位，工序作业完成后，工人把制品由下层输送回储存库，每一个工作岗位都有两个供先后使用的箱子。

①传送带捆扎系统有以下优点：

● 有较好的灵活性和产品适应性，适用于款式多的服装车缝加工。

● 质量控制比较容易，每次被送回的各工序的在制品，都可在控制站检查，遇到有问题的在制品可由负责该工序的工人进行修改，而不影响其他工序。

● 节省时间，在制品都放在箱子中，

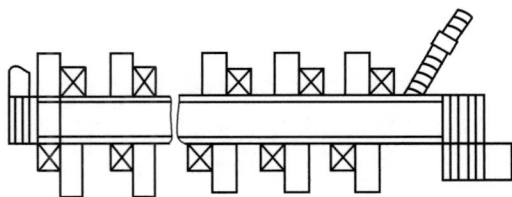

图5-10　直线型传送带捆扎系统

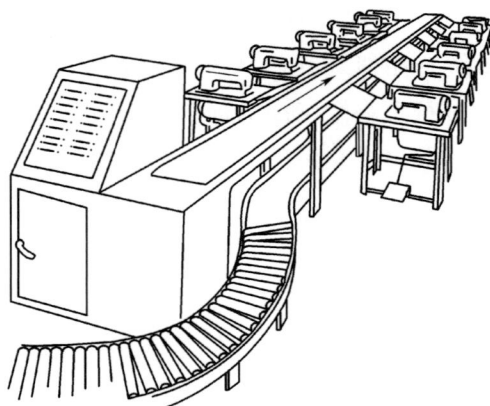

图 5 – 11　回转型传送带捆扎系统

不需要对其进行捆扎或解扎，且箱子由传送带传送，大大节省了物料作业的辅助时间。

- 可进行工作岗位工程学研究，推行专业化作业。
- 车间的外观和环境布置整齐，文明生产程度高。

②传送带捆扎系统也存在以下缺点：

- 投资成本大，整套运输设备的成本高，同时，保养维修费也很高。
- 大量的在制品，占地面积大。

传送带作业形式适应于多品种、少批量的生产场合，缝纫机的配置可以不随品种变换而改变，管理较简单。但由于传送箱的容积受限制，这种系统更适合于小型产品如内衣类的生产。

2. 流水同步生产系统

流水同步生产系统是以一件产品为单元，按服装产品加工工艺流程的顺序进行作业的方式，机器排列完全依照工艺顺序和各工序工作量的大小进行配置。同步作业方式的主要特点：

（1）生产节拍性强，各工序间平衡，发挥效率高。

（2）减少了半成品在工序间的搬移。

（3）在制品数量可减少到最低限度。

（4）作业进度易检查，并能从生产传票中很快计算出来。

（5）生产效率高，生产周期短。

（6）有利于专业化、自动化生产。

（7）产品质量稳定均一，但其中某一工序发生停滞，整个加工将受到很大的影响。

同步生产系统有直线式和支流式两种。如图 5 – 12 所示为直线式流水系统。这一系统是按节拍将整个缝纫流程分为几个或几十个需时一样的工序，裁片以件为单位，每位工人负责缝制服装的一部分，完成后放在储物盒中，传送给另一名工人，完成下一道工序，直至全组工人完成整件服装的缝纫工序为止。

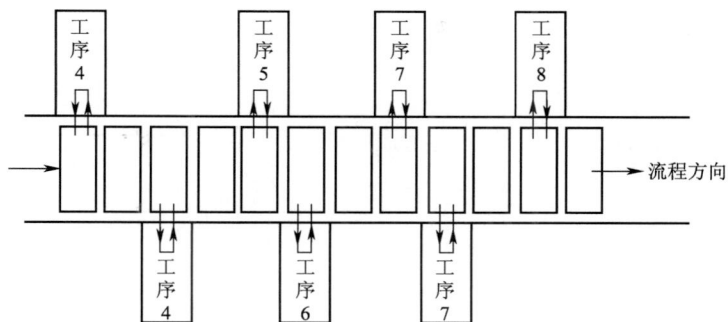

图 5 – 12　直线式流水系统

中央运输工具可以是一张固定的长条形工作台，也可以是一条运输带，运输带的移动速度、节拍要配合成衣各部分的缝纫时间。该系统的优缺点与前述按工艺流程作业布置的精细分工的缝合方式类似，不再复述。该系统适合于生产周期持续 6～8 个星期的车间，如生产工作服、衬衫和传统服装的服装企业。

如图 5 – 13 所示为支流式流水系统，该生产系统是直线式系统进一步改进的结果，可以从下面的例子来分析直线式与支流式流水系统的情况。以缝制男衬衫为例，如果车缝衣身需 6min、领需 4min、袖头需 3min，那么各自的总缝制时间见表 5 – 4。

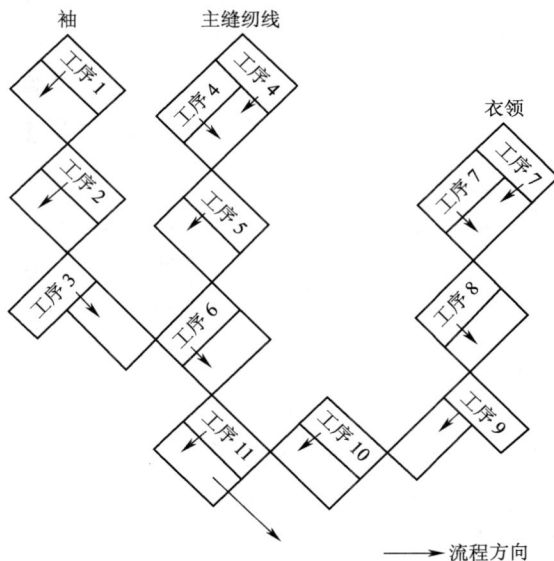

图 5 – 13　支流式流水系统

表5-4　直线式和支流式流水系统比较

名　称	直线式	支流式
	衣身　6min 领　　4min 袖头　3min	领　　衣身　袖头 4min　6min　3min
耗时	13min	6min

当领、衣身、袖头采用同步支流方式，生产时间会缩短许多，然后将服装各部分同时送到主缝纫线，完成缝纫过程。如图5-13所示，服装的主要部分如衣身被送到中央主缝纫线。同时，衣领、衣袖、衣袋等部分，也由其他缝纫线送到中央主缝纫线，然后缝制组合成成衣。

3. 捆扎同步式生产系统

捆扎同步式生产系统是由捆扎式和同步式相结合的一种作业方式，既有较高的生产效率，又有适应品种变换的能力，择其两种作业方式的优点。目前，国内外较先进的服装厂的缝纫车间广泛采用这种作业方式，简称PBS（Progression Bundle Synchronization）系统。机器排列按主流工程（大身）和支流工程（袖、领等）的实际需要进行灵活机动的配置，适合中品种、中批量的服装厂。

采用捆扎同步式生产系统是将整个车缝工序按流程依次排列，工人领到成扎的制品后，负责自己那部分的缝纫工作，该工序完工后，将制品重新捆扎，交给下一个工序的工人，如图5-14所示。在每个工序之间，设置一些储物设备，以储存在制品，捆扎的在制品上有工票，工票上标明准备进行生产的各个工序。生产线不平衡时，可以用技术全面的车工（俗称"飞机位"）进行协调。

（1）采用这种系统的优点是：

①生产节拍或节奏较强，生产效率高。

②工人的熟练程度要求不需要很高，培训时间缩短，生产成本可降低。

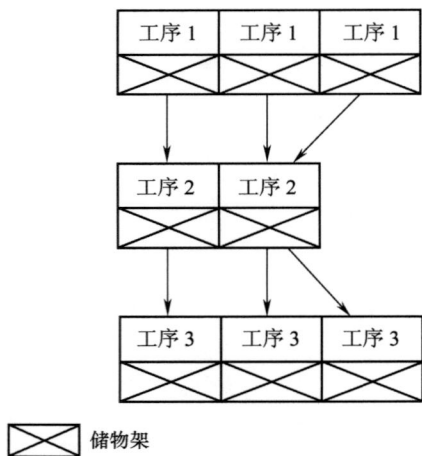

储物架

图5-14　捆扎同步式生产系统

（2）该系统也有以下缺点：

①机器设备投资高。

②不适用于批量小、款式经常变换的服装厂。

③缝制过程中在制品较多、需要较大的储存空间。

④需要较高的管理技巧来安排作业流程，如工位数的确定和工序工人数的确定等。

据统计，衬衫厂、牛仔服装厂、西裤厂使用这一生产系统较为普遍。

与图 5 – 14 系统相类似的另一工作系统是弹性流程系统，如图 5 – 15 所示，这一系统的主要特点是每个工序工人人数的分配需要详细计划编制，以保证生产的均衡性。

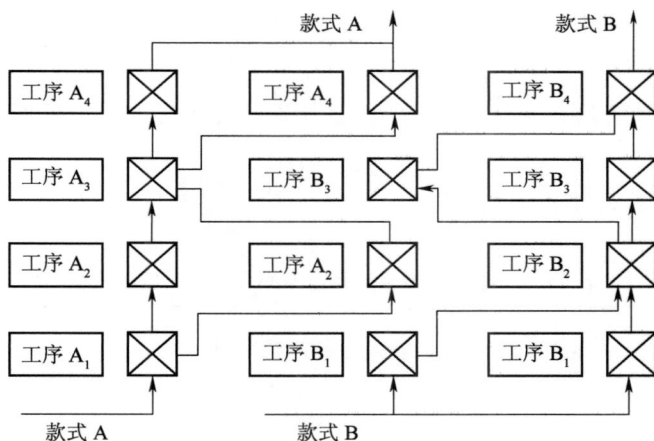

图 5 – 15 弹性流程系统

4. 集团式生产系统

对于加工工序多而又不集中的产品，如按工序或机种配置进行顺序作业势必会需要很多的作业人员和缝纫机，对于中小规模的服装厂来说难以解决。为此，按产品部件如领、袖、衫身分成若干组或称集团，分别进行加工，每组内配备必要的机种、熨烫工具和操作工人（一般 4 ~ 5 人或 7 ~ 8 人），其中每一个组配置一名技术较全面、负责部件组合加工的工人，最后一个组负责装配成成品。集团作业方式的机器配置较特别，如图 5 – 16 所示。图中采用6 台缝纫机、2 台整烫台的配置形式，像四合院，负责某服装某一部位的加工。

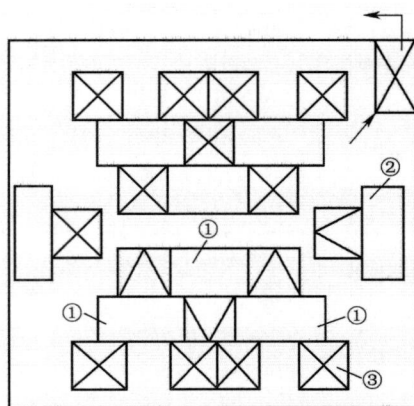

图 5 – 16 集团式生产系统

①—缝纫机 ②—整烫台 ③—储物台

5. 单元同步生产系统

单元同步生产系统（Unite Synchro-flow Progress System），简称 USPS，是一种较为灵活的生产方式，正在被越来越多的服装厂采用，该系统具有如下的特点。

（1）分为多个工作单元，达到生产同步、平衡生产的目的，每单元负责一组车缝工序，一般两名操作员为一个单元。

（2）每位操作员具有多种技能，达到一专多能的要求。

（3）用捆扎方式进行传送，每组捆扎数量一般为 6～24 件。

（4）要求管理人员的管理水平较高，而且对工艺流程非常熟悉。

（5）设备布局灵活，品种齐全。

（6）生产周期短，每组可在很短时间内生产完一款完整的服装。

（7）在制品的库存量降至最低水平，进度管理非常容易，也简化了生产线的平衡问题。

单元同步生产系统具有快速反应的能力，特别适合于批量小、品种变换快、交货期短的生产条件。

单元同步生产系统与同步生产系统的比较，见表 5-5。

表 5-5　单元同步生产系统与同步生产系统的比较

系统 项目	同步生产系统	量少款式多的生产难题	单元同步生产系统
工序组织	生产线依照工序的次序来编排，并将同类的工序集中起来	由于同类工序集中在一起，并且生产的款式多，造成半制品在车间的传送很复杂	两人一组的编制可根据工序的次序来编制流程，并将同类的工序集中起来
在制品的数量传送单位	单向流动，尽量减少半成品的数量	需根据颜色和尺码来分类，转换款式期间的停工时间减少，使半成品的数量增加	一批传送，自动确立半成品数量
布置	根据个别款式来设计最佳的生产工序布置	每次转换款式，都必须完成改变生产线的布置	工作站的组合，转换款式时只需略为修改生产线
运送设备	同步运输带或工作台	制品批量难以分类	滑槽或吊衣架
机器设备	为个别工序而设置专业机器	由于款式变化大，机器和设备需具有多种用途，提高灵活性	各种专业化机器灵活搭配
工序控制	主要通过检查来控制工序质量	根据裁片编号、颜色和尺码来分类，使生产控制复杂化	根据计划来实施生产控制，并且考虑工人技能问题
质量控制	优先考虑生产质量，然后改善质量	转换款式时质量改进缓慢	着重设计质量的改进以及转换款式初期的质量控制
工人	一个工人负责一个工序	要求灵活性	适当的人员担任合适的岗位
生产数量	每种产品都可得到准确的数量	数据难标准化，延误设计工作	标准化数据，确立数据处理方法

如图 5 - 17 所示为某女式西装裙按单元同步生产系统的配置图。每个单元由两名工人组成，共 6 个单元。

6. 吊挂式缝制生产系统

吊挂式缝制生产系统又称吊挂传输柔性生产系统，是现代制衣系统中最先进的生产方式之一，其形式如图 5 - 18 所示。在整个缝纫生产过程中，半成品（在制品）运输均由吊挂传输系统负责完成。衣片夹夹住衣片，吊挂在挂架上，减少了半成品的存放空间，悬挂式传送避免了衣片的污损，自动控制技术防止了错片等质量问题，生产效率高，节约了人力、物力及车间面积，并充分利用了空间。但该系统价格昂贵、成本较高，目前处于逐步推广之中，适用于衬衫、西装等款式变化不大、工艺流程稳定的成衣生产。

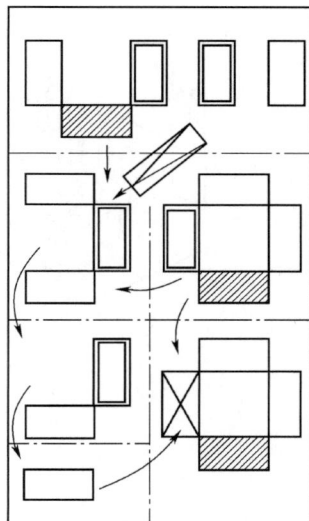

图 5 - 17 单元同步生产系统

平车　特种车　手工及手工熨烫

7. 模块式快速反应缝纫系统

模块式快速反应缝纫系统（Quick Response Sewing System）是现代化服装企业生产的主要方式之一，它是以较少的工作位（一般 10 个左右）进行单件服装加工的缝纫系统。每一个工位称为一个模块，每一个模块通常由 2~3 台加工机械组成（根据服装款式要求，也可多至 5~6 台），由 1~2 个工人以站或坐的方式进行操作。模块式生产具有互助生产性，可配置悬挂式的运输系统，也可不配置悬挂运输系统，如图 5 - 19 所示。

（1）模块式快速反应缝纫系统具有以下特点。

①以单件成衣生产为单位，可以进行极小批量的服装生产，产品款式更新快。

②采用多任务集中操作法，工艺路线短，

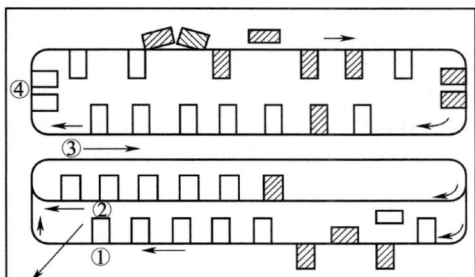

图 5 - 18 吊挂式缝纫生产系统
①—后身悬吊线　②—前身悬吊线
③—回收悬吊线　④—组合悬吊线

省去了较多的辅助时间，生产周期短。

③各工作位上的在制品少，降低了生产线上在制品的负荷量，简化了生产管理工作。

④采用单件作业方式，工艺编排大为简化，提高了工效。

⑤采用单工位、多机台联合作业，要求工人掌握全面的缝纫技术。

⑥工时平衡，简单容易，有关工序可穿插安排，工时利用率高。

（2）该系统在实际应用中显示了如下优点。

①具有可靠的产品质量保证体系。系统中每个工人均是质检员。根据生产情况，操作

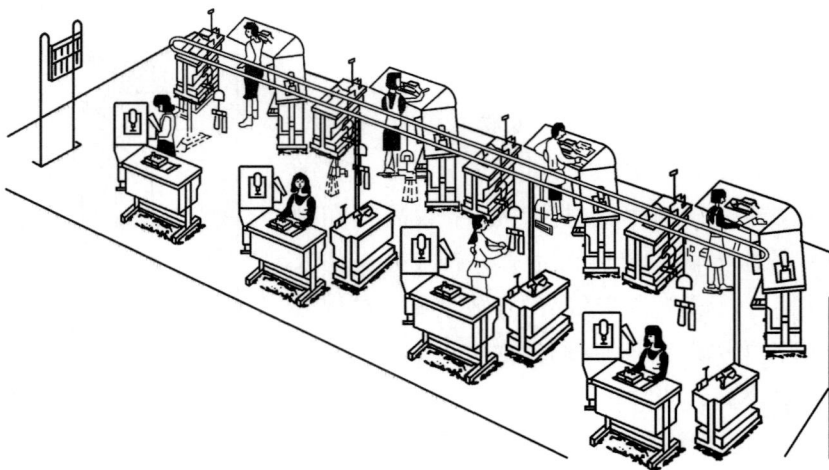

图 5 - 19　模块式快速反应缝纫系统

可以相互补位，及时调整，达到工时平衡。

②具有可扩充性。由于方便了管理，系统有利于计算机管理和服装 CAD、CAPP 及 MIS 系统扩充的性能。

③具有较大的灵活性和可变性。根据生产服装款式的要求，可以很方便地变换模块结构与模块的机台组合。

如图 5 - 20 所示是某女衬衫的模块式生产系统的工位配置图。一般中、小型服装厂可利用工厂现有的设备，参照模块式快速反应缝纫系统的排列，进行坐式模块式生产系统的生产。目前，我国已有服装厂引进了该系统。采用该系统后生产效率和同样人数的作业小组相比可提高 20% ~ 50% 。

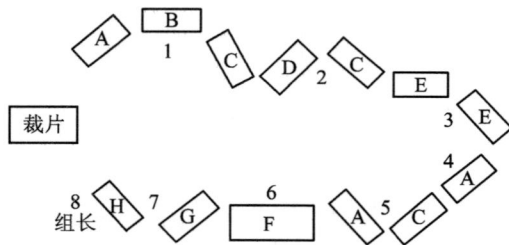

图 5 - 20　女衬衫模块式生产系统的工位配置图
A—高速锁缝平缝机　B—高速锁缝上送布平缝机　C—锁缝针送布平缝机
D—高速锁缝下送布平缝机　E—高速双针包缝机　F—真空烫台　G—锁眼机　H—钉扣机

服装企业面临着对传统生产方式组织结构的改革，以面向服装市场的多款式、少批量、高质量的服装需求。根据不同的财力、物力情况，各个服装厂可按照自己的条件，采用不同形式的模块式快速反应缝纫系统。

8. 单件（片）流服装生产系统

精益大师詹姆斯·沃麦克给单件流的定义是："每次生产和移动一个（或一个小固定批量的）工件，使得工件尽可能连续地通过一系列的加工工序，并且每一道工序都刚刚在下一道工序开始的时候完成。"

单件流（One-piece Flow）起源于精益生产方式（Lean Production，LP），是20世纪70年代在准时制（JIT）生产方式的基础上由日本的丰田公司首先提出来的，借鉴精益生产的基本原理和方法，同时设备布置方式结合了传统的精益生产方式中一个流的设备布置方式和精益生产方式中最新发展的单元生产方式，其实质是一种柔性化的以市场为导向的精益生产系统，也称细胞生产单元（Cell Production Unit），即单件流水式生产。

（1）单件流生产的特点。

①产能目标化的目标管理。由工业工程人员把产品的每个单元（工序）进行目标产能设定。

②定量化的时间管理。由工业工程人员把产品的每个单元（工序）进行目标操作时间设定。

③成品出产快，质量问题反应迅速，零批量品质事故。

④前推后拉式。传统生产方式，生产线处于被动，只能等待前部门的物料、开裁、绣花、印花来决定生产的正常运作，而单件流水生产是处于主动，前工序必须满足生产线，一切为了生产而谋定。前推，不只是流水线上的前推，它包括订单、物料供应、产品再加工；后拉，是为了满足客户需求，拉动整个生产与供应链。

（2）单件流生产的优点。

①缩短生产周期。由于单件流是所有生产人员分制程的同步作业，最大程度地减少了人力资源的浪费，生产效率的提高大大地缩短了生产周期。

②降低在制品库存。由于单件流生产形式是后拉式的生产模式，即最后一道工序需要多少，前工序才生产多少，所以它的制造过程就是每个工序同步运作一次，即一个成品出车间，如无特殊情况，几乎可达到无库存。

③节省生产空间。由于单件流是快速出成品的制程，在生产过程中无需库存任何材料，大大节省了生产空间。

④减少不良品数量。单件流的生产模式是以一件为批量，整条流水线同步作业一次即出一件成品，所以能及时发现问题，最大程度地减少不良品发生的概率。

⑤提高生产力。单件流的精髓是单元同步，每个岗位即为一个单元。习惯性的同步协调，培养了团队合作的精神，高度团结、高度集中精力的结果是大大提高了生产力。

（3）单件流生产线的布置要求。

①精确的产前准备。单件流生产，即各工序只有一个工件在流动，使工序从裁片到成品的加工过程始终处于不停滞、不堆积、不超越的流动状态，这是一种工序间在制品向零挑战的生产管理方式。因此，在生产前必须做好充分、精确的准备工作，这样可以平衡单件流生

产、缩短转款时间，表5－6所示的是某短裤前幅的生产平衡表。充分的产前准备工作包括：备好所有所需物料（面料、辅料）、机器设备按流水线要求布局、设备均处于无障碍状态、召开产前会、明确工艺质量要求、试做封样、确保操作人员对技术要求理解无误。

②产品工艺流程分析。这是单件流生产的基础，也是价值流分析的关键。德鲁克先生说过："生产管理不是将工具用在材料上，而是将逻辑用在工作上。"用简洁的图示方式，将产品工艺流程描述出来，作为生产线布置和调整的依据。

③生产设备的要求。

● 简易的设备。指仅具有基本功能的机器，然后再根据生产要求逐步附加上一些必要的机能。

● "门当户对"的设备。设备的使用应当恰如其分，配合适当的需求，要购买"门当户对"的专用机器设备。

● 小型化的设备。生产设备要小型化，产量需求增加时，能够很适当地追加上去，不会造成产能过剩的现象。

● 流动的设备。设备要小型化，要有轮子或容易搬运，设备的水、电、气应设快速接头和插座，设备的管线要整齐并有柔性。

● 柔性的设备。设备的适用性要强，只要改变某些部位，就能转变出其他用途。设备切换速度要快，产品一有变化，仅需更换部分机构或组件就可适应变化。设备要有扩充产能的可能性。

表5－6　某款短裤前幅的生产平衡表

部件	工序号	工序名称	车种	总秒数	生产人数	生产秒数	备注
前幅	1	车前袋贴	平车	46	1	46	
	2	封袋角	平车	108	2.5	43	
	3	车前袋布	平车	80	2	40	
	4	车袋暗线迹订位	平车	138	3	46	
	5	装拉链及合前裆弧长	平车	102	2.5	41	
	6	查前幅及排编号	检查	40	1	40	
合计				514	12	256	

注　节拍时间（s）：46　生产人数：12　时产（件/h）：78
目标产量（件/h）：70　人均产量（件/h）：59　平衡率：93%

根据表5－6的生产平衡表，配置的工位情况如图5－21所示。

单件流是一种现实的、可操作的生产方式，能为生产某几种产品合理配置所必需的人员与设备。它的最大突破在于生产方式性质的改变，将"前推式生产方式"改变为"后拉式生产方式"。同时，也将发展的目标不断地扩展，将逐步推进链接从裁床到包装的整个生产流程乃至营业与排单等形成了一个整体化的生产体系。它可以解决服装生产管理中传统生产方式的各种弊端和存在的浪费现象，是企业提高生产效率、改进产品质量、降低生产成本、提高企业竞争力的有效生产系统模式。

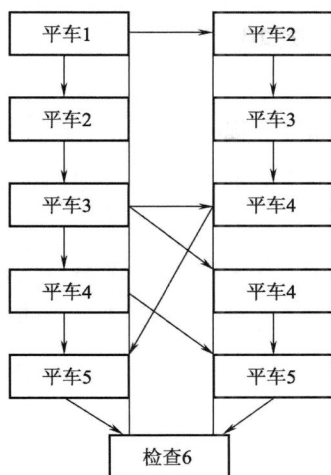

图 5-21　某款短裤前幅的工位配置图

第四节　服装缝制过程的时间组织

　　合理组织缝制生产过程，不仅要正确地建立缝制生产单元、确定服装生产形式，而且要求服装在制品在生产单位之间的传递在时间上要相互配合和衔接。在服装缝制生产过程中，时间组织的目的就是要节约生产时间、缩短生产周期，科学地有计划分配缝制时间，提高生产的连续性、均衡性。在既定的生产条件、工人技术、设备负荷允许的限度内，尽量组织平行作业，提高生产效率。

一、产品生产时间的构成

　　服装产品或零部件在整个生产过程或在某个生产阶段、生产环节，从投入到产出所需的全部时间称为产品的生产时间。产品生产时间构成如图 5-22 所示。时间组织的重要任务就是要提高时间的利用率，尽量减少无效时间，以缩短生产周期。

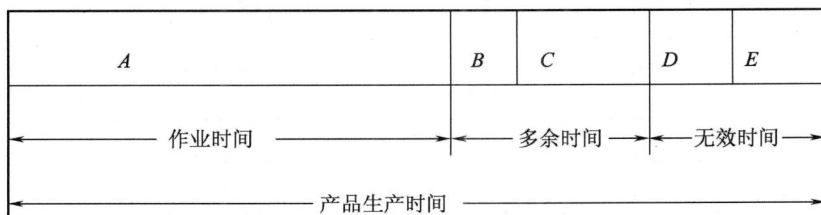

图 5-22　产品生产时间构成示意

123

1. 作业时间

作业时间 A 包括各工序所需的作业时间和必要的停放时间，包括生理时间以及设备操作和调整时间。

2. 多余时间

多余时间由 B 和 C 两部分构成。B 指由于产品设计、技术规程、质量标准等不当所增加的作业时间。C 指由于采用低效率的加工工艺、操作方法等所增加的作业时间。

3. 无效时间

无效时间由 D 和 E 两部分构成。D 指由于管理不当造成的无效时间，如停工待料、设备故障、人员窝工等。E 指由于操作人员的责任心不强造成的无效时间，如缺勤、出废品等。

二、产品在工序间的移动方式

缩短生产周期，首先要缩短产品在零部件方面的生产时间，减少工序间的传输时间。产品在工序之间的移动有三种方式，不同的移动方式有着不同的生产时间。

1. 顺序移动方式

一批产品在前道工序全部完工后，才被整批地送到后道工序加工。有些服装产品在缝制车间就是一道一道被加工的，如图 5 - 23 所示。这种移动方式的特点是产品在各道工序之间是整批移动的，即一捆扎的产品在前道工序全部加工完后，才送到后道工序进行缝纫加工。

设产品的批量为 n，在顺序传输方式下的生产加工时间为 T_s，m 道工序加工时间之和为 T_m，则：

$$T_m = n \sum_{i=1}^{m} t_i$$

式中：t_i——第 i 道工序的工序作业时间，min；

m——工序的总数；

n——产品的批量。

如图 5 - 23 所示，假设产品的批量为 4 件，工序数为 4 个，各工序的作业时间如第二

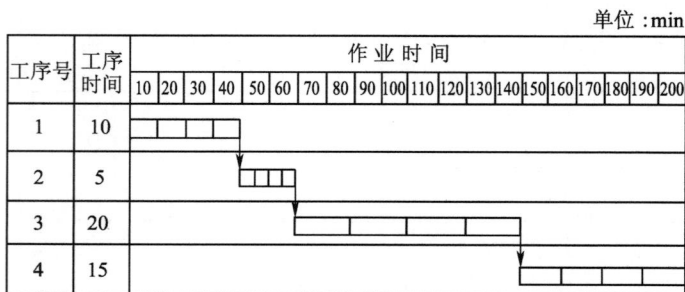

单位：min

工序号	工序时间	作业时间
		10 20 30 40 50 60 70 80 90 100 110 120 130 140 150 160 170 180 190 200
1	10	
2	5	
3	20	
4	15	

图 5 - 23　顺序移动方式示意图

列所示，假设该批零部件在各工序之间无停放、等待时间，工序间的运输时间略而不计，则产品在工序间的加工时间为：

$$T_s = T_m = 4 \times (10 + 5 + 20 + 15) = 4 \times 50 = 200 （min）$$

这种方式的生产时间组织与计划工作比较简单，由于一批产品是集中加工、集中传输的，所以，有利于减少设备的调整时间，能够提高工效。但如果一个产品需要等待时间，将产生一批等待时间，导致加工时间的延长及生产周期的延长。这种方式仅适用于小批量产品工序、单件作业时间较短的情况。

2. 平行移动方式

平行移动方式的特点是每件产品在前道工序加工完毕后，立即转移到后道工序继续加工，产品在各道工序上成平行作业。如图 5 – 24 所示，采用这种移动方式，产品的加工时间最短，但运输频繁，当前后工序的作业时间不相等时，会产生设备停歇或等待加工的现象。

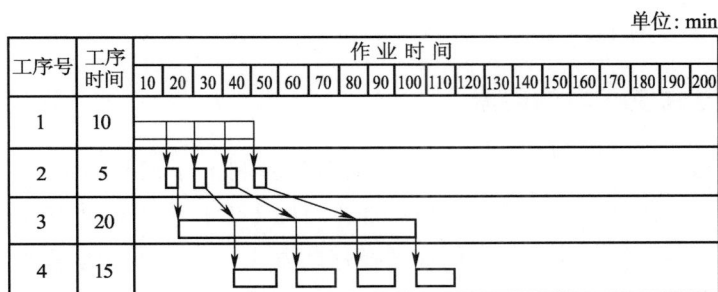

图 5 – 24　平行移动方式示意图

平行移动方式的加工时间 T_b 为：

$$T_b = \sum_{i=1}^{m} t_i + (n-1) t_c$$

式中：t_c——产品加工工序中最长的工序时间，min。

本例中 $t_c = 20$min，将数字代入上式得：

$$T_b = (10 + 5 + 20 + 15) + (4-1) \times 20 = 110 （min）$$

3. 平行顺序移动方式

平行顺序移动方式既考虑加工的连续性，又考虑加工的平行性。为使每种设备能连续加工该批零部件，作业安排时要求确定每道工序开始加工的时间，如图 5 – 25 所示为平行顺序移动方式示意图。

采用这种移动方式，设备在加工一批零部件时无停歇时间，立即送到下一道工序，但总加工时间大于平行移动方式的加工时间，而比顺序移动方式的时间少。平行顺序移动方式的加工时间计算公式为：

单位：min

工序号	工序时间	作业时间																			
		10	20	30	40	50	60	70	80	90	100	110	120	130	140	150	160	170	180	190	200
1	10																				
2	5																				
3	20																				
4	15																				

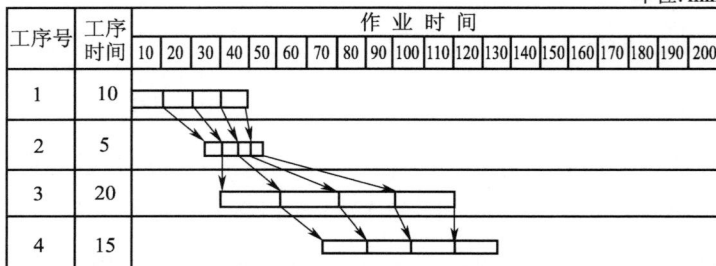

图 5-25　平行顺序移动方式示意图

$$T_{bs} = n \sum_{i=1}^{m} t_i - (n-1) \sum t_w$$

式中：t_w——每相邻两工序间较短的工序时间，min。

如本例中第一道、第二道工序中，较小的工序时间为 $t_2 = 5min$，第二道、第三道工序之间也为 t_2，以此类推，因此，本例中 T_{bs} 为：

$$T_{bs} = 4 \times (10+5+20+15) - (4-1) \times (5+5+15) = 125 (min)$$

三、选择移动方式应考虑的因素

上述三种移动方式，是工艺加工过程中组织各缝制工序在时间上相互衔接的基本形式，实际生产当然要比这复杂得多。从生产加工时间上看，平行移动方式最短，平行顺序移动方式次之，顺序移动方式最长。但在选择移动方式时，不能只考虑加工时间，还应结合企业的生产特点，全面考虑以下因素。

1. 生产类型

单件小批量生产宜采用顺序移动方式；大量大批生产，特别是组织流水生产线时，宜采用平行移动方式或平行顺序移动方式。

2. 产品生产任务的缓急情况

对于一些紧急任务，如为限期完成的订单，应尽量采用平行移动方式或平行顺序移动方式，以便争取时间，满足需求。

3. 车间的生产组织形式

按机种配置的车间，宜用顺序移动方式；按产品工艺流程布置的车间，可采用平行顺序移动方式；流水线生产，则宜选用平行移动方式或平行顺序移动方式。

4. 工序劳动量的大小和零部件的重量

工序劳动量不大、重量较轻的在制品，宜采用顺序移动方式，有利于减少搬运次数。如果工序的作业时间长、重量大的零部件，为减少资金占用和节省生产面积，可采用平行移动方式或平行顺序移动方式。

5. 改变加工的款式时，调整设备所需的工作量

如果调整设备所需的工作量较大，就不适于采用平行移动方式。如改变加工服装对象时，不需要调整设备或设备调整所需的时间很少时，则考虑采用平行移动方式。

当生产线上加工的产品不止一种时，组织生产就不仅要考虑在制品在工序间的移动方式，还要考虑如何安排各种款式的加工顺序。因为不同的加工顺序，给生产带来的影响也不相同。

第五节　服装缝制流水线的生产组织

为了从空间和时间两方面合理地组织服装缝制生产，服装企业必须根据自己的特点，采用相应的组织形式，使运输路线最短，从而使企业获得更好的经济效益。在服装生产中，缝制工程是主要的生产环节。由于流水线生产模式效率高，在许多服装企业被广泛采用。

一、缝制流水线生产的条件和主要参数

1. 流水线生产的条件

组织流水线生产需要具备一定的条件，才能取得良好的经济效益，主要条件如下。

（1）产品品种稳定，为长期的大批量生产的产品。

（2）产品的结构和工艺具有相对的稳定性。

（3）产品结构的工艺性比较理想，符合流水线生产的工艺要求，能分解成可单独进行加工、装配和检查的零部件等。

2. 流水线生产的主要参数

（1）标准产品单位时间的产量。指产品在规定生产时间内的产量，如日产量、月产量、年产量等。确定产量一般根据市场需求和投资规模而定，如日产量可以根据订单要求，再比照标准产品来确定。

（2）工序的标准作业时间。指在规定技术条件下，完成某一工序所需的时间，如缝纫生产大多是单人操作、人机并动，影响标准时间的因素很多，不仅与机器设备的先进程度有关，也与操作人员的熟练程度及产品缝制要求等有关。在组织流水线生产时，上述因素都要考虑。

（3）轮班方式。指机械设备的有效运转时间。

（4）生产设备的种类和数量。指车间现有缝纫机的种类和数量能否满足流水线生产的组织要求。

（5）生产人员。指管理人员、操作工人和辅助人员。

（6）服装生产的流程和标准工艺。根据产品的款式和规格，充分利用现有的技术条件，把整个缝纫工艺划分为若干个不可分割的最小工序，并加以顺序排列，作为生产流水线的基础资料。如西服上衣可划分为200～300个工序，男式长袖衬衫可划分为40～50个工序。为了明确表示工序间的关系，方便管理，一般以流程图的形式表示缝纫加工中各个作业间的流程关系。流程图的基本内容包括：工序名称、各工序标准作业时间、设备要

求、车缝附件、缝迹线型、各工序的加工符号和顺序号等。

二、服装缝制流水线的组织

服装缝制流水线的组织主要包括：流水线生产节拍的确定、加工工序同步化、计算工作地（设备）的负荷系数、操作工人的配备和流水线的平面布置等。

1. 流水线生产节拍的确定

生产流水线上的产品在各工序间每移动一次所需的间隔时间，称为流水线的生产节拍。节拍是流水线生产组织的重要依据，它决定了流水线的生产能力、各工序之间的时间衔接和生产效率。确定节拍的依据如下。

（1）计划期的产量（日产量、月产量、年产量等）。计划期的产量包括计划出产量和预计废品量。

（2）有效工作时间（日工作时间、月工作天数等）。有效时间指实际生产时间，要除去法定休息时间、早晚生产准备时间和生产停顿时间。

节拍 P_t 与每日产量、每日工作时间的关系为：

$$P_t = \frac{\text{计划期有效工作时间（min）}}{\text{计划期内产品产量（件）}} = \frac{H}{Q}$$

例如：某工厂某批服装流水线生产计划日产量为 150 件，采用两班生产，每班工作 8h，每班规定有 12min 停歇时间，计划废品率为 4%，其生产线大致的生产节拍为：

$$P_t = \frac{8 \times 2 \times 60 - （12 \times 2）}{150 \times （1 + 4\%）} = 6 \text{（min/件）}$$

如果算出的节拍值很小，产品的体积和重量也很小，流水线上不便于按件运输时，则可待加工到一定数量后成批或成扎地进行运输，这时流水线上前后生产出两批相同产品的时间间隔则称为"节奏"，用 P_m 表示，它等于流水线的节拍与运输批量的乘积，即：

$$P_m = P_t \times n$$

式中：P_m——节奏（分钟/件）；

n——每批（每扎）产品的件数。

当手工移动加工对象而且工作位可以放置半成品时，即使各工序或各操作人员之间的节拍不同，仍然可以通过对半成品的调节，使生产顺利进行，不会出现等待衣片或停放衣片的现象。如采用间歇式传递方式加工服装，各道工序全部结束后，一同传至下一道工序，原则上要求工序间不放置半成品，可根据加工时间最长的工序来决定节拍时间。加工时间最长，即时间负荷最大的工序，称之为"瓶颈工序"，其他工序的时间以此为基准加以调整。

2. 加工工序同步化

（1）工序同步化的概念。为保证生产过程的连续性、提高设备的负荷率和劳动生产率、缩短产品的生产周期，加工工序的同步化是必不可少的。

那么，什么是加工工序的同步化呢？工序的同步化也称工序的同期化或工序的时间平衡，是指通过技术组织措施来调整流水线各工序的加工时间标准，使之等于流水线的生产节拍或为节拍的整数倍。

实现加工工序同步化的具体方法是将整个作业任务细分为许多小工序，然后将有关的小工序组合成大一些的工序，使这些大一些的工序的单件作业时间接近于节拍或为节拍的整数倍。这种方法在手工移动制品的生产线上是比较容易实现的。通过对工序的分解与合并，可达到同步化的目的，但在小工序归拼时应考虑归拼的工序能够在同一工作地加工以及归拼的工序尽可能是工艺流程上的上下工序或比较靠近的工序。大工序拆拼时，不能拆拼那些有利于连续加工的工序。为了进一步提高工序同步化的程度，还可在关键工序上采取以下措施：

①提高机械设备的机械化、自动化水平，采用高效率的工艺设备，减少工序的作业时间。

②改进操作方法和工位的布置，减少辅助作业时间。

③提高工人操作的熟练程度和工作效率，改进劳动组织，如抽调熟练工人到高负荷工序作业、组织相邻工序之间的协作、选拔一名或几名技术全面的工人沿流水线巡回以协助高负荷工序完成任务等。

④针对作业时间长又不能分解的工序，增设工作地，组织平行作业。

⑤建立在制品的储备单元。

（2）工序同步化实例。以单一品种的流水线为例，说明加工工序同步化的具体方法。假设某一服装生产线的节拍为 8min，由 13 道工序组成，单件产品的总加工时间为 44min，各工序之间的顺序及每道工序的单件标准作业时间如图 5 - 26 所示。那么，如何合理地利用人力，实现工序同步化，求得流水线的作业平衡？

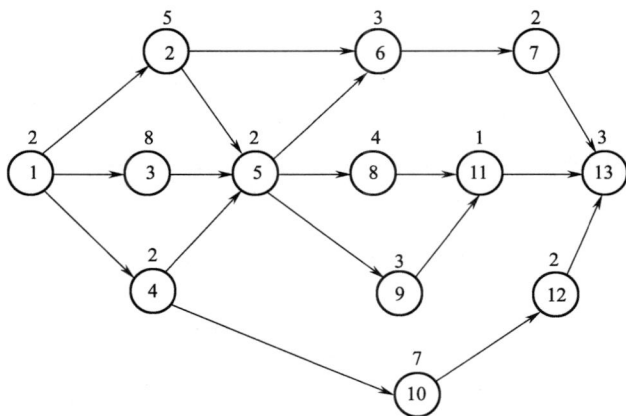

图 5 - 26　某服装加工顺序图

注　图中圆圈里的数字表示工序号，圆圈上的数字表示该工序的单件作业时间（min），箭头表示先后关系，没箭头的连线表示没有先后关系。

①计算流水线上需要的最少工作地数量。该流水线上有 13 道加工工序，如设 13 道工作地，每个工作地只完成一道工序，如图 5 – 26 所示，第 3 道工序加工一件产品需用 8min，而第 11 道工序仅需 1min，会出现忙闲不均的现象，组织不起来连续的流水线生产。究竟应该设多少个工作地呢？从理论上说，流水线上需要的最少的工作地数为：

$$N_{\min} = \left[\frac{T}{P_t}\right] + 1$$

式中：$N_{\min}$——最少工作地数（个）；

$\quad T$ ——单位产品总加工时间（分钟）；

$\quad P_t$ ——流水线生产节拍（分钟/件）；

$\quad [\ ]$——取整数计数、表示不大于 $\dfrac{T}{P_t}$ 的最大整数。

将例中数字代入上式，得：

$$N_{\min} = \left[\frac{44}{8}\right] + 1 = [5.5] + 1 = 6$$

该流水线上最少需设 6 个工作地。

②组织工作地。按工序同步化的要求，将各工序分配到工作地。所谓加工工序同步化的要求，是指向每一个工作地分配工序时必须满足下列条件。

- 保证各工序之间先后顺序的工艺关系。
- 每个工作地分配到的工序作业时间之和不能大于节拍。
- 各工作地的工序作业时间应尽量相等并接近节拍或为节拍的整数倍。
- 工作地的数量尽可能少。

上例的工序同步化的结果见表 5 – 7。工序经合并、分解同步化后，根据新的工序时间定额重新计算工作地（或设备台数）所需的数量，计算公式为：

第 i 道工序所需工位数为：

$$N_i = t_i / P_t$$

式中：t_i——第 i 道工序所需的作业时间，min。

那么，第一道工序所需的工位数为：

$$N_1 = (2 + 5) / 8 = 0.875$$

$$N_2 = 8 / 8 = 1$$

表 5 – 7　流水线的平衡表　　　　　　　　　　　　　　　　　　　　单位：min

工位号	原工序号	工序单件作业时间	工位单件作业时间	计算工位数	实际工位数	工位空闲时间
1	1 2	2 5	7	0.875	1	8 – 7 = 1
2	3	8	8	1	1	8 – 8 = 0

工位号	原工序号	工序单件作业时间	工位单件作业时间	计算工位数	实际工位数	工位空闲时间
3	4 5 8	2 2 4	8	1	1	8 − 8 = 0
4	10	7	7	0.875	1	8 − 7 = 1
5	6 7 9	3 2 3	8	1	1	8 − 8 = 0
6	11 12 13	1 2 3	6	0.75	1	8 − 6 = 2

依此类推，表中计算工位数没有取整数，但实际工位数要取整数，因为在实际生产中，工位数或设备台数不可能是小数。工位数或设备台数取整数的原则是：

假设计算的工位数尾数 X：

- 当 $X < 0.2$ 时，工位数不需要考虑增加，只需将工位数或设备台数取为整数。
- 当 $0.2 \leqslant X < 0.5$ 时，增加工位数，但不增加工人人数，俗称"飞机"位。
- 当 $0.5 \leqslant X < 1$ 时，增加工位数，也增加工人人数。

如果流水线上，单件作业时各作业元素的先后顺序已经确定，那么，实现工序同步化的方法和上述情况有所不同，这个内容将在下一节讨论。

3. 计算工作地（或设备）的负荷系数

流水线的负荷系数又称编程效率，数值越大，表明流水线的生产效率越高。一般以工作地（或设备）作为计算单元的，流水线的负荷系数不应低于 0.75；以操作工人作为计算单位的，其流水线的负荷系数应在 0.85 以上。流水线上总负荷系数可按下列公式计算：

$$\eta = \frac{T}{N \cdot P_t}$$

式中：η——流水线负荷系数；

T——单位产品总加工时间（分钟）；

P_t——流水线生产节拍（分钟/件）；

N——流水线平衡后实际采用的工作位数量（个）。

将上例数字代入上式，可得：

$$\eta = 44 / (6 \times 8) = 0.9167$$

各工位的负荷系数可用下式计算：

$$\eta_i = t_i / P_t$$

式中：η_i——第 i 道工序的设备或工位负荷系数；

t_i——流水线上第 i 道工序的单件时间定额。

对于负荷率较低的工序，要进行调整或合并，工序合并以后，新的标准作业时间应为原来的 1.05~1.1 倍。进行工序调整时，要考虑设备要求、工人技术条件等。

工作地的单件作业时间与流水线节拍或节奏之差，就是工作地的空闲时间，见表 5-7。如 1 号工作地完成一件产品加工，就有 1min 的空闲时间，各工作地的空闲时间总和就是整个流水线由于工序间不平衡而造成的时间损失，流水线的时间损失与时间损失系数可按下列公式计算：

$$S = N \times P_t - T$$

$$BD = \frac{S}{N \times P_t} = \frac{N \times P_t - T}{N \times P_t}$$

$$= 1 - \frac{T}{N \times P_t} = 1 - \eta$$

式中：　S——流水线的空闲时间（分钟）；

BD——流水线时间损失系数。

其他与前述相同。

将上例中数字代入公式 $S = N \times P_t - T$，可得：

$$S = 6 \times 8 - 44 = 4 \text{（min）}$$

$$BD = 4/48 = 0.0833 = 1 - 0.9167 = 0.0833$$

损失系数越小，说明工序的同步化或生产平衡越好。

4. 操作工人的配备

在以手工操作为主的流水线上，需要配备的工人总数等于流水线上所有工作地的工人人数之和。每个工作地所需的工人人数可按下式计算：

每个工作地所需的工人数 = 工作地上同时工作的人数 × 工作班次

在以机械设备为计算单元的流水线上，配备工人时要考虑工人实行多设备看管和兼作的可能性以及配备后备工人的必要性。

为了提高生产效率，应考虑服装产品与作业人员的合理配备。作为参考，服装产品品种与人数的关系见表 5-8。

表5-8 服装品种与作业人数的关系

品种	标准总加工时间（s）	浮余率（%）	合适的作业人员（人）			直接工作人员每人日产量（件）
			裁剪	缝制	整烫	
男西装上衣	7900~9500	25	11~15	105~115	14~18	2.8~3.4
男装内衣	2000~2400	25	6~7	48~52	5~6	11.3~13.4
裙子	750~1500	25	2~3	15~17	1~2	18~36
连衣裙	3400~3900	25	2	15~17	1~2	6.9~7.9
运动衣	700~900	25	4~5	30~33	3~4	30~38.6
运动裤	500~650	25	3~4	22~24	2~4	41.5~49.0
牛仔裤	1000~1150	25	2~3	29~32	2~3	23.5~27.0
衬衫	950~1100	25	8~10	75~85	15~20	24.5~28.4

如果分工过粗，各项作业内容处理时间就会增多；如果作业人员承担的工序过多，也会使作业内容变得复杂，技术熟练程度难以提高。因此，确定操作人员时，需考虑如下因素。

（1）接受订货数量的多少。

（2）加工时间的长短。

（3）操作人员技术水平的高低。

（4）将工序、标准作业时间等用缝纫作业分析表的形式表示出来。表5-9为衬衫前片缝制作业分析表。

表5-9 衬衫前片缝制作业分析表

工序号	工序名称	标准作业时间（min）	每日（8人）产量（件）	计算工作位	设备		定员（人）
					名称	台数	
1	缉口袋	15	1920	0.78	高速平缝机	1	1
2	扣、烫袋	38	758	1.98	电熨斗	2	2
3	扣、烫门襟	37	778	1.93	电熨斗	2	2
4	钉胸袋	51	564	2.66	高速平缝机	3	3
合计		141	4020	7.35		8	8

注 计划日产量为1500件，$P_t = 19.2$（min/件），设备负荷率为91.8%。

5. 流水线的平面布置

流水线的平面布置在本章的其他节中已略有叙述。总的原则是使缝纫机等设备、工具、运输装置和工人操作有机地结合起来，合理安排各个工作地，使产品的运输路线最短，便于工人操作和生产服务部门进行工作，并能充分利用车间面积。

流水线的平面布置形状有线形、直角形、U形、S形等。缝纫机、工作台等的排列方式很多，比较常见的有课桌式、双机相对式、按加工顺序排列的方式等多种。如图5-27所示为根据表5-9的设备进行的衬衫前片流水线平面布置图。

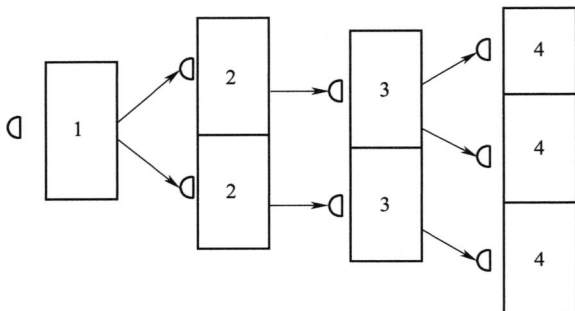

图5-27 衬衫前片流水线平面布置图

◖作业人员工作位置 ▢工作地（缝纫机、工作台等）

三、缝制机械设备的配置

1. 机器设备配置的三种基本方法

（1）按工序配置。按工序配置适合于少品种、大批量的服装生产。按工序的序列，在各个工序配置所需要的机器设备，这是流水线组装作业中的基本型。

（2）按部件配置。按部件配置适合于中品种、中批量的服装生产，它是将不同服装的不同部件作为一个区域，如衣领区、袖区、前后身区等，在其区域内配置所需的设备。

（3）按机种配置。按机种配置适合于多品种、少批量的服装生产，它是在同一场所配置同种机器设备和同工种操作人员的一种方式。

上述三种配置方法在服装生产中均有应用，主要是根据产品的规格、工序流程、生产工艺来选择合适的配置形式或将这三种形式进行适当的组合。机器设备的配置要与车间布置有机地结合起来，要考虑工厂的环境条件、车间的形状、订货形式等情况，合理配置，发挥最大的经济效益。

2. 配置原则与配置步骤

（1）设备配置的原则。

①根据服装加工顺序明确地区分配置的主流和支流。

②基本型的配置要有弹性，不会因生产款式、规格的变化发生混乱，影响正常的生产。

③配置后的工序流程应便于管理和检查。

④工序间的半成品，要尽可能利用传送台、放置台、滑槽等运输工具，使传输顺利畅通。

⑤适当空间原则。

• 适当空间 = 适当面积×高度。

• 适当的作业面高度，例如，熨烫台高度，对于身高155cm的操作员而言，台面高以85cm为宜。

• 从人体工程学看，缝纫机等缝制作业"左取前放"为最佳形式。

• 面辅料、裁片等搬运的高度及储藏高度应适宜。

⑥出入口、厕所、通道不受阻挡，例如，车间主道与大门直通。

机器设备的配置应尽量按照上述原则进行，以使加工顺利进行，同时提高效率。

（2）设备配置的步骤。

①绘制车间缩小图，比例1:50（单位：cm）。

②制作机械设备的缩小模型，比例1:50（单位：cm）。缩小的模型图如5-28所示，并剪出机械设备的缩小模型。

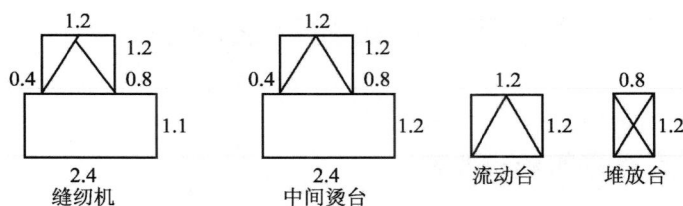

图5-28 机械设备的缩小模型

③在车间平面图上画出不可移动的区域，例如，出入口、厕所、通道、柱子等。

④先直线配置主流工程，将支流配置在其余的场地。

⑤全部配置完毕后，再检查通道、出入口等。

⑥布局妥当后绘出正式配置图。

⑦将缝纫机、熨烫台或熨烫机等不同机械设备用图示记号说明，并将操作中进行的各种作业工序号或作业人员标记等标注在图上。部分配置图图示记号如图5-29所示。

⑧用箭头标明产品的流程方向。如图5-30所示为某女式衬衫的设备配置图。

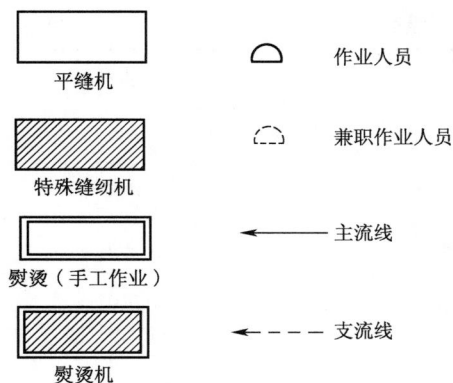

图5-29 部分配置图图示记号

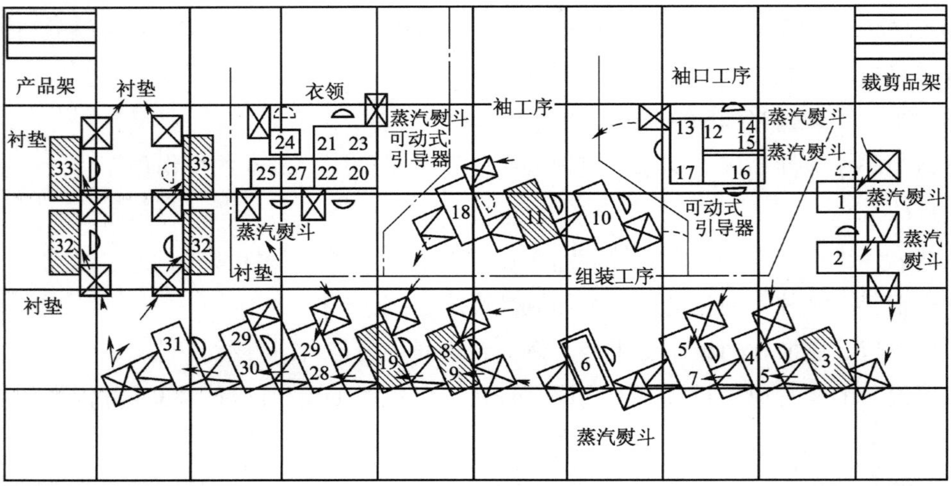

图 5 - 30　某女式衬衫设备配置图

第六节　服装生产线的平衡

一、缝制生产线负荷平衡的一般方法

举例说明生产线负荷平衡的一般方法。

例 1　某一新开设的 T 恤制衣厂，生产目标为每日 1000 件 T 恤，每日工作 8h。生产工序和每个工序的日产量见表 5 - 10。

表 5 - 10　T 恤工序产量表　　　　　　　　　　　　单位：件

工 序 名 称	8h 的产量	工 序 名 称	8h 的产量
1. 装袋	320	6. 绱领	480
2. 缝肩线	1000	7. 车衣底边	1050
3. 缝领	500	8. 开纽孔	900
4. 缝袖	950	9. 钉纽扣	950
5. 绱袖及缝侧边	400		

第一，计算这条生产线的生产节拍 P_t：

$$P_t = H/Q = 8 \times 60/1000 = 0.48 \text{（min/件）}$$

第二，计算每个工序所需的标准时间，计算结果见表5－11。

表5－11 工序平衡前后的工位数对照表

工 序 名 称	作业时间（min）	计算工作位数（个）	实际工作位数（个）
1. 装袋	1.5	3.1	3
2. 缝肩线	0.48	1	1
3. 缝领	0.96	2	2
4. 缝袖	0.51	1.1	1
5. 绱袖及缝侧边	1.2	2.5	3
6. 绱领	1.0	2.1	2
7. 车衣底边	0.46	0.96	1
8. 开纽孔	0.53	1.1	1
9. 钉纽扣	0.51	1.06	1
合 计	7.15	14.92	15

注 平衡后实际生产节拍为0.53min/件。

第三，计算每个工位所需的工位数，计算结果也列于表5－11中。

例如，第一个工序的作业时间 $t_1 = \dfrac{8 \times 60}{320} = 1.5$（min）

第一个工序理论上所需的工位数 $= 1.5/0.48 \approx 3.1$（个）

依此类推，可得总加工标准时间为7.15min。

第四，计算出理论上该生产线所需的最小工作位数，即：

$$N_{\min} = [T/P_t] + 1 = [7.15/0.48] + 1 = 15 （个）$$

第五，计算该生产线平衡后的平均负荷率：

$$\eta = \frac{T}{N \cdot P_t} \times 100\% = \frac{7.15}{15 \times 0.53} \times 100\% = 89.9\%$$

依照工序流程安排生产线，首先要按照每个工序的难易程度，计算出各工序所需的工作位数目，只有使各个工序每个小时的总产量大致相同，才能得到一条平衡的生产线。例1中该生产线平衡后实际的节拍应为0.53（min/件），平衡后的工序负荷率为89.9%。

例2 某一建厂多年的服装厂，其中一车间现有30名工人，每天工作8h，该车间生产的服装流程和每个工序的生产量与例1相同。作为一名车间管理人员，如何来安排这30名工人的工作？

第一，计算出每个工序所需的标准作业时间，与例 1 一样，本例的计算结果列于表 5 – 12 中。

第二，以操作人员为计算单元，此处 N 为操作人员的数量，计算生产节拍 P_t 为：

$$P_t = T/N = 7.15/30 = 0.238 \ （min/件）$$

第三，用各工序的标准作业时间除以生产节拍，就可以算出各工序理论上的操作人数。由于人数是整数，根据数学取整原则，可以得到各工序的实际人数，结果见表 5 – 12。

表 5 – 12 生产线平衡表

工 序 名 称	作业时间（min）	计算所需人数（个）	实际所需人数（个）
1. 装袋	1.5	6.30	7
2. 缝肩线	0.48	2.02	2
3. 缝领	0.96	4.03	4
4. 缝袖	0.51	2.14	2
5. 绱袖及缝侧边	1.2	5.04	5
6. 绱领	1.0	4.20	4
7. 车衣底边	0.46	1.93	2
8. 开纽孔	0.53	2.23	2
9. 钉纽扣	0.51	2.14	2
合 计	7.15	30.03	30
备 注	实际生产节拍 P_t 为 0.265min/件，工序负荷率为 89.9%		

第四，根据实际生产情况，生产线平衡后，调整实际生产节拍，该生产线实际有效的生产节拍为 0.265min/件，工序负荷率 η 为：

$$\eta = \frac{T}{N \cdot P_t} \times 100\% = \frac{7.15}{30 \times 0.265} \times 100\% = 89.9\%$$

例 3 有一条生产线有 6 名熟练工人，每天工作 8h，表 5 – 13 中列出了生产西装裙所需的工艺工序的标准作业时间。问如何安排这 6 名工人的工作？

第一，计算该生产线的生产节拍 P_t：

$$P_t = 4.35/6 = 0.725 \ （min/件）$$

第二，调整分配各工人的操作工序数，其结果见表 5 – 14。

表 5 - 13　西装裙工艺工序表

工 序 名 称	标准作业时间（min）	工 序 名 称	标准作业时间（min）
1. 车两个前片褶	0.43	7. 绱裙腰头	0.42
2. 车四个后片褶	0.60	8. 钉裙扣	0.24
3. 车拉链	0.68	9. 车商标于裙腰头上	0.20
4. 车拉链面线	0.27	10. 烫裙下摆	0.86
5. 车左右侧边	0.34	11. 挑裙下摆	0.16
6. 划和修剪裙腰头	0.15		

总加工时间为 4.35min

　　在上述三例中，例 1 适合于款式比较稳定的成衣加工，如针织内衣、衬衫、牛仔裤、工作服等款式单一、批量大的流水线作业。例 2、例 3 则较适合于对市场做出快速反应、款式经常变换的服装厂，这些工厂有较稳定的生产工人，重复的工序比较少，因此，某工序的专业化对缝纫工来说不太重要，相比较而言，一专多能的技术更重要。

表 5 - 14　车位安排表（西装裙）

车位序号	工序序号	调整后的标准时间（min）	备　注
OP1	2，6	0.6 + 0.1 = 0.7	
OP2	1，4	0.43 + 0.27 = 0.7	
OP3	3	0.68	
OP4	5，9，11	0.34 + 0.2 + 0.16 = 0.7	工序平衡时把工序 6 分为 2 个工序，即分为划和修剪裙腰头 2 个工序
OP5	6，7，8	0.05 + 0.24 + 0.42 = 0.71	
OP6	10	0.86	

平衡后的生产节拍为 0.86min/件，工序负荷率 η 为 84.3%

二、缝制生产线负荷平衡的理论

1. 生产线负荷平衡的基本设想

　　以节省人力和提高产品质量为目的，合理地应用线性规划的流水线作业方式的理论。

　　假设流水线共有 k 道工序，第 i 道工序的单件作业时间为 t_i（$i = 1，2，3 \cdots k$），单件总作业时间为 T，生产节拍为 P_t，N 为生产线平衡后实际工作地的个数或作业人员数，t_i 与 P_t 共有下列三种情况。

（1）$t_i > P_t$，一般不允许这种情况出现，因为这意味着第 i 道工序长期负荷运转，下道工序总处于待料状态。

（2）$t_i = P_t$，这是最理想的状态，也是最不稳定的状态，属于强节拍作业。

（3）$t_i < P_t$，其物理含义就是该工序在每一个节拍时间里有一定空闲的生产时间。整个流水线在同一个节拍里，假设各工序空闲时间的总和为 S，则有下式关系。

$$S = \sum_{i=1}^{N} (P_t - t_i)$$

用符号"BD"表示"平衡滞延"，也称平衡损失系数，这是由于流水线不平衡造成的滞延，一般以百分率表示，即：

$$BD = \frac{N \cdot P_t - \sum_{i=1}^{N} t_i}{N \cdot P_t} \times 100\%$$

实际上，在进行生产线工序负荷平衡时，产品的种类、数量、工序先后顺序和作业时间等工艺资料都是很重要的，是平衡时的主要依据。最佳的工序平衡方案包括以下三项内容。

（1）以节拍为先决条件时，应以人员最少为目标，即确定工作地个数的最小值（或最佳值）。工作地个数的理论最小值 $N_{\min}$ 由下式求得：

$$N_{\min} = \left[\frac{T}{P_t} \right] + 1$$

（2）以工作地个数为先决条件时，应以给定人员最大生产量，并寻求最小的循环时间（或生产节拍）。最小循环时间按下式求得：

$$P_t = \frac{T}{作业人员数}$$

无论何种条件，各工序的空闲时间都应最小，即：BD 值达到最小值。

（3）以最大的经济效益为目标，由允许范围内的节拍和工作地个数，按下式求得最大的流水负荷系数 η（工序编制效率），由此决定实际的生产节拍和工作地个数。

$$\eta = \frac{T}{N \cdot P_t} \times 100\%$$

工作地个数的理论最大值由下式表示：

$$N_{\max} = k$$

所以，实际的工作地个数在以下范围内：

$$N_{\min} \leqslant N \leqslant N_{\max}$$

显而易见，当 BD 值为最小时，流水线的平衡达到最理想的状态。在其他条件既定的前提下，实现 BD 最小值的主要手段就是合理进行作业元素的重新编组。既定条件为：

①流水线上全部作业元素的组成及先后顺序既定。

②各道工序以及构成工序的各个作业元素的标准作业时间既定。

③流水线的生产节拍既定。

那么，进行编组时判断的依据是：

$$P_t - t_i = S_i \quad (i = 1, 2, 3 \cdots k)$$

S_i 尽可能接近或等于 S_{min}。

2. 流水生产线同步化的一般程序

在保持工序先后顺序和工作地时间损失最小的原则下，先决定第一道工序作业元素的组合，再决定第二道工序、第三道工序等的作业元素的组合，直到最后一个作业元素组合完毕。当作业元素的数量不多时，可直接列举所有可能的方案，通过计算和比较，选择最优方案。对于作业元素的数目较多、关系较复杂时，则要通过计算机的计算来解决流水线的时间平衡问题。

流水线平衡较常用的方法是：列举—消去法。这种方法是在上述程序的基础上，列出所有的可能方案，然后消去效果相同或明显不合理的劣等方案，最后找出最佳的方案。

3. 最小节拍的确定

可使单位时间产量增多。在工序流程顺序、作业时间、预定生产时间（H）和计划产量（Q）等都已确定的条件下，要做的工作主要是使工作地工序负荷时间达到平衡。负荷平衡的一个目的是追求无效时间的总和为最小值。当工作地个数已定时，相应的节拍将取最小值。这种节拍最小值是从某一工作地中各工序时间之和的最大值 t_{max} 中求得的。

为了求得最小的空闲时间的总和，理论上单件服装加工时间 T 与工作地个数 N 及节拍相一致最为理想。但实际上要做到这点十分困难。在解决问题时，可先按下式求出大致的节拍 P_t'：

$$P_t' = H/Q$$

再定出最小的工作地个数 N_{min}，这时，实际有效节拍则由下式决定：

$$P_t = \frac{T}{N_{min}}$$

在实际的工作中，一般在工序编制完成后，取作业单元之和的最大值为实际生产节拍。如果 $P_t' \leqslant P_t$，则空闲时间之和 S 为最小值。

三、负荷平衡理论在缝制工程中的应用

某服装的生产节拍 P_t 为 10min/件，生产该服装的流水线的全部作业元素、作业元素的先后顺序关系、每个作业元素的时间如图 5 – 31 所示，现用列举法划分工序，实现整条流水线的时间平衡。

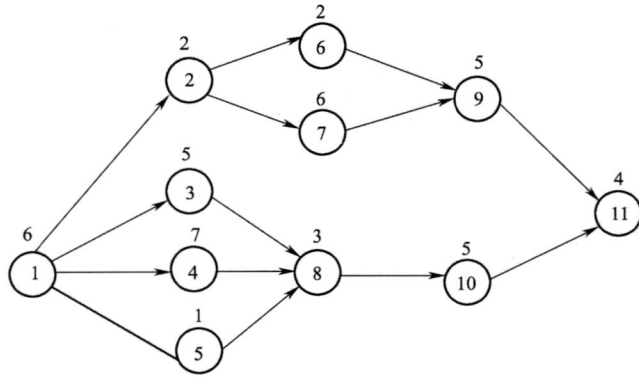

图 5-31　生产工艺顺序关系

1. 计算生产线的工作位及最佳工序编制

用图 5-31 的数据，工作地的理论最大值 $N_{\max}$ 和最小值 $N_{\min}$ 为：$N_{\max} = 11$ 个。

$$N_{\min} = \left[\frac{T}{P_t}\right] + 1 = \left[\frac{46}{10}\right] + 1 = 5 \text{（个）}$$

由此可知，工作地的最佳值 N 应在以下范围内：

$$5 \leqslant N \leqslant 11$$

工作地数值最小时，系统的人员最小，现以 $N=5$ 介绍求得最佳工序编制的过程。

第一，确定第一道工序。按工艺顺序和节拍要求，第一道工序有两种组合方法：

a_1：①②⑥；

b_1：①②⑤。

第二，确定第二道工序。若第一道工序由①②⑥组成，则第二道工序有三种组合：③⑤；④⑤；⑤⑦。其中③⑤与④⑤相比，工艺顺序完全相同，而③⑤的作业时间为 6min，④⑤的作业时间为 8min，说明：④⑤的负荷率比③⑤的负荷率要高，故③⑤为较差的组合，应取消，记作［③⑤］。这样第二道工序的组合方法有：

a_2：④⑤；

b_2：⑤⑦。

同样，若第一道工序由①②⑤组成，第二道工序有三种组合：③⑥；④⑥；⑥⑦。其中③⑥为较差组合，应取消，剩下两组组合：

c_2：④⑥；

d_2：⑥⑦。

至此，第一、第二道工序可以有四种编组方法：

{①②⑥} → ④⑤···（1）

{①②⑥} → ⑤⑦···（2）

$\{①②⑤\} \rightarrow ④⑥$ ……………………………………………………（3）

$\{①②⑤\} \rightarrow ⑥⑦$ ……………………………………………………（4）

其中，（2）与（4）、（1）与（3）中所含的各元素完全相同，故可取消（3）和（4），以简化编组工作。

第三，同确定第二道工序的编组方法步骤一样，确定第三道工序的组合方法有：

$\{①②⑥ \rightarrow ④⑤\} \rightarrow ③⑧$ ………………………………………（1）

$\{①②⑥ \rightarrow ④⑤\} \rightarrow [⑦]$（取消）

$\{①②⑥ \rightarrow ⑤⑦\} \rightarrow [③]$（取消）

$\{①②⑥ \rightarrow ⑤⑦\} \rightarrow ④$ ……………………………………………（2）

$\{①②⑥ \rightarrow ⑤⑦\} \rightarrow ③⑨$ …………………………………………（3）

取消较差及重复编组，剩下三组组合：（1）、（2）、（3）。

第四，确定第四道工序的组合有两种：

$\{①②⑥ \rightarrow ④⑤ \rightarrow ③⑧\} \rightarrow ⑩$ ……………………………………（1）

$\{①②⑥ \rightarrow ⑤⑦ \rightarrow ③⑨\} \rightarrow ④⑧$ ………………………………（2）

第五，确定第五道工序的组合有：

$\{①②⑥ \rightarrow ④⑤ \rightarrow ③⑧ \rightarrow ⑩\} \rightarrow [⑦]$（取消）

$\{①②⑥ \rightarrow ⑤⑦ \rightarrow ③⑨ \rightarrow ④⑧\} \rightarrow ⑩⑪$ ……………………（1）

最后得到一组较好的编组方法，五道工序的编组分别为：

第一道工序：①②⑥　　　　　　10min

第二道工序：⑤⑦　　　　　　　7min

第三道工序：③⑨　　　　　　　10min

第四道工序：④⑧　　　　　　　10min

第五道工序：⑩⑪　　　　　　　9min

2. 计算时间损失率及流水线负荷系数

$$时间损失率\ BD = \frac{N \cdot P_t - T}{N \cdot P_t} \times 100\%$$

$$= \frac{5 \times 10 - 46}{50} \times 100\%$$

$$= 8\%$$

$$流水线负荷系数\ \eta = 1 - BD = 92\%$$

实际生产中，时间损失率一般不高于15%。该平衡方案的时间损失率为8%，低于15%，应为理想的组合方案。

当然，这种方法从理论上讲可以求得最优解，但十分烦琐，只要工序数目稍有增加就会使编组数量急剧增加，即使用计算机计算，也要耗用非常多的时间。因此，一般能求得近似最优就可以了。

一般来说，平衡损失率和生产节拍计算出来后，一条生产线的基本面貌就呈现出来了，根据这一情况再进一步的改善。改善可以从以下三个方面进行。

（1）不平衡的分析。

①减少耗时最长的工序（瓶颈工序）的作业时间。

②作业分解。将此作业的一部分分割出来移到工时较短的作业工序上，但不影响加工顺序关系。

③利用或改进工具、设备。将手工改用工具、半自动化或全自动化设备，缩短作业时间。

④提高操作者的技能。

⑤调换操作人员，调换熟练程度高、生产效率较高的操作者到作业时间较长的工序上。

⑥增加作业者的人数。

（2）改善作业方法。运用工作研究，进行作业方法的改善，剔除不必要的动作、合并微小的动作、简化复杂的动作、重排作业工序、改善生产布置等。

（3）改进管理技巧。

①生产线的管理人员在发现生产出现不平衡状态时，习惯用人员来增补，正确的做法应当是通过对作业方法的研究，寻找更有效的方法。

②当生产线上补进新手时，因新手对工作不熟悉或熟练程度不足，在配置上尤其要注意，否则会造成大的不平衡，使产量大幅度下降。

第七节　服装后整理过程的组织与管理

服装产品在缝制完成后，可以通过熨烫矫正裁剪和缝纫的某些质量问题，将裁剪、缝纫工序完成的服装进一步定型造型和提高质量，使服装线条流畅、外形丰满、平服合体、不易变形，有良好的穿着效果。另外，精美优良的包装可以增加产品的附加值，提高产品的竞争能力。因此，服装后整理是生产过程中不可缺少的一个重要环节。服装后整理包括熨烫和包装两道工序。

一、服装熨烫

熨烫是利用热力、蒸汽、真空或压力的配合，消除面料上的折痕，并使成衣定型。

1. 熨烫的种类

服装制造过程中，熨烫工序可以分为中熨（中期压熨）和后整熨（最终压熨）。

（1）中熨。中熨是服装在缝制加工中的熨烫工序，通常与以下工作有关：

①开启缝骨。

②处理衣褶（省位）的形状。

③准备裁片止口弯折，以符合设计要求，如熨袋。

中熨的主要目的是使物料在缝制过程中易于处理并提高成衣质量。中熨通常是指对服装部件的处理。熨烫过程中多用简单、小型的熨烫设备，如蒸汽或电熨斗。

（2）后整熨。后整熨又称大熨或终熨烫，是在服装制成后才进行的熨烫工序。后整熨有以下两个主要目的：

①使成衣的设计和款式定型。

②使服装穿着起来更舒适、观感美观。

后整熨通常用一些专门的熨烫设备来处理。

2. 熨烫的控制

在熨烫过程中，以下工艺条件需要精确地控制：

（1）蒸汽。蒸汽使面料柔韧，方便将其塑造成所需要的形状。熨烫时要小心控制蒸汽量和温度，尤其是熨烫一些含有合成纤维的面料。如果蒸汽温度过高，纤维会受热变形，面料会被熨熔或熨焦。因此，蒸汽要控制得恰如其分。如果蒸汽太少，服装便达不到预期效果，蒸汽太多，则不仅浪费能源，而且服装的质量也会受到影响。

（2）热力和压力。两者的作用是将面料塑造出所需的形状。在压熨工序中，必须小心控制热力和压力，太高的热力和压力会把面料熨焦或将合成纤维熨熔，太低的热力和压力则不能把面料熨至成型。

（3）真空。真空系统主要用作清除面料内的水分使面料成型，并使经过热压处理的面料迅速冷却。使用真空的时间太长会浪费能源，而时间太短则会产生面湿和留下印痕的问题。

（4）熨烫时间。熨烫时间的长短取决于面料的质地和所要求的效果。低熔点纤维制成的面料要求较短的熨烫时间，而耐高热纤维制成的面料则需要较长的熨烫时间，如棉、麻纤维等面料。

3. 熨烫设备的选择

在服装缝制过程中，选择合适的熨烫设备极为重要。由于中熨影响制造过程的生产效率，后整熨决定成衣的整体外观，所以，在选择熨烫设备时应考虑以下因素。

（1）工厂的生产量。选择使用哪种类型的熨烫设备取决于工厂的生产量。如果生产量低（如专门生产时装的工厂），最好使用蒸汽熨斗之类的简单熨烫设备；如果生产量高，适宜使用大型的熨烫设备，如具有特别功能的蒸汽压熨机。

（2）服装种类。不同的服装品种，使用的设备也不同。在制造裤类的工厂，使用裤侧缝熨床；在西服制衣厂，则使用衫袖底缝熨床熨烫袖底缝。这两种熨床是配合不同形状的裁片而设计的。

（3）使用的物料。选择使用的熨烫设备也因产品的面料而异。例如，熨烫服装衬里，不需要使用蒸汽，用平底电熨斗就足够了。底部有长形小孔的全蒸汽熨斗通常用来熨烫合成纤维的面料，要注意调节好温度，以防合成纤维熔化。而熨烫灯芯绒或天鹅绒一类的起绒织物时，则需使用针面熨板。

（4）外观要求。如果是为高价市场生产的服装，必须使用合适的熨烫设备，才能熨烫出美观的成衣，达到高品质的要求；如果为低价市场生产的服装，就不需要选择太好的熨烫设备。

（5）辅助设备。有些熨烫设备需要压缩空气，一般要求有蒸汽机的配备。因此，在选择熨烫设备时，也要考虑辅助设备的供应。

（6）设备成本。如果两种熨烫设备都可以做同一种工作，就应选择较便宜的一种，尽可能降低设备成本。

（7）运作成本。运作成本包括使用的电力、蒸汽、燃料、维修费等。运作成本高，会增加产品成本。

（8）设备维修。维修工作量通常取决于熨烫设备的大小。如蒸汽或电烫斗这类的简单设备，只需要简单的维修；大的设备如蒸汽熨床，就需要定期的维修。

（9）占用空间。熨烫设备需占用较大的地方。如蒸汽机和空气压缩机等需要有较大的空间放置。

4. 熨烫设备的布置

合理地放置熨烫设备，可以提高企业的生产效率、有效地利用空间。因此，在放置熨烫设备时，必须考虑以下因素：

（1）服装的生产程序。放置熨烫设备的地方，应该使熨烫工序能够配合服装的生产程序。用来压熨服装裁片以使其易于缝制的蒸汽压熨机，应该靠近缝纫机的地方放置，使经过压熨的裁片能迅速地运送到指定地点。后整熨设备应放置在生产线的末端，接近包装部门的地方，使经过熨烫后的服装能迅速到达包装部门。

（2）熨烫设备种类。使用蒸汽熨斗和蒸汽压熨机一类的熨烫设备，都需要蒸汽和压缩空气。因此，这类设备的放置，应接近蒸汽机和空气压缩机。

（3）厂房布置。在某些情况下，熨烫设备的位置取决于厂房布置。如果厂房是依工序分类布置，熨烫设备的位置就应与生产程序一致；如果厂房是依产品流程布置，熨烫设备应放在使用方便而又接近包装部门的适当位置。

二、服装包装

随着生产的发展和人民生活水平的日益提高，人们对商品的包装要求从最原始、最基本的保护功能向营销功能转变，包装已成为销售策略的缩影。

1. 包装材料的性能要求

包装材料主要有木质、纸张、纸板、塑料薄膜、塑料复合材料、干燥剂、防蛀剂、捆扎材料等种类。包装材料的主要功能是保护商品，因此，包装材料必须满足以下的性能要求。

（1）包装材料必须具有抵御外来侵蚀的能力，对包装的服装产品有可靠的保护性。

（2）包装材料对人体和服装本身应具有安全性，不会给人体和服装带来危害。

（3）包装材料应便于加工成型、易于包装、成本低、用后无污染、易处理。

（4）包装材料应采用资源丰富、方便的材料。

2. 包装的形式

（1）折叠包装。这种包装方式是服装包装中最常用的一种形式。折叠时要把服装的特色之处、款式的重点部位显示于可见位置。折叠要平服，减少服装的叠位，从而减少拆装后的熨衣工作。为了防止松脱，在适当的位置要用大头针或胶夹固定。为了防止变形，可衬垫硬纸板。折叠好后方可装入相应的包装袋或盒中。

（2）真空包装。它是将服装装入塑料袋后，将袋中和服装内的空气抽掉，然后将袋口黏合。真空包装可缩小服装体积和减少服装重量，方便储运，降低运输成本，特别适宜一些棉绒体积大的服装。

（3）立体包装。立体包装多用于高档服装。这种形式是将服装套在衣架上，外套包装袋，避免服装经折叠包装和运输产生的皱折，使其保持良好的外观，有利于店铺的陈列，但在保管和运输方面的成本较高。

（4）内、外包装。内包装也叫小包装，通常在数量上是以单件、套为单位的包装，以便零售。例如，以5件或10件、6件或12件等数量为单位的包装，以方便分拨、计量、再组装。外包装也叫大包装、运输包装，是在产品的内包装外再增加一层包装。它的作用是用来保护商品在流通过程中的安全，使装卸、运输、储存、保管和计量更为方便。

3. 包装方法

（1）袋包装。袋包装是一种最普遍和应用最广泛的软包装方法。目前，袋包装的主要材料是塑料薄膜。袋包装具有防污染、保护服装、成本低廉、便于运输等优点，但存在支撑强度小、易损坏等缺点。折叠包装使用的包装袋有扁平袋、矩形袋、自开袋、缝合袋、方形袋、书包袋等。包装的款式、形状、大小、厚薄应根据折叠后的服装而定。塑料袋要留有气孔，立体包装使用的挂袋的顶端应有衣架孔，开口在下方。

（2）盒包装。盒包装是一种比较流行的硬包装方法。盒包装具有成本低、强度好、外观美等优点，但存在包装量受限制、体积大、运输成本较高等不足。包装盒有折叠盒和固定盒，折叠盒在盒上标明盒规格尺寸、材料厚度、密度等，以便挑选的折叠盒与产品相符。固定盒是按折叠成形后产品尺寸制成的，其形状和尺寸不可改变。包装盒一般有帽盖盒、天地罩盒、抽屉盒等种类。

（3）箱包装。箱包装是为了方便装运和批发销售的包装方式。一般采用瓦楞纸箱较多。但对于一些需要防压的高档服装和远程运输的服装则采用较坚固的板条箱和木箱。包装内外要采用防潮措施。采用挂装的箱内要有支架，将立体包装的服装直接吊挂在上面。

4. 包装的设计原则

（1）根据服装材料的性能、服装产品的特点和档次，选择适当的包装材料和包装形式。

（2）包装的形状大小和结构设计要起到美化商品的作用，既要突出产品的特点，又要方便运输、搬运和携带。

（3）单件套服装的内包装材料主要采用透明度高的塑料袋包装，以方便陈列和选购。

（4）根据服装产品的装运、储存、保管等流通方式以及气候条件和环境影响等，设计出保护可靠、经济实用的包装方案。

（5）对产品的包装进行装饰和艺术造型等设计，应与产品内在质量、特征相符，同时还应考虑设计与销售对象的要求相符。

5. 服装装箱分配

包装部门是服装生产流程中的最后一个运作部门，除了要对服装进行装饰外，还要把批量的服装按客户的要求装入箱中。由于批量的服装有可能是多个尺码或多种颜色，因此，在安排装箱时，要按客户的要求对尺码、数量及颜色进行合理分配。以下通过实例来介绍装箱分配的设计方法。

（1）单色单码装箱。

例1 订单资料如下：

尺码：　　　　　8　　　　　10　　　　　12　　　　　14

数量（件）：　120　　　168　　　216　　　96

试：以单码24件一箱包装，其装箱明细表如何设计？

解：（1）先求出这张订单装箱的总箱数：

$$（120+168+216+96）÷24=25（箱）$$

（2）由于是单码装箱，所以每个尺码的箱数为：

8码：$120÷24=5$（箱）

10码：$168÷24=7$（箱）

12码：$216÷24=9$（箱）

14码：$96÷24=4$（箱）　　　共25箱

算出所有尺码数的箱数后，把数据填入装箱明细表（表5-15）。

表5-15　单色单码装箱表　　　　单位：件

箱号	箱数（箱）	总数	颜色	尺 码			
				8	10	12	14
1~5	5	120		24	—	—	—
6~12	7	168		—	24	—	—
13~21	9	216		—	—	24	—
22~25	4	96		—	—	—	24

例2 某一订单尺码与数量分配如下：

尺码：　　　　S　　　M　　　L　　　XL

数量（件）：　96　　　186　　189　　129

试：以单码24件一箱包装分配。

解：（1）总箱数 =（96 + 186 + 189 + 129）÷24 = 25（箱）

　　（2）各尺码的箱数：

S 码：96 ÷ 24 = 4（箱）

M 码：186 ÷ 24 = 7（箱）　　余18件

L 码：189 ÷ 24 = 7（箱）　　余21件

XL 码：129 ÷ 24 = 5（箱）　　余9件

整箱数：4 + 7 + 7 + 5 = 23（箱）

余下的总件数为：18 + 21 + 9 = 48（件）

混码箱数为：48 ÷ 24 = 2（箱）

如箱数出现小数，则只能将余数的几个码混合装箱。至于余数的分配，要取最佳的方法。如将9件拆成6件 + 3件，那么，18件 + 6件 = 24件，21件 + 3件 = 24件，故装箱表见表5 - 16。

表5 - 16　单色单码装箱表　　　　　　　单位：件

箱号	箱数（箱）	总数	颜色	尺　码			
				S	M	L	XL
1 ~ 4	4	96		24	—	—	—
5 ~ 11	7	168		—	24	—	—
11 ~ 18	7	168		—	—	24	—
19 ~ 23	5	120		—	—	—	24
24	1	24		—	18	—	6
25	1	24		—	—	21	3

（2）单色混码装箱。

例 某订单尺码及数量分配如下：

尺码：　　　　8　　　　10　　　　12　　　　14　　　　16

数量（件）：100　　　200　　　400　　　200　　　100

试：以混码24件一箱装箱，其包装明细表如何设计？

解：

①总箱数 =（100 + 200 + 400 + 200 + 100）÷24 = 41（箱）余16（件）

②每个尺码在每箱的件数:

8 码：100÷41＝2（件/箱）　　余 18 件

10 码：200÷41＝4（件/箱）　　余 36 件

12 码：400÷41＝9（件/箱）　　余 31 件

14 码：200÷41＝4（件/箱）　　余 36 件

16 码：100÷41＝2（件/箱）　　余 18 件

整箱件数：2＋4＋9＋4＋2＝21（件），也就是一箱只有 21 件，每箱少了 3 件。考虑在 C/No. 1～18 箱中，将 8、10、12 码各加 1 件，即：

尺码:	8	10	12	14	16	
件数:	3	5	10	4	2	共 24 件
余数:	—	18	13	36	18	（件）

再在 C/No. 19～36 箱中，将 10、14、16 码各加 1 件，即：

尺码:	8	10	12	14	16	
件数:	2	5	9	5	3	共 24 件
余数:	—	—	13	18	—	（件）

再在 C/No. 37～41 箱中，将 12 码加 1 件，将 14 码加 2 件，即：

尺码:	8	10	12	14	16	
件数:	2	4	10	6	2	共 24 件
余数:	—	—	8	8	—	（件）

余下的件数作为第 42 箱，即：

C/No. 42：尺码：　　12　　　　14

　　　　　件数：　　8　　　　8　　共 16 件

第 42 箱为扫零箱，其特点是混码混色和件数不够定值。装箱明细见表 5－17。

表 5－17　单色混码装箱表　　　　　　　　单位：件

箱号	箱数（箱）	总数	颜色	尺　码				
				8	10	12	14	16
1～18	18	432		3	5	10	4	2
19～36	18	432		2	5	9	5	3
37～41	5	120		2	4	10	6	2
42	1	16		—	—	8	8	—
总数	42	1000		—	—	—	—	—

（3）混色混码装箱。

例 订单资料如下：

尺码：	8	10	12	14	16	
数量：红：	100	200	400	200	100	共 1000 件
蓝：	80	100	300	200	100	共 780 件

试：以混色混码 24 件一箱包装，其装箱明细表如何设计？

解：

①总箱数 =（1000 + 780）÷ 24 = 74（箱） 余 4 件

②每个尺码在每一箱中所占的件数：

尺码：	8	10	12	14	16		
红色：	1（26）	2（52）	5（30）	2（52）	1（26）	（件/箱）	（件）
蓝色：	1（6）	1（26）	4（4）	2（52）	1（26）		

说明：括号中的数是余数。

每箱整件数为：

$$（1 + 2 + 5 + 2 + 1）+（1 + 1 + 4 + 2 + 1）= 20（件）$$

每箱少 4 件，第一次分配可将红色的 8 码和 16 码与蓝色的 10 码和 16 码在 C/No. 1 ~ 26 箱中各加一件，即：

尺码：	8	10	12	14	16	
红色：	2	2（52）	5（30）	2（52）	2	}24 件
蓝色：	1（6）	2	4（4）	2（52）	2	

第二次分配取 30 箱较易处理，即将红色的 10 码、12 码、14 码在 C/No. 27 ~ 56 中各加 1 件，将蓝色的 14 码加 1 件，即：

尺码：	8	10	12	14	16	
红色：	1	3（22）	6	3（22）	1	}24 件
蓝色：	1（6）	1	4（4）	3（22）	1	

第三次分配将红色的 10 码、14 码在 C/No. 57 ~ 62 箱中各加 1 件，将蓝色的 8 码、14 码各加 1 件，即：

尺码：	8	10	12	14	16	
红色：	1	3（16）	5	3（16）	1	}24 件
蓝色：	2	1	4（4）	3（16）	1	

第四次分配将红色的 10 码、14 码在 C/No. 63 ~ 70 箱中各加 1 件，将蓝色的 14 码加 2 件，即：

尺码：	8	10	12	14	16	
红色：	1	3（8）	5	3（8）	1	}24 件
蓝色：	1	1	4（4）	4	1	

第五次分配将红色的 10 码、14 码在 C/No. 71~74 箱中各加 2 件，即：

尺码：　　8　　10　　12　　14　　16

红色：　　1　　4　　5　　4　　1

蓝色：　　1　　1　　4（4）　2　　1 ⎬24 件

C/No. 75：尺码：　　　　12

　　　　　蓝色：　　　4（件）

混色混码装箱见表 5-18。

表 5-18　混色混码装箱表　　　　　　单位：件

箱号	箱数（箱）	总数	颜色	尺　码				
				8	10	12	14	16
1~26	26	624	红	2	2	5	2	2
			蓝	1	2	4	2	2
27~56	30	720	红	1	3	6	3	1
			蓝	1	1	4	3	1
57~62	6	144	红	1	3	5	3	1
			蓝	2	1	4	3	1
63~70	8	192	红	1	3	5	3	1
			蓝	1	1	4	4	1
71~74	4	96	红	1	4	5	4	1
			蓝	1	1	4	2	1
75	1	4	红	—	—	—	—	—
			蓝	—	—	4	—	—
总数	75	1780	红	—	—	—	—	—
			蓝	—	—	—	—	—

注　第 75 箱中只有 4 件，数量极少，是很不理想的，实际生产中经常遇到，需灵活处理，一般处理方法是将第 75 箱取消，多余 4 件摊到其他各箱中。

本章总结

服装缝纫工程的组织与管理是服装企业管理的重要部分。本章主要讲述了服装生产的缝合方式、服装生产大样试制与缝制前准备、缝纫车间的布置、服装缝纫生产过程的时间组织、服装缝纫流水线的组织、服装生产线的平衡、服装后整理过程的组织与管理等相关内容。其中，服装缝纫生产线的平衡是服装生产管理的关键，生产线的平衡损失率大小是衡量生产流水线是否合理的标志之一。

思考题

1. 服装缝合的方式有几种？并简述之。
2. 服装缝纫生产前需做哪些准备工作？
3. 车间布置的原则是什么？
4. 简述流水同步生产系统。
5. 直线式和支流式流水系统有什么区别？
6. 简述单元同步生产系统的运作。
7. 简述产品在工序之间移动的方式。
8. 简述选择移动方式时应考虑的因素。
9. 简述组织流水线生产所必需的条件。
10. 服装企业常用的生产系统有哪几种？请详述之。
11. 一家有 1000 人的服装厂，经营大批量牛仔裤生产，如果您是该企业的生产主管，会采用什么样的生产系统来安排生产？为什么？
12. 某一新开设服装企业，预计每天生产量 1200 件，每天工作 8h，现有一张订单的生产工序和日产量如下表：

工序	日产量（件）
1	890
2	1000
3	1200
4	650
5	800
6	790
7	580
8	1200
9	690
10	1000

应该如何安排每个工序的人员，才可以使这条生产线平衡？

13. 有一间经营了一段时间的服装厂，其中一条生产线有 20 名工人，生产一张订单的工序和标准时间如下表：

工序	标准时间（min）
1	0.53
2	0.62
3	1.05
4	0.85
5	1.55
6	2.05
7	0.95
8	1.55
9	1.80
10	2.55

应如何安排这20名工人的工作，才可以使生产线平衡？

14. 现有一订单资料如下：

尺码（SIZE）：	8	10	12	14	16
数量（QTY）：红：	150	300	500	300	150（件）
蓝：	300	400	600	400	300
黄：	200	400	600	400	200

试以混色混码24件一箱包装，并列出其装箱表。

服装生产系统运行——

服装生产能力与生产计划

课题名称： 服装生产能力与生产计划

课题内容： 服装生产能力与分析

服装生产计划的制订

服装生产周期

服装生产计划的实施

服装生产作业控制

课题时间： 10 课时

教学目的： 通过本章教学，使学生掌握服装生产能力与生产计划之间的关系及生产计划编制的方法。

教学方式： 以教师课堂讲述为主，辅以课堂讨论、案例分析。

教学要求： 1. 明确服装生产能力、工时计划的概念。

2. 熟悉服装生产周期的含义和制订方法。

3. 明确服装生产计划实施中作业分配原则、内容和要点。

4. 熟悉服装生产作业控制的手段和工具。

第六章　服装生产能力与生产计划

企业的生产计划，是企业进行生产管理的依据，它对企业的生产任务做出统筹安排，规定企业计划内产品的品种、质量、数量和进度等指标。

一般来说，服装生产企业应以销售计划为基础，制订出一定时间内的生产计划，生产部门根据生产计划进行物料、人力、设备以及场地的生产前准备，并按计划安排生产和进度。

第一节　服装生产能力与分析

企业的生产能力与生产计划有密切关系。生产能力反映了企业生产的可能性，是制订生产计划的重要依据。只有符合企业生产能力水平的生产计划，才能使计划的实现有可靠和扎实的基础。如果生产计划制订低于生产能力水平，则会造成能力的浪费；相反，如果计划超过生产能力水平，不仅会造成生产现场秩序混乱，也会因生产计划导致"信誉"受损。

一、生产能力的概念与类别

1. 生产能力的概念

服装企业在制订生产计划时，必须掌握企业的生产能力。所谓生产能力是指企业全部生产性固定资产（各种生产设备、厂房等建筑物），在一定时间内和一定技术、组织条件下，所能生产某一种类产品的最大产量。

服装企业的生产能力是服装各生产环节，包括制作排料图、裁剪、缝制、整烫、包装等各个生产环节的能力以及各固定资产在保持生产要求的一定比例关系的条件下，综合平衡以后的结果，不是孤立地以一个生产环节来确定企业的生产能力。

2. 生产能力的类别

企业的生产能力，根据用途不同，可以分为设计的生产能力、查定的生产能力和现有的生产能力三类。

（1）设计的生产能力。服装生产设计能力是指服装企业在建厂时，其设计任务书规定的服装生产能力，它是根据设计文件中所规定的服装生产品种、采用的生产技术及生产设备确定的。

（2）查定的生产能力。在现有条件下，企业根据在查定期内所采取的各种措施的效果计算的。

（3）现有的生产能力。企业计划年度内所达到的生产能力，扣除因个人时间、机器维修以及质量因素等造成的运作能力减小的部分。

二、影响服装生产能力的因素

服装企业实际的生产能力往往受到许多客观或主观因素的影响。一般来说，影响服装生产能力的因素主要有以下六个方面。

1. 用于服装生产的各种设施

用于服装生产的各种设施指在计划期内能够用于服装生产的全部机器设备和生产空间，包括厂房设计、选址、厂房布局和环境等因素。机械设备包括各种正在使用的、正在修理的及暂停使用的机械设备，但不包括丧失生产能力的、备用的及封存的机械设备。服装生产的主要设备有裁床及电剪、平车及特种缝纫机、烫台、熨斗等。服装企业生产设备的数量和生产空间的大小是形成服装企业生产能力的物质基础。

2. 用于服装生产的有效工作时间

用于服装生产的有效工作时间指服装企业按照现行工作制度计算的机械设备的全部有效工作时间。固定资产的有效工作时间反映了固定资产的负荷程度。负荷程度越高，固定资产的利用效率越高。采用轮班工作制的企业，固定资产的负荷程度高于员工的负荷程度；采用单班工作制的企业，固定资产的负荷程度与员工的负荷程度是相等的。

3. 生产设备的生产效率

生产设备的生产效率指每台生产设备单位时间内的生产量，也可用单位产品所消耗的台时定额表示。生产设备的生产效率反映了设备的生产速度或先进程度。由于服装生产过程需要人机配合，机械设备的实际效率还取决于员工的技术水平及熟练程度，故设备往往达不到理论生产效率。

4. 生产工艺难度

除生产工艺外，生产工艺难度还包括产品的设计、产品组合等因素。由于服装生产品种更换频繁、批量大小不一，每个服装品种的工艺难度也不相同，从而导致同样的生产设备，生产不同品种或批量时，其生产能力也不相同。

5. 人力因素

服装的生产过程是人机紧密配合的过程，员工的工作表现是影响服装生产能力的一个重要因素，主要包括员工的有效工作时间、工作内容、技术水平、熟练程度及工作积极性等。

6. 管理水平

管理水平主要考察进度安排、物料管理、质量保证以及产品标准和生产安全条例的制订等方面。服装生产工序划分较细，不仅增加了服装生产工序之间生产能力平衡与协调的难度，也增加了各个部门之间的协作难度。生产管理水平的高低，将直接影响服装生产过程的均衡程度，从而影响服装生产设备的生产能力。

在一定时期内，影响服装生产能力的前三个因素通常是确定的。服装生产设备的生产能力会受到后三个因素的影响，而这三个因素往往是难以精确估计的。因此，在计算服装生产能力时，要充分考虑服装生产品种、生产批量、员工工作表现及管理水平对服装生产能力的影响，进行弹性估算，确保生产能力与生产任务的平衡、生产期限与交货期的平衡。

三、服装生产能力的分析

服装企业的生产管理人员，大多来自生产一线部门，他们对产品的生产流程和所用物料、配件较熟悉。然而，对制订的生产计划的执行，却往往感到力不从心，使生产管理应有的功能得不到有效发挥。生产能力合理利用与否直接影响企业的生产成本和市场竞争能力。生产能力的分析主要包括：

（1）生产的品种分析。

（2）产品生产的流程分析。

（3）每个流程使用的机械设备分析（设备负荷分析）。

（4）产品的总标准时间、每个工序的标准时间分析（工时分析）。

（5）服装面料、辅料的准备时间分析。

（6）生产线和仓库作业场所的分析（场所负荷分析）。

一般中小型服装企业只限于对人力负荷和设备能力负荷进行分析。

1. 人力负荷的分析

（1）计算生产所需的人员。根据销售计划中预订的生产计划，针对各种产品的数量、标准时间计算出生产该产品所需的人力。

例1 某服装厂计划生产的产品，其标准工时、计划产量等资料见表6-1。

表6-1 产品工时和产量表

项目 \ 产品工序	A	B	C	D	E	F	G	H	I	J	合计
标准工时（min）	8.76	12.38	5.96	11.13	9.38	11.50	8.84	9.69	13.43	10.42	101.49
计划产量（件）	12000	3500	13000	2800	4500	3800	3500	16000	3800	8000	70900
需要工时（min）	105120	43330	77480	31164	42210	43700	30940	155040	51034	83360	663378

假设月工作天数为23天，每天工作8h（不含加班时间），则按第五章第六节的计算方法，其人员需求计算如下：

$$人员需求数 = \frac{计划生产总标准时间}{每人每天工作时间 \times 工作日数} \times （1 + 宽裕率）$$

假设宽裕率为15%，则：

$$人员需求数 = \frac{663378}{60 \times 8 \times 23} \times （1 + 15\%） = 69.1 \approx 69（人）$$

（2）比较现有人力。如现有人员为65人，则需增补的人员数为：

$$增补人员（或多余人员） = 需求人数 - 现有人数 = 69 - 65 = 4（人）$$

（3）申请增补。在例1中，生产部门应根据次月的计划计算出生产所需的人力。人力不足时，应提前向人事部门申请增补人员。

总之，工厂应根据生产能力（人力）同需要完成的作业量作比较，核算是否存在能力不足的情况，努力使生产得到平衡，并向标准作业时间靠拢。

例2 工厂实际作业人员有60名，每天工作时间为7.5h，这批订货批量为5000件，计划日产量为1200件，其中裁剪部日产量为3300件，缝制日产量为1300件，整烫日产量为1300件，裁剪标准作业时间为82s/件，缝制标准时间为885s/件，整烫标准时间为115s/件。那么，各部门人员需求计算如下：

$$裁剪部所需的人员数 = 82 \times 3300 / （7.5 \times 60 \times 60） = 10.02 \approx 10（人）$$
$$缝纫部所需的人员数 = 885 \times 1300 / （7.5 \times 60 \times 60） = 42.6 \approx 43（人）$$
$$整烫部所需的人员数 = 115 \times 1300 / （7.5 \times 60 \times 60） = 5.5 \approx 6（人）$$

工厂生产该产品所需人数共为59名，而工厂实际有60名工人，多出一人可用于生产调度或随时帮助作业紧张的工序。

2. 设备负荷的分析

（1）生产用的机器设备分类。服装厂常用的设备有平缝机、特种缝纫机、整烫机等，要根据生产所需加以分类。

（2）计算各种机器的生产负荷。

例 假定一般平缝机每分钟可出产品10件，则：

$$实际时间 = 60/10 = 6（s/件）$$

假设标准宽裕率为20%，则：

$$标准作业时间 = 6 \times （1 + 20\%） = 7.2（s/件）$$
$$生产能力 = \frac{作业时间}{单件标准作业时间}$$

假定计划作业时间为480min，则：

$$生产能力 = 480 \times 60 / 7.2 = 4000（件）$$

如果平缝机总共有20台，则平缝机的总生产能力为：

$$总生产能力 = \frac{作业时间}{单件标准作业时间} \times 台数 \times 开机率$$

设定开机率为60%，则20台平缝机8h的生产能力为：

$$总生产能力 = \frac{8 \times 60 \times 60}{7.2} \times 20 \times 60\% = 48000 （件）$$

（3）计划所需设备数量汇总。将计划期内生产所需设备数量统计编列成统计表，见表6-2。

表6-2 计划期内计划所需设备数量统计 单位：件

产品 计划产量	A	B	C	D	E	F	G	H	合计
设备 A	1200	350	1300	280	450	380	350	700	5010
设备 B	1200	350	1300	280	270	—	—	—	3400
设备 C	1200	350	1300	280	—	—	—	—	3130
设备 D	1200	350	1300	280	450	—	—	350	3930

$$每日产量 = \frac{每台设备的合计计划生产量}{计划生产天数}$$

（4）比较现有机器设备的负荷。将各种机器设备的日产量与现行的计划生产能力进行比较，即可知道所需机器设备是过剩还是不足。如果机器设备生产能力不足，则应对关键设备或价格昂贵的设备考虑延长其工时来满足生产的需要。

（5）机器设备的增补。机器设备的增补不像人员增补那样方便，它牵涉资金的筹措。一般以产品总计划和年销货计划来做机器设备的购置计划。

如果对机器设备和人力等生产要素有充分的资料，包括经验数据等，就能迅速估算出因生产的产品或数量上的变化引起的生产能力负荷的变化，这样生产管理人员就有充分的准备时间，进行生产负荷的平衡。

3. 短期的生产能力调整

在未做好充分的生产准备，或者产品和数量有较大的变动，或者工厂的人力或机器负荷与需求发生不平衡时，则要进行短期生产能力的调整，其方法见表6-3。服装企业可以利用的生产能力调整方法有以下几种：

（1）改变库存水平。库存水平由空间而定，可据此提高库存的上限。

（2）通过新聘或暂时解聘来改变劳动力的数量，但一般新的员工需要培训，会使得企业的生产效率出现不稳定，因此企业应长远考虑。

（3）通过加班工作或减时工作来改变生产率。

（4）转包外加工。如果企业有较好的合作伙伴，且合作伙伴的生产能力很强，可将部分生产任务转给合作伙伴帮助完成生产任务。

（5）一次性扩大生产能力。还可以采取另外一种方案，就是在年初决定。

表6-3 短期生产能力的调整方法

调整方法 ＼ 需求状况	低 于 需 求	高 于 需 求
外包	部分工作外包	外包收回
使用工时	加班或轮班	减少加班
临时工	增加临时工	减少临时工
机械设备	增加开机时间	减少开机台数
人员技能	训练新的作业人员	使用具有两种以上专长的工人，减少作业人数

第二节 服装生产计划的制订

服装生产的形态有预测型生产（存货生产型）和订货型生产。预测型生产就是计划性生产，销售部门依据产品与市场现状和需货意向进行销售预测，依据预估设定最低的成品库存量来有计划地安排生产。而订货型生产就是接到客户的订单后，才开始组织生产，最典型的为少量生产，即品种多、数量少、无重复生产。

一、生产计划的准备

1. 销售计划的确定

无论是存货生产，还是订货生产，销售部门每年均应做市场调查，并进行预估，编制以月为单位的年度销售计划，销售计划的形式如表6-4和图6-1所示。确定销售计划应考虑的项目主要有客户名称、订单编号、产品名称、订货数量和交货时间等。

表6-4 年度销售计划表

月份		1	2	3	4	5	6	7	8	9	10	11	12	合计
产品名称	A类													
	B类													
	C类													
合计														

服装生产厂往往会出现许多混乱现象，如停工待料、日日加班、生产计划频频变更、交货期经常延迟、企业主管和生产部门产生矛盾等，其混乱的根本原因是没有一个可靠的销售计划。缺乏良好的销售计划会产生不良后果，主要表现为：材料、配件的购置时间延长，使交货期拉长；机器设备未能有充分的时间准备，导致生产产量提高缓慢；销售淡旺季未能事先把握，人员招聘及裁减处于无序状态，旺季时新人多或淡季时大量裁员，影响生产效率和产品的品质。

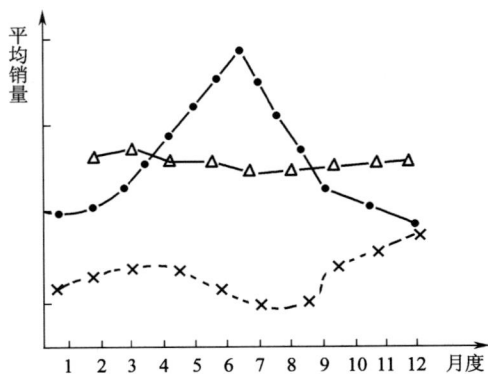

图 6-1　年度销售计划图

●—产品 A 类　△—产品 B 类　×—产品 C 类

也有不少的企业，虽有年度计划，但销售部门每月接受的订单数量落差太大，不是大大地超过计划量，就是与原计划相差甚远，造成整个工厂包括生产管理、品质管理、物料、生产部门或人事部门等无所适从，出现生产紊乱现象。所以，只有良好的销售计划，才可能有好的生产计划及顺利地生产，也才可能按进度组织生产，按期交货。

年度销售计划的准确程度，销售部应控制在 90% 以上，生产管理和生产部门可依此进行生产规划，做好生产前的人员、机器、物料、车间等方面的准备。

计划的目的是为了有充足的时间来准备，便于计划执行与控制。当然，销售计划在实际执行过程中，多少也要做些修正，包括产品、产量和配合生产的各类负荷及进度上的调整。

2. 产品的分析

确定企业的销售计划或大致知道企业生产订单后，就要对生产的产品结构、工艺等进行分析。依据服装产品的订货要求或工艺单，列出相关衣片、部件等的加工内容，并由此决定产品最佳的加工顺序、作业方法和使用的机器设备以及辅助生产设备等内容，这是制订生产计划前必须做好的准备工作。有关服装产品分析的准备工作如下：

（1）将产品分解成衣片，并注明编号，决定各种面、辅料是自己工厂做还是外加工或外购。

（2）加工顺序的确定。分析加工工序组合的顺序，编制好工序流程表。

（3）作业方法和作业时间的确定。决定各工序使用的设备、工具、作业方法，然后，在此基础上计划批量变换时间和加工时间。

二、生产计划体系

生产计划是企业执行生产任务的行动大纲，它是一个系统。按企业生产经营活动中所处的地位和影响时间的长度，划分为长期生产计划、中期生产计划和短期生产计划等层次。这三个层次的计划紧密相关、相互依存，构成了一个完整的生产计划体系。

1. 长期生产计划

长期生产计划的时间长度为 1～3 年或更长时间，是根据企业经营战略中有关产品开发、市场开发、技术改造、设备投资和成本财务等方面的要求，对企业生产能力的增长、生产线的设置和调整、厂区布局的调整、生产职工结构的调整以及环境保护等方面做出的安排。显然，这个计划是企业长期经营的一个主要组成部分，又是指导年度计划的一个重要文件。长期计划具有高度的综合性和前瞻性，一般由企业的高层管理者制订。

2. 中期生产计划

中期生产计划时间长度为一年或一季，故也称为年（季）度生产计划。中期计划以长期计划为指导，是对未来一年内的产品需求、资源要求与利用的筹划和安排。中期计划具有较高的综合性，一般由企业的中层管理者制订。

3. 短期生产计划

短期生产计划的时间长度是 1 天至 6 个月不等，但大多数情况下以周或旬为时间单位，又可根据时间的长短分为大日程（月）、中日程（周）和小日程（日）计划，是年度生产计划的具体执行计划，也称生产作业计划，是对企业近期的生产运作活动做出的较为详细的安排。短期计划一般由企业的基层管理者制订。

以上三种生产计划虽在计划内容、编制方法等方面有不少相似之处，但其侧重点却有明显区别。年（季）度生产计划和月度生产作业计划更加重视现有销售机会、现有生产资料的充分有效利用和经济效益的提高，而长期生产计划则侧重于超越近期的主客观条件，开发新的生产能力，为企业开创新局面作出贡献。下面主要介绍订货型年（季）度生产计划的编制方法。

三、订货型服装生产计划的制订

1. 服装生产计划指标

服装生产计划的主要指标有品种、产量、质量、产值和出产期。

（1）品种指标。企业生产计划的品种指标是企业在计划期内出产的产品品名、型号、规格和种类。确定品种指标，是编制企业生产计划的首要问题，这关系到企业的生存和发展。

（2）产量指标。企业生产计划的产量指标是指企业在计划期内出产的合格产品的数量。产量可以用台、件和吨表示。对于品种、规格很多的系列产品，也可用主要技术参数计量。产量指标关系着企业能够获得多少利润。

（3）质量指标。企业生产计划的质量指标是指企业在计划期内产品质量应达到的水平。通常采用统计指标来衡量，如一等品率、合格品率、废品率和返修率等。

（4）产值指标。企业生产计划的产值指标是指用货币表示的产量指标。产值指标能综合反映出企业生产经营活动成果，以便在不同行业进行比较。根据具体内容与作用不同，产值指标一般分为商品产值、总产值和净产值三种。

（5）出产期。服装生产计划的出产期，是指为了保证企业按期交货而确定的产品出产期限。正确地确定出产期很重要，如果出产期太紧、无法保证按期交货，会给用户带来损失，同时也会给企业声誉带来损失；如果出产期太松，不仅不利于争取到顾客，还会造成生产能力浪费。

2. 订货型生产计划的编制原则

（1）订货与市场预测相结合。订货型生产的服装企业，编制生产计划比较困难，因为其编制生产计划的依据是用户的订货量。应参照企业历年的订货资料和市场动向，估计当期订货数量，由此来编制生产计划。

（2）根据生产能力接受订货。订货型生产计划的编制虽在自主性方面受到一定限制，但在产品销售活动中，销售人员可随时掌握企业的生产能力与负荷情况，充分利用企业的剩余能力，作为签约交货期的前提。

（3）掌握各管理部门的情况。加强产品的营销部门与生产计划部门的联系，同时尽可能地掌握产品设计、物料采购、作业管理等情况，在此基础上编制生产计划。

3. 服装生产计划的主要内容

服装生产计划是对整个服装生产过程及各个环节生产活动的规划，其内容主要包括以下几个方面：

（1）计划生产的品种或订单的期量标准。生产的品种、数量和交货期是由销售部门根据市场预测或客户订单确定的。计划部门根据销售部门提供的销售计划或客户订单资料，按照服装品种、规格、数量、交货期等标准进行分类整理，作为制订生产计划和编制生产制单的依据。

（2）生产进度和生产排期。生产进度指规定各计划生产品种在服装各生产环节的生产开始时间、生产结束时间以及相应的生产数量、质量等内容，如面辅料准备、生产纸样制作与复核、样板制作、生产工艺制订、裁剪、缝制、包装等车间开始与结束的时间，并且将这些内容以生产排期表的形式发放到有关部门。这是工程技术部门组织技术准备、各生产部门制订日程作业计划的基本依据。

（3）计划跟踪。计划跟踪是由计划部门根据各个计划执行部门所反馈的工作或生产进度，对计划的执行情况进行分析，根据计划执行情况及所出现的问题，对计划进行修订。

4. 订货型多品种、小批量生产的生产计划重点

由于订货型多品种、小批量服装生产的多样化与高效率是矛盾的，编制这种服装生产计划应注意下列几点：

（1）正确估计从订货到产品出厂所需的时间（交货期），以免影响交货。

（2）重视工序的平衡问题，保持生产的连续性，使各道工序的能力有效地发挥出来。

（3）随时掌握工序的剩余能力，以便能灵活地满足订货的要求和做出合理的安排。

5. 订货型生产计划的编制步骤

订货型生产，其产品的式样、数量、交货期等都是根据用户的要求确定的。工厂根据订货要求编制日程计划，包括服装设计、物料采购、裁剪、缝制、整烫、包装等的开工期与完工日期。编制生产日程计划是为了保证产品能够按时交货，但不能因担心误期交货而过早地开始进行各项工作，这样做会导致在制品的积压，占用过多的资金。

订货型生产的日程计划是由大、中、小三种日程计划构成。下面说明其编制过程。

（1）编制销售计划与决定交货期。订货的产品，有时可能是本企业从来没有生产过的产品，而用户对产品的交货期要求又十分严格，这时参加商谈的销售人员除了应具有一般销售人员的素质外，还应懂得产品的设计和缝纫工艺流程，掌握本企业的生产能力及生产负荷等情况，能够根据用户的要求和本企业的生产技术能力决定产品的交货期。

接受订货时，应注意以下问题，这样才能保证企业的正常生产秩序，提高设备及人员的生产效率。

①不能过多地超出企业的生产能力接受订货。

②不能无视生产周期接受紧急订货。

③不能随意变更生产计划。

④不能随便同意用户变更交货期和产品设计。

⑤不能接受无利润或亏损的订货。

⑥不能接受超出企业技术能力的订货。

销售部门将各项订货合同按交货期进行汇总，编制产品的销售计划。销售计划的形式参见表6-4和图6-1。

（2）编制大日程计划（月计划）。大日程计划一般是以交货期为目标，逆向推定产品开发过程中各项工作的完工期限。具体指为保证如期交货，把有关产品设计、物料采购、产品制造、包装等作业按作业分工要求，规定作业的开始和完成日期，并落实到有关的车间、部门，让各部门了解在计划中所承担的责任以及与其他部门的关系。这种计划只能粗略分工，不可能十分精细。

订货型生产的大日程计划是以订货合同规定的交货期为依据，确定有关生产部门的生产活动日程计划。一般在每月的20号左右，销售部门提出下月份的销售（出货）计划草案，这个销售计划应根据订单状况与生产部门的实际负荷状况来编制（表6-5）。而生产部门应同时相应地提出下月的生产计划草案，一般在每月的22号左右。当然，该生产计划的制订也要考虑订单状况与生产部门的生产能力，见表6-6。销售部门与生产部门要进行"产销协调"，协调内容主要有下月应交货的订单、客户、产品以产品数量、总数量。

表6-5 ××月份出货预报单

出货日期	客 户	制单号 No.	品 名	数 量	箱 数	备 注
合 计						

表6－6　××月份生产计划

项　目	制单号 No.	客　户	品　名	数　量	生产车间	备　注
合计						

协调后的生产总量，生产部门应保留5%左右的作业空间，以应付销售部门紧急订单的追加。生产计划按下面步骤进行：

①销售部门每月20号提出下月销售计划。

②生产管理部门每月22号提出下月生产计划。

③物料部门依据生产计划，提出物料计划。

④采购部门依据物料申购单提出进料计划。

（3）编制中日程计划（周计划或周排期表）。中日程计划是针对月计划进行的修正及调整，通常以周计，周计划的准确度应达到95%以上，不允许随意变动。在编制产品中日程计划时，应统筹兼顾，合理安排各种产品的加工顺序，做好生产能力与负荷的平衡工作，保证销售计划的如期完成。中日程计划见表6－7、表6－8。

表6－7　中日程生产计划表　　　　　日期：

制单号 No.		品　名					生产组别			
部门	日　期									
	1	2	3	4	5	6	7	8	9	10	11
裁剪	A 500	500		B 1000	1000			C 2000	2000	2000	
		A 500	500		B 1000	1000			C 2000	2000	2000
缝纫					A 300	350	350	B 270	350	350	350
外加工					B 300	300	C 1000	1000	1000	1000	1000
整烫								A 300	350	350	350
包装										A 300	350

表6-8 生产排期（周日程计划）表　　　　　　日期：2017.10.08

款号	客户	款式及面料	数量（件）	生产车间（组）	试板期	面辅料入库期	裁期	车缝期	后处理方法	包装期	交货期
T-487	乐金	男装全棉长裤	3334	1	9.23	10.23	11.01	11.11	普通水洗	11.28	11.30
A-240	DKNY	男装单色布长裤	19510	2	8.29	9.29	10.15	10.31	酵素石洗	11.12	11.15
备注											

注　可根据实际生产情况增减相关项目及内容。

中日程计划发至有关部门后，各有关部门应立即做好人员、机器设备、物料、生产方法、品质控制等生产前的准备工作，以避免在实施小日程计划时出现混乱现象。

（4）编制小日程计划（日计划）。小日程计划是具体的作业实施计划。它是将作业分配到工作地和操作者，并指明作业的开始时间和完工时间。各项作业只有严格遵守规定的日程，才能保证各工序的时间衔接。否则，生产秩序就会发生混乱。

有时，小日程计划可作为每日的生产安排，每日生产计划根据周日程计划内容所指定的制单、产品及数量来安排生产。通常，每日上班前写在"广告牌"上或通知栏中。使用机器较多的部门，为了便于管理，可以按机器安排当日的工作和顺序。

四、工时计划

1. 工时的计算

工时计划是根据生产计划表（大日程计划），按各款式、品种的交货期和产量，决定具体的作业量、所需人员的机器设备，并与现有的生产能力对比，进行调整。有如下计算公式：

$$能力工时数 = 作业人员数量 \times 作业时间$$
$$负荷工时数 = 计划生产量 \times 标准作业时间$$
$$余力工时数 = 能力工时数 - 负荷工时数$$

现仍以本章第一节的例2为依据进行计算：

（1）能力工时数 = $7.5 \times 60 \times 60 \times 60 = 1620000$（s）

（2）裁剪负荷工时数 = $82 \times 3300 = 270600$（s）

（3）缝纫负荷工时数 = $885 \times 1300 = 1150500$（s）

（4）整烫负荷工时数 = $115 \times 1300 = 149500$（s）

（5）总负荷工时数 = $270600 + 1150500 + 149500 = 1570600$（s）

（6）余力工时数 = 1620000 − 1570600 = 49400（s）

（7）每人每天工作 7.5h，合 27000s

其中，缝纫余力工时 =（43×27000）− 1150500 = 10500（s）

整烫余力工时 =（6×27000）− 149500 = 12500（s）

经过协调，缝纫的余力工时数（10500s）可调用作中间检查，整烫余力工时数（12500s）可调用作最终检验。

2. 工时计划的表示方法

工时计划依据产量、标准作业时间和日程计划编制。企业在日常的生产活动中有多项日程计划需要编制相应的工时计划，所以工时计划的表示方法一般有以下几种形式：

（1）工时累计图。工时累计图是在一个月或一旬的生产期间内，以车间、班组为单位，按交货日期需要分配的加工任务；以工时为单位计算各设备或工序的负荷，将各设备或工序的工时负荷累计后绘成图表，就是工时累计图（图6-2）。工时累计图适用于多品种、小批量的生产。

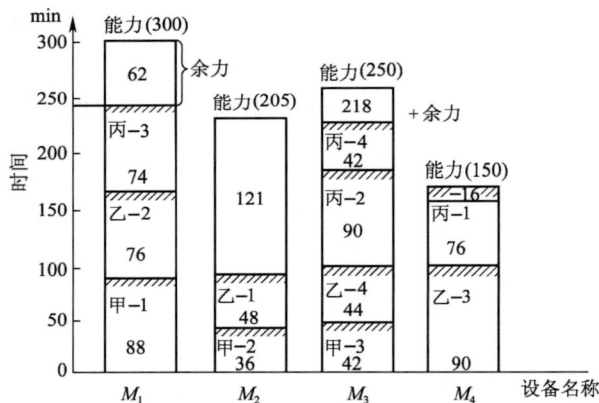

图6-2 工时累计图

从图6-2可以看出，如某期间 M_3 设备负荷工时数中甲产品为42min，乙产品为44min，丙产品第二道工序为90min，丙产品第四道工序为42min，共计218min。M_3 设备生产能力是250min，与负荷相比，剩余生产能力为32min。从图6-2中还可以看出 M_4 设备生产能力是150min，负荷是166min，能力不足16min。

绘制工时累计图的基础资料是产品工时汇总表和设备负荷汇总表。产品工时汇总表是以产品或零部件为对象将各加工工序的负荷量进行汇总（表6-9）。设备负荷汇总表是以设备或工序为对象，将所承担的各种产品或零件的作业负荷工时进行汇总（表6-10）。

表6-9 产品工时汇总表

产品名称 （生产量/件）	工序		单件工时（min）	总工时（min）
	No.	设备		
甲（100）	1	M_1	0.88	88
	2	M_2	0.36	36
	3	M_3	0.42	42
	合　计		1.66	166
乙（200）	1	M_2	0.24	48
	2	M_1	0.38	76
	3	M_4	0.45	90
	4	M_3	0.22	44
	合　计		1.29	258
丙（200）	1	M_4	0.38	76
	2	M_3	0.45	90
	3	M_1	0.37	74
	4	M_3	0.21	42
	合　计		1.41	282

表6-10 设备负荷汇总表

设备编号	产品名称	工序号	工时（min）
M_1	甲	1	88
	乙	2	76
	丙	3	74
	合　计		238
M_2	甲	2	36
	乙	1	48
	合　计		84
M_3	甲	3	42
	乙	4	44
	丙	2	90
	丙	4	42
	合　计		218
M_4	乙	3	90
	丙	1	76
	合　计		166

（2）余力图。用于工时计划的余力图以作业组或设备为对象单位，将该部门的生产能力和作业负荷量以线条的形式表示在图中，通过比较线条长度来判断该生产部门的负荷状态。余力图的形式如图6-3所示，它适用于多品种、小批量生产方式。

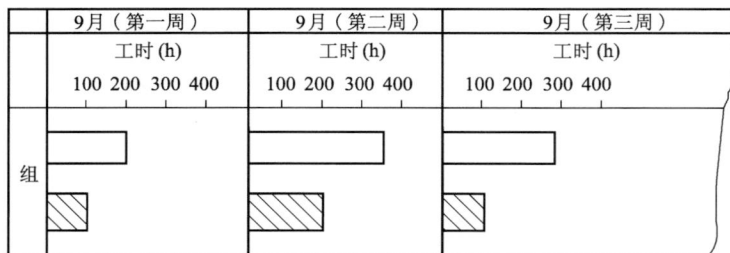

图6-3　余力图

当负荷大于能力时，将超出部分划在能力的下面，并加斜线以示区别；若能力大于负荷时，在表示能力区间末端，用斜线画出剩余工时数量。

（3）管理板。管理板是将作业日程的进度要求、作业设备、产品名称、工时数结合起来的一种管理工具。它适用于单件生产和多品种、小批量生产的日程计划、派工、工时和作业调度等。

另外，与工时计划一起制订的还有材料计划，若知道大日程计划就可以预测所需的面辅料种类、数量以及生产周期。在材料计划中，面辅料种类和数量的安排必须符合规定的生产时间。

第三节　服装生产周期

标准作业时间是决定产量的依据，而标准生产周期是决定作业日程的依据。根据标准生产周期，逆工艺顺序推算，可推算出制单任务书的开工日期和完工日期，即可编制出产品制造过程的日程计划。

一、生产周期的构成

1. 生产周期的定义和作用

某项服装产品从开工到完成所经过的天数称为日程。在制订服装加工日程计划时，需要确定各项作业的合理日程标准，即从作业开始到完工所需的标准天数，此标准天数称为标准生产周期。生产周期一般以天为单位。例如，某服装生产在正常情况下需10天完成，则10天则为该产品的标准生产周期。

生产周期可分为产品的生产周期、零部件的生产周期和工序的生产周期三类，产品的生产周期决定于各零部件的生产周期，零部件的生产周期决定于零部件的各个工艺阶段。

产品的生产周期确定后，从产品的交货期逆工艺顺序减去各工艺阶段的生产周期，就能确定各个工艺阶段或工序的开工日期和完成日期，进而可编制各类日程计划。再按照日程计划组织生产，以保证产品按期交货。如果没有标准生产周期，就无法确定各工序的先后顺序及开工日期与完工日期，也难以事先对各工序的负荷、能力进行平衡，势必造成生产的混乱。

生产周期不仅包括加工时间，还包括停放时间、搬运时间，因而生产周期并非固定不变。努力缩短生产周期是生产管理的重要目标。缩短生产周期可以减少在制品，提高生产率，加速资金周转，进而缩短交货期，是提高企业竞争能力的重要手段。

2. 生产周期的构成

（1）生产周期的构成。产品的生产过程由加工、搬运、检查和停放四部分组成，生产周期由加工、搬运、检查和停放这四个生产过程的时间及宽裕时间和无效时间构成。生产周期构成如图6-4所示。

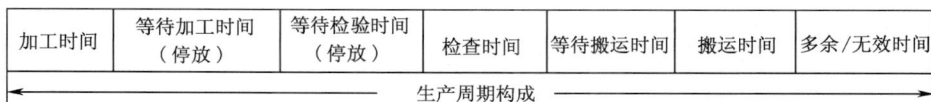

加工时间	等待加工时间（停放）	等待检验时间（停放）	检查时间	等待搬运时间	搬运时间	多余/无效时间
			生产周期构成			

图6-4　生产周期构成图

图6-4中各种时间的意义如下：

①加工时间：由单件产品的标准作业时间和产品数量决定。

②检查时间：由单件产品检查时间和被检查产品的数量决定。

③搬运时间：除特殊情况外，一般不考虑。

④停放时间：停放时间由加工等待和批量等待时间构成。一般考虑加工等待时间。

⑤多余时间：由于产品设计、技术规程、质量标准等不妥，如采用效率低的缝纫工艺而增加的作业时间。

⑥无效时间：由管理不良或操作者失误造成。

在少批量产品的生产周期中，停放时间所占的比率一般较大。在实际生产中，将停放时间控制在最小限度内是一件困难的工作。停放时间是生产周期中的宽裕时间，如果生产周期中停放时间估计得过少，则所编制的日程计划就难以完成；如果停放时间估计得过多，又会导致在制品数量增加或生产周期延长。

（2）设置停放时间的优缺点。

①设置停放时间的优点：

• 可以防止计划不周和设备事故等所产生的停工现象。

• 由于有一定的在制品，可以减少停工待料，使作业秩序稳定，保证作业生产计划进行，确保交货期。

• 通过减少等待时间，可以促使操作人员和作业现场管理人员重视交货期，并努力提高生产效率。

②停放时间过长的缺点：

• 停放时间过长，会使在制品增多，导致生产周期相应延长。

• 由于在制品过多，在生产过程中整理在制品或寻找在制品的时间增多，在制品丢失、破坏、质量下降等机会增多，不仅降低了作业效率，而且容易产生不合格品。

• 在制品数量增多，使流动资金周转下降，利息支付额增大。

二、制订服装生产周期的方法

1. 生产周期与作业日程的关系

生产周期与作业日程的关系，如图6-5所示。从图中可以看出，生产周期所经历的日程是以生产开始之日为基准按工艺顺序计算的。根据生产周期来制定作业日程计划时，是以交货期为基准，逆工艺顺序计算并安排各项作业或工序的开始和结束日期。

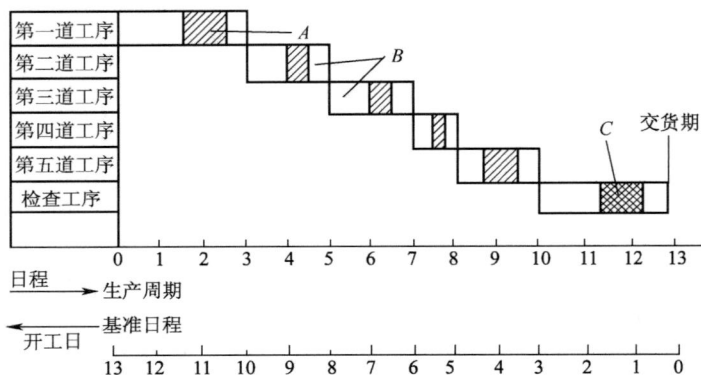

图6-5 生产周期与作业日程的关系

A—加工时间 B—停放时间 C—检查时间

产品的加工工艺、开工率、批量大小和停放时间等不同，其生产周期则不同。由此可见，生产周期长短是受多种因素影响的。

2. 确定工序生产周期的方法

（1）资料调查法。首先调查各项作业的实际完成情况，也就是从产品的生产台账中收集各产品（或某车间、某工序）的投料时间、加工时间及某些特殊工序的加工时间等资料。然后以实际情况为依据，经生产管理部门与作业现场有关人员商量决定生产周期。生产现场的作业人员和管理人员对作业情况最了解，他们能结合实际，提出缩短某些产品生产周期的措施，也能对过短的生产周期提出修改意见。

（2）在制品流动数调查法。连续生产方式下的各工序，每日流经的产品或部件是相同的，可以通过在制品的变化来计算该工序的生产周期。具体做法是根据某产品的生产台账，调查该工序在某一计划期内，每日的在制品结存数和出产数，算出该产品的平均生产周期，计算公式如下：

$$\overline{T} = \sum_{i=1}^{n} Q_i / \sum_{i=1}^{n} Q_{oi}$$

式中：$\overline{T}$——工序平均生产周期；

n——调查天数；

Q_i——调查天数内第 i 天的在制品结存数；

Q_{oi}——调查天数内第 i 天的出产数。

例 某产品在制品数量变化的汇总表见表 6－11，表中调查期间是某月的 1～13 日，表中列有每日在制品领入数、领入累计、产出数、产出累计和在制品结存数等项。

表 6－11 连续生产的流动数统计表　　　　单位：件

日期	1	2	3	4	5	6	7	8	9	10	11	12	13	合计
领入数	40	20	10	10	20	20	10	30	20	10	20	10	20	
领入累计	40	60	70	80	100	120	130	160	180	190	210	220	240	240
产出数	0	10	20	10	20	20	10	20	30	10	10	20	10	
产出累计	0	10	30	40	60	80	90	110	140	150	160	180	190	190
结存数	40	50	40	40	40	40	40	50	40	40	50	40	50	560

将表中的数据代入公式，可得到该计划期工序的平均生产周期 $\overline{T}$：

$$\overline{T} = 560/190 \approx 3 \text{（天）}$$

在批量间歇生产方式中，在制品数量是连续变化的，因此，工序的生产周期可以通过某计划期间的在制品总结存数与总产出数之比求得。

（3）经验估计法。在多品种、小批量生产中，每一台设备加工多种产品，生产不够稳定。因此，该生产类型的工序生产周期制订方法与连续或批量生产不同。

当确定生产周期的资料不全时，可先计算出工序的加工时间，再加上宽裕时间来决定生产周期，宽裕时间的多少与企业的管理水平有关。

3. 确定产品生产周期的方法

确定产品的生产周期，首先要确定服装各加工阶段，即准备、裁剪、缝纫、整烫、包装等的生产周期，在此基础上确定产品的生产周期。

在实际生产过程中，为缩短生产周期，复杂产品一般采用平行或交叉的作业方式。为了简化生产周期的制订工作，企业可以通过统计资料和现场调查，绘制产品的生产周期图，用以指导生产。为了保证生产按计划进行，企业也需对各种生产准备工作明确规定出生产周期。

4. 确定生产周期的注意事项

生产周期是编制日程计划的基础，对确保按期交货具有重要作用。但在确定生产周期时有许多实际问题，必须妥善处理才能使生产周期的管理方法发挥应有的作用。

（1）生产周期的准确性。由于停放时间的伸缩性大，只能以大致的估计数字来表示。因此，生产周期一般以一天或半天为单元。

（2）生产周期与开工率。影响生产周期的一个主要因素是停放时间的长短。开工率的变化会使在制品数量发生变化，以致造成停放时间发生变化。生产周期是以一定数量的在制品为条件设定的，因此，开工率发生变化时，停放时间也应适当地变化。

（3）生产周期与生产批量。生产批量发生变化时，生产周期也应随之变化。一般中小服装企业多采用多品种、小批量的生产方式，生产批量每次各异。因此，生产周期不应是固定不变的，而应根据实际批量和经验予以调整。

（4）生产周期的应急处理。生产周期是在正常作业状态下确定的。但在实际生产中，常由于原材料供应而拖期或因接受紧急订货等事由，打乱正常的作业秩序，此时，只能采取缩短生产周期的措施来保证按期交货，要做到这一点，主要靠实践经验妥善处理。

5. 日程计划的确定

日程计划是为达到按期交货的目的，按照产品的加工工艺顺序，以日或小时为单位，妥善安排各工序的开始和结束日期。

任何一个客户，对服装生产企业的要求是：合理的价格、稳定的品质、良好的服务、按期的交货。客户向生产企业下订单，目的就是要赢利。假如企业不能保证客户的上述条件，就不能把新客户变成老客户，所以说，生产企业以最快的时间交货，是争取订单、保住客户及保持竞争优势的重要条件之一。

（1）日程计划的作用。销售部把接到订单到生产完成出货，规划成一个日程表，通过日程表可以将相关内容汇积于表中。

①整个生产流程各工序间的衔接一目了然。

②如何简化整个生产流程以缩短时间。

③确定各产品在各车间或工序中的作业日程，因为产品设计、采购、物料的运输、生产等都需要时间。

④日程计划的另一个作用是协调计划期内各工序的加工能力与负荷之间的平衡。

● 销售部门按订单交货的前置时间。

● 生产管理部门做生产计划的依据。

● 各工段生产进度控制的指标。

（2）日程计划的确定方法。一般的订货型生产日程通常使用逆向排程法，以销售计划的供货日确定生产计划、物料计划、采购计划。下面以实例加以说明。

例 某服装厂接受某一订单，订单数为 2000 件，其所需时间为：

①标准生产时间为 15 天。

②物料采购时间 3 ~ 10 天，用订单方式订购。

③物料运输时间为 5 天。

④物料检验时间为 2 天。

⑤物料宽裕时间为 3 天。

⑥成品完成到出货存放时间为 2 天。

则该产品的生产安排画成日程计划表，见表 6 – 12。

假设 X 日为该产品生产完成日，从表 6 – 12 可知自接订单到交货，其时间为（40 + 2）天共 42 天。

表 6 – 12　日程计划表

日期（天）	40	38	36	34	32	30	28	26	24	22	20	18	16	14	12	10	8	6	4	2 + 0
项目	接订单	物料分析	订购					材料运出			材料入库	材料检验	投产日							完成日　出货日

如例中 2000 件产品的出货日为 11 月 20 日，则各段的计划时间推算为：

出货日（X + 2）= 11 月 20 日

生产完成日 = X 日 =（11 月 20 日）– 2 天 = 11 月 18 日

投产日 = X 日 – 15 天 = 11 月 3 日

物料检验完成日 = X 日 – 18 天 = 10 月 31 日

物料入库日 = X 日 – 20 天 = 10 月 29 日

物料运出日 = X 日 – 25 天 = 10 月 24 日

物料订购日 = X 日 – 35 天 = 10 月 14 日

物料分析完成日 = X 日 – 38 天 = 10 月 11 日

接订单日 = X 日 – 40 天 = 10 月 9 日

上面推算的时间，表示一个产品完成日程的计划安排，并依此计划的时间予以控制，如果任何一个工作环节发生了滞后，即导致后续工序跟着延后。实践表明，不少工厂存在模糊认识，他们认为交货速度的快慢，主要结症在最后的生产部门。事实上，从上表 6 – 12 可以看出生产时间也只不过占总时间的 1/3，况且生产时间是最难以压缩的，要压缩只能尽可能地从其他方面缩短时间。

对产品使用的面料、辅料进行分析，哪些物料采购时间长，依顺序排列。对采购时间较长的，可采取"存量管制采购"的方式，随时备用适当的存量在厂内，如纽扣、衬布等，不以订单来购料，或在订单确定后，即开始备料，不要等生产计划发放时再备料，这样可以节约时间。对少数贵重材料可采取快速运输和品质免检的方式。

第四节　服装生产计划的实施

生产计划的实施是一种短期的执行性的管理职能，它是在以下条件下展开活动的：

（1）本期和下期的产品生产任务。

（2）本期的生产能力（设备能力和劳动力）。

（3）本期的供销条件和生产技术准备条件。

（4）本期的生产成本水平。

一、生产计划实施的任务

生产计划实施的具体任务包括：

（1）根据品种、数量、期限和生产成本指标的要求，妥善安排作业进度和生产能力负荷进度，做到负荷饱满、均衡。

（2）按生产作业进度的要求，做好各项生产作业准备。

（3）严格控制生产作业进程，及时发现各种偏差。采取对策纠正偏差，消除可能造成偏差的因素。

（4）定期核实、汇总和分析生产作业进度计划及其执行的系统资料，提出改进生产管理和提高生产效率的建议。

根据以上四项具体任务，生产计划的实施与控制可分成：作业安排、作业分配、作业控制和作业结束四个阶段。作业安排就是作业日程计划，在前面已叙述。下面主要介绍作业分配，下一节介绍作业控制。

二、作业分配的原则

服装产品的生产计划完成后，由于每个产品有不同的流程，再考虑到机器的负荷，生产管理部门应以生产阶段工序为单位，及时发出生产制造单或生产任务书。

作业分配是日常生产管理的重要活动之一。它依据作业日程计划，将作业分配到每个作业者和设备中，同时指派有关部门或人员准备作业，从而保证生产作业计划付诸实施。

1. 生产流程的衔接

同一件产品，在生产流程的时间安排上要能衔接，这样半成品的流动才会顺畅，部门与部门之间才能保留 1/3 或半天的缓冲量，以免衔接不上或堆积太多。

2. 严格遵照生产制造单组织生产

生产制造单是实施生产任务的一种指令性文件，内容主要包括产品款式、数量、尺码分配、缝制工艺与包装要求、交货期等，应严格按生产制造单要求确定作业日程计划，组织生产。

3. 工作分配的原则

在许多生产企业常见以下现象：订单未能按与客户签约的日期如期交货，导致客户天天催货，业务人员急于应付，天天变动出货计划，生产部门天天加班，造成产品品质不稳定和效率低下的恶性循环。造成这种现象的原因是多方面的。

（1）销售部门没有销售计划。

（2）销售部门没按销售计划接受订单，大量超额接单。

（3）生产部门没有进行生产能力的分析。

（4）生产计划与销售计划不同步。

（5）物料控制与生产计划不同步。

（6）面、辅料的采购等延迟或品质不良。

（7）生产中品质不良需经常返工重做。

（8）进度管理制度执行不严。

（9）紧急订货插入太多。

（10）生产能力未达到生产计划标准。

以上种种情况，会导致两种极端情况发生：第一种情况是不要交的货生产了一大堆，积压在仓库里；第二种情况是急需交的货生产不出。解决问题的办法是按照上述原因，逐项分析，制订出工厂的运作计划，使其顺畅。

为避免上述情况，在安排工作时，应有以下优先原则：

（1）交货期原则。根据不同客户提出的交货期要求，妥善安排各种产品的作业顺序。交货期急的，优先安排生产，这是编制日程计划的基本原则，也是提高企业信誉的重要措施。

（2）客户原则。在众多的客户中，有轻、重之分，重要的客户应作重点安排。

（3）瓶颈原则。对机器负荷大的工序要予以注意，不可出现停产现象。

（4）工序原则。工序越多，工序所需时间就越长，在时间上要充分注意。

三、作业分配的内容与分配要点

1. 作业分配内容

（1）确定产品的规格。

（2）准备所需的物料。

（3）给操作者分配工作，如发放领料单和工作卡等。

（4）安排上机优先顺序。

（5）供给必要的物料。

（6）准备作业所需的机器设备。根据需要，对作业方法进行指导，并对简单调整做出解释，供给附属件、测量工具、专用尺、针、线等。

2. 缝制作业分配要领

（1）操作者的技能要与所分配的工序相适应。

（2）头道工序要选择有判断能力、工作稳定的人员担任。

（3）将装领、袖、拉链等主要工序分配给技能熟练的工人。

（4）缺勤率高的人员应尽量安排做辅助作业。

（5）与主流结合的工序要安排注意力集中且对前道工序有判断能力的作业人员。

（6）作业人员的人际关系不和谐者，应尽可能地分开安排。

四、作业分配的方法

在生产车间负责分配作业的工作人员一般是派工员或车间主任。派工员按照安排好的作业顺序，以某种简单明了的方式向操作者下达作业指令。其具体方法因工厂的具体情况不同而异。下面介绍几种常用的作业分配方法。

1. 作业传票

在进行作业分配时，通常使用各种作业传票指示操作者作业内容、作业要求和作业时间等。常用的传票有以下几种：

（1）出库票。出库票指示仓库负责人员按规定数量及时发放作业所需的物料或零部件。使用出库票，可确保物料按计划出库，报告物料出库结果，防止浪费物料，便于对物料进行管理，使仓库管理有条不紊，保证产品成本中物料成本的真实性。

（2）作业票（工票）。作业票根据短期日程计划发放，用于指示作业人员或作业班组开始某项作业。在单件生产和多品种、小批量生产方式中，常用作业票指挥生产活动。

作业票分为单工序作业票和多任务工序作业票。使用作业票，可以实现作业的计划性，使操作者根据作业票加工产品；防止生产的盲目性，保证产品按期交货；掌握作业进度；掌握各项作业的实际工时耗用情况，并作为计算产品工时费用的重要依据。

（3）搬运票。搬运票是指示专职搬运工把物料由一个场所搬到另一个场所的作业传票。在现代化大生产中，设置专职搬运工能够提高生产效率，有效地利用搬运工具，减少搬运时间。

（4）检查票。检查票用于记录检查结果。作业结果的检查栏目一般设在作业票上，而不另行使用检查票。但对于某些需要保留记录的重要检查项目或产品的最终检查，则需要使用检查票。

（5）工具票。工具票用于指示工具管理部门为某项作业准备必要的工具，一般与作业票同时发放。

（6）作业指导书或标准作业指示卡。一般与作业票同时发放。它不用于分配作业，而是指导现场的作业人员如何正确地进行作业，适用于非标准化产品或尚未定型生产的产品，在第七章将具体介绍。

综上所述，生产管理部门依据日程计划，以发放传票的方式向作业现场及有关部门分配作业，实施日程计划。通过对完工后的各种传票的整理、分析，掌握日程计划的执行情况并进行作业控制。各种传票的作用及其相互关系汇总如图6-6所示。

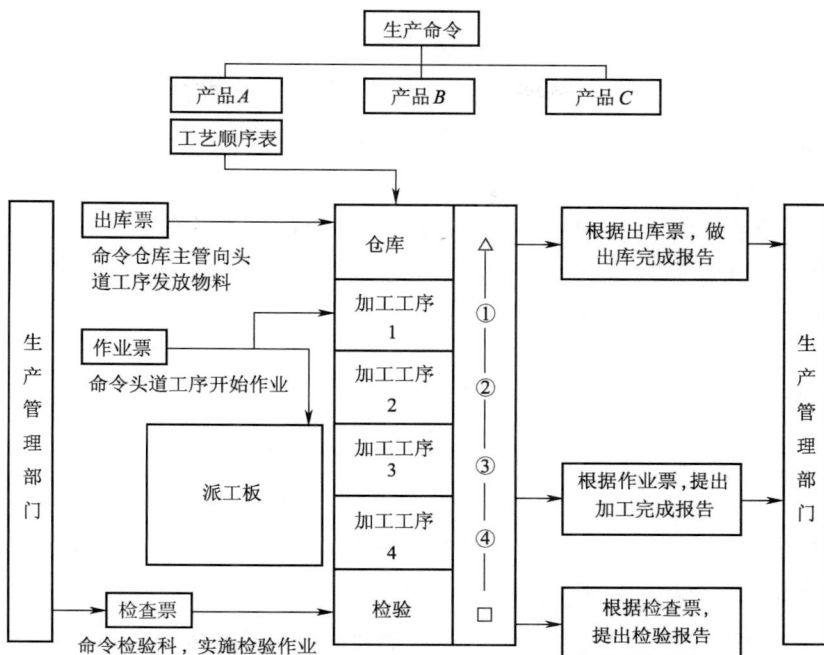

图 6 - 6 各种传票在生产管理中的作用及相互关系

2. 管理板

在多品种、小批量生产方式中，一般以 3 天到一周为期编制小日程计划，并进行作业分配。在计划期内，由于常出现意想不到的情况，致使日程计划不能如期完成。为了维持正常的生产秩序，应及时调整日程计划表和各种作业传票。这是一种工作量大且麻烦的工作。利用管理板则可适应各种意外变化，既能代替小日程计划，又能进行作业分配，它是一种有效的现场管理工具。管理板的形式如图 6 - 7 所示。管理板的竖栏可以是作业者姓名，也可以是设备名称或代号。管理板的横栏是日期，每日为一大格，将一大格分为四个小格，每小格表示 2h，一大格表示一天的作业时间，板上共有 31 个大格。

图 6 - 7 管理板

派工员根据日程计划的要求在管理板上从左向右按顺序排列各项作业，作业者根据管理板规定的开工和完工日期进行作业。从管理板上可以了解到车间内每个操作者的负荷和剩余能力的情况。运用管理板可以灵活地适应日程的变化，也可以重新组织日程计划。管理板除实现派工这一目的外，还兼有编制小日程计划、负荷计划的作用。

3. 生产排期表

如表6-8所示，生产排期是安排各环节生产进度的一份重要文件，根据订单的交货期，计划编制了纸样、样衣、裁剪、缝纫、车间尾期、包装、出货等各环节的具体工作与时间安排，生产部据此文件具体安排订单的生产。

第五节　服装生产作业控制

在企业日常的生产中，经常会出现意想不到的各种问题，使生产活动不能按照预定的计划完成。因此，一旦作业分配结束并开始生产之后，就要对生产作业过程进行严密控制。作业控制就是掌握生产实际进度与生产计划之间的差距，当差距超过允许的界限，就要及时采取必要的措施，努力缩小这种差距，确保按期按质交货的一种管理活动。

一、作业控制的内容

从日程计划上可以看出，一个产品的产出，要经过很多部门，每一个部门及其人员都应有自己的进度，并加以掌握和控制。必须指出，有的企业把生产进度或作业进度认为是制造部门的责任，而忘了进度管理是多个部门合作的结果。作业控制主要包括作业进度管理、现场物料管理和生产作业统计三项内容。

1. 作业进度管理

作业进度管理是作业控制的重要组成部分，它是动态掌握作业过程并进行管理的方法。进行作业进度管理，要经常检查作业的实际进度，并与计划进度作对比。如果发现实际进度有可能或已经落后于计划时，应调查原因，采取改进措施，保证按原计划进度完成作业。进度管理的步骤如图6-8所示。作业进度管理包括以下四个方面：

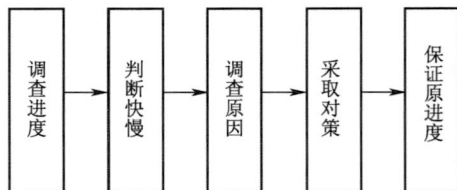

图6-8　进度管理步骤

（1）事务性进度。主要包括从接到客户订单到物料分析、订购等方面的时间控制。

（2）采购进度。面、辅料的采购应确定标准的采购时间，并加以严格控制。

（3）委外进度。指对委托外单位加工的半成品、成品的时间控制。

（4）生产进度。它由生产部门及生产管理部门双重控制。

2. 现场物料管理

现场物料管理是静态地掌握作业过程的一种管理方法。它是通过调查某时某刻现场物料的存放场所（工序）及数量情况来掌握作业进度，判断作业实际进度是否与计划相符并采取相应的措施。

3. 生产作业原始资料统计

生产作业的原始资料是记录生产实际情况的各种传票和台账的总称，它是作业进度管理的重要依据。生产管理部门通过对传票和台账进行整理、汇总和分析，可以掌握作业的进度，了解影响进度的原因。

二、掌握作业进度的方式

掌握作业进度是进度管理的基本前提，也是进度控制的依据。因企业的生产类型不同，日程计划的形式也不相同。因此，掌握进度的具体方法也各不相同，一般有掌握生产过程和掌握生产数量两种方法。

1. 掌握生产过程

掌握生产过程的方法适用于单件生产或多品种、小批量的生产方式。它通过调查各种产品或零部件的生产过程来掌握生产进度并进行现场管理。生产过程的调查按以下步骤进行：

（1）掌握各种产品或零部件的加工进度，即何种产品已经加工到何种工序。

（2）掌握各种工序的在制品状况，如缝纫车间有多少种产品在生产。

（3）判断生产进度的快慢，即将实际生产与计划相比较，判断进度是否落后。

2. 掌握生产数量

掌握生产数量的方法适用于批量连续生产或大量连续生产方式，其步骤如下所示。

（1）掌握产品和零部件的完成数量，即已经生产出多少产品或零件。

（2）判断生产进度的快慢，即将实际完成数量与计划数量进行比较，判断进度是否落后。一般服装厂的作业现场，都能见到不少的半成品或面、辅料部件。一般说来，在制品越多，越会使交货期延迟，给管理带来困难，并且易出现规格混淆或疵品的现象。为此，要尽量减少在制品的数量。当出现进度落后的情况时应采取相应的措施：

①提高生产能力。增加瓶颈工序的生产人员或设备数量，或增加作业班组，或部分工作考虑委托单位协作加工。

②协调出货计划。由销售部门与客户协商，争取延迟交货的宽裕时间。

③减少紧急订单的插入。在进行生产计划与销售计划协商时，生产计划应保留5%的生产能力的空间，以作紧急订单的追加之用，如已发生进度落后的情况，销售部门应尽量压缩紧急订单的插入，以免打乱生产秩序。

④延长工作时间。除了加班以外，可考虑休假日的调班。

产量控制活动与生产关系如图6-9所示。

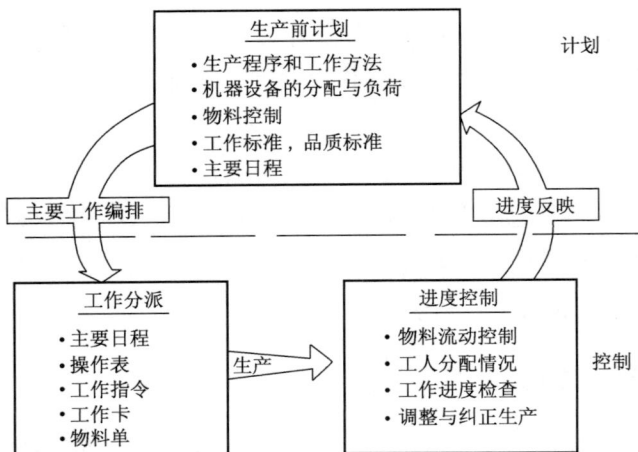

图 6-9　产量控制活动与生产关系

三、控制作业进度的常用方法

1. 甘特管理表

甘特管理表突出了工作计划或计划产量与时间之间的关系，一般以图形或表格的形式显示活动。生产管理人员通过甘特表可以清楚地了解在指定时间内，计划生产数量与实际生产数量之间的关系，并可发现在进度上实际存在和潜伏存在的问题。甘特表的形式可如表 6-13 所示。由表可知，按计划来说，操作工甲应该完成 85% 的工作，而实际只完成了计划进度的 43%，这项工作大大落后于计划日程的安排。而操作工乙则超出了进度安排。若要操作工甲按计划完工，必须立即采取有效的措施。

2. 生产排期表与生产周程表

生产排期表如表 6-8 所示，既是生产计划表，也是跟踪生产进度的一份重要文件，生产部必须根据此文件，督促有关加工单位尽快开展相关的生产工作。

表 6-13　甘特管理表

工作日	1	2	3	4	5	6	7	8	9	10	11
操作工甲											
操作工乙											

注　——— 表示实际工作进度
　　　⅄ 表示观测时所在的时间
　　　┗━━━┛ 表示操作计划进行的时间

生产部门还可制订每周的生产进度信息，例如表 6-14 生产周程表，并对生产进度资料作分析，若发现进度有问题，需立即采取相应的措施。

表 6 – 14　车间生产周程进度表　　　　　　年　　月　　日

序号	订单编号	客户	款号	数量（件）	本月周程				备注
					第一周	第二周	第三周	第四周	
1				7000	1000	1200	2000	2800	
2									
3									
4									

跟踪问题：

制表：　　　　　车间主任：　　　　　　生产厂长：

3. 根据颜色差别管理进度

对于不同交货期的产品，按不同的月份采用不同颜色的生产制造单或作业传票，如上旬交货的有关作业需用白色、中旬用黄色、下旬用绿色等。采用不同颜色的生产制造单，可以直观判断，便于管理。现场作业者和生产管理人员根据作业票、生产制造单的颜色可以立即判断哪些在制品应优先加工。

4. 生产日报表

生产日报表是生产管理中重要的图表之一，它能体现实际工作状况和应采取的必要措施。生产日报形式见表 6 – 15。

生产日报表通常要再加工，由生产计划与管理部门将生产日报表中的资料整理后，再填写生产日报表总表，交生产管理部门查核每天的生产进度。生产日报表总表见表 6 – 16。

表 6 – 15　生产日报表

生产组别：_____　　　　　　　　日期：_____

订单代号	款式代号	计划数量	当日产量	备注
总　数				

表 6 – 16　生产日报表总表　　　　　　　　　　月份：

本月计划产量	本月实际产量	生产部门＼日期		1	2	3	4	5	6	…	26	27	28	29	30	31
		裁剪														
			累计													
		车缝第一组														
			累计													
		车缝第二组														
			累计													
		整烫														
			累计													
		包装														
			累计													

5. 计算机通信设备联网管理

现代通信的发展将使车间管理实现现代化。计算机联网管理已应用到各行各业，通过网络，可把车间生产现场的情况随时输入计算机。生产管理部门可以通过计算机网络随时掌握生产进度，既快速、准确，又方便。

6. 生产进度跟踪表

生产进度跟踪表是将每一订单编一号码，数量填入表中，将实际生产产量与计划产量进行比较，这也是订单型生产企业常用的一种表格，见表 6 – 17。

表 6 – 17　生产进度跟踪表

序号	订单编号	款式编号	订单数	计划生产总数	实际生产数量		
					日期	生产数	累计
1							
2							
3							
4							
5							
6							
…							

使用上述几种进度管理的图表和方法，能及时掌握生产进度。对于已在实施的日程表，可以从以下几个方面讨论：

- 产品的交货日期延迟到何时，是否找到了原因，采取了什么措施。
- 每月的生产预订计划数量是否完成，是否有延迟或追加作业的情况。
- 作业的进展情况用什么方法控制，是否经常将计划值与实际值进行比较。
- 是否系统地掌握了从材料进厂、铺料、裁剪、分束、加工部件、组装、检验产品、整烫及外加工检验直到产品出厂的整个生产过程情况。
- 现场的班组长是否掌握了作业进展状况和延误的实际情况，采取的补救措施是否有效。

生产总计划、作业进度均应在醒目的地方张贴，计划执行情况、进展状态、操作员正在进行的工作内容以及还有多少等待的工作，应让全体职工心中有数。这样，作业现场就会出现对工序管理给予配合和协调的气氛。计划表、进度表都要用简明易懂的形式张榜公布。

四、生产作业原始资料管理

作业实施后必须报告加工结果，并做好记录。记录的原始资料可以真实地反映生产过程的实际情况，它不仅是进行作业控制的依据，也是编制生产计划的参考资料。

1. 原始资料管理的内容

原始资料是现场管理人员进行业务管理的依据，因此，要正确记录，妥善保管，并定期进行整理、汇总和分析。分析的结果，一方面可以用于作业管理，判断作业效率，制订防止事故的措施；另一方面，可以向上级领导或有关部门提供实际生产过程的信息，如提供作业进度的完成情况、质量情况和成本情况等。

2. 生产情况日报

生产管理部门或作业现场应将原始资料按不同的用途进行汇总，用生产情况报表的形式，每日在一定的时刻内向企业领导或有关部门上报。因报告是日报，工作量大，所以，要将项目和内容压缩。报表的形式或项目与生产类型有关，一般的生产情况日报有以下几种：

（1）产量日报表。报告各产品、零部件、各工序的日产量。

（2）作业时间日报表。报告各种产品的作业时间完成情况和各车间、班组的完成情况。

（3）质量问题日报表。报告各种产品、各车间的质量问题（按影响质量的因素进行分类汇总）。

（4）作业迟误日报表。报告各种产品、各车间作业的迟误情况及原因，见表6-18。

（5）材料使用报告。报告主要面料和辅料的耗用情况。

表6-18　作业迟误日报表　　　　　　　　　　日期：

车　间		班　组		车间主任		作业者	
订单编号	款式名称	生产迟误日报		迟误对策		责任者	
		迟误数量	迟误原因	处理意见	预计恢复日期	部　门	签　名

本章总结

生产能力是企业全部生产性固定资产，在一定时期、一定的生产技术和组织条件下，所能生产一定种类产品的最大量。企业的生产能力依据其用途的不同，可分为设计能力、查定能力和现有能力，生产能力合理利用与否直接影响企业的生产成本和市场竞争能力。

影响服装企业的生产能力的因素有：使用中的固定资产的数量、固定资产的有效工作时间和固定资产的生产效率、工艺难度、员工和管理水平。生产计划是企业执行生产任务的行动大纲，主要指标有品种、产量、质量、产值和出产期。生产计划的实施是一种短期的执行性的管理职能，作业分配是依据作业日程计划，将作业分配到每个作业者和设备中，从而保证生产作业计划付诸实施。作业控制就是掌握生产实际进度与生产计划之间的差距，以便采取相应的措施。

思考题

1. 什么是生产能力？生产能力的类型有哪些？影响服装企业生产能力的主要因素是什么？

2. 企业生产计划中的主要指标有哪些？

3. 实施日程计划的必要前提是什么？试说明其理由？

4. 多品种、小批量的生产，若只有生产计划而无日程计划，将会出现什么问题？请列出主要问题。

5. 工时计划是如何表示的？

6. 如何用作业传票分配日常作业？

7. 什么叫作业控制？控制的过程是什么？

8. 原始资料管理的内容和目标是什么？

9. 各种日报表对生产管理有什么作用？

10. 单件小批量的生产类型应采取怎样的进度管理？

服装生产系统运行维护——

作业研究与现场改善

第七章　作业研究与现场改善

　　作业研究又称工作研究，是通过对作业者的作业分析、平面布置分析、人员与机械的配置分析和工艺流程分析来研究作业者的工作效率，去掉作业中不合理的状态，清除人和物结合不紧密的状态并消除生产、工作现场无序状态，从而建立起高效率、合理、紧密结合的文明生产秩序，获得最佳效益的作业方法。作业研究由方法研究和时间研究两部分构成：通过方法研究制订标准作业；通过时间研究确定作业的标准时间，然后用作业标准去培训工人，改进作业方法，再通过作业研究的循环进行来保证作业方法的不断改进，向最佳作业模式、最佳作业时间靠近。作业研究对缩短生产周期、减少在制品、及时交货具有重要意义。

　　服装企业应善于利用作业研究，对工厂的日常生产活动，如裁剪、缝纫、整烫等作业进行分析，找出现场作业人员浪费时间和产生多余动作的地方，寻找安全、舒适的生产方式，快速、低耗、优质、高效地生产出让客户满意的服装产品，提高企业自身的市场竞争能力。

第一节　作业方法研究

一、作业方法研究的基本概念与目的

1. 作业方法研究的概念

　　作业方法研究是指运用各种分析技术，对作业方法进行分析、设计和改进，寻求最佳的作业方法并使之标准化的研究活动。它包括工序分析、工艺流程分析、动作分析和搬运分析等。

2. 作业方法研究的目的

（1）改善作业的工序和程序。

（2）改进作业场地的布置和工具、设备及缝纫附件的设计。

（3）消除一切浪费，最大限度地节约资源、节省时间。

（4）减少不必要的操作疲劳，减少操作工的劳动强度。

（5）提高原料和设备的利用率，提高生产效率。

（6）改善工作环境，实现文明生产。

二、作业方法研究的内容

　　作业方法研究有两种：一种是以"物"为对象的研究，另一种是以"人"为对象的研究。

1. 以"物"为对象的研究

以"物"为对象的研究，又称生产过程分析，主要是对产品制造过程进行研究，包括以下三方面的研究。

（1）产品组织方式的研究。通过对产品结构进行分析，即对企业所生产的产品品种和数量进行分析，研究如何根据产品的不同数量，分别采用适当的生产方式，从而提高生产效率。

（2）产品制造过程中移动状况和在制品数量的研究。这种研究又称物流空间组织的研究，是通过对物流流程分析、搬运分析和工序分析等，研究如何使物的流动符合经济合理原则，如何以最少的费用实现物的合理流动。

（3）产品制造过程所需时间研究。这种研究又称物流时间组织研究，是通过对工序的生产周期、产品的生产周期、在制品停放时间的分析，研究如何以最少的时间生产更多的产品以及如何保证生产的均衡性、节奏性等。

2. 以"人"为对象的研究

以"人"为对象的研究，指如何发挥人的作业效率的研究，主要包括以下三方面的研究：

（1）作业时间和作业方法的研究。

（2）动作分析的研究。

（3）动作经济原则的研究。

三、作业方法研究的特点

1. 不断革新思想

不满足现行的工作方法，总是力图以实事求是的科学态度去研究问题，改进、变革并创造出一种更加理想的工作方法。

2. 具有全局性和系统性

方法研究不是孤立地研究某个局部问题，而是从整个过程来分析问题，着眼于改善整个工作系统和生产系统。

3. 紧密结合实际，挖掘潜力

方法研究力求在不增加人员、不增加设备、不增加资金的情况下，以工作分析为手段，借助于改进现行方法，以达到改进管理和发展生产的目的。

4. 建立和完善标准化作业

通过方法研究把经实践证明是一种理想的作业方法固定下来，定为作业标准，用它作为训练和考核职工的依据，统一步调、提高生产效率。

5. 适用于各项管理工作

在管理业务工作上可以运用方法研究寻求合理的业务流程和工作方法，以追求各种管理工作的改进和实现管理业务的标准化。

四、作业方法研究的一般程序

1. 提出问题

问题意识是方法研究的灵魂和核心。服装企业中的标准化工作者和生产管理者都应具有问题意识，要不断地发现问题、提出问题并协助企业领导解决问题，使企业处于不败之地。

2. 调查准备

调查准备包括明确调查内容、准备用具和调查表及统一调查人员的认识等。调查表应易于记载调查的结果、易于累计调查结果并且使调查重点突出。

3. 调查实施

调查实施主要是询问有经验的现场操作人员，其次是实测和查阅资料，要特别注意正确地记录事实，最后将调查的结果准确无误地汇总。

4. 分析研究

分析研究工作主要体现在以下三个方面：

（1）从调查的结果中进一步发现问题，寻求改进的重点，拟订改进方案（草稿）。

（2）通过集体的创造性思考，研讨改进方案（讨论草稿）。

（3）对改进方案进行评价和优选，确定方案的初稿。

5. 确定实施方案

将优选确定的方案具体化，制成实施方案，然后从经济、安全管理等方面进行综合考虑，并做出试行方案评价，研究其达到预期改进目标的程度。

6. 试行

按试行方案的要求对操作者进行训练，按实用的程序试行。在试行中总结经验，发现问题，及时修正，写出修正方案。

7. 制订标准

通过试行并修正后，准备正式实施的内容并制订出相应的标准，确立新的工作目标，产生执行方案。

8. 实施

在实施方案的过程中，根据情况变化还要对方案作适当调整或修正，但尽量使工作系统保持相对稳定，最后确定实施标准和规则。

五、作业方法研究的分析技术

服装作业方法研究的分析技术有以下五种：

（1）流程图表。

（2）设问技术（5问）。

（3）工作改进技巧（4种）。

（4）工作改进分析检查表。

（5）动作经济原则。

作业方法研究就是运用通俗易懂、简单实用的工具分析问题、解决问题，这是方法研究的特点，也是它的优点。作业方法研究根据分析对象的不同可分为生产流程分析、工序分析、动作分析和作业测定等。

第二节　服装生产流程与工序分析

服装生产流程是指服装生产过程中所必需的环节。由于服装生产过程中所采用的设备、工艺、生产组织形式及生产路线，都可以由各种不同的方式来组成，所以服装生产流程不是固定不变的。如何提高生产效率，关键在于对现有服装生产流程加以分析及检查，找出其不合理之处，采取一定的措施，通过不断分析、比较，进行改进。

一、服装生产流程图的构成

在服装加工中，虽然服装生产流程随着生产条件、服装款式的不同而异，但任何服装生产流程都由作业（加工）、检验、搬运和停滞四类工序所构成。服装在整个生产过程中，反复经过这四种活动，将面料、辅料等原材料转换成服装产品。

1. 作业（加工）

作业（加工）是指有目的地改变一个物体的任何物理或者化学特性，或指与一个物体相互装配或将其分散开来，或指为另一个作业（加工）、搬运、检验和库存做安排或做准备，有时也指接发信息、计划或做核算工作等。在服装生产过程中，作业（加工）包括以下几个阶段。

（1）服装产前阶段作业。服装产前阶段，生产订货单是来自客户信息的原始资料，如记录服装样品、样板、处理及注意事项等，原始资料核对后即发送到相关部门。进入生产前，生产技术部门与客户共同协定、修正样板和样衣，以便制定生产工序、降低成本。将修正后的样板和样衣提供给裁剪部门，用以计算用料率、排料、提料、铺料、裁剪，并将裁片分包捆扎输送到缝制车间。

（2）缝制阶段作业。将裁剪好的衣片，根据生产安排分别发送到缝制流水线的指定工位上。在衣片缝制到半成品时进行检验，服装缝制完成后也需进行检验。

（3）包装阶段作业。服装缝制完成后，若要求水洗处理的则进入水洗车间，之后进入包装车间。进行完剪线头、检验、整烫、装吊牌等作业后，把成品服装装进塑料袋，包装后等待最终验货。

2. 检验

检验是指利用一定的手段，对比已定的标准，在生产流程中对加工零件或成品进行检验，以达到对外保证产品的质量、对内减少废品损失的目的。在服装生产流程中，根据检验时间，可以有样板检验、中途半成品检验、成品检验等；根据检验数量，可以有全数量检验或抽样检验；根据检验地点，可以有集中检验或巡回检验，也可现场检验或送站检验。

3. 搬运

搬运是指在生产流程中对生产对象（包括大量的主材料、辅助材料等）作空间的转换。在服装生产流程中，将面料、辅料、裁片、半成品或成品在规定的时间内，以经济安全的方式运到需要的地方。搬运必须满足安全、及时、经济和保质保量四个方面的要求。

4. 停滞

停滞是指在生产流程中，生产对象的形态或位置不改变，只是时间的改变。在服装生产流程中，面料、辅料或零件的供应与加工计划的不协调，加工与搬运能力的不平衡，工序与工序之间的能力不平衡，以及设备调整、生产事故、计划变动等都会造成停滞的发生。

二、服装生产流程图设计

流程图是为一个生产流程提供信息的手段之一。它可以用来表示工序之间、工艺阶段之间的关系以及其他类似的因素，如移动距离、操作工序、工作与间断时间、成本、生产数据和时间标准。服装的生产流程是一个复杂的程序，任何个人的直觉都不可能反映出全部生产活动及其在生产过程中相互间的关系，这也是生产低效率存在的原因。有了流程图的帮助，可以解决效率低问题，从而使改进的工作得以系统、有序地进行。

服装生产流程图是以服装产品为对象，运用流程图符号描述产品在服装生产过程中各个工序上的流动状况，目的是了解产品从原料开始到成品形成的整个生产过程。它记录了服装生产过程的全部作业时序安排，同时也记录了从原材料到制造成品的全部过程，指出部件间的相互关系和装配顺序。通过流程图可以了解生产系统由哪些生产环节、多少工序组成、经过怎样的加工顺序，以便从全局出发进行分析、改进。

1. 服装生产流程图的常用符号

在服装厂的各项生产活动中，常用图示记号来表示一些常用的文字语言，达到简洁明了地传递工序信息的目的。常用的生产流程符号见表 7 - 1。

表 7 - 1　服装业流程图的常用符号

活动类别	符　号	符　号　说　明
加工	○	根据作业目的，在工作过程中使物品发生变形、变质、组合或分解的过程或为下道工序做准备的一种状态。如裁剪、车缝、熨烫等操作活动
搬运	⚲	移动物品使之改变位置的活动。如手工搬运、机械搬运、全自动化传输等活动
检验	□	检查或化验物品在数量上或质量上是否合乎标准，并进行评定。如裁片检验、半成品衣片检验、服装成品检验等
停滞	▽（△）	物品处于不加工、不搬运、不检查状态，有计划、有目的地储存或暂时停留不动的状态。如布料、辅料、裁片等停留于仓库
延误	D	下一活动不能连续进行所发生的停留或等待。如裁片或半成品等待搬运，由于下一行动未能即刻发生而产生的不必要也不可控制的停留或等待时间

注　物品指原材料、辅料、半成品、成品。

在服装缝制作业中，为了更详细、更明确地表示工序内容，又制订了服装缝纫加工流程图的常用符号，见表 7 - 2。

表 7 - 2　缝纫流程图的常用符号

记　号	符　号　说　明	记　号	符　号　说　明
○	平缝作业或平缝机	< >	锯齿形缝纫机（作业）
◍	特种缝纫机（作业）、特种机械	⊕	双针加固缝
◎	手工作业或手工熨烫	⊖	单针链缝
◉	整烫作业	⊕	三针加固缝
⊕	双针针送式缝纫机	⊖	双针链缝
⊞	双针针送式中间带刀式缝纫机	⊕	双针包缝
⊤	平头锁眼机	⩓	套结机
φ	小圆头锁眼机	□	数量检查
ψ	圆头锁眼机	◇	质量检查
△	裁片、衣片、半成品停滞	▲	成品停滞

2. 服装生产流程图的绘制方法

（1）加工条件图示方法。加工条件图示方法如图 7 - 1 所示。

（2）配制方法。常用的配置方法有四种方式如图 7 - 2 所示。

①大物品与小物品的配合，如图 7 - 2（a）所示。

②两个大小相同物品的配合，如图 7 - 2（b）所示。

③三个同样大小物品的配合，如图 7 - 2（c）所示。

④两个同样大小物品与一个小物品的配合，如图 7 - 2（d）所示。

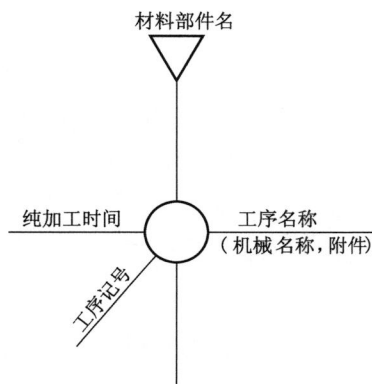

图 7 - 1　加工条件图示

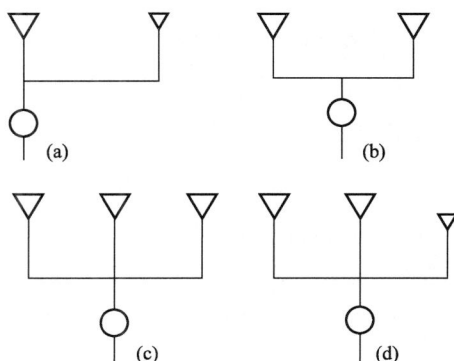

图 7 - 2　物品的配置方式

（3）两种典型产品工序的配置。衬衫的工序配置如图7－3所示，西裤的工序配置如图7－4所示。

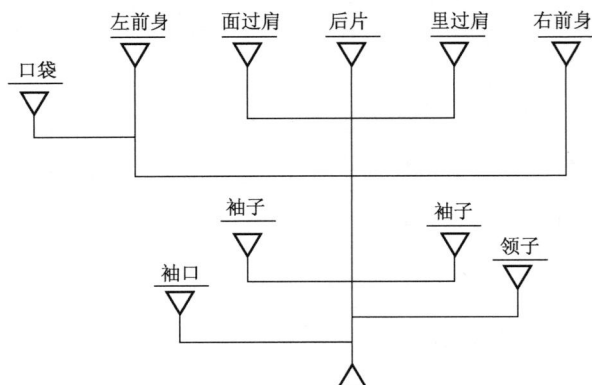

图7－3　衬衫的工序配置图

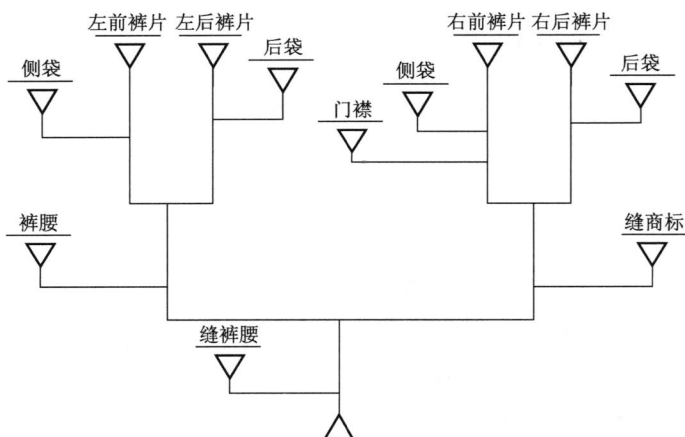

图7－4　西裤的工序配置图

3. 服装生产流程图的绘制规则

服装生产流程是用工序流程图来表示的，它是从服装部件到组装成成品服装产品的整个生产工序流程，一目了然地表达了作业顺序及相互间的关系、使用的机器设备或工具、加工时间等。绘制服装生产流程图必须遵循下列原则。

（1）每个部件用"▽"符号表示开始，按工序流程绘制部件的加工工序记号，用"△"符号表示工序结束。

（2）整个生产过程的工序流程图用垂直线表示，材料、零部件的进入用水平线表示，两线之间不能相交。

（3）作图前，选择作业线上操作次数最多的零部件作为基准件，将该件的作业程序绘于图的最右侧，作为基准作业线。然后，在顶端向左绘一条水平线，以表示材料、零部件进入作业线，以后的裁片部件可按顺序绘制出操作、检查的内容。

（4）按生产流程图的绘制方法把各工序的材料数量、内容、顺序号、所用工具、定额时间等标出来。

（5）操作和检查，按出现的顺序分别编号，遇到水平线时，转到水平线上的作业线接着编。

（6）绘制流程图可按服装部件工序流程图和服装整件工序流程图两步进行，如图7-5和图7-6所示。全部记录齐全后，还可编制综合表，见表7-3。

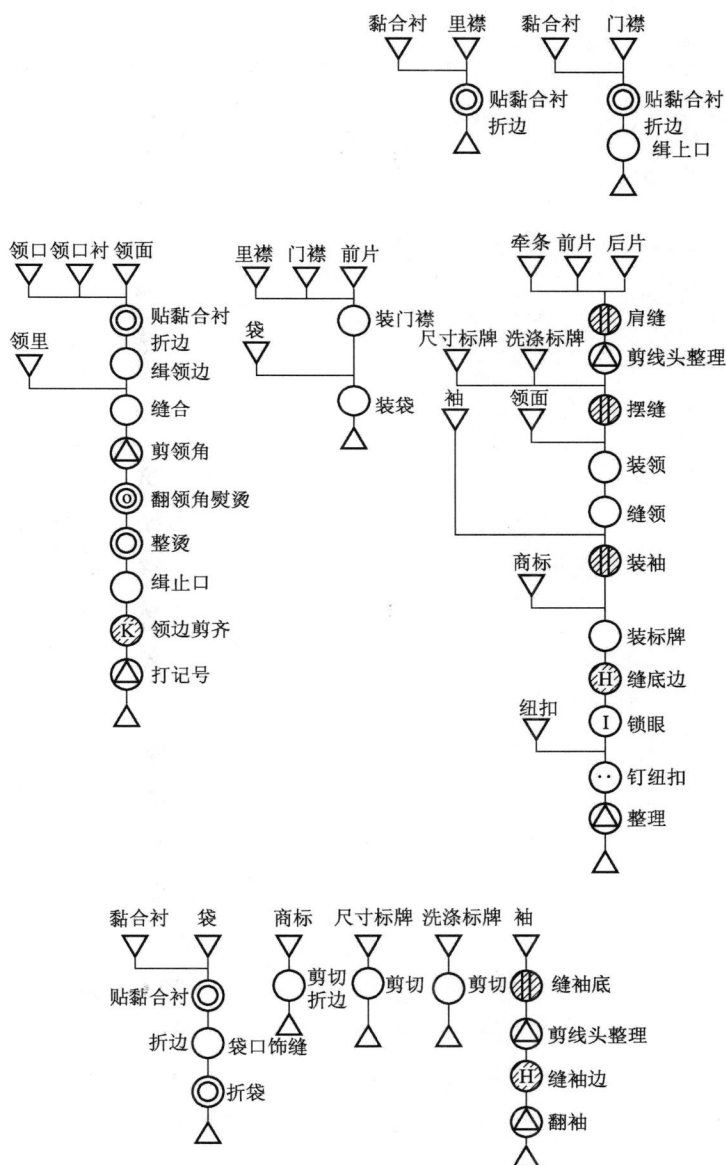

图 7-5　服装部件工序分析图（男装短袖针织扣子衫）

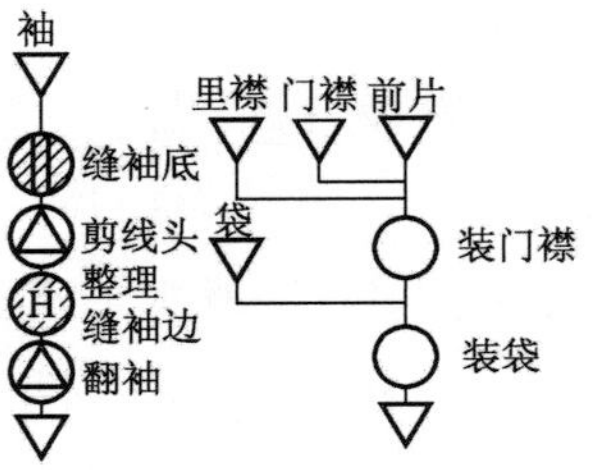

(a) 部件工序流程图 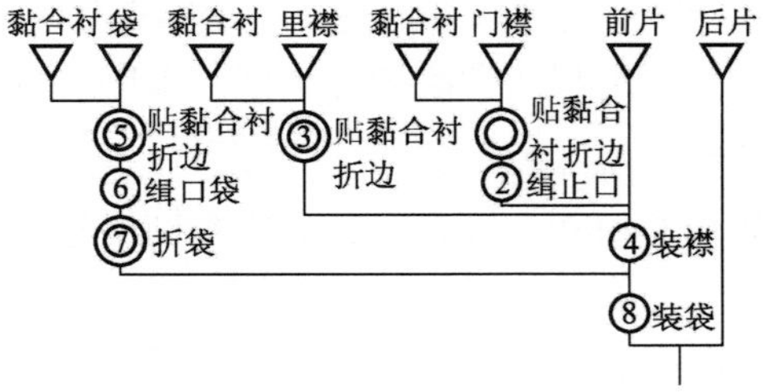   (b) 整件服装的工序流程图

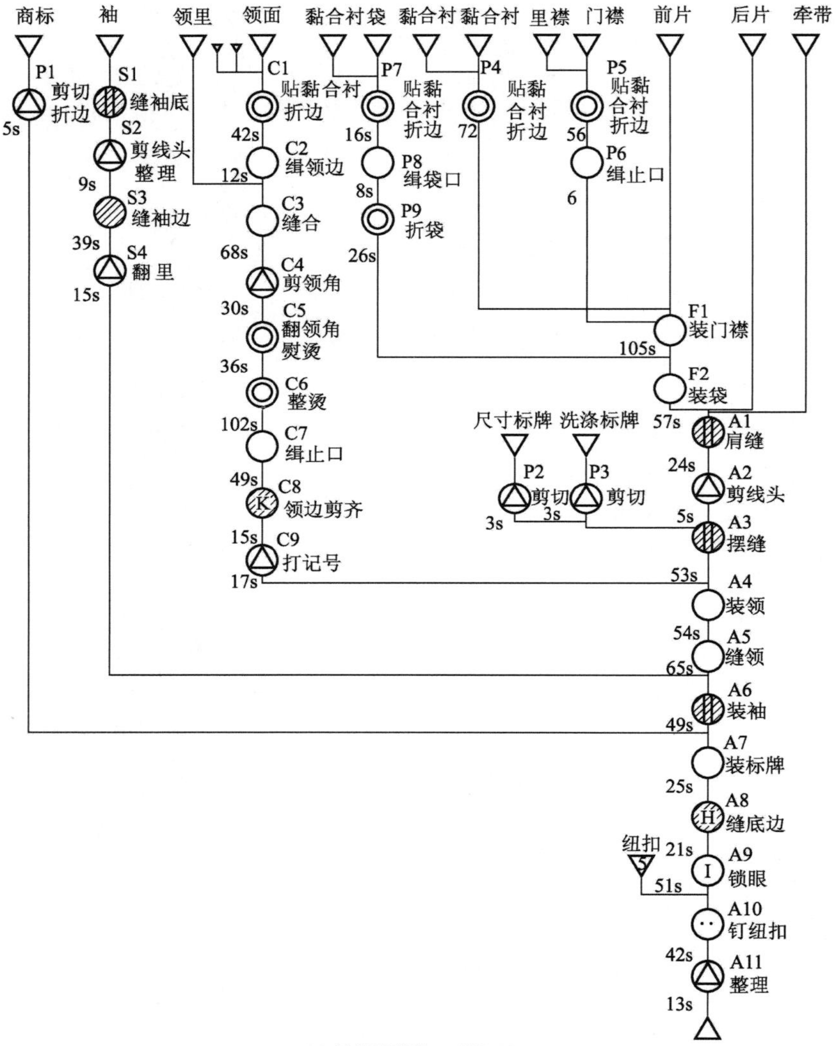

(c) 整件服装的工序流程图

图 7 - 6 服装整件工序流程图

表7-3　工序流程综合表

记号	使用设备	工序数	标准时间（s）	构成比（%）	记号	使用设备	工序数	标准时间（s）	构成比（%）
△	手工操作	8	95	7.7	I	锁眼	1	51	4.1
◎	蒸汽熨斗	5	288	23.3	··	钉纽扣	1	42	3.4
○	平缝	10	449	36.4	△	标牌折叠机	1	5	0.4
⊕	双针包缝	4	168	13.6	◎	烫领角机	1	36	2.9
⊘	下摆包缝	2	60	4.9	◎	折袋机	1	26	2.1
●	改进型包缝	1	15	1.2	合计	—	35	1235	100

三、工序分析的目的

工序分析是指依照工艺程序，从第一个工作地到最后一个工作地，全面分析有无多余、重复、不合理的作业流程、搬运和停滞等，以改进现场的空间配置和作业方法，提高工作效率。工序分析的目的如下：

（1）把握工作系统的全貌，明确各工序的加工顺序，制成工序一览表。

（2）使加工方法更加明确，成品规格和质量要求简单明了。

（3）能按工序单元进行改进，可与其他工作进行比较。

（4）能形成作业动作改进的基础资料，找出改进重点。

（5）能成为生产组织设计的基础资料，体现工序编制、人员配备、设备配置等情况。

（6）为工序管理提供基础资料，体现工时计划、交货日期等情况。

（7）能作为作业人员或外加工作业的指导书。

（8）能使整个作业流程合理化、简单化及高效化。

（9）能充分考虑节省作业分工的时间和费用。

四、工序分析的种类

工序分析的种类很多，可按以下两种情况进行分类：

1. 按工序划分的粗细分类

按工序划分的粗细可分为普通工序分析和精细工序分析两种。普通工序分析按成衣惯用生产程序，分成若干道工序，每个工人只负责服装的某个部分的制作。精细工序分析更细，每个工人都要从事更专业化的操作，机器和工具都是为特定的工序而设计的。参见第五章第一节中图5-1、图5-2。

2. 按工艺目的分类

按工艺目的可分为以下四种：

（1）产品工序分析。

（2）操作人员工序分析。

（3）事务用工序分析。

（4）搬运工序分析。

服装厂在进行作业研究时，多采用产品工序分析。

五、工序分析的方法

1. 产品工序流程分析

产品的工序流程分析就是对照工序流程图表，运用方法研究对整个生产工序各项技术提出问题，寻求改进的措施。

（1）工序流程分析的用途。

①通过对产品工序流程的分析，发现服装生产全过程中存在的问题和关键环节，并能运用工序分析技巧，解决问题。

②工序流程图按照制造顺序编成，标出所需加工时间，故可作为编制作业计划及核算工人工资的依据。

③作为工厂平面布置、设计新工艺流程及改进工艺流程和改进设备的依据。

④作为比较本厂与其他工厂加工时间的评定基准资料，了解本厂的生产能力，拟定今后的生产目标等。

⑤便于作业人员了解产品的整个生产过程，明确自己担任的工作内容。

（2）工序流程图分析的方法。

①设问技术。它是从目的、地点、时间、人员、方法五个方面提出问题，故又称五问技术，每个方面都可以再深入地提出几个问题，尽量把可能考虑到的方面全部考虑到。

● 目的（What）：做什么？

　　　　　　　　为什么做？

　　　　　　　　其他还可以做什么？

　　　　　　　　应当做些什么？——使工作目的进一步明确。

● 地点（Where）：在哪里做？

　　　　　　　　　为什么在哪里做？

　　　　　　　　　还可以在哪里做？

　　　　　　　　　应当在哪里做？——选择最合适的工作场所（部门）。

● 时间（When）：什么时间做？

　　　　　　　　　为什么在这时做？

　　　　　　　　　可能在什么时间做？

应当在什么时间做？——选择最适当的时机。

- 人员（Who）：谁来做？

  为什么由他来做？

  其他什么人还可以做？

  应当由谁来做？ ——确定最理想的作业者。

- 方法（How）：如何去做？

  为什么这样做？

  还有别的什么方法？

  应当如何做？ ——确定最好的工作方法。

上述方法简称"4W1H"五问技术，按照这样的顺序提问和思考，有助于防止遗漏。上述五个方面的问题一旦有了答案，方法研究的成果就有眉目。

②工作改进技巧。采用上述的设问技术对工序流程图进行分析时，还可以从取消、重排、合并、简化四个方面考虑改进措施，这种方法简称工作改进四种技巧。使用这四种技巧，可使工序编排合理，降低生产成本，提高工时效率。图7-7举例介绍了四种技巧的应用。

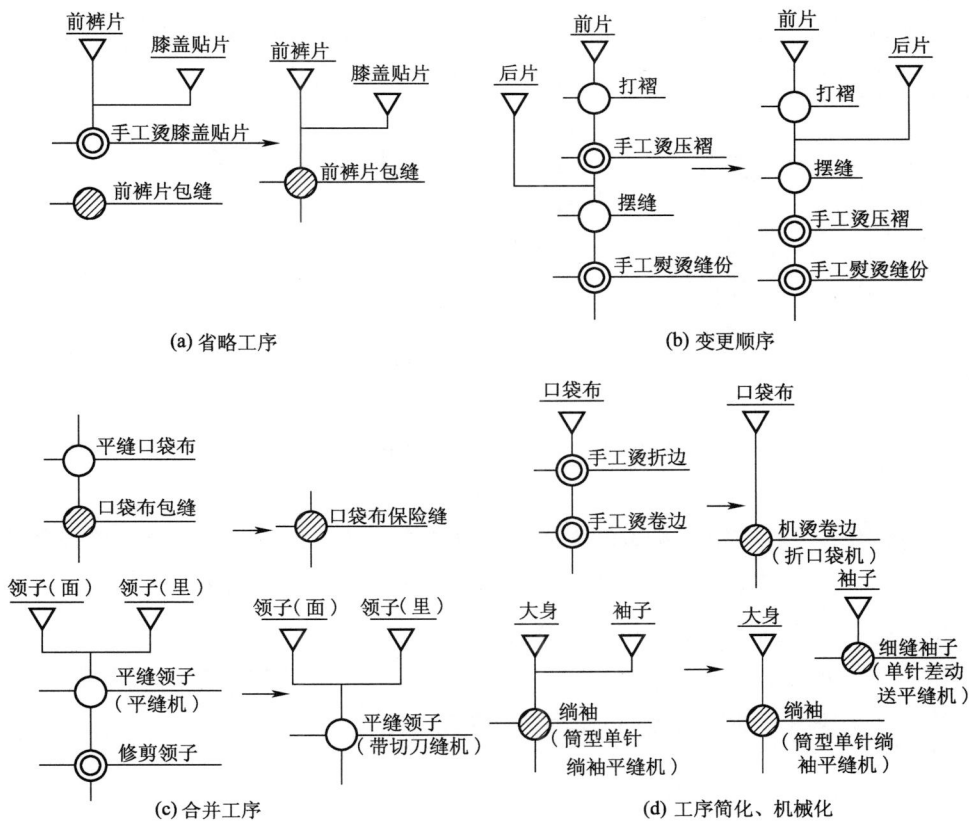

(a) 省略工序　　　　　　　(b) 变更顺序

(c) 合并工序　　　　　　　(d) 工序简化、机械化

图7-7　工序改进技巧的应用

③编写工序编号。工序分析图编制完成后，应按各构成部件的内容，在工序记号的右边（或中间）编写作业分类编号，见表7-4。

表7-4 作业分类编号（上装）

编　号	作 业 内 容	编　号	作 业 内 容
C	衣领部件作业	F	前片作业
CC	袖口部件作业	B	后片作业
P	其他部件作业	A	组装作业
S	衣袖作业	有时也可组合运用，如： LF——前片面、里料部件 LB——后片面、里料部件	
L	里料作业		

④填写工序加工时间。根据基准表或经过时间研究得到的各工序加工时间值，在工序记号的左下角填写加工时间数值，如图7-8所示，图中时间单位为秒，用s表示。

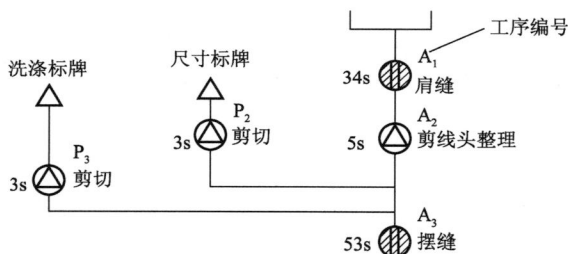

图7-8 工序加工时间的填写方法

⑤填写综合表。在工序分析表的空栏处，以综合表的形式填写按机器及作业性能分类的各种工序记号、使用设备、工序数、标准加工时间以及构成比例等内容（表7-3）。另外，产品名称、生产日期、制表人姓名等也要填写。

（3）工序流程图分析与编制实例。女衬衫、女长裤的款式如图7-9、图7-10所示，相对应的工序流程图分别如图7-11、图7-12所示。

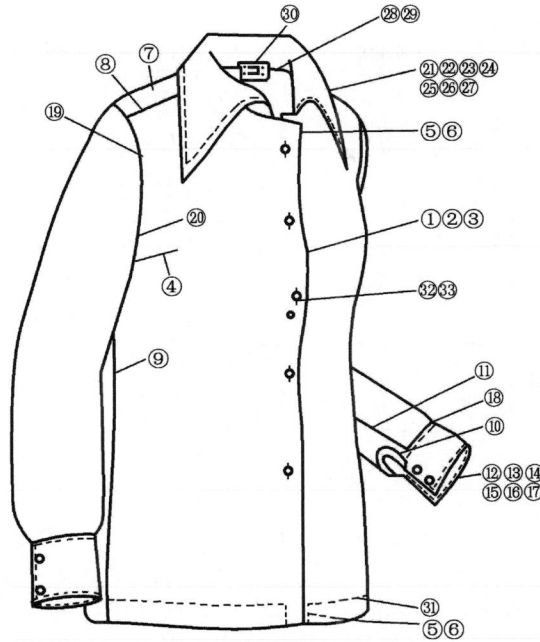

图 7 - 9   女衬衫款式图

注   图中标注号与图 7 - 11 中的编号对应。

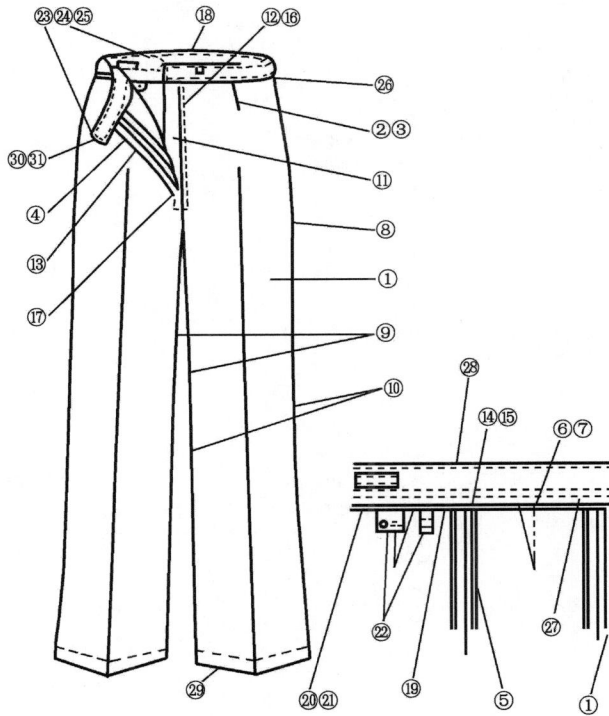

图 7 - 10   女长裤款式图

注   图中标注号与图 7 - 12 中的编号对应。

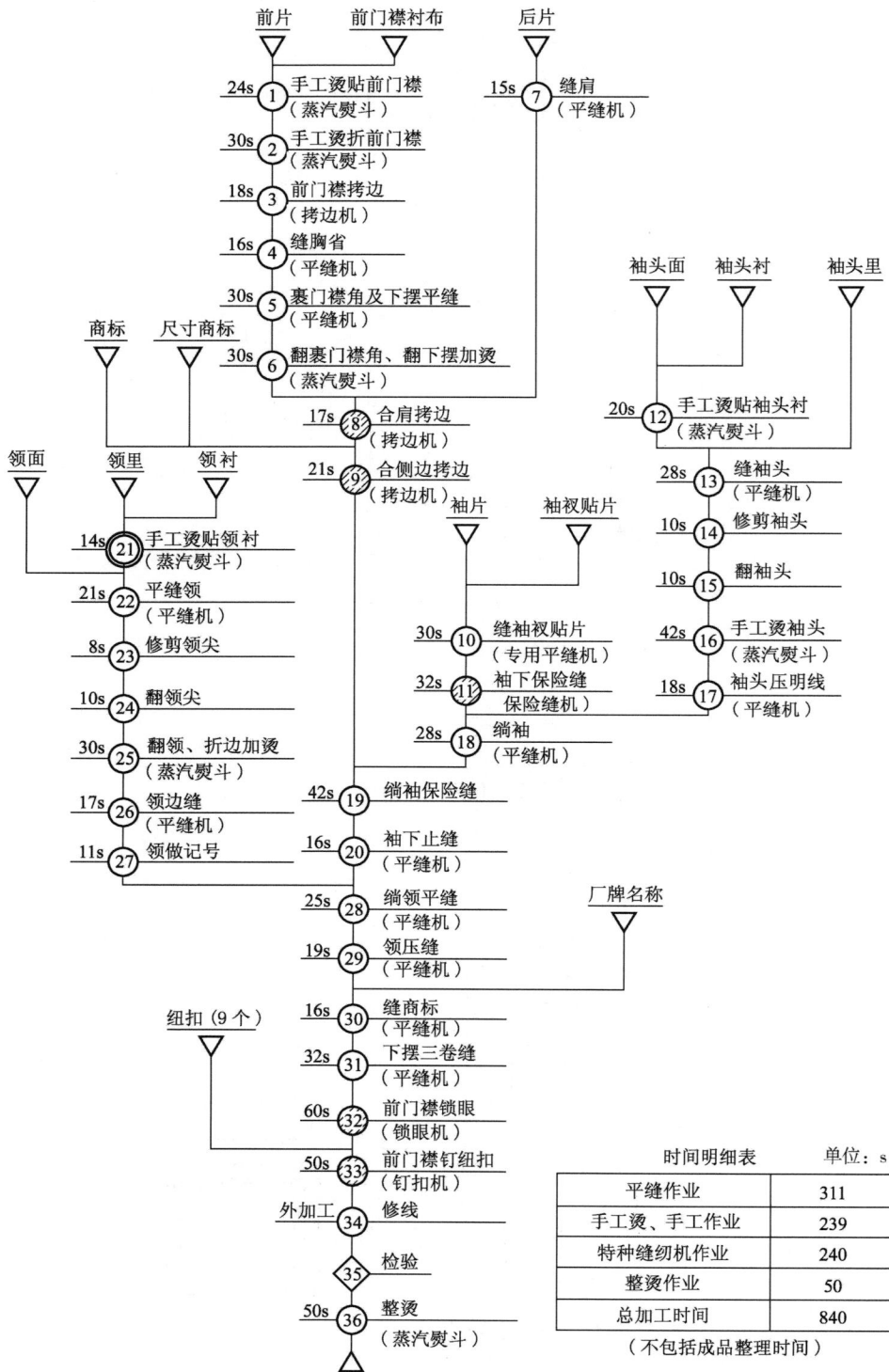

图 7-11 女衬衫工序流程图

时间明细表　　　　单位：s

平缝作业	311
手工烫、手工作业	239
特种缝纫机作业	240
整烫作业	50
总加工时间	840

（不包括成品整理时间）

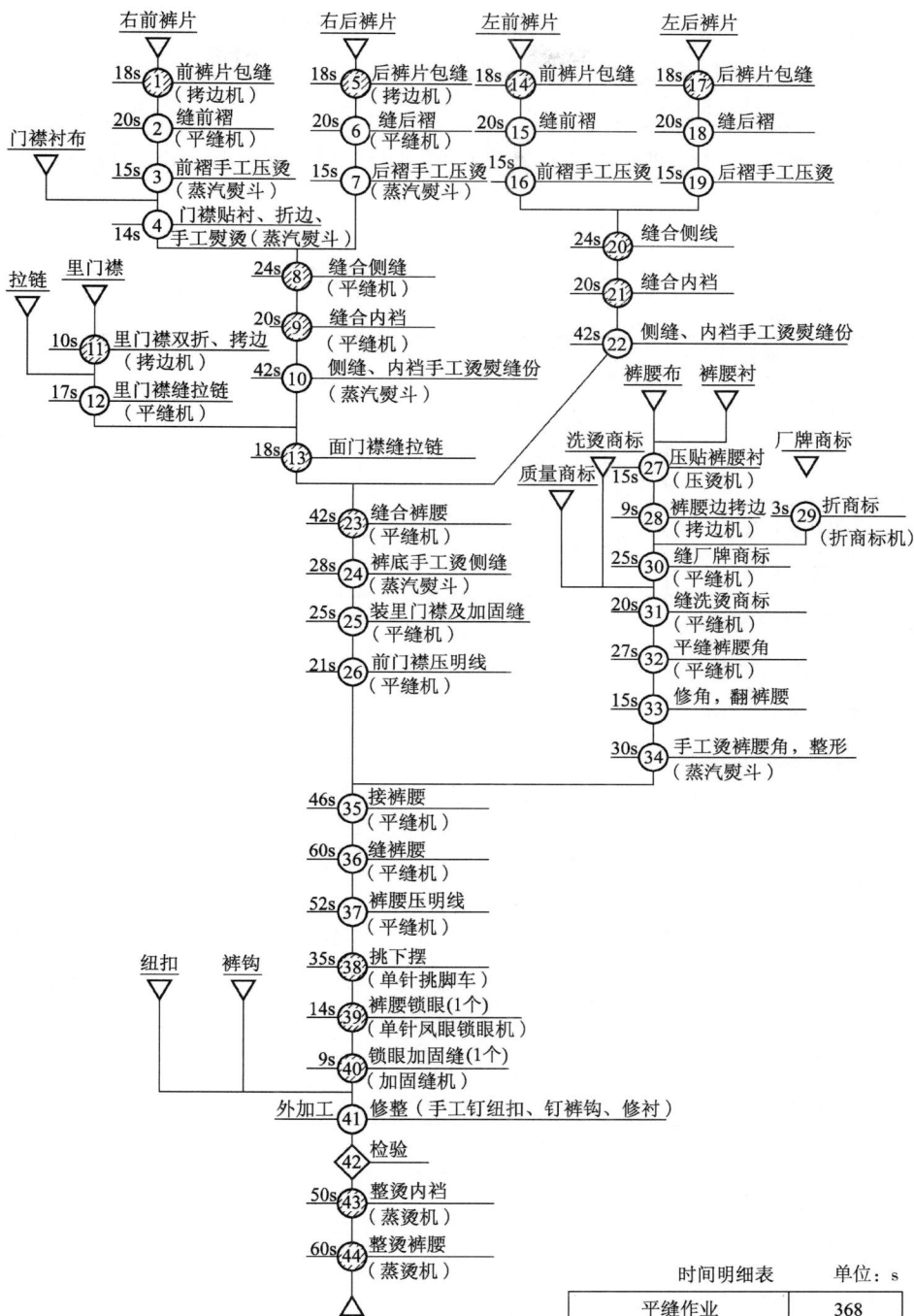

图 7 - 12 女长裤工序流程图

时间明细表	单位：s
平缝作业	368
手工烫、手工作业	234
特种缝纫机缝纫作业	297
整烫作业	110
总加工时间	1029

（不包括成品整理时间）

（4）作业工序时间统计表。对于男西装、女装等工序数目较多的服装产品，用工序流程图统计各种服装机械或工具的加工时间比较麻烦，为此，可采用表7-5所示的作业工序时间统计表。通过每个构成部件（领、袖、前片……）加工时间的分类整理，简明地表示出整个作业时间。作为一种辅助资料，它还可用于工序流程的时间统计和生产计划作业平衡的依据。

表7-5 作业工序时间统计表

编制日：　　　编制者：　　　　　　　　　　　　　　　　　　　　　　　　　单位：s

产品		男短袖扣子衫	机械名	手工操作	蒸汽熨斗	自动切线平缝	双针包缝	下摆包缝	改进型包缝	锁眼	钉扣	标牌折叠机	烫领角机	折袋机	累计
整理 No.	工序编号	T/C混（针织） 工序名													
	P	（小部件作业）													
1	1	商标剪切折边										5			
2	2	尺寸标牌剪切		3											
3	3	洗涤标牌剪切		3											
4	4	下门襟贴黏合衬折边			72										
5	5	上门襟贴黏合衬折边			56										
6	6	上门襟缉止口				6									
7	7	贴袋黏合衬折边			16										
8	8	袋口饰缝				8									
9	9	折袋												26	
		小计		6	144	14						5		26	195
	C	（衣领作业）													
10	1	贴黏合衬折边			42										
11	2	缉领边				12									
12	3	领缝合				68									
13	4	剪领角		30											
14	5	翻领角熨烫											36		
15	6	整烫			102										
16	7	领缉止口				49									
17	8	领边剪齐							15						
18	9	装领里		17											
		小计		47	144	129			15				36		371

续表

产品 整理No.	工序编号	男短袖扣子衫 T/C混（针织）工序名	机械名 手工操作	蒸汽熨斗	自动切线平缝	双针包缝	下摆包缝	改进型包缝	锁眼	钉扣	标牌折叠机	烫领角机	折袋机	累计
	S	（衣袖作业）												
19	1	缝袖底（2）				32								
20	2	剪线头对齐（2）	9											
21	3	缝袖边（2）					39							
22	4	翻袖（2）	15											
		小计	24			32	39							95
	F	（前片作业）												
23	1	装门襟			105									
24	2	装袋			57									
		小计			162									162
	A	（组装作业）												
25	1	肩缝				34								
26	2	剪线头整理	5											
27	3	摆缝				53								
28	4	装领			54									
29	5	缝领			65									
30	6	装袖				49								
31	7	钉标签			25									
32	8	缝底边					21							
33	9	锁眼							51					
34	10	钉纽扣								42				
35	11	整理	13											
		小计	18		144	136	21		51	42				412
		时间合计	95	288	449	168	60	15	51	42	5	36	26	1235
		工序数合计	8	5	10	4	2	1	1	1	1	1	1	35

2. 产品工序工艺分析

产品工序工艺分析一般采用工艺分析表，该表是用工序表示符合表示产品或部件在生产过程中所发生的操作（如搬运、检验等）工序次序的表。在表中要记录工序加工时间、移动距离等工序分析资料。工艺分析表的式样很多，通常都在表的中间位置安排工序图示记号，右侧简要记载作业条件，左侧记载加工、检查等所需时间和搬运距离等。通过对加工、搬运、检验、停滞四种工序工艺的调查和分析，研究并提出改进方案。

（1）分析要点。工序工艺分析表是工序分析最基本、最重要的技术。它清楚地标出所有的操作、搬运、检验、停滞或延迟等项工作，通过工艺分析表可以设法减少工序或作业的次数、所需时间和距离。分析的要点如下：

①操作分析。对工序流程表上的操作工序进行分析。首先，考虑是否存在徒劳的操作或可省去的工序；其次，考虑合并工作地或改换作业顺序，以减少搬运次数或等待时间。此外，改变加工条件（如将手工作业改为机械作业）也可考虑在内。

②搬运分析。搬运应尽量减少，一般常从数量、距离、时间三方面考虑。例如，使用传送带代替人力运输，调整工序或合并操作以取消不必要的运输，调整作业地的平面布置以缩短运送距离，改进运送工具，以减少搬运次数等。

③检验分析。包括分析疵品产生的原因是否明确，检验的时间、地点及检验方法是否正确，采用中检还是最终检验，能否将全部检验改为抽样检验，能否省略某些项目的检验（如采用一般检验保证质量的，就可以省去精密检验）等。

④储存分析。储存时间过长、数量过大会影响资金的周转。储存状况的分析，可从仓库管理、物料供应计划和作业进度等方面寻找原因及解决的办法。

⑤延迟分析。延迟纯属浪费，应设法将延迟减少到最低限度。为了找出产生延迟的原因，可从人员因素和设备因素两方面进行分析。

（2）工艺分析表编制步骤。

①准备好工艺分析表格，在概要栏填写产品编号、品名和生产量。

②在项目栏中填写工序（操作内容）。

③在数量、距离、时间、机械名、工具等栏内，分别填写该工序的调查项目。当搬运时间较短时，可与停滞时间相加后填入。

④根据工序要求，在记录栏内盖上检验的印记。

⑤将调查中考虑到的改进方案记录在改进要点一栏内。

⑥根据产品工序流程，按顺序反复调查②～⑤的内容，调查结束后，用直线连接记号栏内的各个点，见表7-6。

⑦分析讨论，根据前述要点逐项分析研究，提出改进后的工序分析表。

表7-6 产品工艺分析表

工艺流程(用于搬运分析)	汇 总 表		
	项 别	现 行	建 议
产品:BX487产品1箱(每箱12件) 方法:现用/建议 地点:成品库 操作者:_____ 编号:_____ 绘 图:_____ 审定:_____	操作○	3	
	运送⇨	11	
	等待	7	
	检验□	1	
	储存▽	1	
	时间 h/人	1.96	
	人工 元	3.24	

说 明	数量	距离(m)	时间(min)	○	⇨		□	▽	附 记
从车上提起,放于斜面			5		●				工人2名
由斜面下滑					●				工人2名
滑至储存处并堆					●				工人2名
等待开包			3			●			
放下箱子			1		●				
移动盖子,取货车			2	●					工人2名
放上手推车			1		●				
车推至接收台			3		●				工人2名
等待卸车			4			●			
置箱于台上			1		●				工人2名
从箱中取出,点数后放回			5	●					库 员
将箱装于手推车上			1		●				工人2名
等待运送			3			●			
车推至检验台			2		●				工人1名
等待检验			3			●			箱留车上
取出服装,对照检验放回			18				●		检验员
等待运送			3			●			箱留车上
车送至点数台			2		●				工人1名
等待点数			5			●			箱放车上
启箱,点数放回			5	●					库 员
等待运送			5			●			箱放车上
运至分配点			2		●				工人1名
储存								●	
合 计		47	74	3	11	7	1	1	

续表

改进后的工艺流程	汇 总 表			
	项　别	现行	建议	节省
	操作○	3	2	1
产品:BX487 产品 1 箱(每箱 12 件)	运送⇨	11	6	5
操作:接受检验及点数并存于货架上	等待	7	2	5
方法:现用/建议	检验□	1	1	—
地点:成品库	储存▽	1	1	—
操作者:＿＿＿ 编号:＿＿＿	距　离	47	32	15
绘　图:＿＿＿ 审定:＿＿＿	时间　　h/人	1.96	1.16	0.80
	人工　　元	3.24	1.92	1.32

说　明	数量	距离(m)	时间(min)	○	⇨	□	▽	附　记
从车上提起,放于斜面		1			●			工人 2 名
由斜面滑下		6	5		●			工人 2 名
放上手推车		1			●			工人 2 名
车推到开箱处		6	2		●			工人 2 名
取下箱盖		—	1	●				工人 2 名
车推至接收台		9	2		●			工人 2 名
等待卸车		—	5					
从箱中取出成品,放上点数台,对照检查		—	18			●		检验员
点数及放入箱内		—	5	●				库员
等待运送		—	5					
车推至分配点		9	2		●			工人 1 名
储存		—					●	
合　计		32	45					

第三节　动作分析

动作分析是把某次作业的动作分解为最小的动作单元,以对作业进行定性分析,省去不合理和浪费的动作,制定出安全、正确、高效率的动作序列,形成合理、经济的作业方法,使作业达到标准化。

一、动作分析的目的

（1）提高产品的产量和质量。

（2）充分利用工时，提高工作效率。

（3）减轻劳动强度，消除不必要或多余的动作，确保作业安全。

（4）根据动作分析提供的资料，研制科学的作业方法，使操作更加简练、舒适和科学。

（5）确定作业操作标准。

（6）培训作业人员。

（7）便于科学地进行作业管理。

二、动作分析的顺序

动作分析通常可按以下三个阶段进行。

1. 循环作业分析

循环作业即操作工人承担加工范围内的工序单元。

2. 作业要素分析

一个工序单元由若干作业要素组成，如缝合衣片时的前动作、主动作和后动作。通常作业要素分析就是按照这一方法进行动作分解的。

3. 动作要素分析

动作要素是把作业要素分得更细，一直分到不能再分的最小动作为止。这种分析方法，主要用于作业要素分析还不够明确或作业量大的场合。

服装厂缝纫加工动作分析实例见表7-7。

表7-7 缝纫加工动作分析实例

作业（工序）	作业要素	动作要素
缝底边	拿起衣片 折转底边 放入卷边器 送到落针处，起针倒回针	手伸前片处 将前片拿到机台上 放到卷边器 放到落针处，放入堆放台

三、基本动作分析检查表

这是进行作业动作分析时所使用的一种明细表，可帮助发现问题、改进工作。

1. 检查表的设计原则

（1）工序总数量少。

（2）工序排列次序最佳。

（3）尽可能合并工序。

（4）使每一工序尽可能简单、易行。

（5）使两手的工作量平衡。

(6) 避免用手握紧对象。

2. 检查表设计途径

根据上述原则，提出以下系列设想途径：

(1) 有没有不必要的动作？

(2) 能否改变作业次序？

(3) 能否改变工作场地布置？

(4) 能否对材料略加改变？

(5) 能否对产品略加改变？

(6) 能否改用某种容器？

(7) 能否改变人体某一部分所做的动作？

(8) 能否使人体各部分之间的动作平衡？

(9) 能否使两个作业项目同时进行？

(10) 能否改变布局，缩短运送距离或节省操作时间？

(11) 能否使动作连续，消除急拉、急扔的动作？

(12) 能否消除或缩短用手握紧的时间？

实践表明，运用检查表对动作进行分析，比较容易找到改进的方向。

四、动作分析的方法

动作分析的主要方法有：目视动作分析法、影像分析法和既定时间分析法等。

1. 目视动作分析法

观测人员用肉眼对操作者的左、右手动作进行观察，并运用一定的符号按动作顺序如实记录观察情况，然后分析，提出改进操作的意见。这种方法简便、费用低。但因操作工人的动作速度很快，有时仅靠观察人员的肉眼很难将动作形象记录下来，故准确度不高。

2. 影像分析法

用电影摄影设备或录像设备把操作者的动作拍摄下来。根据需要可以按正常速度或慢速拍摄，然后分析，提出改进的意见。这种方法可随时再现操作者的动作，供分析研究，因此准确度较高。但由于电影设备比较昂贵，其应用受到一定限制。近年来，由于电视、录像设备的普及，影片分析被录像分析所取代，因而得到广泛的应用。

3. 既定时间分析法

对作业进行基本动作分解，根据预先确定的最小单位的时间表，然后求得每个最小动作单位的时间值，从而确定出标准作业时间。根据标准作业方法确定标准时间，不必实测时间，只要知道作业方法，通过计算就能确定标准作业时间。

一般，任何操作都包括基本类型的动作。基本类型动作有三种，即作用动作、搬运动作和非生产动作。为了提高生产效率，动作分析要求操作时尽量减少附属动作，消除非生产性动作，即在所有操作中排除各种不经济、不合理的动作，使操作符合动作合理的原则。

五、动作分析的基本步骤

1. 确定目标

先确定如何辨别工作方法优劣的准则，再决定改进工作方法的范围。

2. 分析

将每一工作方法划分为若干细小的步骤，再以图例表示实际或预期的顺序。

3. 评定

将上述分析所得的基本数据，与更有利的步骤顺序比较，形成更佳的工作程序。

4. 革新

根据评定结果，重新组合该项工作的程序。

5. 检验

根据第三步的数据，检查第四步所制订的新方法，是否符合第一步的目标。

6. 试行

把第五步制订的新方法，先挑选几名操作工人加以培训，观察其实际效果。

7. 应用

根据试行结果，制订标准工作程序，并加以推行，使工作标准化。

六、动作经济原则

动作经济原则是分析改进作业方法最后一种手段。利用它可以在不改变整个作业程序、设备和生产进度等条件下，提高工作效率，使工人感到工作轻松自然。可以说动作经济原则是使动作变得更加经济的原则，其目的是减少作业者的疲劳感并提高作业效率。

1. 身体使用原则

（1）双手同时开始同时完成其动作。

（2）除规定的休息时间外，双手不应同时闲空。

（3）双臂的动作应对称、反向并同时动作。

（4）手的动作应以最低等级而又获得满意的结果为好。

（5）尽量利用物体的惯性、重力等，如需用体力加以阻止时，应将其减至最低程度。

（6）变急剧转换方向的动作为连续曲线动作。

（7）建立轻松自然的动作节奏或节拍，使动作流畅自如。

2. 工作场所布置原则

（1）工具、物料应放在固定位置，使操作者形成习惯，用较短时间自动拿到作业位置。

（2）运用各种方法使物料自动达到操作者身边。

（3）工具或物料应放在操作者面前或身边。

（4）工具或物料应按最佳次序排列。

（5）照明应适当，使视觉舒适。

（6）工作台和坐椅的高度要适当，应使操作者坐或站立时感到方便、舒适。另外，工作椅的式样和高度应使操作者能够保持良好的姿势。

（7）以固定的机器循环，完成最大限度的工作内容。

（8）安排直线向前进行的工作次序。

3. 工具、设备的设计原则

（1）尽量解除手的动作，用脚踏工具代替。

（2）尽可能将两种以上的工具组合成一种多功能工具。

（3）机器上的手轮及其他操作件位置的设计，要尽可能使操作者以较少的姿势变动达到最高的操作效率。

在长期实践中，人们运用上述三个设计原则后会逐步体会最核心的问题有四个方面：两手同时使用、力求减少动作单元、力求缩短动作距离以及动作要轻松、流畅、有节奏、容易掌握。

上述三个设计原则实际上是这四个方面的延伸，故称四个方面为动作规范的基本原则。

七、作业标准化

作业标准化是对人所从事的工作进行标准化规定。通过制订工作标准，对作业的质量、数量、时间、程序、方法等做出统一规定，以便使整个作业过程协调运行，提高工作效率。

为达到某种目的而进行的作业方法很多，但最后还应根据动作经济原则选择最合适的作业方法，使作业的时间最短、动作最流畅、生产的数量最多。

1. 作业标准

首先，为了使工作安全、快速、舒适地完成，且作业工序间衔接顺畅，必须要有作业步骤和标准。作业标准（或操作规程）是根据人们多年的经验总结而制订。有时操作工人会因个人兴趣、或对工作的不习惯、或漫不经心的态度而违反作业规程。因此，除了严格遵守作业标准外，还应让操作者深刻理解作业标准、提高工作热情和积极性，这很重要。

其次，按标准进行作业时，准备工作十分重要。对认为可能会产生问题的作业，应预先查明原因，整顿作业条件，保证不发生故障。因此，要及时根据面料、辅料和设备的状况改变作业方法。例如，缝合机织面料和针织面料所使用的缝纫线、机针、设备、线迹等是不相同的，如果以相同的作业标准进行缝纫作业时，产品就会出现质量问题。

虽由操作工人判断并进行事前准备的管理方法有时是有效的，但在现场作业中，不能只靠个人，作业标准中应包含整个工作系统采取的事前准备管理的内容。

2. 作业标准的制订方法

为了制订作业标准，首先分析、记录实际生产中的作业，然后归纳、整理。方法如下：

（1）工序细分化。任何一种操作，都包含着可细分的作业要素。例如，取缝料、两层叠在一起、送到压脚下，这些细分的作业要素组合在一起，就形成了一个作业单元，即工序。

（2）图解。分解作业时，可采用图解法，便于操作工人理解。

（3）通过方法研究，对需要制订标准的岗位和现状进行观测、记录。

（4）搜集与该标准有关的各种信息、资料，如原有的工作标准、工艺文件、操作规程和作业原始记录、工人素质和技能水平等有关的资料。

（5）根据对现状的记录，运用前述的"5 问和 4 技巧"的分析方法，或按动作经济原则对现状进行分析、改进，确定标准作业方法。

（6）以标准作业方法为基础，对作业时间进行测定，并制订相应的标准作业时间。

（7）确定重点事项，决定作业步骤，列出工艺要点，如产品质量、生产效率和安全等。

（8）草拟作业标准，将方法研究和动作分析的成果列入标准，写成包括作业程序、作业方法、作业条件、作业环境、作业质量、数量和时间要求等在内的作业标准草案，它不仅能提高作业标准的科学性，而且有利于成果的巩固。

（9）标准草案经过试行，按企业标准审批程序批准实施。

在制订作业标准时，还应考虑以下四点内容：

（1）遵循作业标准，能稳定地生产出合乎质量目标的服装。

（2）作业方法统一，不会因人而异。

（3）重点突出，直感和技巧等重点可用文字加图解说明的方法来表述。

（4）为更完善的标准打基础。作业标准来源于作业经验和技术的积累与总结，以后将以现行的标准为基础，制订出更完善的新的作业标准。

3. 作业标准的表现形式

作业标准至今未能像技术标准那样有固定的格式和范例。为了准确鲜明地传达作业内容和对操作者提出要求，除了用文字叙述外，还可用图形、表格、照片等形式，有时一个完整的标准可从几个方面用不同的形式来表达，尤其对必须特别强调的内容或关键性的操作，可在操作者面前用特别醒目的形式表示出来。

表 7-8 为作业标准的表现形式之一，表示五袋牛仔裤表袋的装袋作业标准和方法。

表 7-8 车间作业标准（工序）

文件编号：　　　　　　　　　　　　　　　　　　　　　产品名：五袋牛仔裤

工序	FDW—04—01 装前表袋			缝型名称：ISO 4915/4916	缝型构造示意图
设备	双针平车			锁式钉口袋	
配件	定位配件			5.05.03/301	
止口	0.96cm	误差	±0.3cm	图　解	
针布	3~4 针/cm				
操作指示	1. 在右袋衬注明表袋位，并钻孔 5 个 2. 将表袋布止口折好，然后将表袋布放于袋位上车缝				
品质要求	1. 表袋口要平行于袋布上边沿线 2. 缝线迹要均匀 3. 袋口角位缝线不能超过袋口 4. 头尾必须倒回针				

审核人：　　　　　　日期：

4. 作业标准制订框图

制订作业标准可按一定的程序进行，作业标准制订框图如图 7－13 所示。

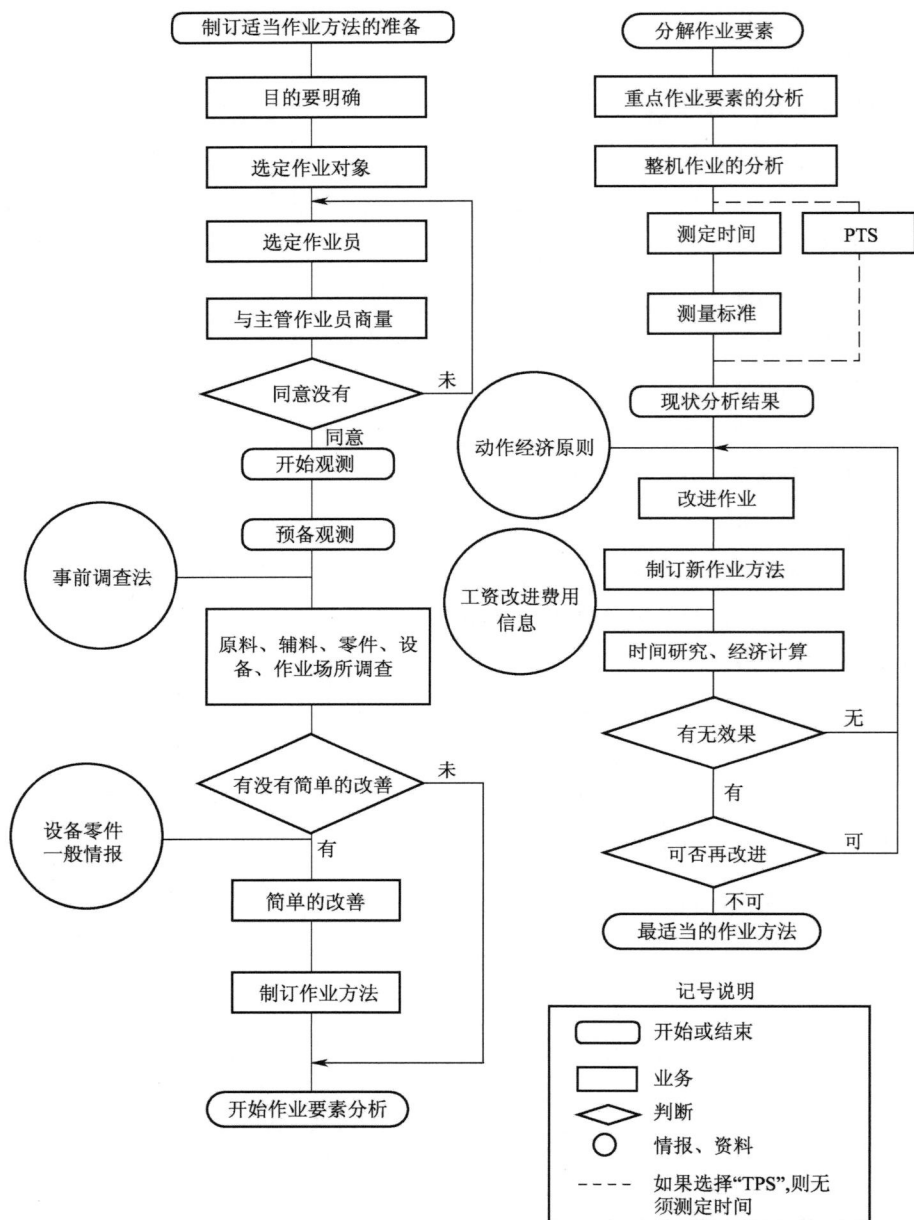

图 7－13　作业标准制订框图

第四节 作业测定

一、作业测定的概念

作业测定是在标准作业状态下，确定作业活动所需时间的方法，即实测一名训练有素的操作者，在标准状态下，以正常速度完成某一指定工作所需时间的一种方法。其定义包含以下概念：

（1）操作者。必须是合格的工人，该项作业必须适合于他。

（2）训练有素。操作者对该项作业的操作方法，必须受过完全的训练。

（3）正常速度。指平均速度，正常速度应使每个操作者每天没有过度疲劳，容易持续下去，但需努力才能达到。

（4）标准状态。指标准作业方法、标准工作环境、标准设备、标准程序、标准动作、机器的标准转速等，这些都是由方法研究确定的，因此必须首先进行方法研究，达到标准状态后，再进行时间研究。

二、作业测定与方法研究的关系

作业测定和方法研究有着密不可分的关系，它们都涉及如何科学地确定最经济而有效的工作方法的问题。一般情况下，方法研究是作业测定的前提，如果对作业方法不进行研究和改进，对现行的作业程序和方法采取肯定的态度，在此基础上制订或修订的时间标准（工时定额）常常是客观现状的写实，就达不到通过作业研究挖掘企业内部潜力的目的。但方法研究也离不开作业测定，通过对各种方法的作业时间的比较，才能确定最佳方案。

方法研究是减少工作量的主要方法，首先是减少操作中不必要的动作，并且以好的方法取代差的方法。

作业测定是通过调查来减少或消除无效时间，运用作业测定技术了解无效时间的存在、性质和程度。只有通过测定才能把问题揭示出来，然后加以改进，予以标准化。

作业测定不仅可以测出无效时间，还可以制订标准时间。当无效时间悄悄产生时，人们便会立即通过标准发现它。所以，对工作标准化来说，方法研究和作业测定这两项技术是必不可少而又密不可分的。总的程序是先进行方法研究，后进行作业测定，但方法研究过程也要应用作业测定。

三、作业测定的方法与特点

作业测定的具体方法很多，一般可分为对作业的直接测定法和利用已有资料进行推断的合成法两大类。

直接测定法即秒表法，测试开始时，把秒表开动，一直观察到作业结束，记录所经过的时间，多次采样后，经计算求出作业时间。利用已有的资料（如各种报表、以往的经验及过去测定的时间值等）进行时间值分析和推断的方法主要有：既定时间标准法（Predetermined Time Standards System，PTS）、机械时间算出法、标准资料法和实际成绩资料法等。下面主要介绍秒表法、工作抽样法和既定动作时间标准法。

1. 秒表法

秒表法是以工序作业时间为对象，按操作顺序进行多次重复观察，测量其工时消耗的一种方法。其目的主要是研究、总结先进操作者的操作经验，作为制订作业标准的资料，以寻求合理的操作方法，确定合理的工时定额。

（1）秒表法的测时工具。秒表法的测时工具主要有秒表、时间观测板和测时记录单。

①秒表。常用的有十进分钟秒表和十进小时秒表两种。

②时间观测板。采用秒表进行观测时，应有适用的记录板，可以安放计时记录表格和秒表，便于测时人员一面观察，一面读数。

③测时记录单。测时记录单是预先印好的表格，见表 7-9。记录单的格式可根据作业形态、附带调查项目等的不同而不同，表格的复杂程度也不同。

表 7-9　测时记录单

时间研究表		品 号		作业员		品 名		记录人		作业名称		
作业员技能努力	作业要素	1	2	3	4	5	6	7	8	合计	平均	备注

（2）秒表法的实施步骤。实施秒表法时，测时人员需取得被观测者的合作，不断积累观测经验，才能做好观测。主要步骤如下。

①收集、记录操作方法及操作者的相关资料（如设备、材料规格、工艺方法、人员素质等）。测时研究人员应预先做好准备工作，需预先收集以下五方面的资料：

● 标准操作方法。未经方法研究（工序分析和动作分析）而做的时间研究是没有意义的。操作方法不同，时间消耗也必然有差异，按某种操作方法测定的时间标准，不能用于其他操作方法。测时之前，首先判断该操作是否确定了标准方法。

● 材料规格和标准。加工服装所选用的物料应符合设计图纸或工艺文件所规定的材料规格。

● 设备和工艺。一般要明确加工服装的设备、型号、代号，以方便查找设备和产品详细技术资料。

● 被观测者的素质。被观测者的素质指工人的智力、体力、技术熟练程度及思想情绪等。一般应将达到平均水平的操作员工定为测试对象。达到平均水平的操作员工是指其技术能力与熟练程度为同类工人的平均水平，一般操作者经过努力均能达到，不会使测试结果失去普遍意义。

● 工作环境。温度、湿度、照明、工作场所、噪声程度等。

②划分操作单元。操作单元又称动作要素，它是某一工作中便于观察、测定和分析的独立的一部分。划分操作单元的原则如下：

● 在不影响精确观测和记录的前提下，每一操作单元的延续时间越短越好，但需在2.4s以上，2.4s是凭视力精确观测的极限数值。

● 将手动时间和机动时间分开，因为前者需要评定，后者不需评定。

● 单元之间的界限要明确分清，每一个单元的起始点要易于辨别，划分单元的标准在一个企业里应该能通用，所划分的单元应该能清楚地用文字记录。

● 明确分清不变单元和可变单元。

● 设计中的单元与过程中偶尔出现的单元要明确分清。

● 物料搬运时间与其他单元分开，因为它对工作地的布置影响很大。

● 操作工人操作时，某些自然的动作序列，不能分解为独立的动作序列。

③观测周期次数的确定。为了正确确定时间研究所必需的观测次数，必须考虑各种因素，单靠作业母体平均值的统计计算来决定观测次数是不实际的，观测次数必须结合实际情况。通常，服装厂作业要素时间测定的观测次数可参照表7-10确定。

表 7-10　观测次数的确定

使 用 目 的	次　　数
标准时间制订，奖励奖金的确定	20 次以上
工序编制	10 次以上
生产线的作业调整	5 次以上

④观测和记录操作时间。确定观测记录方法，对观测结果进行整理和分析。

● 在观测用纸上计算每一操作单元的延续时间并记录在表中的时间栏内（计算方法为该项操作终结时间减去前项操作单元的终结时间）。

● 检查核实记录，删去非正常值，求出正常延续时间。

● 计算有效观测次数，求出每一操作单元的平均延续时间。

● 将各操作单元的平均延续时间相加，其和为工序的作业时间。

●计算稳定系数，稳定系数等于测时数列中的最大值除以测时数列中最小值。某项操作单元的系数越大，说明该项操作时间越稳定，反映出操作员工操作的熟练程度高；反之，则说明操作时间不稳定，反映出操作员工的操作不熟练或有其他干扰。

⑤对各操作单元进行评定。

⑥决定宽裕值（或称余裕值）。

⑦制订操作的时间标准。

上述七个步骤密切相关，其中⑤～⑦三项内容将在下一节标准作业时间中详细介绍。

（3）选定时间。观测人员为求得正确的时间值，必须首先对各项动作元素分别多次测定，在不同的数值中，各筛选出一个代表性最好的时间值，将选定时间值相加，作为各项作业的选定时间值。常用选定时间值的方法为平均时间法，这种方法最简单，应用最广泛。该方法是从所测的数据中，删除一部分明显不正常的资料，余下的再求算术平均值。此外，还有最小时间法、合成时间法、系数时间法，由于服装厂应用不多，就不一一介绍了。

2. 工作抽样法

工作抽样法就是对操作者或机器的工作状态进行随机观测，并以累计观测数据推定各观测项目的时间构成及其演变状况，以此对工作状况进行分析、研究和改进的一种技术。工作抽样也是对作业直接进行观测的作业测定（时间分析）方法。

（1）工作抽样法的用途。

①通过工作抽样可计算操作者各项活动的时间构成比，这是对工作状况进行评价的基础。

②调查不同时刻、不同期间的工作效率。

③研究机器设备的工作效率。

④设定非循环作业的标准时间。

⑤设定包含在标准时间内的宽裕时间。

⑥检查标准时间的合理性。

⑦规定修正标准时间（按生产批量值）的系数。

由于工作抽样是瞬间观测分析对象的一种方法，它具有测定效率高、经济、所得数据失真小、准确度高、适用于多种作业等优点。但也有局限性，如观测不够细致、不适用于以过细分析作业时间消耗为目的的观测、不适用于以改进操作方法为目的动作分析的观测等。

（2）工作抽样法的实施步骤。

①拟定抽样计划。确定抽样的目标和目的以及观测对象的范围，编写观测项目表及观测的详细内容。

②决定观测次数。仅对工作抽样来说，观测次数越多，得出的推断结论越切实可靠。但观测次数越多，所耗费的人力和费用也越多，故应按统计理论确定观测次数。

③决定观测天数和一天的观测次数。工作抽样执行的天数依作业对象的内容而异。

④决定观测时刻。观测时刻的确定以随机抽样和等时间间隔为宜。

⑤选定观测通路和观测人员。

⑥设计工作抽样表。一般应预先设计好表格，表格的形式和内容按抽查的内容和目的而定，表7-11和表7-12是为调查人员或设备的作业操作率而设计的。

表7-11 瞬间观测记录表

观测次数 观测对象	1		2		3		4		5		6		7		8		9		10		11	
	开	停	开	停	开	停	开	停	开	停	开	停	开	停	开	停	开	停	开	停	开	停
甲																						
乙																						
丙																						
丁																						
观测日期				观测者					开始日期													

表7-12 空闲时间分析表

分类 对象		操作	空闲	合计	操作率
机械	1#				
	2#				
	3#				
操作	1#				
	2#				
	3#				

⑦观测数据的整理、汇总、分析、研究。首先，对观测项目归类汇总，在服装加工厂的观测项目可分为加工作业、准备作业、搬运等。其次，对各类项目所占比例及发生的原因进行分析研究，寻求尽量减少不可避免的延迟和提高作业效率的措施，为制订标准时间和工作标准提供基本依据。

3. 既定动作时间标准法

既定动作时间标准法简称PTS法，它无需通过测时来决定作业的"标准时间"，而是直接将组成作业的各动作单元顺序地记录后，按每个单元的特性逐项分析、查表，求其时间值，然后累加，作为该作业的正常时间，再加上宽裕量即得到标准作业时间。

PTS 法的突出特点是不需经过时间观测，只要确定作业的动作形态，就可利用标准数据表，在办公室里进行简单计算，而获得作业的标准时间。数据表中的时间值是通过长期的时间研究后在大量数据的基础上逐一进行综合分析的产物。时间观测人员只需检视作业的图纸、工作地布置以及操作方法等内容，就能准确地确定作业实际操作的生产周期，而且可根据不同的工具和操作方法，确定出不同的时间消耗值，这对新产品开发、成本核算、营销决策等都有重要作用。

第五节　标准作业时间

标准作业时间是指从事某项特定作业的熟练操作者在正常的作业环境下，用规定的作业方法和设备，在持续工作而不感到疲劳的情况下，完成规定的作业数量和质量所需要的时间。简言之，就是在一定条件下，完成一定质量和数量的工作所必需的时间。

一、标准作业时间的意义和用途

用时间研究方法所取得的标准作业时间，可用于以下方面：

（1）安排生产进度。

（2）确定管理人员的管理目标。

（3）作为考核工作效率的依据。

（4）确定适度工作标准的基础。

（5）生产线上操作人员或工作负荷平衡的依据。

（6）作为比较不同操作方法的依据。

（7）决定生产线上设备和操作人员的数量及其配置。

（8）制订标准成本，是成本核算、工人工资、成本管理的基础。

标准作业时间是时间研究的基准。凡要对某一过程的时间序列进行科学的分析研究，都不可避免地要确立相应的标准时间，否则，无法进行比较、分析及定量考核。因此，标准作业时间是科学管理的基本因素。

二、标准作业时间的构成

1. 工时消耗的分类

操作人员在进行每一项作业时，都存在时间的消耗，称为工时消耗。工时消耗的分类是对工人在整个轮班的工作过程中全部时间消耗的分类研究。目的是消除不必要的时间消耗，为制订合理的标准作业时间提供依据。

操作工人在整个轮班内的全部时间消耗，按其性质划分见表 7 - 13。

表 7 – 13 全部工时消耗构成表

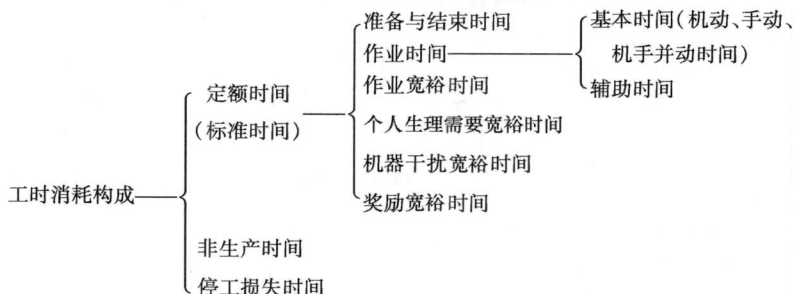

```
                              ┌ 准备与结束时间   ┌ 基本时间(机动、手动、
                              │ 作业时间────────┤   机手并动时间)
              ┌ 定额时间      │ 作业宽裕时间     └ 辅助时间
              │ (标准时间)────┤ 个人生理需要宽裕时间
              │               │ 机器干扰宽裕时间
  工时消耗构成─┤               └ 奖励宽裕时间
              │
              │ 非生产时间
              └ 停工损失时间
```

2. 标准作业时间的构成

标准作业时间是指完成某项作业必要的时间消耗,实际上,由正常时间(纯加工时间)和宽裕时间组成,其构成如图 7 – 14 所示。

标准时间 = 正常时间 + 宽裕时间
= 正常时间 × (1 + 宽裕率)

其中,正常时间 = 观测时间 × 评定系数

评定系数 = 1 + 水平系数

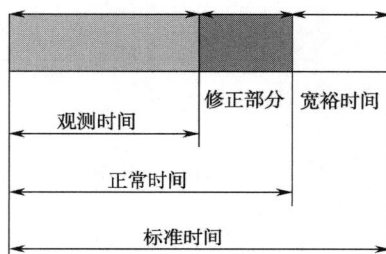

图 7 – 14 标准时间构成

(1)宽裕时间。宽裕时间表示因各种原因发生迟延的补偿时间,通常有作业宽裕、个人生理需要宽裕、休息宽裕、机器干扰宽裕及奖励宽裕等。其中,作业宽裕一般需直接测定,其他宽裕可根据已有资料计算。

$$宽裕率 = \frac{宽裕时间}{作业时间} \times 100\%$$

宽裕是不定期动作,在作业管理上虽属必要,但它不能产生附加值。在作业时间中,提高基本作业所占比例,就能直接提高工厂的生产效率。换句话说,基本作业时间的增加与生产效率的增加成正比。

服装厂宽裕时间概况见表 7 – 14。

表 7 – 14 服装厂宽裕时间概况

作 业		内 容	改 善 方 法	宽 裕 率	
				少品种 多批量(%)	少批量 多品种(%)
工 作	主要 作业	缝制、熨烫、整烫、材料加工	作业标准化、管理合理化提高机械效率、合理化机种、有效利用附带设备	27 ~ 30	20 ~ 24
	附带 作业	对材料拿、放、换、装配切线合缝等	采用搬运装置、改善作业台和堆放台、充实作业指导、改善堆放方法	44 ~ 49	53 ~ 56

续表

作　　业		内　　容	改　善　方　法	宽　裕　率	
				少品种 多批量（%）	少批量 多品种（%）
作业宽裕	装备条件	确认指示单、准备作业条件、交换零件、准备工作台、整理桌面、装底线、确认温度、确认压烫板温度等	增加批数、增加专业工作人员、备用缝纫机及熨斗、器材的准备	1.9～2.9	1.5～2.5
	整理成品	准备材料、改放地点、确定材料够否、解开材料、确认数量	整理工序的平衡、加工次序的标准化、整理物料及材料保管、利用堆放台及流水台	4.6～6.3	4.8～6.6
	换线	换上线、换底线	整理放线架、梭子的保管、线的分配方法	0.9～2.5	1.7～2.5
	记录	记录传票、公告板等	记录标准化、简要化	0.1～0.5	0.5～1.0
	故障	穿线、换针、缝纫机、真空烫台、烫衣机故障等	预防保全、用线检查、使用穿线工具、缝纫机的操作法、脚踏板	0.6～2.2	1.5～2.6
	判断	判断或注意质量加工好坏	质量基准明确、公布	0.3～2.3	0.3～1.6
	修改	拆开、重新缝、重烫、再压烫	作业指导、作业指示法责任体系	1.7～2.6	2.5～2.8
车间宽裕	商量工作	指示、报告、教育、商量	作业指导、教育、用文书指示、报告制度	2.2～2.5	2.5～3.0
	搬运	材料、成品、器具的搬运	工序编制、布置合适、搬运量增加	1.1～3.2	1.3～4.5
	等待工作	等主料、等零件、等辅料、衔接不上、等待	工序平衡的调整、工序进度的充实、库存管理制度	0.2	0.1～0.3
疲劳	疲劳	休息时间以外的休息	健康管理、环境改善、适当休息、环境条件	1.3～1.7	0.8～2.6
间歇	间歇	上厕所、喝水、擦汗	空调、健康管理	—	—
其他	偷懒	私语等	提高道德风尚、改善气氛、上司积极诱导、加强管理	0～1.5	0～0.3

影响宽裕率的因素主要有以下几个方面：

①作业内容。

②操作工人所担任的工序数目。

③产品的规格。

④前工序、中间工序、后工序。

⑤操作工人的技能水平。

⑥批量的大小。

由于影响宽裕率的因素很多，因此，制订标准比较困难，工厂运用时，可经过调查、研究后再决定。在缝纫车间，通常使用20%～25%的标准宽裕率。

（2）评定系数。工序所需的加工时间因操作者个人技能与努力程度差异而不同，素质水准不一样，他们之间必然会产生差异。在制订正确计划时，必须考虑这些客观因素，应将选定的观测时间作进一步修正。

从技能水平方面看，必须对掌握优良技术的操作工人有充分的了解，将他们分配到合适的工作岗位；对技能太差的操作工人要进行教育训练，将他们提高到普通标准的水平；对于普通技能的操作工人，应多加鼓励，使其更上一层。因此，在同一工序，必须掌握这三种不同技能水准的操作人员的加工时间，即应把人员间的素质差异看做一个同一水平的数值，以便对加工时间进行修正，这种同一水平的数值称为评定系数或水平系数。

水平系数法是将测定的时间数值除去操作员的特有个性而换算成工厂标准数值的方法。这种方法认为所谓作业速度是由技能、努力、作业条件和一致性四个因素确定的。根据这种假设可以把观测数换算成普通水平。各因素的定义如下：

①技能。指进行作业的技术熟练程度。

②努力。指力争做好本职工作的精神表现。

③作业条件。指温度、湿度、照明等。

④一致性。指即适应性，表示在同一作业要素下的时间数值差异。

通常，在服装厂中，作业条件是相同的，一致性包括在时间测定里，分析时可不考虑作业条件和一致性。表7－15为各因素的评定标准，表中考虑了把四种因素分成若干等级，对每一个等级给予一正数或负数，作为水平系数。下面举例说明水平系数的应用。

例 钉裤带环工序的操作工人100s能钉好一条裤子，得到了B^2、C^1、D、C的综合水平结果。若将其换算成普通水平的作业，则作业时间应为多少？

正常时间（纯加工时间）＝（1＋水平系数的合计值）×观测时间

本例结果：合成水平系数＝B^2＋C^1＋D＋C

所以，正常时间＝100×（1＋0.08＋0.05＋0.00＋0.01）＝114（s）

如果该车间内的宽裕率为25%，则该工序的标准作业时间为：

标准作业时间＝正常时间×（1＋宽裕率）＝114×（1＋25%）＝142.5（s）

考虑上述方法后，工厂也可采纳表7－16的水平系数（技能）表，可以更有效地评定系数，制订正确计划。

表 7 - 15 各因素的评定标准

技 能			努 力		
优秀	A^1	+0.15	超优	A^1	+0.13
	A^2	+0.13		A^2	+0.12
优良	B^1	+0.11	优	B^1	+0.10
	B^2	+0.08		B^2	+0.08
良	C^1	+0.06	良	C^1	+0.05
	C^2	+0.03		C^2	+0.02
普通	D	0.00	普通	D	0.00
可	E^1	-0.06	可	E^1	-0.04
	E^2	-0.10		E^2	-0.08
差	F^1	-0.16	差	F^1	-0.12
	F^2	-0.22		F^2	-0.17
作 业 条 件			一 致 性		
理想	A	+0.06	完全	A	+0.04
优	B	+0.04	优	B	+0.03
良	C	+0.02	良	C	+0.01
普通	D	0.00	普通	D	0.00
可	E	-0.03	可	E	-0.02
差	F	-0.07	差	F	-0.04

表 7 - 16 水平系数（技能）

优	A	+0.25	除改善动作外，没有其他方法
普通	B	0.00	作业有速度
可	C	-0.33	手势稍缓慢，熟练后会很快上进
差	D	-0.58	边想边作业
新工人	E	-0.75	已通过基本训练

三、制订标准作业时间的程序

确定标准作业时间这项工作不是靠少数几个人简单地到现场去测定一下就可以完成的，它是一项涉及面广、难度较大的工作，需多方联系接洽，认真准备，按步骤进行，如图7-15所示。

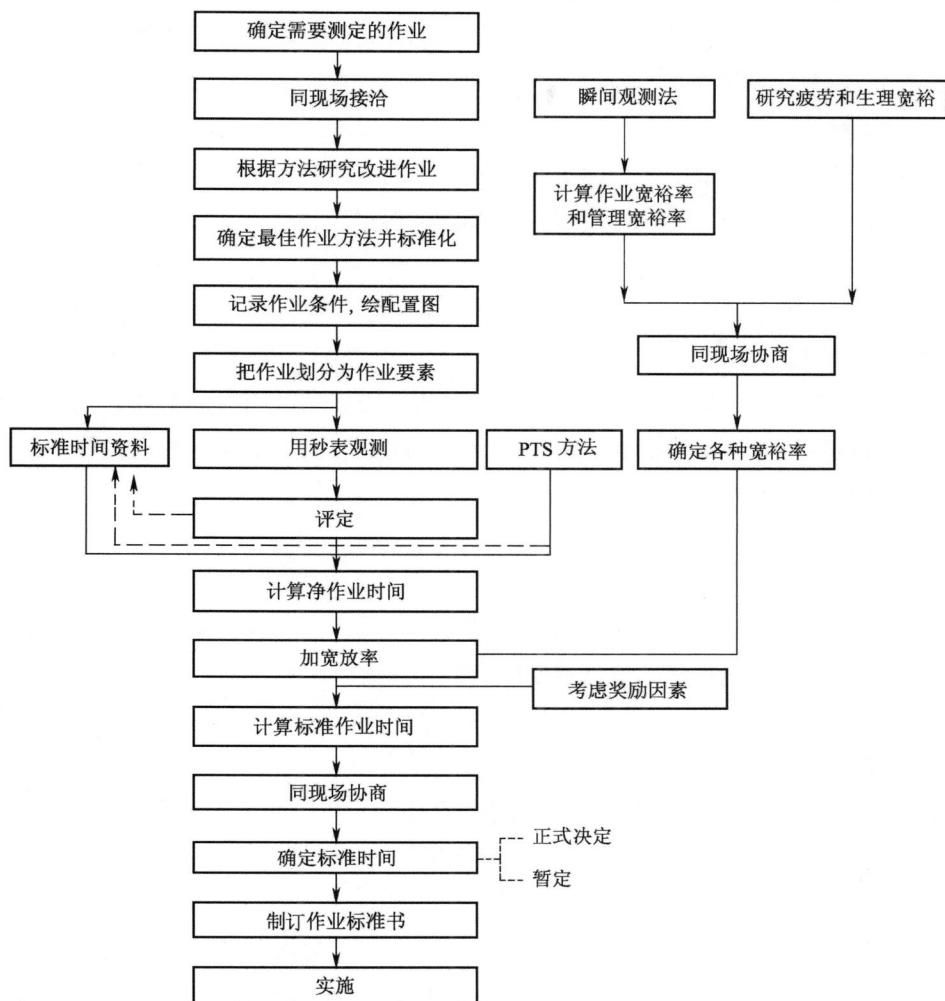

图 7 – 15 制订标准作业时间的步骤

注 ┈┈表示如果选择 PTS 方法，则无须观测，直接选用标准时间资料。

制订标准作业时间大致可分为以下五个阶段。

1. 测定准备

在选择制订标准时间的方法前，应对下述情况进行调查：产品作业生产周期、月产量、生产方式、产品加工的连续性、作业标准化程度、作业内容、质量要求、制订标准时间的费用等。当所采用的测定方法确定后，还要选择作为测定对象的操作者，并向他们说明测定的有关事项等。

2. 作业标准化

由于标准作业时间是在特定条件下确定的，所以作业必须先进行标准化，然后才能制订其标准时间。作业标准包括确定特定的工作环境、作业条件、作业设备、作业方法等。

3. 选择测定方法

测定标准时间的方法很多，每种方法各有特点，应根据使用目的和测定对象的作业情况选择适当的方法。

4. 确定宽裕率

由于影响宽裕率的因素很多，因此制订标准比较困难，工厂运用时，可经过调查、研究后再决定。在缝纫车间，通常使用20%~25%的标准宽裕率。

5. 实施观测，确定标准时间

先进行观测，求出观测时间，对观测时间加以评定，得出正常时间，然后对正常时间加以宽放，得出标准时间。

标准时间始终是个基准值，有时也作为目标值。当标准时间被用于计划、管理和评价时，还要另行设定反映实际情况的系数，以此对时间值加以修正（这种经过修正的标准时间仍被称为标准时间）。

四、标准作业时间的修正

当运用标准作业时间制订作业计划、编排工序、进行成本核算时，必须根据实际情况加以调整和修正，使之能较真实地反映实际情况，一般是将标准时间乘以修正系数。主要的修正系数如下：

1. 管理系数

管理系数主要考虑由于管理上的原因造成的时间浪费，如下班前清扫工作地、停电、机器突然故障、待料、指导操作、联系工作等。

2. 批量系数

企业采取多品种轮番生产，一次生产的批量较少，这类作业的操作工人常常是还没有完全熟练技术，生产就结束了，这就要用比标准时间还要多的时间，因此，需用批量系数加以修正。

3. 小组作业系数

多人一起工作的小组作业或流水作业时，要想把各个操作者的工作负荷安排得非常均衡是很困难的，必然会发生一部分等待时间，这就要用小组作业系数加以修正。

4. 干涉系数

当一名操作者同时操作两台机器时，往往会发生机器已经完成加工，而等待操作者去拆卸或装上另一加工对象的现象，这种因等待操作者的行为所引起的机器停止时间，称为机器干涉时间。反之，因等待机器加工所引起的操作者空闲的时间，称为人的干涉时间，对此进行修正就要用干涉系数。

第六节　7S 管理与服装生产现场改善

　　服装生产现场是企业内部生产过程组织、生产系统布置的具体体现，是企业实现生产经营目标的基本要素之一，是直接从事生产、经营、工作、试验的作业场所，如厂区、车间、仓库、运输线路、办公室以及营销场所等。现场管理是用科学的管理制度、标准和方法对生产现场各生产要素，包括人（工人和管理人员）、机（设备、工具、工位器具）、料（原材料）、法（加工、检测方法）、环（环境）、信（信息）等进行合理有效的计划、组织、协调、控制和检测，使其处于良好的结合状态，达到优质、高效、低耗、均衡、安全、文明生产的目的。推行 7S 现场管理能够真正做到人、机、料、法、环、信的有机结合，是创造优良环境、稳定产品质量、保证生产安全、提高员工素质、维护生产秩序、强化生产管理以及培养良好职业道德和企业文化、塑造企业形象的必要条件。

一、7S 管理概述

1. 7S 管理的概念

　　7S 管理，是指日语的罗马拼音 Seiri（整理）、Seiton（整顿）、Seiso（清扫）、Seiketsu（清洁）、Shitsuke（素养）及英语 Safe（安全）、Save（节约）这七项，因为七个单词的第一个字母都是 S，所以统称为 7S。7S 管理是指在生产现场中对人员、机器、材料、环境等生产要素进行有效管理的一种方法。

2. 7S 管理的基本内容

　　（1）整理。清理物品，将工作场所中的任何物品区分为有用的与无用的，及时将无用的物品彻底清除。

　　（2）整顿。将有用的物品分类定置摆放，并加以标示。

　　（3）清扫。经常清洁打扫，清除工作场所内的脏污并防止脏污的发生，保持干净明亮的工作环境。

　　（4）清洁。认真维护生产、工作现场，确保清洁生产，使以上 3S 工作制度化、规范化、标准化。

　　（5）素养。自觉遵守纪律和规则，人人养成好习惯，依规定行事，培养积极进取的精神。

　　（6）安全。贯彻"安全第一、预防为主"的方针，消除隐患，确保人身、设备、设施安全，创造良好的安全生产环境。

　　（7）节约。节省资源，减少浪费，降低成本，提高效益。

3. 7S 管理的起源与发展

　　7S 管理是由日本企业的 5S 扩展而来。5S 管理起源于日本，1955 年，为了确保作业空间安全，日本5S的宣传口号为"安全始于整理整顿，终于整理整顿"，当时只推行前2S，后因生产控制和品质控制的需要，逐步提出清扫、清洁、素养3S。1986年，首本5S著作问世，从而对整个日本现场管理模式起了冲击作用，并掀起5S热潮。

日本企业将5S管理作为工厂管理的基础，从而推行各种质量管理手法，第二次世界大战后不久迅速奠定了经济大国的地位。5S在树立企业形象、提高效益、降低成本、准时交货、安全生产、高度的标准化以及创造清洁、舒适、优美的工作场所和空间环境等现场改善方面都发挥了巨大作用。随着世界经济的发展，5S逐渐被各国的管理界所认同并采纳，已经成为各国工厂管理的一种重要管理方法。近年来，我国企业结合国家如火如荼的安全节约生产活动，在原来5S基础上增加了安全（Safe）、节约（Save）要素，形成7S。

4. 推行7S管理的目的

7S管理是现代工厂行之有效的现场管理理念和方法，其作用是：使工作环境整洁有序、降低成本、提高效率、保证质量、保证安全。实施7S管理的企业可达到下列目的：

（1）提高工作和生产效率。工作场所干净、整齐、物品摆放有序、道路通畅，可以使员工的工作积极性提高，工作效率也会自然提高。

（2）改善产品的品质。优质的产品来源于良好的工作环境，不断地净化工作环境，能保证设备的性能和效率，提高产品的品质。

（3）保障企业安全生产。如果工作场所井然有序，必然会降减生产事故的发生率。

（4）降低生产成本，提高企业经济效益。实施7S管理后，能减少各类浪费，从而降低生产成本。

（5）缩短生产周期，确保交货期。由于改进质量和改进生产力，必然会缩短生产周期，确保了交货期。

（6）改善员工的面貌，提高企业的形象。

5. 7S活动的实施

（1）消除意识障碍。7S活动法容易做，却不易做彻底或坚持做，究其原因，主要是对它的认识不够。所以，要顺利推行7S活动法，首先要消除有关人员意识上的障碍。利用宣传、训练的机会予以消除。

（2）成立推行组织，设置7S活动委员会。建立委员会的意义是负责促进、推进五常法的实施。为实现7S，最高领导者应参加并担任委员会的主席。该委员会的职责是：决定采取什么措施推动公司7S，制订实施7S的目的，帮助建立工作小组，负责教育、培训工作组成员，制订活动计划，安排7S资源，尽力提供支持，监督7S的执行。

（3）安排资源。资源包括人力和设备。

（4）教育和培训。这是实施7S目的最重要且必要的一步，是改变现场工作人员工作习惯的一步，也是改变现场工作人员工作习惯的工具。要改变员工工作习惯，委员会必须为员工提供清楚、简洁的有关7S的知识，所以委员会应制订培训规程，让员工集中了解以下内容：7S的意义、益处、执行每个常法的原则、导入7S的技巧及使用的临时工具。

（5）制订活动计划。公司要制订活动计划时，必须考虑以下几方面内容：

①打算达到什么目标（What）？——目标。

②为何要设立此目标（Why）？——需要。

③计划何时导入7S（When）？——时间表。

④如何达到（How）？——方法。

⑤从哪里开始（Where）？——范围。

⑥何人参与该活动计划（Who）？——活动小组。

（6）实施。推行初期可先选择一部门做示范，然后逐次推广，活动中要与改善的手法结合，活动成果要标准化。

（7）查核。利用查核表等进行检查。

6.7S 活动法实施的技巧

（1）红牌标示。在7S活动法展开过程中，红牌标示是很重要的活动工具之一，运用醒目的红色标签标明问题之所在，如将不要的东西贴上红牌，办公室、生产现场等需要改善的地方、事或物用红牌标示。挂红牌的对象可以是材料、产品、机器、文件、档案等。红色标签的样签示意图见表7－17。

（2）目视管理。目视管理是一种既简单又很有效果的管理方法，如公告栏、看板或标示牌等都是使人一看便知的方法，表7－18为目视管理的例子。

（3）检查表。推行任何活动，除了要有一个详细的计划表作为行动计划外，推行的过程中，每一个项目均要定期检查，加以控制。透过检查表的定期查核，可得到进展情况，若有偏差，则可随时采取修正措施。因而，推行7S活动法，同样可使用PDCA管理循环。检查表的使用有两种：一种是点检用，只记好、不好的符号；另一种是记录用，记录评定的数据。表7－19、表7－20分别为5S检查表和审核表。

表7－17 红色标签的样签

NO. _____

类别	□材料　　　　　　　　　　□机器设备 □正在进行的工作　　　　□零件 □正在装配的零件　　　　□附件 □成衣　　　　　　　　　　□样本 □其他_____

名称			
顺序号		数量	
原因	□非必需 □有缺陷 □目前不用 □吃剩食品	□多余物品 □过期的物品 □未知的 □其他	
负责	部门	联系人：	
处理 措施	□清除 □归还 □卖掉 □移到他处另行处理 □分开存放 □其他	处理人：	
日期	贴标号	处理	

表 7-18 用目视管理工具的例子

地面颜色	□操作区 □通道 □其他		
线条	用实线 划分	□区域 □通道 □贮藏地	
	划线	□出入口 □门	
	斑马线 用于引 起注意	□楼梯 □台阶 □触电危险	
	箭头线	□流向	
指示牌	□办公室各部门 □生产线 □生产部门 □仓库		
标记	□架子 □文件箱 □档案		

表 7 - 19 5S 检查表

检查日期：_____
检查者：_____

项目	检查内容	配分	得分	缺点事项
（一）整理	①是否定期实施红牌作战（清除不必要品）	5		
	②有无不用或不急用的夹具、工具	4		
	③有无剩料等近期不用的物品	4		
	④是否有"不必要的隔间"影响现场视野	4		
	⑤作业场所是否明确地区别清楚	3		
	小计	20		
（二）整顿	①仓库、储物室是否有规定	4		
	②料架是否定位化，物品是否依规定放置	4		
	③工具是否易于取用，不用找寻	5		
	④工具是否颜色区分	4		
	⑤材料有无配置放置区，并加以管理	5		
	⑥废弃品或不良品放置有无规定，并加以管理	3		
	小计	25		
（三）清扫	①作业场所是否杂乱	3		
	②作业台上是否杂乱	3		
	③产品、设备有无脏污，是否附着灰尘	3		
	④配置区划分线是否明确	3		
	⑤作业段落或下班之前有无清扫	3		
	小计	15		
（四）清洁	①3S 是否规则化	5		
	②机械设备是否定期点检	2		
	③是否遵照规定的服装穿着	3		
	④工作场所有无放置私人物品	3		
	⑤吸烟场所有无规定，并被遵守	2		
	小计	15		
（五）素养	①有无日程管理表	5		
	②需要的护具有无使用	4		
	③有无遵照标准作业	5		
	④有无异常发生时的对应规定	3		
	⑤晨操是否积极参加	3		
	⑥是否遵守开始、停止的规定	5		
	小计	25		
合计		100		
评语				

表 7 - 20　5S 审核工作表

被审部门：_____　　　　　　　　　　审核人：_____

编　　号：_____　　　　　　　　　　日　期：_____

审核项	编号	典 型 活 动	位置	审核结果	纠正情况
常组织	1.1	扔掉不需要的东西			
	1.2	查明肮脏、泄漏和噪声的成因并处理			
	1.3	组织清扫地面及工作间			
	1.4	组织文件和文件的存放			
	1.5	"一个最好"的使用			
常整顿	2.1	简洁易操作的标号系统			
	2.2	清楚的区域、地点标记			
	2.3	合理的货物进出安排			
	2.4	整洁的布告、通知			
	2.5	物品的放置			
常清洁	3.1	个人清洁责任划分			
	3.2	清洁中发现并改正缺陷			
	3.3	使清洁和检查更方便的方法			
	3.4	保持常年清洁的制度			
常规法	4.1	文件、物品的透明度设计			
	4.2	检查标签、标记的可视性			
	4.3	检查有关安全的标志			
	4.4	用颜色标示物品、方位			
审核项	编号	典 型 活 动	位置	审核结果	纠正情况
常自律	5.1	举行各种促进活动			
	5.2	提出建议及改进措施			
	5.3	维持并改善环境水平			
	5.4	处理紧急情况等训练			
	5.5	参加各项活动			
不符合点					

二、服装生产现场存在的问题和影响因素

服装生产企业在其成长过程中，会经历各种不同的阶段和遇到不同层面的各种问题。企业在发展战略上，如果不能及时、有效地解决生产现场中存在的问题，会使问题层出不穷，导致战略失败。因此，服装生产企业管理必须找出生产现场存在的各类问题和影响因素，才能研究处理问题的方法和措施。生产现场管理是一项非常重要的管理内容，要求现场管理人员了解生产环节，对生产现场状况进行分析，找出存在的问题并提出改进的方法和措施，从而提高生产效率。

1. 服装生产现场存在的问题

服装生产现场的活动是复杂的，其中包含了很多烦琐的流程。因此，在生产现场常常会遇到下列方面的问题。

（1）作业流程不顺畅。生产现场最常见的问题就是作业流程不顺畅。每一条服装生产线都包含很多作业流程，作业流程不顺畅会出现材料供应不足、在制品过多、遭遇工序瓶颈、工序操作人员窝工和机器停机等现象，就增加了服装生产产品所需的平均工时，从而相应地降低了生产现场的工作效率，甚至导致产品不能按时交货。当遇到作业流程不顺畅时，有些服装生产企业会再增加同样的生产线，这样不仅增加了企业对生产设备的投入，而且增加了服装产品生产的成本、降低了生产效率。

（2）不良品的混入。服装生产现场常会发生不良品混入的情况。所谓不良品的混入，指的是进料检验过程中出现的漏检，导致一些不良的原料混入到生产线，或在进料检验过程中已经检验出来，并隔离在仓库，而在领料的过程中又粗心地被领出来，混入了生产制造过程中，甚至有可能检验隔离出来的半成品，在进入下一道工序时又被粗心地混入其中。不良品的混入必然会造成重复返工，从而相应地降低产品的质量。甚至直接导致客户产生抱怨，要求退货，更为严重的是客户以后不再愿意与企业合作，直接影响到生产企业的声誉。

（3）设备故障。设备故障也是服装生产线中经常容易出现的问题。在服装生产过程中，机械设备可能突然发生故障，企业来不及维修而无法正常生产急需的工序产品，导致随后的各道工序停工，影响交货期。

（4）生产现场"脏、乱、差"。物品摆放无序，安全通道不畅，不同的工作模具混放在一起，工具找不到，甚至由于工作模具用错而生产出不合格产品，难于补救。

（5）生产时间安排出问题。由于现场管理者能力不高，出现生产总是前松后紧以及月末赶工、加班的现象，不能圆满地完成每个月的生产任务和实现预定的生产目标。另外，临时插入的工作和特急任务多，计划变更频繁，经常加班，导致车间主任和技术人员等忙于应付作业进度，不能主动进行全面管理，员工工作心情不舒畅，生产效率不高。

（6）物料出问题。物料计算不准确，材料利用率低，生产中缺材料，在制品丢失多，成本增加。

2. 服装生产现场管理的影响因素

（1）生产类型影响现场管理工作的难易程度。大批量生产类型，服装品种少，产量大，生产流水线容易组织，质量稳定，现场管理较容易；而小批量、多品种或单件生产类型，质量不稳定，现场管理复杂、烦琐。现场管理的影响因素如下：

①生产周期。一般生产周期短的产品，生产工序比较少，加工简单，工序管理也较为简单；反之，比较复杂。

②交货期。加工周期比较短而交货期限比较长的产品，作业管理比较容易；反之，则比较困难。

③作业分散程度。经过各种工序加工的产品，生产场地越集中，越容易进行工序间的联系和调整，作业越容易控制；反之，则比较困难。

④工序的错综度。作业流程方向单一，管理就比较容易；反之，交叉多向，则比较复杂。

⑤质量稳定度。产品质量不稳定，会使作业时间不稳定、次品增加、计划不能顺利完成，使管理发生困难。

⑥产量变化。如果受销售量的影响，每个月的生产量很不稳定，差距越大，作业管理会变得越困难、复杂。

（2）各部门工作对服装生产现场管理的影响。

①销售部门。

- 销售计划频繁变更。
- 计划外任务太多。
- 根据客户要求，中途变更产品的规格。
- 不能按时提出销售计划，延误生产计划的制订和落实。
- 不符合生产周期要求的短期交货项目。
- 销售部门的人员直接对现场作业人员下工作指令。

②供应部门。

- 物料供应延误。
- 库存储备有的过多，有的不能满足生产要求。
- 因物料不符合要求，给生产带来困难。

③设计、工艺部门。

- 因生产图纸或工艺技术文件延期交付，使生产安排推迟。
- 因设计与工艺频繁变更，给生产带来混乱。
- 因生产图纸或工艺不完整、不统一，造成物料供应和生产安排上的遗漏或差错。
- 因使用特殊材料太多、加工方法复杂，影响作业进度。
- 试制还未结束，就投入正式生产。

④生产部门。

- 计划和安排延误，计划内容有不周之处，如计划任务与生产能力存在不平衡现象、工序之间的不平衡或不衔接现象等。

- 未制订信息反馈的制度或缺乏反馈渠道，使管理部门不了解现场情况。
- 生产现场管理人员的管理能力不强，使职工处于放任状态。
- 车间布置不恰当。
- 管理人员之间、管理人员与生产工人之间联系不密切，甚至处于某种对立状态。
- 管理部门的力量不够，把管理工作和责任推给现场执行人员。

⑤组织领导部门。

- 经营方针，特别是接受订货的指导思想不妥，给生产带来混乱。如接受了技术上难以办到的订货，会给设计和制造部门带来困难，使交货延误。因接受的订货任务远大于生产能力，会造成不能按期交货等。

- 组织领导不力而造成生产混乱，如销售、设计、物料供应、质量检验等部门之间联系不够，安排上有问题，发现和处理问题也不及时；各部门不经过车间而直接向现场发布指令或提出要求，形成多头领导，使生产者无所适从；出现救急问题时，各部门不积极配合等。

三、服装生产现场管理的分析

服装生产现场管理工作的面广量大，综合性强，是一个复杂的系统工程。开展现场管理工作，必须对生产现场状况进行调查、分析，才能有效地解决问题，提高工作和生产效率。

1. 服装生产现场的调查

（1）生产现场环境状况。现场是否明亮？通道是否明确？车间的平面布置有无重复和过长的路线？生产现场是否按规定进行每天清扫和清洁？每个岗位是否出现各种各样的不整洁现象？如地板上黏着垃圾、油渍、纸屑、灰尘等，又如零件、纸箱胡乱搁在地板上，人员、搬运车辆在拥挤狭窄的过道上穿插而行等。

（2）设备状况。设备、设施的配置是否合理？机械设备是否定期维修和保养？设备运行和维修状况如何？设备故障影响生产的次数和时间？

（3）员工出勤状况。缺勤人数和原因？缺勤人员所处岗位？缺勤给生产造成的影响程度？

（4）生产计划执行状况。生产现场是否按计划进行？计划有无变更？计划完成情况如何？每天的生产量多少？是否出现前松后紧、误期交货等不正常情况？

（5）工艺流程状况。是否按生产方式和生产数量选用最佳的工艺流程和作业方法？工艺流程是否顺畅？有无倒流？在制品或半成品有无积压状态？作业传票及其传递方式的搬运路线是否最短？

（6）物料供应状况。物料库存情况？现场是否缺少什么材料？缺料是否及时落实补充？材料有无次品？有无取错料？是否材料供应的不足或延误等给生产造成了影响？

（7）数量和质量状况。产品质量是否稳定？有无残次品？产生次品的原因？返工情况如何？

2. 服装生产现场的分析

（1）生产现场环境情况的分析。

①每位员工是否自觉维护工作环境的整洁明亮？

②车间的布局和设备、设施的配置是否合理？工具放置是否容易领取？

③作业流程布置中材料放置场所和数量是否适当？在制品或半成品的停放时间是否过长？有无乱堆乱放及标示不清现象？

④是否为了作业进度而忽视环境管理？如地面、墙、天花板的清扫，设备、工具、道具的清理等。

（2）生产计划编制情况的分析。

①是否将生产计划分阶段地从长计划推进到短计划，比如年度计划、季度计划、月度计划、周计划各阶段计划内容的划分是否适当？

②是否已制订月度计划？是否做出了月末加班的决定？计划变更是否频繁？

③编制生产计划的资料是否齐全、准确？如作业标准、工作效率、交货日期、进度估计表等。

④编制生产计划的手续和方式是否适当？有关部门的负责人和任务的承担者参与到什么程度？

⑤生产计划是否落实到生产制造指令（如生产制造单）上？外厂订货、采购和外协计划的根据是否充分？

（3）生产计划与其他相关计划协调平衡状况的分析。

①生产计划与销售计划是否协调？生产或销售变动时，各以什么方式进行调查？库存调整能力有多大？

②生产计划与利润计划、劳动工资计划是否协调？

③生产计划与生产技术准备是否相适应？是否有计划地进行产品的试制和开发？

④物料、动力的供应是否与生产计划相适应？是否考虑采用新材料？

⑤生产计划与外协计划是否协调？是否已将厂外订货计划作为生产计划的一部分来考虑？厂内外加工的标准是否明确？

（4）生产作业计划的分析。

①生产作业计划安排是否合理？是否符合工艺流程规定的加工顺序、加工方法、作业时间以及对设备、工艺装备的要求，专用工艺设备的供应是否符合计划要求？

②工时定额的制订是否合理？工时定额（标准作业时间）制订的方法是否适当？劳动定额是否符合实际？是否做过实际调查？生产进度计划是否与实际工时能力相适应？

③进度计划能否保证交货计划？有无放任管理的现象？交货期有多长？生产周期有多长？是否按忙闲情况加以调整？

④生产中工序负荷有多大？负荷调整幅度有多大？调整方法是否恰当？

⑤材料的消耗定额和供应量计划的制订方法是否适当？是否已根据产量、产品款式、工艺方法来提高材料的利用率？

⑥厂外订货计划由谁负责制订和执行？进货进度是否与生产作业计划要求相吻合？

（5）工艺流程的分析。

①现有生产、工作的全过程中，哪些工艺流程不合理？作业方式和设备、设施的配置是否按生产流程的方向流动？哪些地方出现了重复路线和倒流？

②哪些地方出现了停放？寻找最佳停放条件，包括储藏保管、停放状态、保管手段（如储存容器配备、货架配备、设施条件）。

③流水线的节拍、每个工序的作业时间是否平衡？是否因个别工序缓慢而导致窝工和堆积？哪些工艺路线和环节可以取消、合并或简化？确定经济合理的工艺路线。

④操作者有无多余动作、无效动作或缓慢动作等？

⑤作业传票和日报的格式及其传递方式是否符合生产管理体系的要求？

⑥通过工艺路线查找车间的工作效率是否过低？各车间的工作效率是否稳定？

四、服装生产现场的改善

通过对服装生产现状和生产计划的调查和分析，服装生产现场的改善要有计划、有步骤，按"循序渐进，逐步推开"的原则进行，推行7S管理并将7S落到实处，是实施现场改善的有效方法。

1. 现场改善的内容和方法

（1）现场实行定置管理。通过整理、整顿、清扫、清洁活动，通道和休息场所不会被占用；工件放置整齐，物流一目了然；工作场所干净，各类救援、救护设施齐全，位置明确；使人流、物流、信息流畅通有序，建立起良好的现场环境和生产秩序。

（2）加强工艺管理。优化工艺路线和工艺布局，提高工艺水平，严格按工艺要求组织生产，使生产处于受控状态。保证产品质量，通过员工正确使用各种工具，按规定对生产设备、设施进行保养与检修，能预先发现存在的问题以及出现问题后的及时维修，保证生产设备的正常使用。

（3）以生产现场组织体系的合理化、高效化为目的，不断优化生产劳动组织。合理进行劳动分工，消除无效劳动和时间浪费，将资源浪费降到最低点，提高劳动效率。

（4）健全各项规章制度。技术标准、管理标准、工作标准、劳动及消耗定额、统计台账等管理基础工作，做到制度化、标准化、分级管理、分工负责、定期检查、严格考核。

（5）建立和完善管理保障体系。将生产、消耗、工艺、质量、财务等各项管理工作进行系统协调，有效控制投入产出，提高现场管理的运行效能。

（6）搞好班组建设和民主管理。开展群众性、经常性的合理化建议和技术革新活动，做好思想工作、充分调动员工的积极性和创造性，培养一支觉悟高、技术硬、纪律严的职工队伍。

2. 利用 7S 实施现场管理

（1）治理整顿。全面执行 7S 活动，进行 7S 宣传教育，按各项规章制度执行，建立考核基准，制订考评方法和奖惩制度，明确各单位、各岗位的管理责任，增强各级人员的责任心，加强过程的控制与结果的考核，通过培训提高全员素质，使工作环境能够满足生产、工作需要和人的生理需要。

（2）专业到位。做到管理重心下移，促进各专业管理的现场到位，使各项基础工作和专业管理真正在生产现场得以有机结合和落实。

（3）优化提高。优化现场管理的实质是改善，改善的内容就是目标与现状的差距。

3. 生产现场改善的日常工作

（1）生产现场环境的改善。现场可移动物品全部实施划线定位，包括工位车、装配车、工具箱、小型可移动设备、在制品等；工位器具架上所摆放物品的类别要一对一标注名称或型号；存放于个人工具箱内的刃具、工具要有数量限制；现场加工零件箱按零件规格进行配置，现场零件箱实施颜色管理；现场吸烟点、垃圾箱、铁屑箱等的管理要保持整洁，清洁用具管理要采用清洁用具架（柜）方式；机械设备、洗涤设备所存在的漏油、漏水现象，要求各单位在修理的基础上，采用必要的防范措施；办公室电脑线要进行捆扎整理，办公柜、办公桌抽屉内的物品全部要进行细致分类，并进行一对一标示；现场开展防污染活动，建立卫生考核板，要对结果进行公示。

（2）工作效率的提高。工作效率是指一定时间的实绩工时对标准工时的比。实绩工时是在某一作业中实际花费的时间，用作业表和作业日报表来控制。提高工作效率的根本点就是缩短作业时间，缩短作业时间的方法有：完全减掉无用的动作，使之标准化；实现高效率的机械化、自动化；改进作业方法和作业程序；改进生产布局和搬运方法等。具体可参见表 7-21、表 7-22。

表 7-21 提高工作效率的方法

提高工作效率	技术上改进	改进设备（改进机器、自动等）
		改进加工方法（方便型设计、作业单纯化等）
	作业方法上改进	调整作业（改进作业方法、改进空闲作业等）
		取消作业（改进车缝附件、改进搬运方法等）
	质量上改进	改进系统（质量保证体系、管理体制等）
		改进作业（标准化、防止次品重新发生等）
	能力上改进	目标管理（目标设定、提高积极性措施等）
		提高技能（技能训练、人员交流等）

表 7 – 22　缩短作业时间

排除浪费和标准化	完全去掉浪费动作	分析各种浪费，进行改进
	设定标准作业、标准时间	稳定生产，防止倒退
机械自动化	机械化→省力化→自动化	手动作业用手动、机械组合到流水作业中去具有通用性设备、自己动手改进
改进作业	改进作业方法、顺序	流水化作业，生产平衡化
车间配置	改进车间布局和搬运移动、流转最短的原则 利用空间的原则 管理方便的原则 弹性原则 安全和满意原则	做成大量对小转弯有利的小型生产线，从材料到成品实行流水作业，停顿和搬运减少到最低程度，充分利用一切有效空间，使布局具有灵活性，布局便于管理和监督，使作业人员安全满意

（3）生产现场浪费的排除。根据动作经济原则，要使人实现最佳动作，必须去掉不必要的浪费，以最小限度的劳力取得最大的生产量。通常生产现场易发生的浪费及处理对策见表 7 – 23。

表 7 – 23　通常浪费发生的原因和解决方法

浪　费　种　类	浪费产生的原因	采取的对策
生产过多的浪费（生产不需要的东西）	大批量生产，安排接连不断的生产	一条传送带，采用告示牌，缩短重新准备时间，平衡化生产
等工浪费（等物料、等作业、等搬运、等检查、空余时间、看别人工作）	布局混乱，能力参差不齐	按产品 U 形配置，自动化，平衡化
搬运浪费	布局混杂，挤在一起生产，活动程度低	流水线生产，培养多面手
加工本身浪费（本来不需要的工序和作业，被当作需要提出来）	作业内容研究不够，标准化不完善，工具混杂	工序设计合理，作业标准化，推进价值分析，调整作业内容
库存浪费（材料等处于停顿状态）	库存多，超前生产，挤在一起生产	改进库存的观念，准备工作单一化
生产次品的浪费（材料差、加工差、手工修改）	缺乏检查的方法与标准，缺少作业标准	在工序上注意质量，建立质量保证体系
动作的浪费（不必要的、不产生附加值的活动，慢动作）	小生产习气蔓延，缺乏教育与培训	完全改进动作原则

（4）运转率的提高。

①提高运转率。首先要减少损坏作业，由于前后工序不协调而造成的停工、等工、检查、维修等不正常情况。这种情况不仅不会产生附加值，还会损坏作业，出现多余的搬运、移动或检查数量、质量等一系列不产生附加值的作业。提高运转率，就是减少这些情况的发生。为此，应掌握工序分析、生产线平衡和作业日报等管理资料，减少损坏作业。

②提高人的运转率。就是使上一道工序顺利供应零部件，减少时间损失。在班组作业中，则是做好操作人员的配置和工作负荷的平衡，以求提高作业效率。此外，改进车间布局对提高人的作业效率有很大影响。

③提高设备的运转率。首先，要缩短生产准备时间。更换品种要重作生产准备，在多品种、小批量生产日益增多的情况下缩短生产准备的时间将越来越重要。其次，实行生产维修，以减少设备故障。设备运转率降低的原因是故障，特别是以流水线生产方式作业的企业。在实际生产现场中因设备突发故障，而产生次品，致使交货拖期。如能在故障前进行预防维护，就能减少设备的停止时间。

④加强管理。提高运转率，就要充分发挥生产能力，确切掌握人和设备的负荷状态。均衡生产，避免某些机器和人的负荷过重或过轻。此外，应使作业按月计划和日计划进行，加强进度管理，对有余力的工序要预作安排，不使其出现等工，对可能成为生产上的瓶颈工序，应考虑整体作业负荷的平衡，设法使工序稳定，使其始终处于不过分集中的状态，这是提高运转率的重要因素。同时，采取有效的进度管理，巡视现场，检查作业是否按计划进行，脱节时要采取措施，使之能按计划生产。

服装生产现场的改善要通过方法研究，从现场六大任务（产量、质量、成本、交货期、安全、积极性）、5W1H（做什么、为谁、为什么、何处、何时、怎样做？）以及过去的数据等管理资料中进行分析研究，及时发现问题，并找到解决问题的方法，从而提高生产率。

本章总结

本章主要介绍了作业方法研究的基本概念、内容和分析技术，以及服装生产流程图设计、工序分析方法、动作分析的方法、动作经济原则、作业标准化、作业测定的方法、制订标准作业时间的程序、7S管理与服装生产现场改善等内容，重点是通过作业研究、工序分析、动作分析、作业标准化和标准作业时间进行服装生产现场改善，解决现场杂乱的问题，实现人和物紧密结合，从而创造优良环境、稳定产品质量、保证生产安全、提高员工素质、维护生产秩序、提高生产效率、塑造企业形象。

思考题

1. 作业方法研究的目的是什么？

2. 作业方法研究的一般程序步骤？

3. 服装生产流程图常用的五种符号是什么？

4. 工序分析的目的是什么？

5. 为什么要进行工序流程分析？

6. 工序工艺分析的要点是什么？

7. 动作分析的目的是什么？

8. 动作分析的基本步骤是什么？

9. 动作经济原则包括哪些内容？

10. 作业标准的制订方法是什么？

11. 标准作业时间有什么用途？

12. 工时消耗是如何分类的？

13. 制订标准作业时间有哪些步骤？

14. 7S 管理包含哪些内容？

15. 推行 7S 管理的目的是什么？

16. 绘制服装生产流程图必须遵循的原则是什么？举例绘图说明。

17. 在制订作业标准时，还应考虑什么要素？举例绘图说明作业标准的表现形式。

18. 在服装生产企业中如何推行 7S 并将 7S 落到实处？

服装生产系统改善与创新——

服装品质管理

课题名称： 服装品质管理

课题内容： 服装品质与品质管理概述

服装生产品质控制与检验

常用成衣的品质检验

ISO 9000 质量管理体系与应用

全面质量管理简介

质量管理体系认证与审核

课题时间： 8 课时

教学目的： 通过本章教学，使学生掌握品质及品质管理的基本概念和基本理论；掌握服装生产过程质量监控和产品检验的理论和方法。

教学方式： 以教师课堂讲述为主，辅以服装生产企业实地参观和生产实习。

教学要求： 1. 熟悉服装品质管理的含义。

2. 明确服装品质管理的作用。

3. 熟悉服装品质管理的方法。

4. 熟悉 ISO 9000 质量管理体系的主要特点与内容。

5. 了解服装质量体系认证与审核程序。

6. 掌握服装全面质量管理方法。

第八章　服装品质管理

第一节　服装品质与品质管理概述

一、品质和服装品质的概念

1. 品质的概念

产品质量可简称为品质。欧洲质量标准 DIN 55350 的定义产品质量即产品属性和特征满足给定要求的程度。ISO 9001：2000 定义产品质量，即产品一组固有的特性满足要求的程度。定义中所指的"固有的"特性是指在某事或某物中本来就有的，尤其是那种永久的特性，包括产品的适用性、可信性、经济性、美观性和安全性等。

2. 服装品质概念

产品质量的优劣，从侧面反映了一个国家生活水平和文化修养的高低。服装品质有狭义与广义之分，狭义的服装品质是指产品能否达到规定的标准，如服装尺寸、外观、色差等内容；广义的服装品质除上述之外，还包括企业形象、方针、人事、组织结构以及从用户需求观点出发，生产用户满意的产品和提供良好的售后服务全过程的质量。

3. 服装品质标示的内容

（1）商标（Trademark）。商品标示的简称，具有显著特征，能与其他同类商品有所区别，并由标志、记号（图画、图案、图形文字等）或两者兼用组合构成。经注册的服装商标受法律保护，不可仿冒。

（2）使用标志（Care Label）。成衣化服装在包装和服装的适当部位标注制造单位、号型规格、原材料成分含量等，以及消费者穿着过程中如何洗涤、熨烫等能保持服装最佳使用状况的说明。

（3）质量记号（Quality Mark）。属认证标志。由质量监督机构作为第三者，从公正的立场对服装制品进行综合质量测定后，用以证明服装质量标准在一定水准以上的一种质量保证记号，其实质也就是一种简易的质量合格证书。由于各服装生产厂家基本上都具有一定的质量检验能力，因此，目前质量记号仅作为一种推荐性的质量标志，而非强制执行。质量记号在国内的使用较少。

（4）纯羊毛标志（Pure Wool Mark）。属认证标志。国际羊毛局（IWS）为保持天然优质羊毛纤维的身价，以便同其他纤维制品区别、竞争，于 1964 年推出了由三个毛线团组成的标志。该标志由国际羊毛局进行管理，有一套从申请到挂标志的完整程序，并有许多用以维护纯羊毛标志高质量特性的具体措施。

（5）条形码（Bar Code）。由一组规则排列的线条、空格及其相应字符组成的标志，用以表达一定的信息，是一种可印制的机器语言。由于条形码应用的重点在零售商品上，因此，在轻工产品、食品、服装上应用广泛。条形码作为一种能够流通于国际市场的语言，被认为是商品身份证的国际统一编号，是商品进入扫描商店的先决条件。条形码不单独使用，而是与其他标志一起组合应用。

（6）吊牌（Hang Tag）。对质量标志详细说明的标签。如商标，显示使用标志难以表达的产品特性说明。吊牌上的合格水平、价格、规格、使用方法、条形码等，便于消费者了解服装产品的质量、特性，也是一种促销手段，使用广泛。

上述服装质量标志，在国际惯例中必须依法执行的是商标和使用标志，其他标志可自愿选择，而非强制执行。

二、品质管理的概念

品质管理是指用最小的消耗生产出适合用户要求的产品以及为保证与提高产品质量所开展的一系列活动。品质管理包括以下三层含义。

（1）为用户提供满意的产品和服务是品质管理的出发点。

（2）用户要求的品质应与成本相适应。

（3）品质管理有一套系统、科学、完整的方法。

国际标准化组织对品质管理定义为确立质量方针、目标和职责，并通过质量体系中的品质筹划、品质控制、品质保证和品质改进来使其实现所有管理职能的全部活动。

三、服装企业的品质指标

1. 服装品质指标内涵

服装品质的内涵是指适应时代潮流发展的款式造型，符合消费习惯及其流行性的色彩。服装品质是指内含优异的材料、精细考究的做工、能满足消费需求的价格、穿着合体舒适、多功能的效用及服饰搭配、良好信誉的销售服务等综合表现。因此，成衣品质指标内容应当包括以下三个方面。

（1）设计品质。把消费者所有愿望最大可能地设计表现出来，通过选择适当的制造手段及设备，生产出符合标准要求的产品，并在售前、售中、售后提供优质的服务品质，也包括企业的社会形象、品牌地位等。

（2）服装产品品质。服装产品品质是指服装的内在品质、外观形态的综合体现。前者包括服装商品的物理性能、机械性能、化学成分和生物特性等自然属性；后者包括服装的外形、颜色、款式、品牌、做工和材料等。

（3）服装商品品质。服装商品品质是买卖双方交接服装的依据，对不同市场和不同消费者的需求来确定服装商品质量。服装产品要不断更新换代，精益求精，服装商品品质应满足有关法令规定和要求，适应自然条件、季节变化和销售方式。

2. 服装技术标准

技术标准简称为标准，是国家在现有条件下，为了取得最大经济效果，在总结经验和调研、协商的基础上，对某种产品做出统一规定，并经一定的批准程序颁发的技术法则。

（1）技术标准种类。标准按其作用不同可分为基础、产品、工艺、工艺装备、零部件及原材料毛坯六种标准。服装企业常用的主要是前三项标准，基础标准是指具有最一般共性和广泛指导意义的标准，如服装号型系列、服装专用术语名称、服装裁剪制图等标准，它们是制定其他标准的前提。产品标准是指国家及有关部门对某一大类产品划分特定产品的造型款式、规格尺寸、技术要求、质量规定、产品检验、包装及储运等方面所作的统一规定。工艺标准是指产品质量要求，把产品加工工艺过程、特点、要素及相关工艺文件，结合企业具体情况及客户要求加以统一而形成的标准，这类标准多为企业标准，数量很多，变化频繁。

（2）技术标准适用范围。技术标准按其适用范围不同，一般又可分四个层次：国际标准、国家标准、专业标准和企业标准。

①国际标准。国际标准化组织（International Organization for Standardization，ISO）中有"服装规格系统及其技术委员会"，简称"133 技术委员会"（ISO/TC 133），专门制订国际标准，国际标准是可在全世界范围内参考使用并在相关会员国内必须执行的标准。

②国家标准。由各个国家根据各国的实际情况制订的标准，如英国的国家标准是 BSI、美国的国家标准是 ANSI、日本的国家标准是 JIS。我国代号为 GB，是指在我国范围内贯彻执行的技术标准。

③专业标准。我国代号为 ZB 或 FZ，也称部门或行业标准，是指在有关工业部门范围内贯彻执行的技术标准，亦可是国家标准的预备标准。

④企业标准。我国代号为 QB，是指仅限于本企业范围内适用的技术标准，由企业自行规定，也可由客户提出要求，不同的客户有不同的需要，采用的标准也就不同。企业酌情制订，亦可成为专业标准的预选标准。

（3）服装技术标准的基本内容。

①标准名称。标准名称应简明，能准确地反应标准核心内容并与其他标准相区别。

②适用范围。规定本标准适用或不适用的领域，因服装产品款式、颜色相同，规格一样，但材料不同，其有关规定均应相应调整，有的差别还很大，故应说明适用范围。

③规格系列。通常包括以下内容：

• 号型设置。国内销售服装女装应以 GB/T 1335.1—2008 为依据，男装应以 GB/T 1335.2—2008 为依据，童装应以 GB/T 1335.3—2009 为依据。

• 成品主要部位规格。一般上衣至少应给出衣长、胸围、领围、袖长和肩宽五个部位的数据，下装应有腰围、臀围、裤长或裙长三个部位的数据。此外，还可根据生产实际情况及客户要求选定成品规格尺寸。

● 成品规格测量方法及公差范围、测量方法及规范统一，明确具体，必要时可附图说明，公差范围应按要求确定上下限范围，量化单位也应统一一致。

● 材料要求。技术标准中要注明材料的各项要求，特别是面料、里料、衬垫料、缝纫线等均应注明，并在工艺色卡上附面料小样，对材料用量、使用部位、辅料及装饰材料的使用详细指明。

④ 技术要求。服装产品技术要求，是为满足使用要求而必须具备的技术决策指标和外观质量要求。常包括以下内容：

● 材料丝缕方向规定，明确不同服装产品、不同部位衣片允许倾斜及其范围的规定。

● 衣片缝合时，面料花纹图案、条格对正及允许偏差程度；面料正反面及倒顺方向规定。

● 色差规定，不同服装、不同部位色差程度规定；外观疵点名称及各部位允许存在的不同程度规定，必要时应附图说明。

● 衣片允许拼接部位及范围的规定；缝制技术质量要求，如针迹密度、缝迹要求等。

● 成衣外观质量要求平整、对称、圆顺、整洁。

⑤ 等级划分规定。说明产品计数单位（件或套）和成品质量等级划分细则，主要根据成衣规格尺寸、缝制质量、外观形象等不同因素综合评定。

⑥ 检验规则。包括检验项目、内容及类别、检验所用工具及方法、抽样或取样方法、检验结果评定等。

⑦ 包装、标志、储存要求。对包装容器、材料、规格、方法提出要求，内外标志应明显清晰、正确齐全，储存及搬运应连续、集中、经济，要保证产品在送达消费者之前一切完好无损。

⑧ 其他及附加说明。

四、服装规格与尺寸允差

1. 服装号型

"号"指人体的身高，以 cm 为单位，是设计和选购服装长短的依据。"型"指人体的上体胸围和下体腰围，以 cm 为单位，是设计和选购服装肥瘦的依据。因此，上装的号型是总体高和净胸围，下装的号型是总体高和净腰围。号型是样板设计中制定规格的理论依据。我国制定服装号型标准，有利于服装结构设计的规范统一。

体型是以人体的胸围与腰围的差数为依据来划分，并将体型分为四类。体型分类代号分别为 Y、A、B、C。

2. 服装号型标准

在服装号型标准中，号型系列以个体体型中间体为中心，向两边依次递增或递减组成。身高以 5cm 分档组成系列，胸围以 4cm 分档组成系列，腰围以 4cm、2cm 分档组成系列；身高与胸围搭配组成 5·4 号型系列，身高与腰围搭配组成 5·4、5·2 号型系列。

在服装号型标准的制定中，号型的表示方法也做了统一规定，如一个人的总体高是170cm，净胸围是88cm，体型为标准体型，则号型表示方法为170/88A。

3. 服装号型应用

成衣生产中，必须根据选定的号型系列编制出产品的规格系列表，这是对服装工业化生产的一种基本要求。一方面以此来控制和保证产品的规格质量，另一方面结合投产批量、款式等实际情况，编制出样板所需要的号型配置。这种配置一般有三种形式，若选用160~180cm五个号和80~96cm五个型，其配置形式如下：

（1）号型同步配置。其配置形式是：160/80A、165/84A、170/88A、175/92A、180/96A。

（2）一个号和多个型配置。其配置形式是：170/80A、170/84A、170/88A、170/92A、170/96A。

（3）多个号和一个型配置。其配置形式是：160/88A、165/88A、170/88A、175/88A、180/88A。

因为选定的中心号型是170/88A，所以在三种配置形式中都有170/88A这一中心号型。在制作样板时，一种配置可制作一套样板，如三种配置都需要时，则要分别制作三套样板。

4. 服装的尺寸允差

尺寸允差是尺寸偏离规格标准而又能被客户接受的范围。各种服装部位的尺寸允差通常在品质检验标准内注明，见表8-1。可以看到工序各部分的允差都不同。对于会影响牢固性和外观的项目，不允许有允差。对服装外观影响不大的项目可以有一定的允差。

表8-1 西装衣袖的品质要求和允差

"缝袖底线"说明	要 求	尺寸允差
A 裁片放置		
1. 裁片两端对齐	对称	上端0~2mm差异 下端0~4mm差异
2. 边	对称	其中一边0~2mm差异
3. 定位	对称	同一方向有0~2mm差异
B 缝口与车缝		
1. 止口	1cm	与缝口长度的差异不超过1mm
2. 位置、头尾	车尽	0~2mm差异
3. 回针	12mm来回重叠	离开止口0~2mm
C 缝口和针距类型		
1. 针距类型	平车针步301	
2. 针迹密度	12针/2.5cm	10~14针/2.5cm
3. 线尾长度	—	0~2cm

第二节　服装生产品质控制与检验

一、品质控制的主要方法与工具

1. 核检清单法

核检清单法是项目质量控制中的一种独特的结构化质量控制方法，主要方法是把需检验、测试的项目用表格等形式一一列举出来，然后逐一检验与核对。

2. 质量检验法

质量检验法是指那些测量、检验和测试等用于保证工作结果与质量要求相一致的质量控制方法。

3. 流程图法

流程图法主要用在项目质量控制中，有关分析项目质量问题发生在项目流程的哪个环节和造成这些质量问题的原因以及这些质量问题发展和形成的过程。

4. 抽样检查法

抽样检查法又称统计样本法。指从每批产品中抽出预定样本产品的数量，检查其品质的性能，从而推断总体的质量情况。如果不合格品少于最低规定，整批产品就为合格；反之，整批产品需按规定的有关程序执行，如扩大抽样再检验、打折扣收货、甚至拒收。它是以获得质量信息和开展质量控制的方法。

（1）抽样检查法的优缺点。

①抽样检查法有以下优点：

- 检查的产品较少，符合经济原则。
- 在检查过程中，因搬运导致损坏产品的机会减少。
- 聘用较少的检查员。
- 适用于检查易损坏的产品。
- 将全批产品拒收，强调产品的品质需要不断改进。

②抽样检查法有以下缺点：

- 有收不合格品或拒收合格品的风险。
- 花费较多的时间在策划及处理文件中。
- 提供有关产品的资料不多。

（2）抽样方案和检查步骤。在抽样检查中，有一个允许品质水平（Acceptable Quality Level，AQL），它是指在抽样过程中，认为可以接受的连续提高检查批的平均上限值。在成衣业中，AQL 可取 2.5%、4.0%、6.5% 或 10%。AQL 值取决于产品价格与款式。

①抽样样本字码表（表 8-2）。这个表提供了四种特级检验水平和三种普通检验水平，其中成衣业可采用普通抽样水平 II。

表 8 - 2　抽样样本字码表

批　　量	特　级　检　验				普　通　检　验		
	S - 1	S - 2	S - 3	S - 4	Ⅰ	Ⅱ	Ⅲ
2 ~ 8	A	A	A	A	A	A	B
9 ~ 15	A	A	A	A	A	B	C
16 ~ 25	A	A	B	B	B	C	D
26 ~ 50	A	B	B	C	C	D	E
51 ~ 90	B	B	C	C	C	E	F
91 ~ 150	B	B	C	D	D	F	G
151 ~ 280	B	C	D	E	E	G	H
281 ~ 500	B	C	D	E	F	H	J
501 ~ 1200	C	C	E	F	G	J	K
1201 ~ 3200	C	D	E	G	H	K	L
3201 ~ 10000	C	E	F	G	J	L	M
10001 ~ 35000	C	D	F	H	K	M	N
35001 ~ 150000	D	E	G	J	L	N	P
150001 ~ 500000	D	E	G	J	M	P	Q
500001 及以上	D	E	H	K	N	Q	R

②正常一次抽样检查步骤。假设批量为 500 件服装，AQL = 4.0%，则抽样检查步骤如下：

● 在抽样样本字码表（表 8 - 2）批量一栏中找出 500 件所处的范围（281 ~ 500），再在普通检验Ⅱ找到字母 H。

● 然后在表 8 - 3 中，找到 H 行，从 H 行中查出样本数为 50，在合格质量水平 AQL = 4.0% 的列中查到 5 和 6。

● 从批量产品中随机抽取 50 件衣服检查，如果检查出 5 件或少于 5 件的产品不合格，则可判断该批产品可以接受；反之，若不合格产品大于 5 件，则判定该批产品不可接受。

③正常二次抽样检查步骤。假设批量为 500 件衣服，AQL = 4.0%，其抽样检查步骤如下：

● 在抽样样本字码表（表 8 - 2）里找到 H；然后在二次正常抽样检查方案（表 8 - 4）中查出第一次样本量为 32 件，并从该表中查出 2 和 5。从批量中随机抽取 32 件检查，如果不合格品数小于或等于 2 件，则判定该批产品合格；若不合格数大于或等于 5 件，则判定该批产品不合格。如果产品不合格数介于 2 与 5 之间，那么就要进行第二次抽样检查。

表 8-3 一次正常抽样检查方案

允收品质水平 AQL（标准检验）

（每个 AQL 单元格内数值为 Ac Re，即允收数 拒收数；↓ 表示请用箭号下之抽样计划，↑ 表示请用箭号上方之抽样计划。）

样本数索引字母	样本数	0.010	0.015	0.025	0.040	0.065	0.10	0.15	0.25	0.40	0.65	1.0	1.5	2.5	4.0	6.5	10	15	25	40	65	100	150	250	400	650	1000
A	2	↓	↓	↓	↓	↓	↓	↓	↓	↓	↓	↓	↓	↓	↓	↓	↓	↓	1 2	2 3	3 4	5 6	7 8	10 11	14 15	21 22	30 31
B	3	↓	↓	↓	↓	↓	↓	↓	↓	↓	↓	↓	↓	↓	↓	↓	↓	1 2	2 3	3 4	5 6	7 8	10 11	14 15	21 22	30 31	44 45
C	5	↓	↓	↓	↓	↓	↓	↓	↓	↓	↓	↓	↓	↓	↓	0 1	1 2	2 3	3 4	5 6	7 8	10 11	14 15	21 22	30 31	44 45	↑
D	8	↓	↓	↓	↓	↓	↓	↓	↓	↓	↓	↓	↓	↓	0 1	1 2	2 3	3 4	5 6	7 8	10 11	14 15	21 22	30 31	44 45	↑	↑
E	13	↓	↓	↓	↓	↓	↓	↓	↓	↓	↓	↓	↓	0 1	1 2	2 3	3 4	5 6	7 8	10 11	14 15	21 22	30 31	44 45	↑	↑	↑
F	20	↓	↓	↓	↓	↓	↓	↓	↓	↓	↓	↓	0 1	1 2	2 3	3 4	5 6	7 8	10 11	14 15	21 22	30 31	44 45	↑	↑	↑	↑
G	32	↓	↓	↓	↓	↓	↓	↓	↓	↓	↓	0 1	1 2	2 3	3 4	5 6	7 8	10 11	14 15	21 22	30 31	44 45	↑	↑	↑	↑	↑
H	50	↓	↓	↓	↓	↓	↓	↓	↓	↓	0 1	1 2	2 3	3 4	5 6	7 8	10 11	14 15	21 22	30 31	44 45	↑	↑	↑	↑	↑	↑
J	80	↓	↓	↓	↓	↓	↓	↓	↓	0 1	1 2	2 3	3 4	5 6	7 8	10 11	14 15	21 22	30 31	44 45	↑	↑	↑	↑	↑	↑	↑
K	125	↓	↓	↓	↓	↓	↓	↓	0 1	1 2	2 3	3 4	5 6	7 8	10 11	14 15	21 22	30 31	44 45	↑	↑	↑	↑	↑	↑	↑	↑
L	200	↓	↓	↓	↓	↓	↓	0 1	1 2	2 3	3 4	5 6	7 8	10 11	14 15	21 22	30 31	44 45	↑	↑	↑	↑	↑	↑	↑	↑	↑
M	315	↓	↓	↓	↓	↓	0 1	1 2	2 3	3 4	5 6	7 8	10 11	14 15	21 22	30 31	44 45	↑	↑	↑	↑	↑	↑	↑	↑	↑	↑
N	500	↓	↓	↓	↓	0 1	1 2	2 3	3 4	5 6	7 8	10 11	14 15	21 22	30 31	44 45	↑	↑	↑	↑	↑	↑	↑	↑	↑	↑	↑
P	800	↓	↓	↓	0 1	1 2	2 3	3 4	5 6	7 8	10 11	14 15	21 22	30 31	44 45	↑	↑	↑	↑	↑	↑	↑	↑	↑	↑	↑	↑
Q	1250	↓	↓	0 1	1 2	2 3	3 4	5 6	7 8	10 11	14 15	21 22	30 31	44 45	↑	↑	↑	↑	↑	↑	↑	↑	↑	↑	↑	↑	↑
R	2000	↓	0 1	1 2	2 3	3 4	5 6	7 8	10 11	14 15	21 22	30 31	44 45	↑	↑	↑	↑	↑	↑	↑	↑	↑	↑	↑	↑	↑	↑

注：↓ 请用箭号下之抽样计划，若样本数等于或大于批量则进行全数检验。

↑ 请用箭号上方之抽样计划。

Ac 允收数（Acceptance Number）。

Re 拒收数（Rejection Number）。

表8-4 二次正常抽样检查方案

允收品质水平 AQL(标准检验)

每个 AQL 单元格内数值为「Ac Re」(Ac 允收数,Re 拒收数)。

样本量引字母	样本	样本数	累计样本数	0.010	0.015	0.025	0.040	0.065	0.10	0.15	0.25	0.40	0.65	1.0	1.5	2.5	4.0	6.5	10	15	25	40	65	100	150	250	400	650	1000
A				↓	↓	↓	↓	↓	↓	↓	↓	↓	↓	↓	↓	↓	↓	↓	↓	↓	↓	↓	↓	↓	↓	↓	↓	↓	↓
B	First	2	2	↓	↓	↓	↓	↓	↓	↓	↓	↓	↓	↓	↓	↓	↓	↓	•	0 2	0 3	1 4	2 5	3 7	5 9	7 11	11 16	17 22	25 31
	Second	2	4																	1 2	3 4	4 5	6 7	8 9	12 13	18 19	26 27	37 38	56 57
C	First	3	3	↓	↓	↓	↓	↓	↓	↓	↓	↓	↓	↓	↓	↓	↓	•	0 2	0 3	1 4	2 5	3 7	5 9	7 11	11 16	17 22	25 31	↑
	Second	3	6																1 2	3 4	4 5	6 7	8 9	12 13	18 19	26 27	37 38	56 57	
D	First	5	5	↓	↓	↓	↓	↓	↓	↓	↓	↓	↓	↓	↓	↓	•	0 2	0 3	1 4	2 5	3 7	5 9	7 11	11 16	17 22	25 31	↑	↑
	Second	5	10															1 2	3 4	4 5	6 7	8 9	12 13	18 19	26 27	37 38	56 57		
E	First	8	8	↓	↓	↓	↓	↓	↓	↓	↓	↓	↓	↓	↓	•	0 2	0 3	1 4	2 5	3 7	5 9	7 11	11 16	17 22	25 31	↑	↑	↑
	Second	8	16														1 2	3 4	4 5	6 7	8 9	12 13	18 19	26 27	37 38	56 57			
F	First	13	13	↓	↓	↓	↓	↓	↓	↓	↓	↓	↓	↓	•	0 2	0 3	1 4	2 5	3 7	5 9	7 11	11 16	17 22	25 31	↑	↑	↑	↑
	Second	13	26													1 2	3 4	4 5	6 7	8 9	12 13	18 19	26 27	37 38	56 57				
G	First	20	20	↓	↓	↓	↓	↓	↓	↓	↓	↓	↓	•	0 2	0 3	1 4	2 5	3 7	5 9	7 11	11 16	17 22	25 31	↑	↑	↑	↑	↑
	Second	20	40												1 2	3 4	4 5	6 7	8 9	12 13	18 19	26 27	37 38	56 57					
H	First	32	32	↓	↓	↓	↓	↓	↓	↓	↓	↓	•	0 2	0 3	1 4	2 5	3 7	5 9	7 11	11 16	17 22	25 31	↑	↑	↑	↑	↑	↑
	Second	32	64											1 2	3 4	4 5	6 7	8 9	12 13	18 19	26 27	37 38	56 57						
J	First	50	50	↓	↓	↓	↓	↓	↓	↓	↓	•	0 2	0 3	1 4	2 5	3 7	5 9	7 11	11 16	17 22	25 31	↑	↑	↑	↑	↑	↑	↑
	Second	50	100										1 2	3 4	4 5	6 7	8 9	12 13	18 19	26 27	37 38	56 57							
K	First	80	80	↓	↓	↓	↓	↓	↓	↓	•	0 2	0 3	1 4	2 5	3 7	5 9	7 11	11 16	17 22	25 31	↑	↑	↑	↑	↑	↑	↑	↑
	Second	80	160									1 2	3 4	4 5	6 7	8 9	12 13	18 19	26 27	37 38	56 57								
L	First	125	125	↓	↓	↓	↓	↓	↓	•	0 2	0 3	1 4	2 5	3 7	5 9	7 11	11 16	17 22	25 31	↑	↑	↑	↑	↑	↑	↑	↑	↑
	Second	125	250								1 2	3 4	4 5	6 7	8 9	12 13	18 19	26 27	37 38	56 57									
M	First	200	200	↓	↓	↓	↓	↓	•	0 2	0 3	1 4	2 5	3 7	5 9	7 11	11 16	17 22	25 31	↑	↑	↑	↑	↑	↑	↑	↑	↑	↑
	Second	200	400							1 2	3 4	4 5	6 7	8 9	12 13	18 19	26 27	37 38	56 57										
N	First	315	315	↓	↓	↓	↓	•	0 2	0 3	1 4	2 5	3 7	5 9	7 11	11 16	17 22	25 31	↑	↑	↑	↑	↑	↑	↑	↑	↑	↑	↑
	Second	315	630						1 2	3 4	4 5	6 7	8 9	12 13	18 19	26 27	37 38	56 57											
P	First	500	500	↓	↓	↓	•	0 2	0 3	1 4	2 5	3 7	5 9	7 11	11 16	17 22	25 31	↑	↑	↑	↑	↑	↑	↑	↑	↑	↑	↑	↑
	Second	500	1000					1 2	3 4	4 5	6 7	8 9	12 13	18 19	26 27	37 38	56 57												
Q	First	800	800	↓	↓	•	0 2	0 3	1 4	2 5	3 7	5 9	7 11	11 16	17 22	25 31	↑	↑	↑	↑	↑	↑	↑	↑	↑	↑	↑	↑	↑
	Second	800	1600				1 2	3 4	4 5	6 7	8 9	12 13	18 19	26 27	37 38	56 57													
R	First	1250	1250	↓	•	0 2	0 3	1 4	2 5	3 7	5 9	7 11	11 16	17 22	25 31	↑	↑	↑	↑	↑	↑	↑	↑	↑	↑	↑	↑	↑	↑
	Second	1250	2500			1 2	3 4	4 5	6 7	8 9	12 13	18 19	26 27	37 38	56 57														

注:
↓ 请用箭号下之抽样计划,若样本数等于或大于批量则进行全数检验。
↑ 请用箭号上方之抽样计划。
Ac 允收数(Acceptance Number)。
Re 拒收数(Rejection Number)。
• 请用相应的单次抽样计划(或使用符号以下之二次抽样计划)。

• 再从表 8-4 中查出样本量为 32 件，加上第一次样本量共为 64 件，可接受的不合格产品数的界限是 6 件，包括第一次抽样不合格产品数，如果小于或等于 6 件，则判定该批产品合格；若大于 6 件，则为不合格。

以上两种抽样检查方案的选择，只影响方案的处理和运用，而不涉及检查结果的可靠性。从检查的经济性看，在检查批的质量明显优或明显劣的情况下，二次抽样检查的产品数量少，可节省检查费用。

二、服装品质控制方式

1. 生产过程品质控制

服装生产中品质控制大致可分为五个方面：生产前检查、在制品抽查、成品检查、成品出货审核、全面品质管理制度和品质保证。

（1）生产前检查。生产前检查是进入裁剪前的一种检查，主要是检查面料、辅料等。优点是：可以预防面辅料出现疵点，避免大面积的成品疵点导致退货；控制面料用量，面辅料有问题会造成面料用量的增加；防止生产延期，如果面辅料的疵点在成品检查时才发现，则加工时间就会耽误。缺点是：检查成本较高，面辅料在入仓时需要停留检查，所占的时间和空间会增加等。

①原料和零配件抽查。包括面料、里料、配料、刀模、辅件等，在收货前必须检查或抽查，检查的数量根据各厂的实际情况而定，检验标准根据采购规格来制订，检查不合标准的原料要以报表形式呈报或退货。

②排料抽查。主要抽查记录的排料长度，即用料量，抽查对条纹及对花的排位，也要注意排料图上各种碎料的分配量及各件裁片的尺寸、缝口大小，如有不合格，应以报表呈报。

③生产样板核对。每批货在生产前，先在车间试制 3~12 件服装，由品质管理部派人核对，并检查其是否与原样板或制造指示单的规格相符合、品质标准是否符合客户及厂方的要求。如发现因制造方法而影响品质或影响生产，或设计上有错误时，应立即报告，由生产工程部重新研究并改进。

（2）在制品抽查。在制品抽查是在生产中对半成品进行的检查。如对一些指定的检查部位（如裁片、领、袋等）进行检查。检查的时间不规律，检查的次数也要根据成衣的复杂性而定。在制品抽查范围包括裁床拉布至包装。

①裁床部。抽查裁剪后的裁片颜色、数量分配、大小尺寸及冲床和冲压后裁片上中下三层的尺寸是否与制造规格相符。

②缝纫生产车间。抽查各工段或分部门的半成品规格，抽查的重点在缝合之前的部分半成品，如衬衫车肩线前的前后片以及绱领前的领、衣片抽查。选择检查的内容应根据工序的复杂性及工人的技巧、生产量的多少、价格的高低、产品品质好坏等而定。

• 在制品抽查的优点，包括：

可减少大量有疵点的成衣。因为在生产中设置检查，半成品的品质得到了控制，出错的产品会被立即修改。

可减少修改疵品的费用。因为设立了较多的检查部位，工人的自觉性增强，疵品出现的机会减少。

可减少修改疵品的时间。在检查过程中发现有问题的货品，就立即修改，不让它流入下道工序，减少了修改的时间。

可使全部产品有统一的品质。

• 在制品的抽查的缺点，包括：

较难控制，随着款式的变化，需要改变检查部位。

需要有地方放置被检查的半成品。

检查成本较大。

半制品数量储存多。

生产时间相对增多，延长了生产周期，紧急订单加工时不宜采用。

③生产操作工品质要求。每个操作工应该知道自己进行的工序质量要求，包括在此道工序以前有可能影响本道工序的质量要求。工段、车间小组质量管理员应向操作工解释质量要求，质监人员每月应定期汇编操作工的月质量情况。

④熨烫及包装。抽查熨烫质量、折衣的尺寸式样及包装材料的规格（如纸箱、胶袋、挂牌、装箱分码及纸箱的商标等）是否正确。

在制品抽查的数量由各生产企业根据实际情况而定。其采用的工作步骤可分为抽查和复核。

• 抽查。品质管理人员根据制造单进程将每天生产的质量情况填写成报告，如发现货品有疵病，则在报表上填写，呈交品管部主管，由其决定所填报的事实是否确凿。如报告内容有因品管员误解生产标准而致，则把该项内容删去；如所填报的事实是实情，则签字后呈副本交给厂长和车间主任，正本留底复核用。

• 复核。复核工作是把目前发现的问题进行核查，考察其改进的情况，改进后的成绩可留作今后参考备查。

（3）成品检查。成品检查的工作是在每批货从包装开始至交货止，每批产品需进行品质审查，保证每批货都达到一定的品质要求。检查的内容包括整件制品的规格及包装的色码分配，并每天记录检查的数量和成绩。在每批货生产完成时，要进行品质统计分析，填写综合品质分析报告，呈交品管负责人审核。

（4）成品出货审核。成品出货审核为生产过程中成品质量的最后审核。审核方法可采用抽样检查，也可采用全数检查。通过这一检查，产品便会存入制成品货仓。但这次检查有时不一定是出货前的最后一次检查，出现以下的情况时可能再次接受审核：

①存货期间有可能出现损坏的情况。

②国家商检局派人专检，进行品质鉴定。

③客户根据合约要求，出货前指定专人检查。

（5）全面品质管理制度和品质保证。品质保证是生产者对用户提供的充分保证，它是全面品质管理为用户服务的思想体现和发展。品质保证可分为两方面：一是在设计、制造中采取有效措施，保证为用户提供符合品质标准的产品；另一个是在产品售后的使用过程中，提供优质的服务。若有质量问题，提供退换、赔偿等补偿办法。

2. 外发加工业务的服装质量控制

目前，出口服装企业外发加工主要有两种形式：一是全过程外发加工，即由加工点负责从裁剪、缝制、整烫到包装的所有生产过程，面辅料由发包方提供。这种形式对加工点的技术、设备、管理能力要求较高；二是部分工序外发加工，即企业在某些工序上不具备加工能力或加工能力不足，需要外发完成，如缝制、锁眼钉扣、水洗、绣花、印花等，这种形式要求加工点具有一定的专用设备和专业能力。以上两种形式都被出口服装企业广泛采用。

（1）外发加工生产中存的问题。

①相互扯皮、推诿。许多服装企业在选择了加工点之后，就直接发单，而未与其签订书面合同或协议，对产品的质量要求、交货期限、验收方式等均未做出明确规定。一旦出现产品质量问题，则相互扯皮、推诿，或以不付款、不交货相要挟。欲诉诸法律又缺乏证据，最后双方都受损失。

②不能严格评估加工单位。部分服装企业对如何选择、评价加工单位，未建立相应的制度和准则。有的仅凭对方提供的样衣来确定，有的凭关系、印象或价格来确定，没有对加工单位的工艺、技术、设备、管理能力及信誉等情况进行综合评价分析，随意性较大，最终往往因加工单位不能满足要求而造成产品质量不合格，不能及时交货。

③缺乏控制力。有的服装企业因人力资源不足缺少跟单人员，有的即使有，但也没有起到应有的作用。服装企业对跟单过程未制订必要的作业指导书，对跟单人员也没有进行正规培训和考核，导致跟单人员责任心不强，对加工单位生产过程中出现的问题不能及时发现并督促其整改，致使加工单位产品质量得不到保证。

（2）改进和加强外发加工的管理。

①做到有章可循、有据可依。要建立健全外发加工管理的规章制度，服装企业应针对外发加工各个环节以及如何选择加工单位、如何发单、如何跟单、如何验收等均做出具体规定，明确参与外发加工管理各部门及相关人员的职责、权限，使外发加工管理工作扎扎实实，有板有眼。

②建立档案，定期评价。要认真选择和评价加工单位，应按照 ISO 9000 标准的要求，把加工单位作为供方进行有效控制。制订加工单位的评价准则。在定点之前，应对其工艺技术水平、设备加工能力、质量保证能力等进行充分调查了解、证实和比较，根据产品特点和要求来选择合格的加工单位。要建立合格供方档案，记录其业绩，定期评价，以确定是否继续合作。

③自我保护，防止纠纷。在正式发单前，必须与加工单位签订合同或协议，这既是企业生产经营的需要，也是一种自我保护。合同内容应包括产品的数量、质量要求、加工费

用、付款条件、违约责任等。合同签订前双方应就以上内容进行充分沟通，确保理解一致。当产品要求发生更改时，也应及时通知对方。只有这样，才能保证外发产品符合规定要求，防止出现不必要的经济纠纷，有利于双方长期合作。

④定期跟踪，反复检查。要加强对加工单位的质量控制，选定加工单位之后，应委派跟单员对其质量及进度进行控制。跟单员必须具有较强的责任心，熟悉产品工艺和质量要求，并且具有一定的沟通能力。跟单员应按照规定的程序和方法，定期进行跟踪查货，每单至少查三次，分别为前期、中期和后期。每次查货均应出具查货报告，明确需整改的问题和整改要求，并要求双方签字确认。

三、成衣检验的程序

1. 确定检验产品

检验为同批号的服装产品。

2. 确定抽样方案和检查样本量

为了规范服装质量认证的现场抽样和检验，中国方圆标志认证中心制定的《服装质量认证抽样检验方案》中，对以下品种作出了抽检样本数量的规定。

（1）男西服、大衣产品的样本数量为 14 件，其中 10 件做规格、外观缝制质量检验，3 件做干洗试验（干洗缩率和干洗后起皱级差），1 件做破坏性黏合衬部位剥离强力和面料成分分析试验。

（2）西裤产品的样本量数为 16 条，其中 10 条做规格、外观缝制质量检验，6 条做破坏性裤后裆强力和面料成分分析试验。

（3）羽绒服装的样本数量为 13 件，其中 10 件做规格、外观缝制质量试验，3 件做破坏性羽绒理化检验和面料成分分析试验。

（4）衬衫样本数量为 16 件，其中 10 件做规格、外观缝制质量检验，3 件做洗涤试验（水洗后缩率和水洗后起皱级差），3 件做破坏性缝制部位强力和面料成分分析试验。

（5）风雨衣样本数量为 12 件，其中 10 件做规格、外观缝制质量检验，1 件做面料防水性能试验，1 件做破坏性黏合衬剥离强力和面料成分分析试验。

（6）夹克衫、男女单服装、牛仔服装、连衣裙、裙套、睡衣套、儿童单服装、男女棉服装、人造毛皮服装等产品样本数量为 10 件（套），其中 9 件做规格、外观缝制质量检验后，1 件做破坏性面料成分分析试验。

抽检中若外观缝制质量判定不符合标准规定时，可进行第二次检验，抽检数量为原外观检验数量的一倍，检验结果以第二次为准。

3. 抽样检查

（1）在成品仓库抽样时，从工厂已检验合格的某个批次产品中随机抽取。

（2）执行同一标准的产品为同一服装大类，在每个服装大类产品中抽取其中一个批次的产品。其面料为同一种面料成分，但可以不同颜色。

（3）抽样产品的规格尽可能齐全。如某企业生产纯毛男西服、毛涤男西服、纯毛女西服、毛涤女西服，抽取纯毛男西服、毛涤男西服中的任一种，纯毛女西服、毛涤女西服中的任一种，共两种。

（4）一个企业有两个或两个以上注册商标的品牌，每个品牌均按上述规定抽样。抽样具体数量详见上述内容。

4. 样本的签封和送样

（1）抽样人员确认抽样数量、批次无误后，并由企业陪同人员签字认定，然后装箱，同时将产品工艺规格单和抽样单放入箱内，在箱的上下开口处加封封条（为保证封条在样本送检过程中完好无损，可用透明胶带纸将封条覆盖）。

（2）送样。样本由企业或抽样人员负责按规定时间送指定的检验机构。

5. 样本处理

检验后样品（包括已破坏样品）在企业收到检验报告15天后并对检验报告无异议，方可取回。

四、成衣检验方法与要求

1. 注意服装上的各种标志

（1）产品上有无商标和中文厂名、厂址。

（2）产品上有无服装号型标志及相应的规格。

（3）产品上有无纤维含量标志，主要是指服装的面料、里料的纤维含量标志，各种纤维含量百分比应清晰、正确，有填充料的服装还应标明其中填充料的成分和含量。纤维含量标志应当缝制在服装的适当部位，属永久性的标志，以便消费者在穿着过程中进行洗涤和保养。

（4）产品上有无洗涤标志的图形符号及说明，指导消费者进行正确的洗涤和保养，特别是夏季穿着服装，要核实一下能否水洗的标志。

（5）产品上有无产品的合格证、产品执行标准编号、产品质量等级及其他标志。

2. 外观质量的鉴别

（1）服装的主要表面部位有无明显织疵。因为在购买后经过穿着才发现表面有明显疵点等问题，就比较难分清责任，特别是价格较高的服装产品。

（2）服装的主要缝接部位有无色差。

（3）服装面料的花型、倒顺毛是否顺向一致，条格面料的服装主要部位是否对称、对齐。

（4）注意服装上各种辅料、配料的质地，如拉链是否滑爽、纽扣是否牢固、四合扣是否松紧适宜等。

（5）有黏合衬的部位，如领子、驳头、袋盖、门襟等处有无脱胶、起泡或渗胶等现象。

3. 缝制质量的检验

（1）目测服装各部位缝线是否顺直，拼缝是否平服，绱袖吃势是否均匀、圆顺，袋盖、袋口是否平服，底边下摆是否圆顺平服。服装的主要部位一般指领头、门襟、袖窿及服装的前身部位，这些是需要重点注意的地方。

（2）查看服装的各对称部位是否一致。服装上的对称部位很多，可将左右两部分合拢，检查各对称部位是否准确。如对服装上的对称部位领头、门襟、里襟、左右两袖长短和袖口大小、袋盖长短宽窄、袋位高低进出及省道长短等进行对比。

4. 试穿检验

（1）试穿者在试穿服装时应自然放松站立，注意感觉一下颈肩部有无压迫感，如果在颈肩部有明显的沉重等不舒适的感觉，说明该件服装与试穿者的体型尚不够适宜。服装穿在身上应无明显的压力和沉重的感觉，而是一种轻松舒适的感觉。

（2）在试穿服装时，还应注意一下袖窿部位，两只手臂活动时应有舒服自如的感觉，防止袖窿过小过紧，并注意袖窿前后是否平服、圆顺。

（3）注意后背上部靠后领脚处是否平服、后背下摆处有无起吊现象。

5. 服装品质检验缺陷的确定

（1）缺陷分类。按照产品不符合标准和对产品的使用性能、外观的影响程度，疵点分为三类。

①轻微缺陷。轻微缺陷不符合标准的规定，但不影响产品的使用性能。对产品的外观有较小影响的缺陷称为轻微缺陷。

②一般缺陷。超过标准规定较多，但不影响产品的使用性能。对产品的外观有略为明显影响的缺陷称为一般缺陷。

③严重缺陷。严重超标并影响产品的基本使用功能。严重影响产品外观的缺陷称为严重缺陷。

（2）缺陷判定依据可分为两类。

①一般缺陷。定量指标中，超过标准值50%以上、100%以内（含）的缺陷；定性指标中，较大程度不符合标准规定的缺陷。

②严重缺陷。强度、颜色、摩擦牢度不合格，表面破损和熨烫疵点较严重、大面积的缝制不平以及有严重色差、油腻、异味等；定量指标中，超过标准值100%以上的缺陷；成品表面出现15mm以上断表面缝纫线、拉链损坏等。上述情况在抽查产品中出现一种或几种，均为严重缺陷的产品，即不合格产品。

第三节　常用成衣的品质检验

一、服装产品存在的质量问题

1. 产品名实不符

主要是服装面料、里料名不符实，面料、里料纤维含量标志与实测结果不符。

2. 产品的剥离强度达不到标准规定要求

服装很容易变形，标准规定粘黏合衬部位的剥离强度应不小于6N/（2.5cm×10cm）。

3. 部分产品接缝强力不符合标准规定

接缝强力又称纰裂程度，一般指肩缝、袖缝、袖窿缝、侧缝、背缝等服装产品主要接缝部位的强度。纰裂程度达不到标准规定指标，反映了服装产品的接缝牢度差，直接影响穿着牢度，甚至无法穿着或不得不修衬。按标准规定，纰裂程度指标应不大于0.6cm。

4. 部分产品色牢度项目达不到标准要求

色牢度是指产品耐洗擦性能。色牢度好与差，直接影响人体健康、穿着安全，色牢度差的产品在穿着过程中，碰到雨水、汗水就会造成颜料脱落褪色，其中染料的重金属离子等有可能通过皮肤而危害人体健康；另一方面还会使穿在身上的其他服装被染色，或者与其他衣物洗涤时染脏其他衣物。

二、成衣检验的主要内容

成衣检验主要包括服装面料的外观检验、尺寸检验、对称检验、缝纫做工检验、整烫检验、物料检查和包装检验等。

（1）面料外观检验。包括粗纱、走纱、飞纱、暗横、白迹、破损、色差、污渍等。

（2）尺寸检验。严格按照尺寸表上的尺寸及允差要求进行检验。

（3）对称检验。上装检验包括：核对对称部件大小是否相对；两肩后背的宽度；两袖长短、袖口宽窄、袖褶距离、袖衩长短；肩端两边高度；口袋大小、高低；门里襟长短，左右条格对称。裤装检验包括裤的长短、左右袋位、裤腰头等是否对称。

（4）整烫检验。整烫平服，无烫黄、极光、水渍、脏污等；整烫重要部位，如领、袖、门襟平服；线头要彻底清除；注意黏合衬不可渗透胶。

（5）物料检验。唛头位置及车缝效果；挂牌是否正确，有无遗漏；胶袋质地、粘合效果。所有物料必须依照物料单指示要求进行检查。

（6）包装检验。严格按照包装指示要求进行。

三、几种常用成衣的缝制检验要点

1. 男西服套装（上衣）的缝制检验要点

男西服上衣如图8-1所示，缝制检验的要点如下：

（1）领缝合是否牢固。

（2）翻领有无褶皱或不服帖。

（3）领接线缝线是否良好。

（4）垫肩装填是否良好、无斜皱。

（5）领扣眼（装饰扣眼）是否美观。

（6）手巾袋加固是否缝牢。

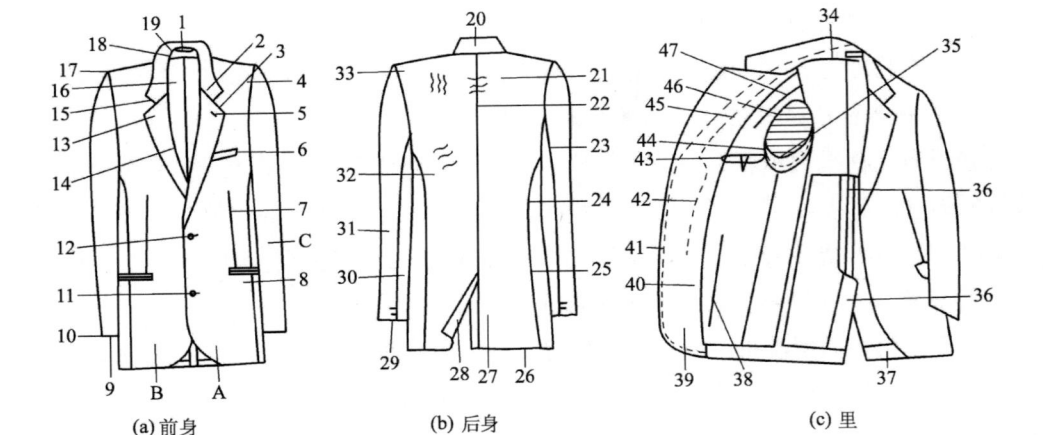

(a) 前身   (b) 后身   (c) 里

图 8 - 1 男西服上衣

1—领样 2—翻领 3—串口线 4—前肩 5—领扣眼 6—手巾袋 7—腰省 C—袖 8—大袋 A—门襟
B—里襟 9—袖口 10—袖口里衬 11—扣 12—扣眼 13—驳领 14—翻领线 15—领缺门 16—背里
17—肩端点 18—领折线 19—领窝 20—翻领 21—背 22—背中缝 23—外袖缝 24—腋下部分 25—侧缝
26—下摆 27—后身 28—后开衩 29—袖扣 30—内袖 31—外袖 32—腋下 33—肩 34—底领 35—袖隆
36—后开衩 37—下摆 38—里省 39—挂面 40—贴边里侧 41—止口拱针 42—贴边叠针
43—内袋 44—袖里包缝 45—翻领叠针 46—袖子缝合 47—肩省

（7）腰省处理效果是否美观。

（8）袖片是否无抽线，袖子是否左右对称，省缝是否良好。

（9）袋口是否打结，袋口锁边工艺是否达到要求，滚边是否美观。

（10）门襟与里襟是否平服、无折痕，止口是否无凹凸。

（11）衬里的折边是否美观，余量是否均等，加工是否美观。

（12）袖口是否缝入里衬。

（13）纽扣缝制是否牢固，位置是否正确。

（14）门扣眼锁边是否美观，位置是否正确。

（15）挂面是否无折痕、起泡，翻领是否服帖、无线头。

（16）翻领线是否自然；领缺门左右形状是否相同。

（17）背里有无折痕。

（18）肩端点是否美观，是否有吃势；前后身与袖山间有无明显接缝。

（19）折线是否为直线。

（20）领窝是否有叠针。

（21）领口是否松紧合适、无抽线。

（22）领下部有无起皱。

（23）背缝是否无吃、赶、抽线。

（24）外袖缝有无抽线。

（25）腋下部分有无抽线。

（26）侧缝是否将夹里缝在侧缝上，有无抽线。

（27）下摆是否美观。

（28）后身轮廓是否美观。

（29）后衩有无抽线，重叠部分是否美观。

（30）袖扣是否脱落，缝合位置是否正确。

（31）内袖有无抽线。

（32）外袖有无抽线。

（33）腋下部分是否服帖。

（34）肩部有无松弛。

（35）底领有无抽线、松弛。

（36）袖窿里叠针是否美观。

（37）后开衩里衬布是否抽线。

（38）下摆折边是否合适，缲缝是否美观。

（39）里省缝制是否良好。

（40）挂面有无松弛、抽线。

（41）挂面里侧是否缝合，有无抽线。

（42）止口拱针是否美观，是否缝入里衬。

（43）贴边叠针是否美观，是否缝入里衬。

（44）内袋滚边是否良好，是否有套结。

（45）袖里包缝缝制是否美观。

（46）翻领叠针缝制是否美观。

（47）袖子缝合处是否有叠针。

（48）肩省缝制是否良好。

2. 男西裤的缝制检验要点

男西裤如图 8-2 所示，缝制检验的要点如下：

（1）腰串带左右是否对称，缝制是否牢固，宽窄是否一致。

（2）袋口垫布是否进行包缝处理，口袋布与面料是否相配。

（3）袋口垫布位置是否合适，缝制是否牢固。

（4）门襟是否斜皱。

（5）裤脚是否有吃势。

（6）前片缝边处理是否良好。

（7）袋口布缝边处理是否良好。

（8）搭门拉链缝制是否牢固、是否顺滑，颜色是否与搭门一致。

（9）腰带宽窄是否一致，能否通过串带，缝制是否良好。

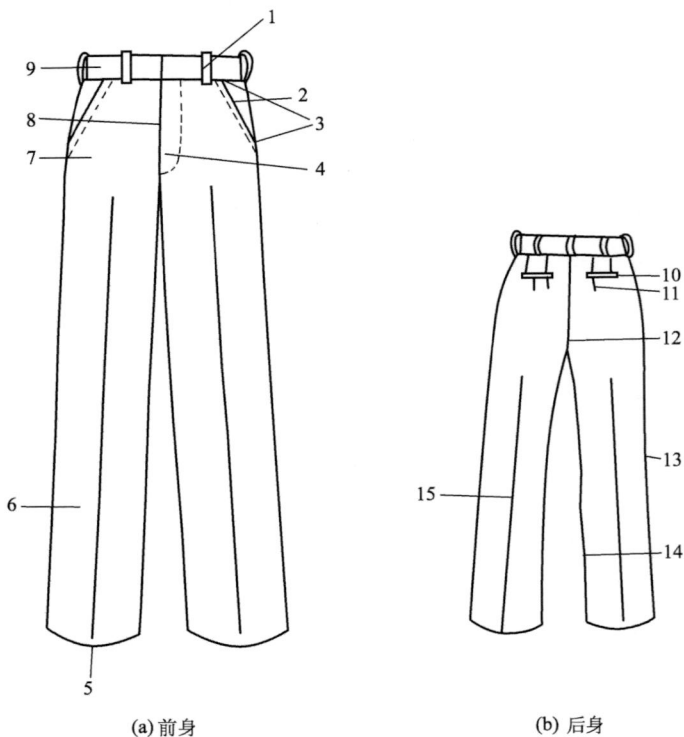

(a) 前身　　　　　　　　　(b) 后身

图 8 - 2　男西裤

1—腰串带　2—袋口垫布　3—袋口垫布　4—门襟　5—裤脚　6—前片　7—袋口布

8—搭门　9—腰带　10—后袋　11—后省　12—裆缝　13—侧缝　14—下裆缝　15—裤线

（10）后袋左右是否对称，袋口是否打结，滚边是否良好，扣眼锁缝是否良好，纽扣是否牢固。

（11）后省左右位置是否对称，加工是否美观，省的处理是否美观。

（12）裆缝是否牢固。

（13）侧缝是否有吃势、抽线。

（14）下裆缝有否吃势、抽线。

（15）裤线是否一致。

3. 男衬衫的缝制检验要点

男衬衫如图 8 - 3 所示，缝制检验的要点如下：

（1）各部位线路顺直、松紧适宜，不可有浮线、跳线、断线现象，驳线不可太多且不能出现在显眼位置，针距不能过疏过密，依照规程。

（2）领尖要帖服，领面不可鼓起，领尖无断尖，止口无反吐。

（3）领窝留意底线是否外露，止口要整齐，领面松紧适宜不反翘，领底不可外露。

（4）门襟要直，平服，侧缝顺直，松紧适宜，宽窄一致。

（5）明袋内止口要清剪，袋口平直，袋角圆顺，封口大小一致，牢固。

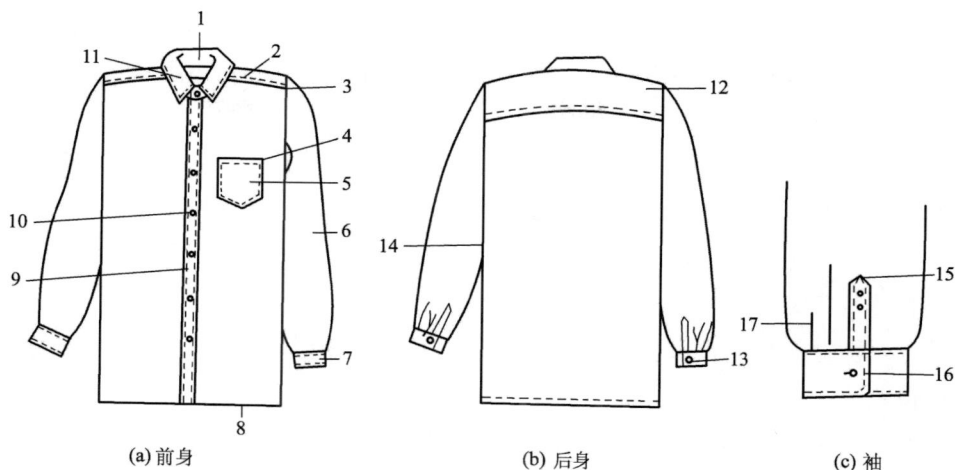

(a) 前身　　　　　　　　　(b) 后身　　　　　　　　　(c) 袖

图 8 - 3　男衬衫

1—底领　2—过肩　3—袖窿　4—袋口套结　5—袋布　6—袖　7—袖口　8—下摆　9—门襟

10—扣眼、纽扣　11—翻领　12—过肩　13—袖扣　14—侧缝　15—袖衩　16—袖扣眼　17—袖褶

（6）衫摆不可扭边外翘，直角摆要顺直，圆底摆角度一致；面线与底线的松紧要适当，避免起皱（易起皱的部位有领边、门襟、袖窿、袖底、侧缝、袖衩等）。

（7）翻领、埋夹收拾要均匀，避免容位太多（主要部位是领窝、袖口、袖窿等）。

（8）纽门定位要准，开刀利落无线毛，大小应与纽扣相匹配，钉纽位要准（尤其是领尖），纽线不可过松过长。

（9）封结（打枣）粗细、长短及位置要符合要求。

（10）注意对条、对格的主要部位。

（11）右幅与门襟相对，袋片与衫片相对，前后幅对，左右领尖、袖片、袖衩对。

（12）顺逆毛面全件顺向一致。

4. 牛仔服装的缝制检验要点

牛仔服装如图 8 - 4 所示，检验的要点如下：

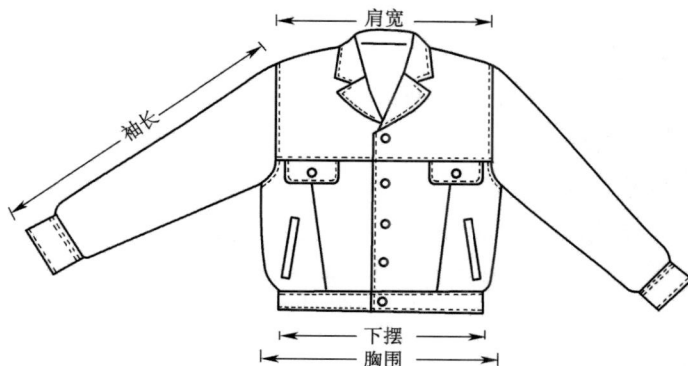

图 8 - 4　牛仔服装

（1）造型检验。衫形线条明快，领形平服，袖窿、领圈圆顺，衣服下摆底边顺直。

（2）面料外观。检查是否有粗纱、走纱、破损、暗横色差、水洗痕、水洗不均匀、白黄斑、污渍等缺陷。

（3）对称检验。

①衫：左右领型大小、领圈、驳骨、袖山要对中；两袖长短、两袖大小、袖衩长短；袋盖和袋口大小、高低、距离，驳骨高低，左右破骨位；门、里襟长短，摆角度；两肩、后背的宽度。

②裤：两裤腿长短、宽窄、脚口大小，腰头对正，侧缝顺直；前后左右及袋高低大小；裤襻位置及长短。

（4）做工检验。各部位面底线要牢固，不准有跳线、断线、浮线，驳线不可在显眼的部位，针距不能过疏或过密。

①衫：车缝的手势要均匀，避免吊条曲皱，注意领圈、门襟、里襟、袖衩、袖窿、袋口等部位；门、里襟长短要一致；领面、袋面要平顺，不能反翘；各部位五线缝合是否符合要求，吊带是否牢固。

②裤：装裤腰头的手势要均匀，避免出现容位；拉链不能翘起，纽牌要平服；串带不可歪斜，止口要清剪；裆十字位要对准，开刀利落无线毛；袋口原身横口，不可外露，袋口要平直；凤眼定位要准，开刀利落无线毛；封结粗细长短位置要符合要求。

（5）尺寸检验。严格按照生产制单尺寸表要求进行检验。

（6）尾部检验。各部位要烫平顺，无烫黄、水渍、污渍、变色；各部位线头要彻底清除干净；水洗效果优良，色彩明快，手感柔软，无黄斑、水印。

（7）物料检验。唛头、皮牌位置及车缝效果，挂牌是否正确，有无遗漏，胶袋、枪针、纸箱质地，钉纽撞钉要牢固。

（8）包装检验。成衣折叠端正平顺，严格按照包装资料指示。

5. 男夹克的缝制检验

男夹克如图 8-5 所示。缝制外观检查的要点如下：

（1）底领是否有叠针。

（2）领的左右形态是否均等。

（3）袋盖接缝是否良好，纽扣是否牢固。

（4）门襟形态是否美观。

（5）袖口的缝制是否良好。

（6）下摆的松紧带嵌入是否均匀，固定线的缝制是否弯曲。

（7）侧衣袋嵌口左右是否对称，位置是否正确，有无抽线。

（8）袖缝制是否美观。

（9）袖窿接缝是否美观。

（10）翻领是否美观、无抽线。

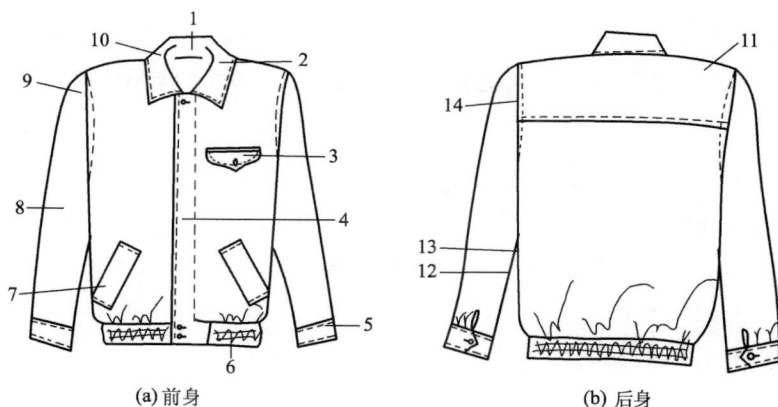

(a) 前身　　　　　　　　　　(b) 后身

图 8－5　男夹克

1—底领　2—整片领　3—袋盖　4—门襟　5—袖口　6—衫脚松紧橡皮筋　7—侧衣袋

8—袖　9—袖窿　10—翻领面　11—肩　12—袖内侧　13—侧缝　14—袖窿

（11）过肩缝制是否美观。

（12）袖带有袖里的，是否固定在袖上。

（13）侧缝是否美观。

（14）袖有衬里的，袖窿位置是否固定。

（15）袖衩是否美观。

（16）袖克夫宽窄是否一致，装饰线是否美观。

（17）纽扣钉合是否牢固。

（18）袖褶有否遗漏。

6. 针织服装的缝制检验要点

（1）外观检验。有无粗纱、色差、污渍、走纱、破损、暗横、起毛头、手感差等缺陷。领圈平服，领圈、夹圈要圆顺。

（2）布质检验。缩水率、色牢度、领与罗纹衫身的色差程度。

（3）对称检验。

①衫。领的大小、领骨是否相对；两肩、后背的阔度；两袖长短、袖口宽窄；两侧长短，袖衩长短。

②裤。裤腿长短、宽窄；左右插袋高低，袋口大小，后袋左右边长短。

（4）做工检验。

①衫。各部位线路要顺直，整齐牢固，松紧适宜，不准有浮线、断线、跳线现象，驳线现象不可太多且不能出现在显眼的位置，针距不能过疏或过密；翻领、埋夹手势要均匀，避免领窝、夹圈容位过多；注意翻领款常见疵点，领筒歪斜，底筒外露，领边走纱，筒面不平服，领嘴高低，领尖大小；注意圆领常见疵点，领位歪斜大小边，领口起波浪，领驳骨外露；夹顶要顺直不起角；袋口要平直，袋口止口要清剪；绷缝多余止口

要清剪；衫脚两侧不可起喇叭，衩款不可高低脚；绷缝条不可粗细不匀，不可太多太紧导致束起衫身布；底面线要松紧适宜，全部骨位不可起皱，特别是领圈、夹圈、脚围；纽门定位要准，开刀利落无线毛，纽门线平整无散口，不可鼓起，打纽位要准，纽线不可过松过长。

②裤。后袋留意做工不可歪斜，袋口要平直；裤腰头绷缝线要平行，不得弯曲，不得宽窄不均；封结粗细长短及位置要符合要求。

（5）整烫检验。各部位整烫平服，无烫黄、极光、水渍、脏污等，线头要彻底清剪。

7. 对襟毛衣的缝制检验要点

对襟毛衣如图8-6所示，缝制检验的要点如下：

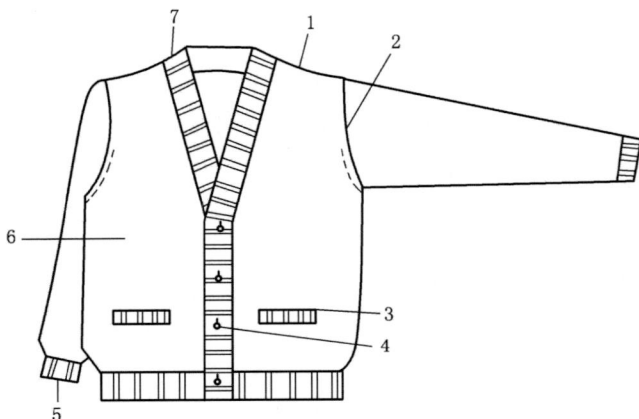

图8-6 对襟毛衣

1—肩 2—袖隆 3—衣袋 4—扣眼、扣子 5—袖口罗纹 6—前身 7—领

（1）肩有无加布条辅助强度，针迹密度是否相应增加。

（2）袖隆缝份是否给足，缝条宽度是否足够。

（3）衣袋位置是否正确，有无抽皱，打结是否完整，袋口宽松度是否合适。

（4）扣眼锁缝是否美观，有无遗漏，纽扣是否牢固，纽扣系、解是否方便。

（5）下摆罗纹和袖口罗纹弹性是否良好，拉伸后能否恢复原状，是否牢固。

（6）前身是否能充分重合，左右前身长度是否一致，是否露底襟。

（7）领的弹性是否良好，左右是否对称。

8. 妇女、儿童裙子的缝制检验要点

妇女、儿童裙子如图8-7所示，缝制检验的要点如下：

（1）腰头的衬里和面料的缝合是否良好。

（2）袋口布缝边处理是否优良。

（3）内袋布缝边处理是否优良。

（4）装饰线是否美观。

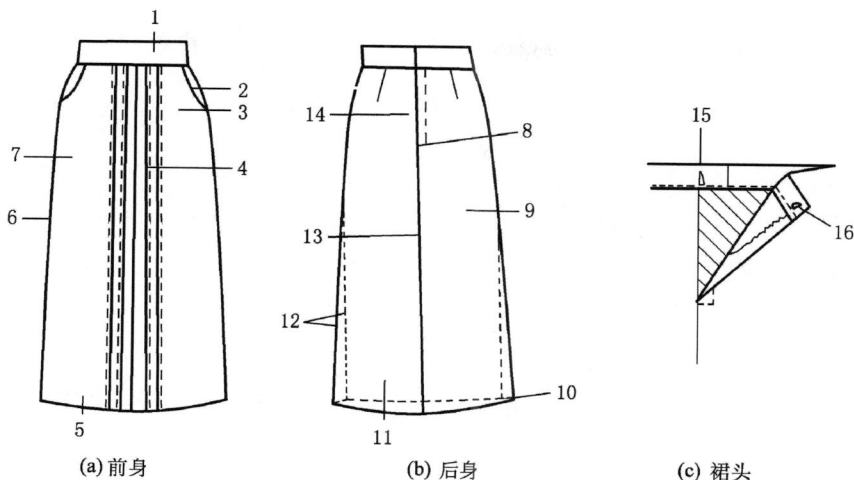

(a) 前身   (b) 后身   (c) 裙头

图 8-7　裙子

1—腰头　2—袋口布　3—内袋布　4—装饰线　5—裙摆　6—侧缝　7—前身　8—搭门止缝　9—里子
10—牵条　11—裙摆里　12—省面料及衣里的裁边处理　13—裙中缝　14—搭门　15—裙扣　16—裙钩

（5）裙摆折边是否适当，裙摆线是否美观。

（6）侧缝缝线是否美观。

（7）前身缝制是否美观。

（8）搭门止缝是否打结。

（9）衬里是否有抽线。

（10）裙里两侧是否有牵条。

（11）裙里缝制是否美观。

（12）裙中缝是否抽皱不直。

（13）拉链缝合是否良好。

（14）钩扣缝制是否牢固。

9. 羊绒针织品检验

羊绒针织品检验按物理指标、染色牢度和外观质量的检验结果评定等级。产品等级分为优等品、一等品、二等品、三等品。

（1）物理指标。

①羊绒纤维含量。纯羊绒针织品应含有100%的山羊绒纤维，考虑到山羊绒纤维存在形态变异及非人为混入羊毛的因素，其含量不得超过5%，即成品中山羊绒纤维含量达95%及以上时，可视为100%羊绒，并可标为100%羊绒。

②混纺产品中羊绒纤维含量（绝对百分比）。羊绒混纺针织品优等品和一等品中的羊绒纤维含量百分比允许偏差为-3%，就是羊绒纤维的减少不高于3%。羊绒混纺针织品中的其他纤维成分仅限于蚕丝、羊毛等动物纤维及棉、麻等天然植物纤维。

（2）单件重量偏差率。羊绒针织品以件为单位。在加工每一件羊绒针织品时，根据使用的纱线粗细、编织的密度等因素设计单件重量。通过生产加工后，成品的单件重量不能轻于设计重量的4%。

（3）顶破强度。这项指标反映了产品的坚牢程度。顶破强度指标的大小与纱线的粗细、编织的密度等有关。顶破强度越大，表明产品使用寿命越长。由于羊绒纤维细度较细，羊绒针织品比一般的羊毛针织品的强度要低。精梳羊绒针织品顶破强度为225kPa，粗梳羊绒针织品顶破强度为196kPa。

（4）编织密度系数。编织密度系数只考核粗梳单面平针织物的优等品和一等品。如这项指标小于1.0，表明产品的编织密度设计得不合格，产品较松懈。

（5）起球。羊绒针织品在实际穿用与洗涤过程中，不断经受摩擦，其表面的纤维会露出，在表面呈现许多的毛绒，即为起毛。若这些毛绒在继续穿用中不能及时脱落，就互相纠缠在一起，被揉成许多球形小粒，通常称为起球。羊绒针织品起球，会使产品外观质量恶化。羊绒纤维细而软，较易起球。考核这项指标是控制羊绒针织品的起球程度。起球指标共分为5级，1级最差，5级最好。优等品不低于3~4级，一等品不低于3级。

（6）松弛收缩。松弛收缩是指在动态下洗涤后产品的尺寸变化。如果生产企业对织造工艺、熨烫工艺不能严格把关，会造成产品密度稀松或小规格产品熨烫成大规格的产品，产品经洗涤后尺寸变形较大影响穿着。产品洗涤后无论与原尺寸相比是收缩还是涨大，都要进行控制。优等品和一等品为±5%。

（7）染色牢度。有颜色的羊绒针织品是经染色而成的。这些产品在穿着过程中将会受到光照、洗涤、熨烫、汗渍、摩擦、化学药剂等各种外界因素的作用，这就要求染色的羊绒产品的色泽要相对保持一定牢度。通常，把染色的产品经受外界作用而能保持其原来色泽的性能称为色牢度。羊绒针织品的色牢度共考核5项指标，并以级数评定，级数越高，色牢度越好。

（8）外观质量。外观质量包括部件尺寸公差、同件尺寸差异、缝迹伸长率、领圈拉开尺寸、扭斜角及外观疵点。

10. 车花、印花、绣花检验

（1）车花检验。位置是否正确，花位是否端正，有无错漏现象，颜色是否标准；行针要流畅整齐，疏密均匀；车花线有无甩色现象；线头、衬底要清理干净。

（2）印花检验。位置是否正确，花位是否端正，有无错漏现象，颜色是否标准；线条要平滑、整齐、清晰，对位要准确，落浆要厚薄适中；不可有色差、脱胶、沾污、反底现象；手感不可过硬、过黏。

（3）绣花检验。绣花针、珠片、珠粒等辅料的颜色是否正确，材质、规格是否正确，是否有脱色、杂色变形的珠片、珠粒；绣花位置是否正确，左右是否相称，疏密是否均匀；珠片、饰品钉线是否牢固，连线不能过长（不能超过1.5cm/针）；绣花面料不能有起皱、起泡的现象；绣花剪片要干净、整洁，不能有粉迹、笔迹、油污等，起针要干净。

第四节　ISO 9000 质量管理体系与应用

一、ISO 简介

1. ISO 组织及 ISO 标准简介

ISO 是国际标准化组织（The International Organization For Standardization）的英文简称。该组织于 1947 年成立，总部设在瑞士的日内瓦。

ISO 的技术工作是通过技术委员会（TC）来进行的。根据工作需要，每个技术委员会可以设若干分委员会（简称 SC），TC 和 SC 下面还可设立若干工作组（简称 WG）。目前，ISO 共有 TC、SC 和 WG 约 2850 个。技术委员会和分委员会各有一个主席和一个秘书处，秘书处由各成员国分别担任，各秘书处与日内瓦的 ISO 中央秘书处保持直接联系。

由于 ISO 颁布的标准在世界上具有很强的权威性、指导性和通用性，对世界标准化进程起着十分重要的作用，所以各国都非常重视 ISO 标准。每年约有 30000 名专家参加 ISO 的各种会议，许多国家的政府部门、工业部门及有关方面通过参加技术委员会、分委员会及工作小组的活动积极参与 ISO 标准制订工作。目前，ISO 的 200 多个技术委员会正在不断地制订新的产品、工艺及管理方面的标准。其财政支持大部分来自成员国认缴的年费，少量来自 ISO 标准和其他出版物的收入。

ISO 标准内容涉及的技术领域广泛，到目前为止，ISO 已制定国际标准共 12000 多个，如 ISO 公制螺纹、ISO 的 A4 纸张尺寸、ISO 的集装箱系列等，其中最成功的是 ISO 9000 族标准和 ISO 14000 系列标准。

2. ISO 9000 族标准的发展历程

ISO 9000 族标准第一版于 1987 年 3 月颁布，颁布后，在世界各地得到广泛运用。在运用的基础上，ISO 9000 族标准内容经过多次修订和完善，分别于 1994 年 7 月、2000 年 6 月、2008 年 11 月和 2015 年 9 月颁布修订后的新标准。

ISO 9000 质量体系认证是由国家或政府认可的组织以 ISO 9000 系列质量体系标准为依据进行的第三方认证活动，以绝对的权力和威信保证公开、公正、公平及相互间的充分信任。其系列标准发展历程如下：

（1）1980 年，"质量"一词被定义为企业动作及绩效中所展现的组织能力。一些行业标准与国家标准应运而生，另外，由于跨国贸易的逐渐形成，跨行业、跨国度的新标准也呼之欲出。

（2）1987 年，国际标准化组织 ISO 成立 TC 176 技术委员会，联系 53 个国家，致力于 ISO 9000 系列标准的发展，颁布 ISO 9000 系列质量保证体系标准。

（3）1992年，中国等同采用 ISO 9000 系列标准，形成 GB/T 19000 系列标准。欧共体提出欧共体内部各国企业按照 ISO 9000 系列标准完善质量体系，美国把此作为"进入全球质量运动会的规则"。

（4）1994年，国际标准化组织 ISO 修改发布 ISO 9000：1994 系列标准。世界各大企业，如德国西门子公司、日本松下公司、美国杜邦公司等纷纷通过了认证，并要求他们的分供方通过 ISO 9000 认证。

（5）2000年，国际标准化组织 ISO 修改发布 ISO 9000：2000 系列标准，以更适应新时期各行业质量管理的需求。

（6）2008年11月，国际标准化组织 ISO 修改发布 ISO 9001：2008 系列标准，该标准更具兼容性、广泛性。

（7）ISO 9001：2008 于 2008 年 11 月正式发布后，TC 176 成立了《ISO 9001：2008 未来修订工作组》，专门研究 ISO 9001 下一步修订的思路、设想。

（8）2014年，国际标准化组织（ISO）和国际电工委（IEC）联合发布管理体系标准的高阶架构（High Level Structure），为所有的管理体系标准明确了共同的架构。这样就为组织整合所有管理体系，建立简单有效的一体化管理体系，提供了极大的便利。

（9）2015年，为确保 ISO 标准与时俱进，跟上时代发展的潮流，ISO 标准经过修订，于 2015 年 9 月 ISO 9001：2015 新版正式发布。ISO 9001：2015 新版是在 2008 版标准的基础上进行了合理的改进，在结构、质量手册、风险等方面都发生了变化。该标准强调领导在质量管理体系中的重要性、强调基于风险的思维、强调质量方针和质量目标与组织的战略方向保持一致。

二、ISO 9001：2015 与 ISO 9001：2008 的主要差异

作为应用最广泛的国际标准之一的 ISO 9001，不仅采用了统一的管理体系高阶架构，而且在内容方面很具有前瞻性，引入了先进的管理理念和方法，如风险管理、知识管理、变更管理等。ISO 9001：2015 为未来 10～15 年的质量管理指明了方向。本次的修改又是 ISO 9001 发展史上一个重要里程碑。与 ISO 9001：2008 相比，ISO 9001：2015 最大的变化可以概括为一变、二改、三减、六加。

（1）一变。ISO 9001：2015 在结构上发生了重大变化，采用了统一的管理体系高阶架构；仍然采用 PDCA 的管理思想。

（2）二改。

①ISO 9001：2008 中的"文件"和"记录"在 ISO 9001：2015 中统一改成"文件化的信息"。

②ISO 9001：2008 中"文件化程序"的要求被修改，在 ISO 9001：2015 中没有强制的"文件化程序"要求，但对"过程"提出了新的要求。

（3）三减。

①删减"质量手册"的强制要求。质量手册不是必须要有,可有可无,但质量管理体系的范围、组织架构、部门职责及职能分配等还是要明确规定,规定的形式和方法不限。

②删减"管理者代表"的强制要求。管理者代表不是必须要有,可有可无,只要标准中规定的领导职责和承诺全部落实即可。

③删减"预防措施"的要求。预防措施的要求不再以某个条款单独列出来,"预防"思想和原则分布在所有条款中,尤其是在标准的"策划"部分。

(4)六加。

①增加组织背景分析要求。对组织背景进行分析,确保体系符合组织实际。

②增加风险管理要求。风险管理思想和原则贯穿整个标准,极具前瞻性。

③增加知识管理要求。知识管理是个很前沿的管理理念,这次纳入 ISO 9001 标准,非同凡响。

④增加变更管理要求。变更管理是一些特殊行业(如汽车、铁路等)标准要求,这次也纳入 ISO 9001 标准,可见其重要性。

⑤增加应急措施要求。针对风险,策划对应的风险和管理措施,并将措施融入到体系中。

⑥增加绩效评估要求。要求明确目标及过程绩效指标并分解到各个过程,职能上并制定考评制度。

三、ISO 9001:2015 质量管理体系要求的特点

ISO 9001:2015 要求,更多地理解外部环境、解决风险以及高级管理层更大的"质量领导力"责任,这与管理体系和产品、服务质量之间的各个环节息息相关。同时,新标准更加注重内部利益相关方的直接参与,或者说是更加注重对组织管理体系的设计、实施、架构和绩效的监督,从而确保质量管理体系是组织业务流程中的一个不可或缺的组成部分。

具体来说,ISO 9001:2015 质量管理体系要求的特点可概括为以下几点:

(1)强调建立适合各组织具体要求的管理体系。

(2)要求组织高层能参与其中并承担责任,使质量与更广泛的业务策略相适应。

(3)基于风险的思维。这是实现质量管理体系有效性的基础。本标准以前的版本已经隐含基于风险思维的概念,例如,采取预防措施消除潜在的不合格,对发生的不合格进行分析,并采取与不合格的影响相适应的措施,防止其再发生。为了满足本标准的要求,组织需策划和实施应对风险和机遇的措施。应对风险和机遇,为提高质量管理体系有效性、获得改进结果以及防止不利影响奠定基础。

某些有利于实现预期结果的情况可能导致机遇的出现,例如,有利于组织吸引顾客、开发新产品和服务、减少浪费或提高生产率的一系列情形。利用机遇所采取的措施也可能包括考虑相关风险。风险是不确定性的影响,不确定性可能有正面的影响,也可能有负面

的影响。风险的正面影响可能提供机遇，但并非所有的正面影响均可提供机遇。风险防范意识贯穿整个标准，使整个管理体系适用于风险预防，并鼓励持续改进。

（4）新版标准更强调以结果为本，质量管理体系应是使用体系的文件化，而不是文件化体系。对文件的规定性要求更少，如组织机构可以自行决定需要记录什么信息，应该采用什么文件格式。

新版标准更关注组织输出的产品和服务的符合性，不再强调《质量手册》和《程序文件》这类文件形式，而是统一用"形成文件的信息"取而代之。关注"动作"的存在和有效性，关注文件行动化。

四、ISO 9001：2015 质量管理体系要求的七项管理原则

1. 以顾客为关注焦点原则

质量管理的主要关注点是满足顾客要求并且努力超越顾客的期望，组织只有赢得顾客和其他相关方的信任才能获得持续成功。与顾客相互作用的每个方面，都提供了为顾客创造更多价值的机会。理解顾客和其他相关方当前和未来的需求，有助于组织的持续成功。

企业应确认顾客明确和隐含的需求，了解顾客的期望，包括企业有能力满足和无法满足的期望，并与顾客进行沟通。将顾客的需求转化为服装企业内部的目标和要求，并在服装企业内部分解落实，以满足甚至超过顾客的要求和期望。

（1）应用该原则时，服装企业应开展下列活动。

①了解并掌握顾客的需求和期望。

②兼顾顾客和其他相关方之间的利益。

③在整个组织传达这些需求和期望。

④测量顾客的满意度并根据结果采取相应的措施。

⑤管理好与顾客的关系。

⑥确定、理解并持续地满足顾客要求以及适用的法律法规要求。

⑦确定将应对的风险和机遇，这些风险和机遇可能影响产品和服务的合格率以及顾客的满意度。

⑧始终致力于增强顾客满意度。

（2）应用该原则的好处。

①增加顾客价值。

②提高顾客满意度。

③增进顾客忠诚度。

④增加重复性业务。

⑤提高组织的声誉。

⑥扩展顾客群。

⑦增加收入和市场份额。

2. 领导作用原则

企业领导者应确立组织统一宗旨及方向，他们应当创造并保持能使企业员工充分参与实现企业目标的内部环境。统一的宗旨和方向以及全员参与，能够使组织将战略、方针、过程和资源保持一致，以实现其目标。

（1）最高管理者的领导作用。最高管理者的领导作用是整体质量管理体系建立、实施、监视与测量以及持续改进其有效性的基本必要条件。

①最高管理者应为质量管理体系的有效性承担责任。最高管理者在质量管理体系中要有职责分工和质量责任分担机制，各管理者所担当的角色和职责应得到明确规定。

②确保制定质量方针和质量目标，并与组织环境和战略方向相一致。组织特定时期的战略方向，最高管理者需基于风险思维，对组织经营的外部和内部环境因素进行分析，确保建立的质量方针和目标能够体现组织经营背景下的质量追求，并能够支持组织实现其战略方向。

③确保质量管理体系要求融入组织的业务过程。最高管理者了解组织质量管理体系设计的总体宗旨与要求。

④确保获得质量管理体系所需的资源。最高管理者确保组织质量管理体系运行所需的资源类型、程度和数量；确定资源保障的优先顺序和提供资源的途径，维护资源可用性的技术和方法。

⑤确保实现质量管理体系的预期结果。最高管理者要确保质量管理体系的关键过程、重要过程都得到有效运行，建立有效的机制，监视、测量、改进质量管理体系的绩效；当组织的内外部环境发生变化时，最高管理者确保及时针对变化识别风险和机会，并根据风险评估的结果对质量管理体系进行必要的更新；组织用以评价其质量管理体系绩效的准则或指标体系，充分体现了组织经营战略拟实现的预期结果，且在组织自身的绩效监视测量中予以应用。

⑥促使、指导和支持员工努力提高质量管理体系的有效性。最高管理者确保人员的岗位职责以及相关的质量责任得到规定，并确保岗位人员知晓；建立有效的机制，为人员的工作提供必要的知识与技能指导和资源支持，帮助人员在工作中为质量管理体系有效性做出贡献；建立良好的环境和机制，使人员愿意为质量管理体系的有效性做出贡献。

⑦促进改进。关注过程方法在组织质量改进中的应用，包括改进机会的识别、改进优先顺序的判断和决策、改进目标的确定、改进措施的选择和决策、改进效果的跟踪和评价。

⑧支持其他管理者履行其相关领域的职责。其他管理者在其职责范围内的质量责任是否清晰明确；高层管理者为其他管理者在其职责范围内发挥领导作用给予充分必要的授权，提供充分必要的资源。

（2）使用该原则可开展的活动。

①在整个组织内，就其使命、愿景、战略、方针和过程进行沟通。

②在组织的所有层次创建并保持共同的价值观和公平道德的行为模式。

③培育诚信和正直的文化。

④鼓励在整个组织范围内履行对质量的承诺。

⑤确保各级领导者成为组织人员中的实际楷模。

⑥为组织人员提供履行职责所需的资源、培训和权限。

⑦激发、鼓励和表彰员工的贡献。

3. 全员参与原则

企业各级人员都是组织之本，只有他们的充分参与，才能使他们的才干为企业带来收益。企业的质量管理不仅需要最高管理者的正确领导，还有赖于全员的参与。因此，企业应对员工进行必要的培训，提高员工的素质，确保员工意识到所从事活动的相关性和重要性以及如何为实现质量目标做出贡献。

整个组织内各级人员的胜任、授权和参与，是提高组织创造价值和提供价值能力的必要条件。为了有效和高效地管理组织，各级人员得到尊重并参与其中是极其重要的。通过表彰、授权和提高能力，促进在实现组织的质量目标过程中的全员参与。

（1）应用该原则时，企业应开展以下活动。

①与员工沟通，以增进他们对个人贡献的重要性的认识。

②促进整个组织的协作。

③提倡公开讨论，分享知识和经验。

④让员工确定工作中的制约因素，毫不犹豫地主动参与。

⑤赞赏和表彰员工的贡献、钻研精神和进步。

⑥针对个人目标进行绩效的自我评价。

⑦对评估员工的满意度和沟通结果进行调查，并采取适当的措施。

（2）应用该原则的好处有。

①通过组织内人员对质量目标的深入理解和内在动力的激发，提高人员的参与程度。

②促进个人发展、主动性和创造力。

③提高员工的满意度。

④增强整个组织的信任和协作。

⑤促进整个组织对共同价值观和文化的关注。

4. 过程方法原则

当活动被作为相互关联的功能过程进行系统管理时，可更加有效和高效地得到预期的结果。标准倡导在建立、实施质量管理体系以及提高其有效性时采用过程方法，通过满足顾客要求增强顾客满意度。

将相互关联的过程作为一个体系加以理解和管理，有助于组织有效和高效地实现其预期结果。这种方法使组织能够对其体系之间相互关联和相互依赖的关系进行有效控制，以提高组织整体绩效。

过程方法包括按照组织的质量方针和战略方向，对各过程及其相互作用进行系统地规定和管理，从而实现预期结果。可通过采用 PDCA 循环以及始终基于风险的思维对过程和整个体系进行管理，旨在有效利用机遇并防止发生不良结果。

在质量管理体系中应用过程方法能够：

（1）提高关注关键过程和改进机会的能力。

（2）通过协调一致的过程体系，始终得到预期的结果。

（3）通过过程的有效管理、资源的高效利用及职能交叉障碍的减少，尽可能提高绩效。

（4）使组织能够向相关方提供关于其一致性、有效性和效率方面的信任。

5. 改进原则

成功的组织总是致力于持续改进，改进对于组织保持当前的业绩水平，对其内外部条件的变化做出反应并创造新的机会都是非常必要的。改进总体业绩应当是企业的一个永恒目标。持续改进是指为提高满足要求的能力而反复进行的活动。对产品而言，持续改进是为了改善产品特征和特性，提高生产过程效率的措施。持续改进质量管理体系的目的在于提高企业的工作效率和效益，增加顾客和其他相关方的满意机会。

（1）改进的作用。

①改进过程绩效、组织能力和顾客满意度。

②增强对调查和确定基本原因以及后续的预防和纠正措施的关注。

③提高对内外部的风险和机会的预测和反应能力。

④增加对增长性和突破性改进的考虑。

⑤通过加强学习实现改进。

（2）改进可进行下列活动。

①促进在组织的所有层次建立改进目标。

②对各层次员工进行培训，使其懂得如何应用基本工具和方法实现改进目标。

③确保员工有能力成功地制定和完成改进项目。

④开发和部署整个组织实施的改进项目。

⑤跟踪、评审和审核改进项目的计划、实施、完成和结果。

⑥将新产品开发或产品、服务和过程的更改都纳入到改进中予以考虑。

⑦赞赏和表彰改进。

企业应持续改进质量管理体系的适宜性、充分性和有效性。应考虑分析和评价的结果以及管理评审的输出，以确定是否存在需求或机遇，这些需求或机遇应作为持续改进的一部分加以应对。

6. 循证决策原则

决策是一个复杂的过程，并且总是包含一些不确定因素。它经常涉及多种类型和来源的输入及解释，而这些解释可能是主观的。重要的是理解因果关系和潜在的非预期后果。对事实、证据和数据的分析可导致决策更加客观，因而更有信心。基于对数据信息分析的决策更有可能产生期望的结果。

（1）循证决策的作用。

①改进决策过程。

②改进对实现目标的过程绩效和能力的评估。

③改进运行的有效性和效率。

④增加评审、挑战和改变意见和决策的能力。

⑤增加证实以往决策有效性的能力。

（2）循证决策可开展以下活动。

①确定、测量和监视证实组织绩效的关键指标。

②使相关人员能够获得所需的全部数据。

③确保数据和信息足够准确、可靠和安全。

④使用适宜的方法对数据和信息进行分析和评价。

⑤确保人员胜任对数据的分析和评价。

⑥依据证据，权衡经验和直觉进行决策并采取措施。

7. 关系管理原则

为了持续成功，组织需要管理与供方等相关方的关系。组织管理与所有相关方的关系，以最大限度地发挥其在组织绩效方面的作用。对供方及合作伙伴的关系网管理是非常重要的。

（1）关系管理的作用。

①通过对每一个与相关方有关的机会和限制的响应，提高组织及其相关方的绩效。

②对目标和价值观，与相关方有共同的理解。

③通过共享资源和能力，以及预测与管理和质量有关的风险，增加为相关方创造价值的能力。

④使产品和服务有稳定流动的、管理良好的供应链。

（2）关系管理可开展的活动。

①确定组织和相关方（供方、合作伙伴、顾客、投资者、雇员或整个社会）的关系。

②确定需要优先管理的相关方的关系。

③建立权衡短期收益与长期考虑的关系。

④收集并与相关方共享信息、专业知识和资源。

⑤适当时，测量绩效并向相关方报告，以增加改进的主动性。

⑥与供方、合作伙伴及其他相关方共同开展开发和改进活动。

⑦鼓励和表彰供方与合作伙伴的改进和成绩。

五、ISO 9001：2015 质量管理体系要求的管理模式与分析

1. ISO 9001：2015 质量管理体系要求的管理模式

直接用 PDCA 把各个篇章有机组合起来，逻辑非常清楚。如图 8 - 8 所示，该图反映了在规定组织需要满足其质量管理体系各个阶段的输入要求时，顾客起着重要的作用。此外，其他利益相关方的需求和期望在规定这些要求时也能够起作用。对顾客满意度的监视，要求组织对顾客关于组织是否已满足其要求与感受的信息进行评价。

图 8 - 8 的模式示意图虽覆盖了本标准的所有要求，但未详细地反映单个过程，各个过程和此体系作为一个整体，可以使用在该标准 0.4 条款描述的 PDCA 方法进行管理。

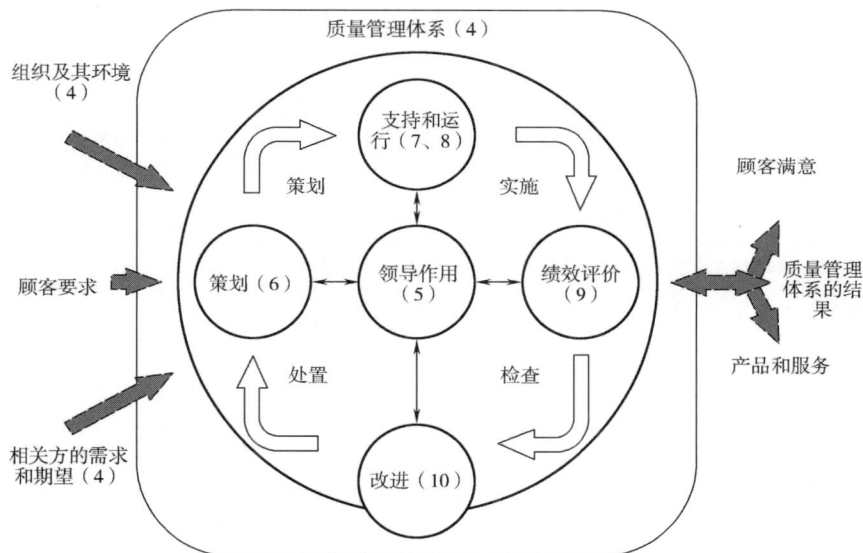

图 8 - 8　ISO 9001：2015 质量管理体系要求的管理模式

2. ISO 9001：2015 与 ISO 9001：2008 质量管理体系要求差别

与 ISO 9001：2008 相比，ISO 9001：2015 除编辑性修改外，主要技术变化如下：

①采用 ISO/IEC 导则，ISO 9001：2015 标准补充规定的附件 SL 中给出的高阶结构。

②采用基于风险的思维。

③更少的规定性要求。

④对成文信息的要求更加灵活。

⑤提高了服务行业的适用性。

⑥更加强调组织环境。

⑦增强对领导作用的要求。

⑧更加注重实现预期的过程结果以增强顾客满意度。

ISO 9001：2015 与 ISO 9001：2008 质量管理体系要求在管理模式和标准条款方面的差异，如图 8 - 9 和表 8 - 5 所示。

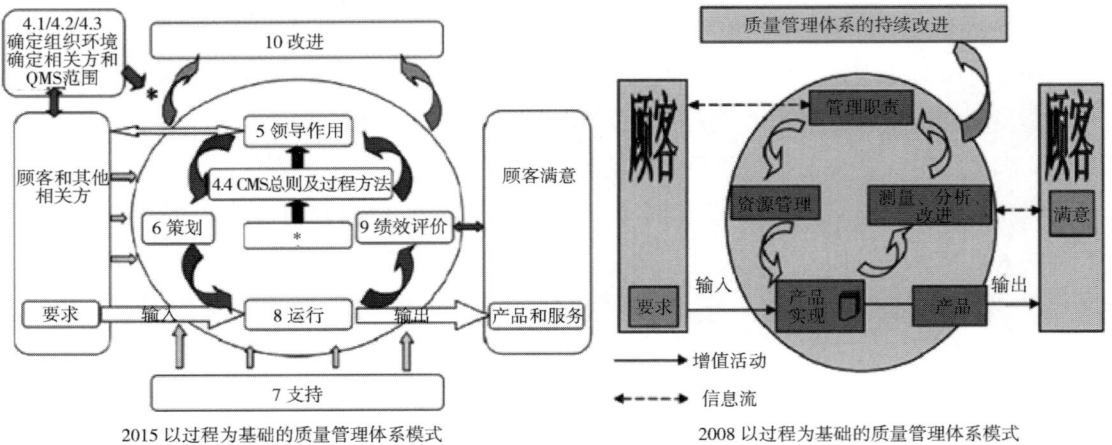

图 8 - 9　ISO 9001：2015 与 ISO 9001：2008 质量管理体系要求的管理模式对比

表 8 - 5　ISO 9001：2015 与 ISO 9001：2008 标准条款对照表

ISO 9001：2015	ISO 9001：2008
1 范围	1 范围 　1.1 总则
4 组织环境	4 质量管理体系
4.1 理解组织及其环境	4 质量管理体系 5.6 管理评审
4.2 理解相关方的需求和期望	4 质量管理体系 5.6 管理评审
4.3 确定质量管理体系的范围	1.2 应用 　4.2.2 质量手册
4.4 质量管理体系及其过程	4 质量管理体系 4.1 总要求
5 领导作用	5 管理职责
5.1 领导作用和承诺	5.1 管理承诺
5.1.1 总则	5.1 管理承诺
5.1.2 以顾客为关注焦点	5.2 以顾客为关注焦点
5.2 方针	5.3 质量方针
5.2.1 制定质量方针	5.3 质量方针

续表

ISO 9001：2015	ISO 9001：2008
5.2.2 沟通质量方针	5.3 质量方针
5.3 组织内的角色、职责和权限	5.5.1 职责和权限 5.5.2 管理者代表 5.4.2 质量管理体系策划
6 策划	5.4.2 质量管理体系策划
6.1 应对风险和机遇的措施	5.4.2 质量管理体系策划 8.5.3 预防措施
6.2 质量目标及其实现的策划	5.4.1 质量目标
6.3 变更的策划	5.4.2 质量管理体系策划
7 支持	6 资源管理
7.1 资源	6 资源管理
7.1.1 总则	6.1 资源提供
7.1.2 人员	6.1 资源提供
7.1.3 基础设施	6.3 基础设施
7.1.4 运作过程环境	6.4 工作环境
7.1.5 监视和测量资源	7.6 监视和测量设备的控制
7.1.5.1 总则	7.6 监视和测量设备的控制
7.1.5.2 测量溯源	7.6 监视和测量设备的控制
7.1.6 组织的知识	无相对应的条款
7.2 能力	6.2.1 总则 6.2.2 能力、培训和意识
7.3 意识	6.2.2 能力、培训和意识
7.4 沟通	5.5.3 内部沟通
7.5 成文信息	4.2 文件要求
7.5.1 总则	4.2.1 总则
7.5.2 创建和更新	4.2.3 文件控制 4.2.4 记录控制
7.5.3 成文信息的控制	4.2.3 文件控制 4.2.4 记录控制
8 运作	7 产品实现
8.1 运作策划和控制	7.1 产品实现的策划
8.2 产品和服务的要求	7.2 与顾客有关的过程
8.2.1 顾客沟通	7.2.3 顾客沟通
8.2.2 产品和服务要求的确定	7.2.1 与产品有关的要求的确定

ISO 9001：2015	ISO 9001：2008
8.2.3 产品和服务要求的评审	7.2.2 与产品有关的要求的评审
8.2.4 产品和服务要求的更改	7.2.2 与产品有关的要求的评审
8.3 产品和服务的设计和开发	7.3 设计和开发
8.3.1 总则	7.3.1 设计和开发策划
8.3.2 设计和开发策划	7.3.1 设计和开发策划
8.3.3 设计和开发输入	7.3.2 设计和开发输入
8.3.4 设计和开发控制	7.3.4 设计和开发评审 7.3.5 设计和开发验证 7.3.6 设计和开发确认
8.3.5 设计和开发输出	7.3.3 设计和开发输出
8.3.6 设计和开发更改	7.3.7 设计和开发更改的控制
8.4 外部提供过程、产品和服务的控制	7.4.1 采购过程
8.4.1 总则	4.1 总要求 7.4.1 采购过程
8.4.2 控制类型和程度	7.4.1 采购过程 7.4.3 采购产品的验证
8.4.3 提供给外部供方的信息	7.4.2 采购信息 7.4.3 采购产品的验证
8.5 生产和服务提供	7.5 生产和服务提供
8.5.1 生产和服务提供的控制	7.5.1 生产和服务提供的控制 7.5.2 产品和服务提供过程的确认
8.5.2 标识和可追溯性	7.5.3 标识和可追溯性
8.5.3 顾客或外部供方财产	7.5.4 顾客财产
8.5.4 防护	7.5.5 产品防护
8.5.5 交付后活动	7.5.1 生产和服务提供的控制
8.5.6 变更控制	7.3.7 设计和开发变更的控制
8.6 产品和服务的放行	7.4.3 采购产品的验证 8.2.4 产品的监视和测量
8.7 不合格输出的控制	8.3 不合格品控制
9 绩效评价	8 测量、分析和改进
9.1 监视、测量、分析和评价	8 测量、分析和改进
9.1.1 总则	8.1 总则 8.2.3 过程的监视和测量
9.1.2 顾客满意	8.2.1 顾客满意

续表

ISO 9001：2015	ISO 9001：2008
9.1.3 分析和评价	8.4 数据分析
9.2 内部审核	8.2.2 内部审核
9.3 管理评审	5.6 管理评审
9.3.1 总则	5.6.1 总则
9.3.2 管理评审输入	5.6.2 评审输入
9.3.3 管理评审输出	5.6.3 评审输出
10 改进	8.5 改进
10.1 总则	8.5.1 持续改进
10.2 不合格和纠正措施	8.3 不合格品控制 8.5.2 纠正措施
10.3 持续改进	8.5.1 持续改进 8.5.3 预防措施

六、ISO 9001：2015 质量管理体系要求简介

ISO 9001：2015 标准与 ISO 9001：2008 标准构成基本一样，除前言外，分引言（0.1 总则、0.2 质量管理原则、0.3 过程方法、0.4 与其他管理体系标准的关系）、1 范围、2 规范性引用文件，3 术语和定义、4 组织环境、5 领导作用、6 策划、7 支持、8 运行、9 绩效评价、10 改进、附录等内容。其标准的重点内容是：4 组织环境、5 领导作用、6 策划、7 支持、8 运行、9 绩效评价、10 改进。

下面就主要内容分别作一简单介绍。

0.1 总则

采用质量管理体系是组织的一项战略决策，能够帮助其提高整体绩效，为推动可持续发展奠定良好基础。

内部和外部各方均可使用本标准。实施本标准并不意味着需要：

——统一不同质量管理体系的架构；

——形成与本标准条款结构相一致的文件；

——在组织内使用本标准的特定术语。

本标准规定的质量管理体系要求是对产品和服务要求的补充。

所以，不要求改变组织原有文件结构；不要求用新版标准术语来替代组织习惯术语。

标准采用过程方法，该方法结合了策划 – 实施 – 检查 – 处置（PDCA）循环与基于风险的思维。过程方法使组织能够策划其过程及其相互作用。PDCA 循环使组织能够确保其过程得到充分的资源和管理，确定改进机会并采取行动。

基于风险的思维使组织能够确定可能导致其过程和质量管理体系偏离策划结果的各种

因素，采取预防控制，最大限度地降低不利影响，并最大限度地利用出现的机遇。

在日益复杂的动态环境中持续满足要求，并针对未来需求和期望采取适当行动，这无疑是组织面临的一项挑战。为了实现这一目标，组织可能会发现，除了纠正和持续改进，还有必要采取各种形式的改进，如突破性变革、创新和重组。

标准的总体结构如图 8 - 10 所示。

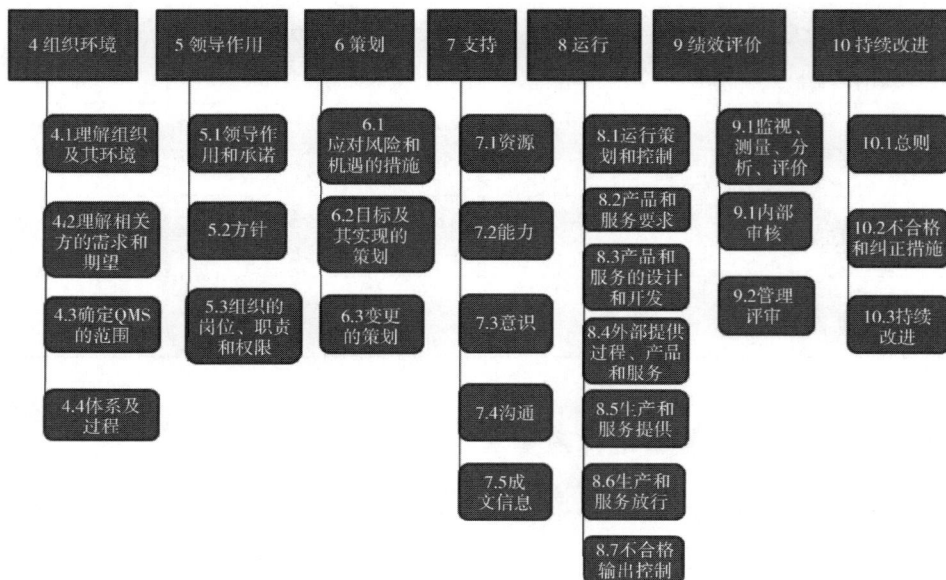

图 8 - 10　ISO 9001：2015 标准的结构图

关于标准的 1 范围、2 规范性引用文件、3 术语和定义，就不在此具体介绍了。

4. 组织环境

4.1 理解组织及其环境

组织应确定与其宗旨和战略方向相关并影响其实现质量管理体系预期结果的能力的各种外部和内部因素。

组织应对这些外部和内部因素的相关信息进行监视和评审。

注1：这些因素可能包括需要考虑的正面和负面要素或条件。

注2：考虑来自于国际、国内、地区或当地的各种法律法规、技术、竞争、市场、文化、社会和经济环境的因素，有助于理解外部环境。

注3：考虑与组织的价值观、文化、知识和绩效等有关的因素，有助于理解内部环境。

4.2 理解相关方的需求和期望

由于相关方对组织稳定提供符合顾客要求及适用法律法规要求的产品和服务的能力具有影响或潜在影响，因此，组织应确定：

a）与质量管理体系有关的相关方；

b）与质量管理体系有关的相关方的要求。

组织应监视和评审这些相关方的信息及其相关要求。

4.3 确定质量管理体系的范围

组织应确定质量管理体系的边界和适用性，以确定其范围。

在确定范围时，组织应考虑：

a）4.1 中提及的各种外部和内部因素；

b）4.2 中提及的相关方的要求；

c）组织的产品和服务。

如果本标准的全部要求适用于组织确定的质量管理体系范围，组织应实施本标准的全部要求。

组织的质量管理体系范围应作为成文信息，可获得并得到保持。该范围应描述所覆盖的产品和服务类型，如果组织确定本标准的某些要求不适用于其质量管理体系范围，应说明理由。

只有当所确定的不适用的要求不影响组织确保其产品和服务合格的能力或责任，对增强顾客满意也不会产生影响时，方可声称符合本标准的要求。

4.4 质量管理体系及其过程

4.4.1 组织应按照本标准的要求，建立、实施、保持和持续改进质量管理体系，包括所需过程及其相互作用。

组织应确定质量管理体系所需的过程及其在整个组织中的应用，且应：

a）确定这些过程所需的输入和期望的输出；

b）确定这些过程的顺序和相互作用；

c）确定和应用所需的准则和方法（包括监视、测量和相关绩效指标），以确保这些过程的有效运行和控制；

d）确定这些过程所需的资源并确保其可获得；

e）分配这些过程的职责和权限；

f）按照 6.1 的要求应对风险和机遇；

g）评价这些过程，实施所需的变更，以确保实现这些过程的预期结果；

h）改进过程和质量管理体系。

4.4.2 在必要的范围和程度上，组织应：

a）保持成文信息以支持过程运行；

b）保留成文信息以确信其过程按策划进行。

5. 领导作用

5.1 领导作用和承诺

5.1.1 总则

最高管理者应通过以下方面，证实其对质量管理体系的领导作用和承诺：

a）对质量管理体系的有效性负责；

b）确保制定质量管理体系的质量方针和质量目标，并与组织环境相适应，与战略方向相一致；

c）确保质量管理体系要求融入组织的业务过程；

d）促进使用过程方法和基于风险的思维；

e）确保质量管理体系所需的资源是可获得的；

f）沟通有效的质量管理和符合质量管理体系要求的重要性；

g）确保质量管理体系实现其预期结果；

h）促使人员积极参与，指导和支持他们为质量管理体系的有效性做出贡献；

i）推动改进；

j）支持其他相关管理者在其职责范围内发挥领导作用。

注：本标准使用的"业务"一词可广义地理解为涉及组织存在目的的核心活动，无论是公有、私有、营利或非营利组织。

5.1.2 以顾客为关注焦点

最高管理者应通过确保以下方面，证实其以顾客为关注焦点的领导作用和承诺：

a）确定、理解并持续地满足顾客要求以及适用的法律法规要求；

b）确定和应对风险和机遇，这些风险和机遇可能影响产品和服务合格以及增强顾客满意的能力；

c）始终致力于增强顾客满意。

5.2 方针

5.2.1 制定质量方针

最高管理者应制定、实施和保持质量方针，质量方针应：

a）适应组织的宗旨和环境并支持其战略方向；

b）为建立质量目标提供框架；

c）包括满足适用要求的承诺；

d）包括持续改进质量管理体系的承诺。

5.2.2 沟通质量方针

质量方针应：

a）可获取并保持成文信息；

b）在组织内得到沟通、理解和应用；

c）适宜时，可为有关相关方所获取。

5.3 组织的岗位、职责和权限

最高管理者应确保组织相关岗位的职责、权限得到分配、沟通和理解。

最高管理者应分配职责和权限，以：

a）确保质量管理体系符合本标准的要求；

b）确保各过程获得其预期输出；

c）报告质量管理体系的绩效以及改进机会（见10.1），特别是向最高管理者报告；

d）确保在整个组织推动以顾客为关注焦点；

e）确保在策划和实施质量管理体系变更时保持其完整性。

6. 策划

6.1 应对风险和机遇的措施

6.1.1 在策划质量管理体系时，组织应考虑到4.1所提及的因素和4.2所提及的要求，并确定需要应对的风险和机遇，以：

a）确保质量管理体系能够实现其预期结果；

b）增强有利影响；

c）预防或减少不利影响；

d）实现改进。

6.1.2 组织应策划：

a）应对这些风险和机遇的措施；

b）如何：

　　1）在质量管理体系过程中整合并实施这些措施（见4.4）；

　　2）评价这些措施的有效性。

应对措施应与风险和机遇对产品和服务符合性的潜在影响相适应。

注1：应对风险可选择规避风险，为寻求机遇承担风险，消除风险源，改变风险的可能性或后果，分担风险，或通过信息充分的决策而保留风险。

注2：机遇可能导致采用新实践、推出新产品、开辟新市场、赢得新顾客、建立合作伙伴关系、利用新技术和其他可行之处，以应对组织或其顾客的需求。

6.2 质量目标及其实现的策划

6.2.1 组织应针对相关职能、层次和质量管理体系所需的过程建立质量目标。

质量目标应：

a）与质量方针保持一致；

b）可测量；

c）考虑适用的要求；

d）与产品和服务合格以及增强顾客满意相关；

e）予以监视；

f）予以沟通；

g）适时更新。

组织应保持有关质量目标的成文信息。

6.2.2 策划如何实现质量目标时，组织应确定：

a）要做什么；

b) 需要什么资源;

c) 由谁负责;

d) 何时完成;

e) 如何评价结果。

6.3 变更的策划

当组织确定需要对质量管理体系进行变更时，变更应按所策划的方式实施（见4.4）。

组织应考虑:

a) 变更目的及其潜在后果;

b) 质量管理体系的完整性;

c) 资源的可获得性;

d) 职责和权限的分配或再分配。

7. 支持

7.1 资源

7.1.1 总则

组织应确定并提供所需的资源，以建立、实施、保持和持续改进质量管理体系。

组织应考虑:

a) 现有内部资源的能力和局限;

b) 需要从外部供方获得的资源。

7.1.2 人员

组织应确定并配备所需的人员，以有效实施质量管理体系，并运行和控制其过程。

7.1.3 基础设施

组织应确定、提供并维护所需的基础设施，以运行过程，并获得合格产品和服务。

注：基础设施可包括:

a) 建筑物和相关设施;

b) 设备，包括硬件和软件;

c) 运输资源;

d) 信息和通讯技术。

7.1.4 过程运行环境

组织应确定、提供并维护所需的环境，以运行过程，并获得合格产品和服务。

注：适宜的过程运行环境可能是人为因素与物理因素的结合，例如:

a) 社会因素（如非歧视、安定、非对抗）;

b) 心理因素（如减压、预防过度疲劳、稳定情绪）;

c) 物理因素（如温度、热量、湿度、照明、空气流通、卫生、噪声）。

由于所提供的产品和服务不同，这些因素可能存在显著差异。

7.1.5 监视和测量资源

7.1.5.1 总则

当利用监视或测量来验证产品和服务符合要求时，组织应确定并提供所需的资源，以确保结果有效和可靠。

组织应确保所提供的资源：

a）适合所开展的监视和测量活动的特定类型；

b）得到维护，以确保持续适合其用途。

组织应保留适当的成文信息，作为监视和测量资源适合其用途的证据。

7.1.5.2 测量溯源

当要求测量溯源时，或组织认为测量溯源是信任测量结果有效的基础时，测量设备应：

a）对照能溯源到国际或国家标准的测量标准，按照规定的时间间隔或在使用前进行校准和（或）检定，当不存在上述标准时，应保留作为校准或验证依据的成文信息；

b）予以识别，以确定其状态；

c）予以保护，防止由于调整、损坏或衰减所导致的校准状态和随后的测量结果的失效。

当发现测量设备不符合预期用途时，组织应确定以往测量结果的有效性是否受到不利影响，必要时应采取适当的措施。

7.1.6 组织的知识

组织应确定必要的知识，以运行过程，并获得合格产品和服务。

这些知识应予以保持，并能在所需的范围内得到。

为应对不断变化的需求和发展趋势，组织应审视现有的知识，确定如何获取或接触更多必要的知识和知识更新。

注1：组织的知识是组织特有的知识，通常从其经验中获得，是为实现组织目标所使用和共享的信息。

注2：组织的知识可基于：

a）内部来源（如知识产权、从经验获得的知识、从失败和成功项目吸取的经验和教训、获取和分享未成文的知识和经验，以及过程、产品和服务的改进结果）；

b）外部来源（如标准、学术交流、专业会议、从顾客或外部供方收集的知识）。

7.2 能力

组织应：

a）确定在其控制下工作的人员所需具备的能力，这些人员从事的工作影响质量管理体系绩效和有效性；

b）基于适当的教育、培训或经验，确保这些人员是胜任的；

c）适用时，采取措施以获得所需的能力，并评价措施的有效性；

d）保留适当的成文信息，作为人员能力的证据。

注：适当措施可包括对在职人员进行培训、辅导或重新分配工作，或者聘用、外包胜任的人员。

7.3 意识

组织应确保在其控制下工作的人员知晓：

a）质量方针；

b）相关的质量目标；

c）他们对质量管理体系有效性的贡献，包括改进绩效的益处；

d）不符合质量管理体系要求的后果。

7.4 沟通

组织应确定与质量管理体系相关的内部和外部沟通，包括：

a）沟通什么；

b）何时沟通；

c）与谁沟通；

d）如何沟通；

e）谁来沟通。

7.5 成文信息

7.5.1 总则

组织的质量管理体系应包括：

a）本标准要求的成文信息；

b）组织所确定的、为确保质量管理体系有效性所需的成文信息。

注：对于不同组织，质量管理体系成文信息的多少与详略程度可以不同，取决于：

——组织的规模，以及活动、过程、产品和服务的类型；

——过程及其相互作用的复杂程度；

——人员的能力。

7.5.2 创建和更新

在创建和更新成文信息时，组织应确保适当的：

a）标识和说明（如标题、日期、作者、索引编号）；

b）形式（如语言、软件版本、图表）和载体（如纸质的、电子的）；

c）评审和批准，以保持适宜性和充分性。

7.5.3 成文信息的控制

7.5.3.1 应控制质量管理体系和本标准所要求的成文信息，以确保：

a）在需要的场合和时机，均可获得并适用；

b）予以妥善保护（如防止泄密、不当使用或缺失）。

7.5.3.2 为控制成文信息，适用时，组织应进行下列活动：

a）分发、访问、检索和使用；

b) 存储和防护，包括保持可读性；

c) 更改控制（如版本控制）；

d) 保留和处置。

对于组织确定的策划和运行质量管理体系所必需的来自外部的成文信息，组织应进行适当识别，并予以控制。

对所保留的、作为符合性证据的成文信息应予以保护，防止非预期的更改。

注：对成文信息的"访问"可能意味着仅允许查阅，或者意味着允许查阅并授权修改。

8. 运行

8.1 运行的策划和控制

为满足产品和服务提供的要求，并实施第6章所确定的措施，组织应通过以下措施对所需的过程（见4.4）进行策划、实施和控制：

a) 确定产品和服务的要求；

b) 建立下列内容的准则：

　　1）过程；

　　2）产品和服务的接收。

c) 确定所需的资源以使产品和服务符合要求；

d) 按照准则实施过程控制；

e) 在必要的范围和程度上，确定并保持、保留成文信息，以：

　　1）确信过程已经按策划进行；

　　2）证实产品和服务符合要求。

策划的输出应适合于组织的运行。

组织应控制策划的变更，评审非预期变更的后果，必要时，采取措施减轻不利影响。

组织应确保外包过程受控（见8.4）。

8.2 产品和服务的要求

8.2.1 顾客沟通

与顾客沟通的内容应包括：

a) 提供有关产品和服务的信息；

b) 处理问询、合同或订单，包括更改；

c) 获取有关产品和服务的顾客反馈，包括顾客投诉；

d) 处置或控制顾客财产；

e) 关系重大时，制定应急措施的特定要求。

8.2.2 产品和服务要求的确定

在确定向顾客提供的产品和服务的要求时，组织应确保：

a) 产品和服务的要求得到规定，包括：

　　1）适用的法律法规要求；

2）组织认为的必要要求。

b）提供的产品和服务能够满足所声明的要求。

8.2.3 产品和服务要求的评审

8.2.3.1 组织应确保有能力向顾客提供满足要求的产品和服务。在承诺向顾客提供产品和服务之前，组织应对如下各项要求进行评审：

a）顾客规定的要求，包括对交付及交付后活动的要求；

b）顾客虽然没有明示，但规定的用途或已知的预期用途所必需的要求；

c）组织规定的要求；

d）适用于产品和服务的法律法规要求；

e）与以前表述不一致的合同或订单要求。

组织应确保与以前规定不一致的合同或订单要求已得到解决。

若顾客没有提供成文的要求，组织在接受顾客要求前应对顾客要求进行确认。

注：在某些情况下，如网上销售，对每一个订单进行正式的评审可能是不实际的，作为替代方法，可评审有关的产品信息，如产品目录。

8.2.3.2 适用时，组织应保留与下列方面有关的成文信息：

a）评审结果；

b）产品和服务的新要求。

8.2.4 产品和服务要求的更改

若产品和服务要求发生更改，组织应确保相关的成文信息得到修改，并确保相关人员知道已更改的要求。

8.3 产品和服务的设计和开发

8.3.1 总则

组织应建立、实施和保持适当的设计和开发过程，以确保后续的产品和服务的提供。

8.3.2 设计和开发策划

在确定设计和开发的各个阶段和控制时，组织应考虑：

a）设计和开发活动的性质、持续时间和复杂程度；

b）所需的过程阶段，包括适用的设计和开发评审；

c）所需的设计和开发验证、确认活动；

d）设计和开发过程涉及的职责和权限；

e）产品和服务的设计和开发所需的内部、外部资源；

f）设计和开发过程参与人员之间接口的控制需求；

g）顾客及使用者参与设计和开发过程的需求；

h）对后续产品和服务提供的要求；

i）顾客和其他有关相关方期望的对设计和开发过程的控制水平；

j）证实已经满足设计和开发要求所需的成文信息。

8.3.3 设计和开发输入

组织应针对所设计和开发的具体类型的产品和服务，确定必需的要求。组织应考虑：

a）功能和性能要求；

b）来源于以前类似设计和开发活动的信息；

c）法律法规要求；

d）组织承诺实施的标准或行业规范；

e）由产品和服务性质所导致的潜在的失效后果。

针对设计和开发的目的，输入应是充分和适宜的，且应完整、清楚。

相互矛盾的设计和开发输入应得到解决。

组织应保留有关设计和开发输入的成文信息。

8.3.4 设计和开发控制

组织应对设计和开发过程进行控制，以确保：

a）规定拟获得的结果；

b）实施评审活动，以评价设计和开发的结果满足要求的能力；

c）实施验证活动，以确保设计和开发输出满足输入的要求；

d）实施确认活动，以确保形成的产品和服务能够满足规定的使用要求或预期用途；

e）针对评审、验证和确认过程中确定的问题采取必要措施；

f）保留这些活动的成文信息。

注：设计和开发的评审、验证和确认具有不同目的。根据组织的产品和服务的具体情况，可单独或以任意组合的方式进行。

8.3.5 设计和开发输出

组织应确保设计和开发输出：

a）满足输入的要求；

b）满足后续产品和服务提供过程的需要；

c）包括或引用监视和测量的要求，适当时，包括接收准则；

d）规定产品和服务特性，这些特性对于预期目的、安全和正常提供是必需的。

组织应保留有关设计和开发输出的成文信息。

8.3.6 设计和开发更改

组织应对产品和服务设计和开发期间以及后续所做的更改进行适当的识别、评审和控制，以确保这些更改对满足要求不会产生不利影响。

组织应保留下列方面的成文信息：

a）设计和开发更改；

b）评审的结果；

c）更改的授权；

d）为防止不利影响而采取的措施。

8.4 外部提供的过程、产品和服务的控制

8.4.1 总则

组织应确保外部提供的过程、产品和服务符合要求。

在下列情况下，组织应确定对外部提供的过程、产品和服务实施的控制：

a）外部供方的产品和服务将构成组织自身的产品和服务的一部分；

b）外部供方代表组织直接将产品和服务提供给顾客；

c）组织决定由外部供方提供过程或部分过程。

组织应基于外部供方按照要求提供过程、产品和服务的能力，确定并实施外部供方的评价、选择、绩效监视以及再评价的准则。对于这些活动和由评价引发的任何必要的措施，组织应保留成文信息。

8.4.2 控制类型和程度

组织应确保外部提供的过程、产品和服务不会对组织稳定地向顾客交付合格产品和服务的能力产生不利影响。

组织应：

a）确保外部提供的过程保持在其质量管理体系的控制之中；

b）规定对外部供方的控制及其输出结果的控制；

c）考虑：

1）外部提供的过程、产品和服务对组织稳定地满足顾客要求和适用的法律法规要求的能力的潜在影响；

2）由外部供方实施控制的有效性。

d）确定必要的验证或其他活动，以确保外部提供的过程、产品和服务满足要求。

8.4.3 提供给外部供方的信息

组织应确保在与外部供方沟通之前所确定的要求是充分和适宜的。

组织应与外部供方沟通以下要求：

a）需提供的过程、产品和服务；

b）对下列内容的批准：

1）产品和服务；

2）方法、过程和设备；

3）产品和服务的放行。

c）能力，包括所要求的人员资格；

d）外部供方与组织的互动；

e）组织使用的对外部供方绩效的控制和监视；

f）组织或其顾客拟在外部供方现场实施的验证或确认活动。

8.5 生产和服务提供

8.5.1 生产和服务提供的控制

组织应在受控条件下进行生产和服务提供。

适用时，受控条件应包括：

a）可获得成文信息，以规定以下内容：

　　1）拟生产的产品、提供的服务或进行的活动的特性；

　　2）拟获得的结果。

b）可获得和使用适宜的监视和测量资源；

c）在适当阶段实施监视和测量活动，以验证是否符合过程或输出的控制准则以及产品和服务的接收准则；

d）为过程的运行使用适宜的基础设施，并保持适宜的环境；

e）配备胜任的人员，包括所要求的资格；

f）若输出结果不能由后续的监视或测量加以验证，应对生产和服务提供过程实现策划结果的能力进行确认，并定期再确认；

g）采取措施防止人为错误；

h）实施放行、交付和交付后的活动。

8.5.2 标识和可追溯性

需要时，组织应采用适当的方法识别输出，以确保产品和服务合格。

组织应在生产和服务提供的整个过程中按照监视和测量要求识别输出状态。

当有可追溯要求时，组织应控制输出的唯一性标识，并应保留所需的成文信息以实现可追溯。

8.5.3 顾客或外部供方的财产

组织应爱护在组织控制下或组织使用的顾客或外部供方的财产。

对组织使用的或构成产品和服务一部分的顾客和外部供方财产，组织应予以识别、验证、保护和防护。

若顾客或外部供方的财产发生丢失、损坏或发现不适用情况，组织应向顾客或外部供方报告，并保留所发生情况的成文信息。

注：顾客或外部供方的财产可能包括材料、零部件、工具和设备以及场所、知识产权和个人资料。

8.5.4 防护

组织应在生产和服务提供期间对输出进行必要的防护，以确保符合要求。

注：防护可包括标识、处置、污染控制、包装、储存、传输或运输以及保护。

8.5.5 交付后活动

组织应满足与产品和服务相关的交付后活动的要求。

在确定所要求的交付后活动的覆盖范围和程度时，组织应考虑：

a）法律法规要求；

b）与产品和服务相关的潜在不良的后果；

c) 产品和服务的性质、使用和预期寿命;

d) 顾客要求;

e) 顾客反馈。

注:交付后活动可包括保证条款所规定的措施、合同义务(如维护服务等)、附加服务(如回收或最终处置等)。

8.5.6 更改控制

组织应对生产或服务提供的更改进行必要的评审和控制,以确保持续地符合要求。

组织应保留成文信息,包括有关更改评审的结果、授权进行更改的人员以及根据评审所采取的必要措施。

8.6 产品和服务的放行

组织应在适当阶段实施策划的安排,以验证产品和服务的要求已得到满足。

除非得到有关授权人员的批准,适用时得到顾客的批准,否则在策划的安排已圆满完成之前,不应向顾客放行产品和交付服务。

组织应保留有关产品和服务放行的成文信息。成文信息应包括:

a) 符合接收准则的证据;

b) 可追溯到授权放行人员的信息。

8.7 不合格输出的控制

8.7.1 组织应确保对不符合要求的输出进行识别和控制,以防止非预期的使用或交付。

组织应根据不合格的性质及其对产品和服务符合性的影响采取适当措施。这也适用于在产品交付之后,以及在服务提供期间或之后发现的不合格产品和服务。

组织应通过下列一种或几种途径处置不合格输出:

a) 纠正;

b) 隔离、限制、退货或暂停对产品和服务的提供;

c) 告知顾客;

d) 获得让步接收的授权。

对不合格输出进行纠正之后应验证其是否符合要求。

8.7.2 组织应保留下列成文信息:

a) 描述不合格;

b) 描述所采取的措施;

c) 描述获得的让步;

d) 识别处置不合格的授权。

9. 绩效评价

9.1 监视、测量、分析和评价

9.1.1 总则

组织应确定:

a）需要监视和测量什么；

b）需要用什么方法进行监视、测量、分析和评价，以确保结果有效；

c）何时实施监视和测量；

d）何时对监视和测量的结果进行分析和评价。

组织应评价质量管理体系的绩效和有效性。

组织应保留适当的成文信息，以作为结果的证据。

9.1.2 顾客满意

组织应监视顾客对其需求和期望已得到满足的程度的感受。组织应确定获取、监视和评审该信息的方法。

注：监视顾客感受的例子可包括顾客调查、顾客对交付产品或服务的反馈、顾客座谈、市场占有率分析、顾客赞扬、担保索赔和经销商报告。

9.1.3 分析与评价

组织应分析和评价通过监视和测量获得的适当的数据和信息。

应利用分析结果评价：

a）产品和服务的符合性；

b）顾客满意程度；

c）质量管理体系的绩效和有效性；

d）策划是否得到有效实施；

e）应对风险和机遇所采取措施的有效性；

f）外部供方的绩效；

g）质量管理体系改进的需求。

注：数据分析方法可包括统计技术。

9.2 内部审核

9.2.1 组织应按照策划的时间间隔进行内部审核，以提供有关质量管理体系的下列信息：

a）是否符合：

 1）组织自身的质量管理体系要求；

 2）本标准的要求。

b）是否得到有效的实施和保持。

9.2.2 组织应：

a）依据有关过程的重要性、对组织产生影响的变化和以往的审核结果，策划、制定、实施和保持审核方案，审核方案包括频次、方法、职责、策划要求和报告；

b）规定每次审核的审核准则和范围；

c）选择审核员并实施审核，以确保审核过程客观公正；

d）确保将审核结果报告给相关管理者；

e) 及时采取适当的纠正和纠正措施;

f) 保留成文信息,作为实施审核方案以及审核结果的证据。

注:相关指南参见 GB/T 19011。

9.3 管理评审

9.3.1 总则

最高管理者应按照策划的时间间隔对组织的质量管理体系进行评审,以确保其持续的适宜性、充分性和有效性,并与组织的战略方向保持一致。

9.3.2 管理评审输入

策划和实施管理评审时应考虑下列内容:

a) 以往管理评审所采取措施的情况;

b) 与质量管理体系相关的内外部因素的变化;

c) 下列有关质量管理体系绩效和有效性的信息,包括其趋势:

　　1) 顾客满意和有关相关方的反馈;

　　2) 质量目标的实现程度;

　　3) 过程绩效以及产品和服务的合格情况;

　　4) 不合格及纠正措施;

　　5) 监视和测量结果;

　　6) 审核结果;

　　7) 外部供方的绩效。

d) 资源的充分性;

e) 应对风险和机遇所采取措施的有效性(见6.1);

f) 改进的机会。

9.3.3 管理评审输出

管理评审的输出应包括与下列事项相关的决定和措施:

a) 改进的机会;

b) 质量管理体系所需的变更;

c) 资源需求。

组织应保留成文信息,作为管理评审结果的证据。

10. 改进

10.1 总则

组织应确定和选择改进机会,并采取必要措施,以满足顾客要求和增强顾客满意。

这应包括:

a) 改进产品和服务,以满足要求并应对未来的需求和期望;

b) 纠正、预防或减少不利影响;

c) 改进质量管理体系的绩效和有效性。

注：改进的例子可包括纠正、纠正措施、持续改进、突破性变革、创新和重组。

10.2 不合格和纠正措施

10.2.1 当出现不合格时，包括来自投诉的不合格，组织应：

a）对不合格做出应对，并在适用时：

　　1）采取措施以控制和纠正不合格；

　　2）处置后果。

b）通过下列活动，评价是否需要采取措施，以消除产生不合格的原因，避免其再次发生或者在其他场合发生：

　　1）评审和分析不合格；

　　2）确定不合格的原因；

　　3）确定是否存在或可能发生类似的不合格。

c）实施所需的措施；

d）评审所采取的纠正措施的有效性；

e）需要时，更新策划期间确定的风险和机遇；

f）需要时，变更质量管理体系。

纠正措施应与不合格所产生的影响相适应。

10.2.2 组织应保留成文信息，作为下列事项的证据：

a）不合格的性质以及随后所采取的措施；

b）纠正措施的结果。

10.3 持续改进

组织应持续改进质量管理体系的适宜性、充分性和有效性。

组织应考虑分析和评价的结果以及管理评审的输出，以确定是否存在需求或机遇，这些需求或机遇应作为持续改进的一部分加以应对。

七、ISO 9001：2015 新版标准的实施步骤

1. 实施质量管理体系的潜在益处

（1）稳定提供满足顾客要求以及适用的法律法规要求的产品和服务的能力。

（2）促成增强顾客满意的机会。

（3）应对与组织环境和目标相关的风险和机遇。

（4）证实符合规定的质量管理体系要求的能力。

2. 了解新版标准动态及要求

（1）及时了解 ISO 9001：2015 新版标准换版动态及专版要求。及时获取有关质量认证第一时间发布的相关信息。

（2）尽快购买一份 ISO 9001 新版标准，并详细了解更多新版要求，包括：

①领导力的重要性。了解领导力被纳入到所有新的 ISO 标准中，理解这在实践中意味

着什么。

②风险在质量管理中的重要性。了解如何建立一个风险管理的系统方法，以及这将为组织带来什么样的收益。

③过程方法 VS 程序方法。了解过程方法与程序方法之间的差异，以及与新的高层次结构之前的联系。

3. 进行专业的培训

找专业培训机构，通过专业的培训，全面理解新版变化与核心要求。针对企业各层级，组织符合新版标准要求的不同培训课程。

（1）针对企业高层管理者。管理体系和领导责任对于企业的益处。

（2）体系转版培训。了解新的 ISO 高阶架构，以及从 ISO 9001：2008 到 ISO 9001：2015 之间发生的主要变化

（3）审核员/主任审核员培训。结合审核转版课程，不仅学习了解 ISO 9001：2015，还要增强自己的审核技能。

（4）模块化深入培训。更加细致地探索新标准的几大关键领域：基于风险的管理方法、组织情境、变革管理、利益相关方管理，绩效评价与过程方法

4. 转版指南

在了解新版标准的变化，并进行相应培训之后，最为重要的一个步骤就是转版指南，将这些变化应用到服装企业中去。

（1）制定一份转版指南。包括新的高阶架构的概述以及新标准的要求。

（2）进行自我评估。制定一份检查表，评估您的组织是否已做好迎接 ISO 9001：2015 版体系认证的准备，并识别所存在的差距。

（3）制定标准变更项对照表。ISO 9001：2008 与 ISO 9001：2015 相比，所发生变化、删除、新增或强化的要求。

（4）加强内部沟通。将标准的新要求的变化点在组织内部进行沟通，包括高层通信以及内部宣贯、宣传展示文件。

5. 进行 ISO 9001 质量管理体系内部审核

目前，很多企业对 ISO 9001 质量管理体系的了解比过去更深入，管理也越来越规范。内部审核是检验质量管理体系运行绩效的有效方法，是推动持续改进的动力，因此，内审员的审核质量就显得尤其重要。

（1）内部审核要进行充分有效策划，包括内审人员配置、制定审核计划、检查表设定。

①内审人员配置。选择内审员应考虑如下：

● 覆盖面。最好每个部门选派 1~2 名，至少要生产部、品质部、技术部、管理部等主要部门相关人员参与，因为往往来自这些部门的审核人员管理系统意识比较强，可保证审核深度。同时要注意梯队建设，避免人员流失造成无审核员可用。

● 能力确认。经过 ISO 9001 标准的系统培训，并获得资格认可。最好结合内审员培训合格证书及内部认可流程（实习、考核、再培训等），以提高审核技能。

②制定内部审核计划。

审核时机应避免一年一次的定式内审，宜根据体系成熟度，及是否有影响体系运行的重大变化来策划审核的时机和频次。

审核计划应在审核日前一周左右下发至被审核部门，让被审核部门有合适的时间进行准备。所有需要审核的部门及管理层应在计划中体现，最好审核的内容包括条款号也体现出来。

审核时间要根据部门管理职责的复杂性合理安排，建议生产部、品质部及技术部等主要部门审核时间合计至少占全部时间的一半。

审核组长宜指派一名协调能力强、有较强的系统管理思维的人员（如品质主管等）担当。

为体现公正性，尽量避免审核员审自己职责负责的内容。

③制定检查表。一个好的检查表能很好地指导审核员尤其是刚从事审核没多久的审核员进行审核。

最好按部门而不按条款来编写检查表，这样审核员更易把握，审核也更顺畅。

编写时注意不要遗漏过程和条款，一些共有的检查点如质量目标、文件控制、记录控制、能力意识培训、纠防措施等在各部门审核表中都应体现。

（2）审核过程控制。

①内审员审核时要做到层次分明，把握审核重点，对关键问题要进行重点关注，避免走马观花，泛泛而谈。

②审核时多提开放式提问，对问题点进行充分沟通，除了印证符合性外，也寻求体系完善的输入来源。

③对上次内部或外部审核提出的问题在审核时宜进行必要的跟踪。

④交叉审核的必要性，如当遇到有些证据需要跨部门、跨功能组来确认时，不同审核组成员应沟通并将信息传递给对方去跟踪。

（3）审核结果的整改和跟踪。

最后，内部审核结束后，要进行必要总结和有关问题的跟踪。

①内部审核发现的问题要设定整改责任人和期限，并进行及时更正。

②拟定的纠正措施须针对发生问题的根本原因。

③找到内审发现的系统问题和主要原因，从而提供给管理层评审是否优化资源配置、质量目标变更等。

当然，管理层对内审工作的重视，很大程度决定了内审的成效，管理层应从制度上保证内审工作顺利进行。有时，某些企业采用了一定的奖惩措施以支持内审工作，但要避免被审方因害怕审核采取抵制行为，影响证据的收集和判定。大家要明白内部审核的目的是发现问题、改进问题从而推动质量管理体系的持续改进。

6. 服装企业质量管理体系要求的实施

当文件化的质量管理体系建立后，服装企业面临的首要问题是如何保证体系付诸实施以及有效地运行。质量管理体系的实施和运行，实质上是质量管理体系文件的贯彻实施，主要是质量手册的实施和支持性文件的贯彻。在实施运行的过程中，主要依靠服装企业充实资源、人员培训、组织协调、质量监督、信息反馈和体系评审来保持质量管理体系的有效运行。

（1）充实资源。为了贯彻执行质量方针和目标，服装企业的最高管理者应确保提供充分和适宜的资源，如配备必要的工艺装备、检验设备、添置或研制新的满足合同要求的测试设备，提供全部的生产资源、仪器、仪表和计算机软件等。保证提供充分的人才资源和专业技能，拥有经验丰富、训练有素的技术队伍。为确保各种人员的能力，服装企业应对人员必需的资格、经验和培训要求做出明确的规定。

（2）人员培训。人是质量管理体系资源中最能动的条款，如人的素质、人的精神以及人与人之间的关系，它们都会影响质量管理体系的有效运行。所以，ISO 9000 标准把人员培训作为一项要求提出，并强调人员培训的重要性，以调动、发挥人的积极性。

通过培训，使服装企业全体人员在质量管理意识、技术、管理业务上都有所提高。同时，进一步明确服装企业的各级管理者在质量管理体系及实施与运行中的职责。

（3）组织协调。质量管理体系的运行涉及服装企业的相关部门，因此，服装企业应充分发挥组织协调作用，使质量管理体系正常运行。

组织协调工作主要是在服装企业最高管理者的领导下，先由各职能部门分别就质量管理体系设计不同、计划项目不全、体系环境因素的变化和运行中发生的问题等进行协调。

（4）质量监督。质量监督是对服装企业在运行中的各项活动及其结果所发生的偏离标准的现象进行监视和跟踪。质量监督的对象包括各项程序、方法、条件、过程、记录、产品和服务实体。质量监督最重要的是通过控制和记录分析，科学地证明所用的技术、设备、管理、产品质量和人等因素确实处于受控状态，及时发现问题，提出改进措施，从而使质量管理体系符合标准要求，并取得顾客信任。

（5）信息反馈。服装企业质量信息系统是质量管理体系的神经系统。而质量信息系统中的质量反馈系统能对异常信息进行反馈和处理，实行动态控制，使各项质量活动和产品质量处于受控状态。

服装企业质量信息是伴随产品的研制、生产、试验、使用而产生的数据、图表、记录和文件等。要确保质量管理体系有效，就需要保证上述的质量信息流通，将其反馈给有关部门，及时分析、处理、提出改进措施，形成循环管理。

（6）内容审核和管理评审。服装企业内部审核和管理评审是评价质量管理体系有效性的重要手段。通常，在评价质量管理体系时，要涉及三个基本问题：

- 是否规定了这些过程及其结构，是否把它们的程序恰当地写成文件？
- 是否按所写的文件，把这些过程及其结构充分展开和实施了？
- 对于预期的效果，这些过程及其结构是否有效？

通过这些问题的综合答案，就可做出评价的结论，这就是质量审核和评审常用的方法。

①服装企业内部审核。内部审核是指由有一定资格的人员对质量管理体系进行独立的检查和评价。服装企业内部审核的范围涉及质量管理体系的相关要求，可以根据各项质量活动的实际情况及重要性来安排审核的内容、顺序、时间、进度和频次。审核的项目如下：

- 组织机构、责任及权限。
- 管理及工作过程的适宜性。
- 人员素质、培训、基础设施及工作环境条件等。
- 工作现场、作业和过程等活动实施的有效性。
- 必要的产品、服务监视和测量。
- 文件、报告和记录。
- 上次审核中有关纠正措施建议的实施情况与效果评价。

服装企业内部审核的人员必须是具有实践经验的专业人员或管理人员，并经过必要的培训，取得资格证书。审核员的工作应有相对的独立性，以确保审核的客观性和公正性。

②管理评审。管理评审是最高管理者按计划的时间间隔评审质量管理体系，以确保其持续的有效性、适宜性和充分性。管理评审必须对组织质量管理体系进行全面的评价。组织最高管理者应考虑各种因素，做出评审决定，指出评审重点并亲自实施。对管理评审应按合理程序进行。

第五节 全面质量管理简介

一、全面质量管理的定义

1. 全面质量管理的含义

是一个组织以质量为中心，以全员参与为基础，希望通过让顾客满意和本组织所有成员及社会受益而达到长期成功的管理途径（ISO 8402 标准）。全面质量管理（Total Quality Management）简称 TQM，是 20 世纪 60 年代初美国的费根堡姆首先提出来的，他指出全面质量管理是为了能够在最经济的水平上并考虑到充分满足用户需求的条件下，进行市场研究、设计、生产和服务，把企业各部门的研制质量、维持质量和提高质量的活动构成一体的有效体系。

　　早在 ISO 9000 标准颁布之前，美国、日本等工业化发达国家已经对 TQM 进行了长达二十多年的深入研究和有效实践。我国也从 20 世纪 70 年代起开始从日本引进并试点 TQM，并取得了一定的成效。现代质量管理理论中包含了全员参加、全过程控制、重视预防、不断改进等思想，因此两者之间存在兼容相通的联系，认为两者互相排斥或用一者代替另一者都是不对的。TQM 是一种管理思想，没有一套统一的工作模式，各国、各企业因情况不同，贯彻 TQM 的方式方法和效果也各不相同。

　　2. ISO 9000 系列标准与 TQM 关系

　　ISO 9000 系列标准阐述的是企业为了实施其质量方针必须建立有效运行的质量体系，并为企业建立质量体系提供具体指导和为实行对内、对外质量保证做出明确规定，建立健全的质量体系是企业质量管理的基础性工作。ISO 9000 为企业实现质量管理的系统化、文件化、法制化、规范化奠定了基础。TQM 作为一种现代质量管理理论，还具有更丰富的内涵，尤其还包含了企业长期的经营管理战略。它是指企业为保证产品质量，综合运用一整套质量管理思想、体系、手段和方法进行的系统管理活动。

二、全面质量管理的特点

　　全面质量管理的特点主要体现在全员参与、全过程控制、管理对象的全面性、管理方法的全面性和经济效益的全面性等几个方面。

　　1. 全员参与的质量管理

　　产品质量的好坏，是许多生产环节和各项管理工作的综合反映。企业中任何一个环节、任何一个人的工作质量，都会不同程度地直接或间接地影响产品质量。全面质量管理中的"全面"，首先是指质量管理不是少数专职人员的事，它是全企业各部门、各阶层的全体人员共同参加的活动。但全面质量管理也不是大家分散地搞质量管理，而是为实现共同的目的，大家有系统地共同搞质量管理。因此，质量管理活动必须是使所有部门的人员都参加的有机组织的系统性活动。同时，要发挥全面质量管理的最大效用，还要加强企业内各职能和业务部门之间的横向合作，这种合作甚至已经逐渐延伸到企业外的用户和供应商。

　　2. 全过程控制的质量管理

　　产品质量首先在设计过程中形成，并通过生产工序制造出来，最后通过销售和服务传递到用户手中。在这里，产品质量产生、形成和实现的全过程，已从原来的制造和检验过程向前延伸到市场调研、设计、采购、生产准备等过程；向后延伸到包装、发运、使用、后处理、售前售后服务等环节；向上延伸到经营管理；向下延伸到辅助生产过程，从而形成一个从市场调查、设计、生产、销售直至售后服务的寿命循环周期全过程。为了实现全过程的质量管理，就必须建立企业的质量管理体系，将企业的所有员工和各个部门的质量管理活动有机地组织起来，将产品质量的产生、形成和实现全过程的各种影响因素和环节都纳入到质量管理的范畴，才能在日益激烈的市场竞争中及时地满足用户的需求，不断提高企业的竞争力。

3. 管理对象的全面性

全面质量管理的对象是质量，而且是广义的质量，不仅包括产品质量，还包括工作质量。只有将工作质量提高，才能最终提高产品和服务质量。除此之外，管理对象全面性的另一个含义是对影响产品和服务质量因素的全面控制。影响产品质量的因素很多，概括起来包括人员、机器设备、材料、工艺方法、检测手段和环境等方面，只有对这些因素进行全面控制，才能提高产品质量和工作质量。

4. 管理方法的全面性

尽管数理统计技术在质量管理的各个阶段都是最有效的工具，但由于影响产品质量因素的复杂性，既有物质的因素，又有人员的因素；既有生产技术的因素，又有管理的因素，因此，要搞好全面质量管理，就不能单靠数理统计技术，应根据不同的情况，针对不同的因素，灵活运用各种现代化管理方法和手段，将众多的影响因素系统地控制起来，实现统筹管理，全面管好。在全面质量管理中，除统计方法外，还经常用到各种质量设计技术、工艺过程的反馈控制技术、最优化技术、网络计划技术、预测和决策技术，以及计算机辅助质量管理技术等。

5. 经济效益的全面性

企业是个经济实体，在市场经济条件下，它的主要目的是获得最大的经济效益。全面质量管理中经济效益的全面性，除保证制造企业能取得最大经济效益外，还应从社会的角度和产品寿命循环全过程的角度考虑经济效益问题，即要以社会的经济效益最大为目的，使供应链上的生产者、储运公司、销售公司、用户和产品报废处理者均能获得最大效益。

三、全面质量管理的核心观点

全面质量管理充分体现了现代质量管理的基本原则，它所强调的核心观点在各种现代质量管理模式中均有体现。其核心观点主要包括：用户至上的观点、一切凭数据说话的观点、预防为主的观点、以质量求效益的观点和以零缺陷为目标的观点。

1. 用户至上的观点

从全面质量管理的定义可看出，它的核心是满足用户的需求，为用户提供最大程度的满意。全面质量管理所指的用户包括企业内用户和企业外用户两大类。企业内的用户指的是"下一道工序"，在企业的生产流程过程中，前道工序是保证后道工序质量的前提，如果某一道工序出现质量问题，就会影响到后续过程甚至产品的质量。因此，应在企业的各个工作环节都树立为下道工序服务的思想，使每道工序的工作质量都能经受住下道工序"用户"的检验。企业外的用户是企业的生命线，因为没有用户，企业就无法获利，就会面临破产的命运，所以，满足用户的需求，其主要目的就是要赢得用户。如果我们将企业外的用户再进行分类的话，可以把直接使用本企业产品的用户称为"最终用户"，而把那些不直接使用本企业的产品但却受到产品影响的用户称为"公共用户"，如被动吸烟者就应该属于卷烟厂的公共用户。随着"绿色产品""绿色营销"等概念的出现，人们保护生态环境的意识不断增强，产品质量的概念也更加广义化，产品质量不但要满足最终用户的需求，还要满足公共用户、环境保护以及资源优化利用等方面的要求。ISO 9000：2000 中提出的八项质量管理原则的第一条就是"以顾客为中心"，这一原则就来自全面质量管理的理念。

2. 一切凭数据说话的观点

凭数据说话就是凭事实说话，因为数据是对客观事物的定量化反映。在企业的生产现场，往往存在着许多技术和管理的问题，影响着产品的质量、成本和交货期。要解决这些问题，需要收集生产过程中产生的各种数据，对它们进行加工整理、分析，得到过程质量信息。为了达到一切凭数据说话这一目标，就必须保证数据的准确性、及时性、可靠性、全面性和系统性。ISO 9000：2015 中提出的七项质量管理原则的第六条就是"循证决策原则"，这里所指的循证意味着要对有效的事实、证据、数据进行分析，得到能够反映企业实际情况的事实，这是正确决策的基础。

3. 预防为主的观点

好的产品质量首先是设计出来的，其次才是制造出来的，但质量无论如何都不是检验出来的。通过检验最终把关不能保证和提高产品质量，只能防止不合格品流入下一道工序或进入用户手中。而对于已经出现的不合格品，不论是报废还是返工修理，都会给企业造成经济损失。因此，不论是在保证产品质量方面，还是在提高企业的经济效益方面，以预防为主的观点都是非常重要的。全面质量管理就是把质量管理工作的重点从事后把关转移到事先预防上来，从管结果变为管因素、管过程，强调第一次就把事情做对，从源头控制过程质量。

4. 以质量求效益的观点

传统的质量管理理论认为，质量管理是只投入不产出，质量管理水平的提高只会提高质量成本。事实上，这一观点是错误的，提高经济效益的巨大潜力蕴藏在产品质量之中，此观点已经被世界上许多成功企业的经验所证实。著名的质量管理专家朱兰博士曾说过："在次品上发生的成本等于一座金矿，可以对它进行有利的开采"。企业可以以质量求效益的另一个原因是，改进质量可大大提高用户满意程度，从而争取到更多的用户，使该产品在市场上的销量迅速增加，有利于发挥规模经济效益。因此，企业必须充分认识到效益来自于质量，以质量求效益是企业取得长足发展的必由之路。

5. 以零缺陷为目标的观点

以零缺陷为目标是管理观念上的革命。长期以来，人们认为不合格品是不可避免的现象，为了既降低生产成本，又能使用户得到一定限度的满足，在工作中设定了"可接受的质量水平"。但是，这一做法却是与全面质量管理的观念背道而驰的。著名的质量管理专家菲利浦·克劳士比认为，可接受的质量水平如合格品率，是鼓励人们生产废次品。在全面质量管理中，人们强调尽善尽美，强调以零缺陷作为工作目标。诚然，人们可能永远不会把一件事情准确无误地做好，但是，这种追求尽善尽美的精神却是至关重要的，因为只有具有这种精神，人们才可能真正将一件事情做好。以零缺陷为目标是降低成本、及时交货、提高效益的保证。克劳士比曾经说过："要第一次就把事情做对，否则返修的费用是很高的，会带来极大的损失，并延误交货期。"在《质量是免费的》一书中，克劳士比纠正了"质量是昂贵的"这一错误观念，他认为：虽然质量不是礼物（可以不劳而获），但它却是免费的，真正昂贵的是不符合质量标准的事情，是没有在第一次就把事情做对。事实上，如果企业没有实施零缺陷管理，就必须通过测试、检验、返修、售后服务、退货处理来挽回可能给用户造成的损失，但由此却会给自己带来巨大的损失。以零缺陷为目标是预防为主观念的集中体现。要实现零缺陷，就要从各个环节着手，在每道工序都做到"不接受缺陷，不制造缺陷，不传递缺陷"。

全面质量管理的核心概念还包括：重视质量成本、以工作质量为重、注重团队成员的合作、强调领导的示范作用、强调生产一线工人参与质量控制等方面。

四、全面质量管理的模式

1. 管理模式

全面质量管理包括管理方式和控制方法两大内容。管理方式是指对质量形成全过程实施管理的模式，包括设计、制作工程、服务等过程的管理，其具体形式是质量保证体系。控制方法是指管理活动中常用的工具。图8-11表示了全面质量管理系统的金字塔模式。由此模式，可以进一步了解全面质量管理的实施情况。

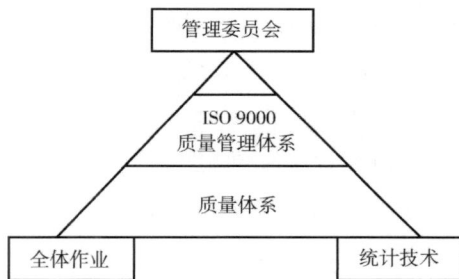

图8-11 全面质量管理模式

（1）管理委员会。服装企业要实施全面质量管理的管理系统，首先要成立由高层领导组成的管理委员会。管理委员会主席通常由企业总经理出任，直接负责推行全面质量管理，并委派一人作为管理者代表，全权负责产品质量问题和各种质量文件的处理工作。委员会成员由各部门主任级以上职员及其他有关人员组成，委员会将定期举行会议，检查工作的进程，指出有关质量问题，并协调各部门共同解决质量问题，使各项工作顺利进行，保证产品的质量。

（2）ISO 9000质量管理体系。质量管理体系是全面质量管理系统中的具体形式，是企业的整体目标。例如，选择ISO 9001：2015标准作为全面质量管理的质量保证体系，企业全体员工都必须树立ISO 9000标准的理念，把其作为奋斗目标及一种凝聚力，产品质量就可以得到长期保证。

（3）全体作业。全体作业又称全员的质量管理，是指为了满足顾客需要，所涉及的企业内部员工及外部相关人员都要参与全面质量管理计划的实施，除了本企业的全体员工外，还包括供应商、分销商及代理商等。当然，企业内部上下各级员工是最重要的一部分，一定要充分发挥他们的主动性、积极性、创造性、合作性，从而形成一种有效的全面参与的管理方法。

（4）统计技术。全面质量管理是相对统计质量控制而言的，只用数量统计方法还不能满足产品高质量的要求，必须以组织管理为手段，在基层中建立质量圈 QCC（Quality Control Circle），应用各种统计技术如数量统计方法、价值分析法、运筹学方法以及老七质量工具和新七质量工具等一些方法。也可通过质量圈采用 PDCA 循环的操作方法，提高现场作业员工的积极性与工作效率，将现场作业中的质量意识、寻找问题的意识以及改进期望有机地结合起来，使企业的管理工作趋向合理化。

另外，品质控制等部门的中层管理员必须掌握各种质量统计技术的应用与分析，利用各种统计技术收集有关数据（如服装中的跳线、污浊、破烂等疵点比例），将繁复的数据转化为简单的图表，以便提高质量分析的效率。加强对各种质量因素的分析并采取应变措施，有效防止次品的产生。

2. 基于质量管理奖的评审模式

至于如何衡量全面质量管理实施的效率，在部分国家和地区早就采用了基于质量管理奖的评审标准与模式，如美国波多里奇奖（Malcolm Baldrige National Quality Award）、欧洲质量奖（EFQM European Quality Award）、日本戴明奖（Deming Prize），以及香港特别行政区优质奖（HKMA Quality Award）等为代表的"优秀业绩标准"。在全球经济一体化的影响下，我国也产生了相应的"全国质量管理奖"（图 8 - 12）的评审标准。以上各国的质量管理奖评审标准，都是以全面质量管理的理论和方法为基础产生的。

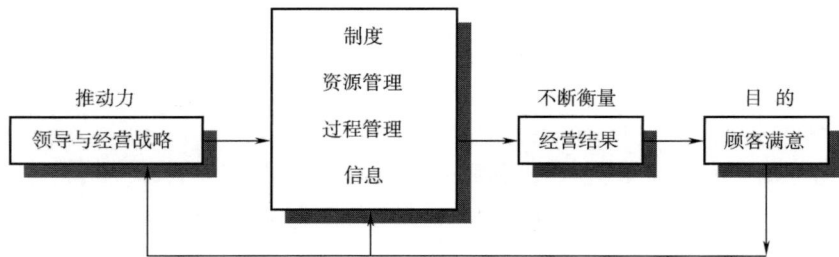

图 8 - 12　全国质量管理奖 "五要素" 关系图

有关各国和各地区的质量管理奖的详细评审标准，都具有相似之处，在此不作详细阐述，只提供表 8 - 6 美国和中国质量管理奖评审标准评分标准，以作参考。企业只有实施全面质量管理模式，通过质量奖评审组织机构的审核，才能获得相关质量管理奖。

表 8 - 6 美国和中国质量管理奖评审标准

序号	美国波多里奇奖（1000 分）	中国质量管理奖标准（1000 分）
1	领导（120 分）	领导和经营战略（200 分）
2	战略策划（85 分）	资源管理（130 分）
3	以顾客和市场为关注焦点（85 分）	过程管理（210 分）
4	信息和分析（90 分）	信息（60 分）
5	以人力资源为重点（85 分）	经营结果（400 分）
6	过程管理（85 分）	
7	经营成果（450 分）	

五、全面质量管理的综合理念

1. 高层管理的领导与参与

传统的品质管理一般通过授权给品质控制部门去进行，而全面质量管理则一定要高层管理人员直接领导、亲自统筹。一般来说，应由企业总经理领导并组织高层小组，策划并推动品质管理的全面运作，推进全面质量管理。

2. 上下一心，群策群力

企业全体员工上下一心，群策群力是实施全面质量管理的关键。首先，全体员工都要明确企业的目标、方针、策略；其次，全体员工必须充分投入工作，显示一种全员参与的意识。通常有两种方法可以达到员工参与的目的，一种是采取强制手段，另一种则是承诺方式，要员工完全自发性地参与。要推行全面质量管理应争取员工发自内心的承诺，必须把企业的目标与员工的切身利益结合起来，提高员工的全面质量管理意识，促使员工积极参与企业的管理。而绝不能采取强制手段使其被迫执行。

所谓群策群力，是指不同工作阶段的员工在不同工作岗位所表现的团队精神。"群策"是指各个部门共同策划，"群力"是指全体员工共同执行。要鼓励和促进各部门之间的协作。

3. 具有竞争力的成本

一个企业如果能成功地推行全面质量管理，一方面一定要在全面质量管理上作重大投资；另一方面要有效地改善成本结构，使产品成本更具竞争力。企业推行全面质量管理必导致成本上升的说法是一种错觉，从长远计划来看，生产总成本应是降低的。

4. 高质量的产品与服务

高质量的具体含义要根据市场定位，顾客期望、竞争环境等因素来决定。今天产品质量高的企业，在市场竞争中未必永远是高质量。企业只有不断地创新更新来保持产品质量的领先地位，不断强化和提供优质服务，才能有效地适应千变万化市场竞争，使自己立于不败之地。

5. 物有所值的良好声誉

全面质量管理理念中的顾客可分为内部顾客和外部顾客。内部顾客是指企业内部从业人员，包括基层员工、主管、经理乃至股东；外部顾客是指直接或间接购买产品的企业或消费者，以及企业的合作伙伴等。实施全面质量管理的目的，就是以各种手段和方法全面满足各类顾客的要求，实现多赢，在顾客中建立优质服务和物有所值的良好声誉，体现"以顾客为中心"的企业文化。

概括地说，全面质量管理本质上是实践问题，是质量管理学的基本原理与实践在企业保证和提高产品质量过程中的具体运用。其核心是强调提高人的工作质量，保证工序质量，并以此保证产品质量，达到全面提高企业和社会经济效益的目的。其基本特点是从过去的事后检验、把关为主转变为以预防、改进为主，发动全员参加，依靠科学理论、程序、方法，使生产、经营、服务的全过程都处于良性受控状态。

六、全面质量管理与 ISO 9000 的关系

前面介绍过 ISO 9000 标准，那么 ISO 9000 标准与全面质量管理之间有什么关系？推行全面质量管理与推行 ISO 9000 质量管理体系有无冲突？

1. ISO 9000 标准是 TQM 的组成部分

ISO 9000 标准是质量体系的范畴，而全面质量管理是品质管理范畴，是一种管理模式，其中质量体系是品质管理的部分内容。所以，ISO 9000 标准是 TQM 的一部分。企业要推行全面质量管理，可以在通过 ISO 9000 标准认证以后，结合 ISO 9000 质量管理体系的各项具体要求，开展更有效的工作，再实行全方位的品质管理模式。

2. ISO 9000 标准与 TQM 遵循相同的原理和指导思想

TQM 管理原则与 ISO 9000：2015 质量管理体系的七项质量管理原则相融，TQM 在理论中遵循"朱兰质量螺旋曲线"规律，ISO 9000 质量管理体系遵循质量环的原理，而质量环是质量螺旋曲线的俯视投影，其本质都是描述质量形成的规律。

ISO 9000 标准与 TQM 除遵循相同的原理外，还具有相同的指导思想：

（1）目的一致。两者都是为了提高产品质量，满足顾客的需要，强调任何一个过程都是可以不断改进，不断完善的，在实现方法上都使用了 PDCA 循环的运行模式。

（2）全面性要求一致。两者都要求实行生产全过程的控制。

（3）宗旨一致。两者均是以预防为主，均需要制定各种工作程序，做好预防工作。

（4）领导是关键。高层管理人员都必须高度重视计划的推行，亲自筹划，亲自参与。

（5）统计技术的应用。两者均要求有效地应用各种统计技术与质量工具，做好各生产环节的质量统计与分析工作。

（6）讲求经济效果。两者的最终目的均是降低生产总成本，提高产品质量和企业的经济效益。

3. ISO 9000 与 TQM 的不同点

（1）期间目标不一致。TQM 计划管理活动的目标是改变现状。一次计划作业只限于一次，目标实现后，再进行下一次的计划管理活动。下一次计划管理活动，虽然是在上一次计划管理活动的结果的基础上进行的，但绝不是重复与上次相同的作业。而 ISO 9000 质量管理活动的目标是维持标准现状，其目标值为定值。其管理活动是重复相同的方法和作业，使实际工作结果与标准值的偏差量尽量减少。

（2）工作中心不同。TQM 是以人为中心，ISO 9000 是以标准为中心。

（3）执行标准及检查方式不同。实施 TQM 企业所制定的标准是企业结合其自身特点制定的自我约束的管理体制，其检查方主要是企业内部人员，检查方法是考核和评价（方针目标讲评、QC 小组成果发布等）。ISO 9000 系列标准是国际公认的质量管理体系标准，它是供世界各国共同遵守的准则。贯彻该标准强调的是由公正的第三方对质量体系进行认证，并接受认证机构的监督和检查。

总之，ISO 9000 系列标准与全面质管理是相辅相成、殊途同归的。在企业的管理工作中应把两者紧密地结合起来，不能顾此失彼。应该指出的是，在品质管理和品质保证范畴理论中，ISO 9000 只规定了应该做什么，没有规定如何去做，也没有说明为什么要做。这是因为如何去做涉及许多因素，如工业类别、组织规模及文化背景等，因此，ISO 9000 避开了有关如何做这个敏感问题。但在品质管理实践中，困难的问题恰恰是如何做，而不是做什么。实际上，如何做正是 TQM 关于方法论的研究，而为什么要做是 TQM 理论和方法的基础研究问题，这也正是 ISO 9000 和 TQM 具有相同目标又不属于同范畴的显著特点。

七、全面质量管理的组织与实施

服装企业开展全面质量管理必须具备一些基本条件、基本手段和基本制度，才能达到预期效果。因此，全面质量管理必须开展以下几个方面的工作。

1. 承诺

这是最重要的一条，高层管理人员要有推行全面质量管理的承诺。同时，高层管理人员之间也必须步伐一致去推动这一工作的开展，以此感染和带动其他同事，共同推行全面优质管理。

2. 倾听顾客心声

推行全面质量管理，首先要了解顾客的真正需要，倾听顾客意见，实行全面的顾客导向。

3. 教育及培训

落实、推行全面质量管理的第一步行动，就是教育和培训提高品质意识，因而需要向各管理人员、全体员工介绍本企业的发展方向、品质政策及目标。此外，还需为各级员工提供必要的培训，让他们掌握必需的知识和技巧以胜任新的工作。

4. 招聘和入职培训

全面质量管理有一个基本的概念，就是第一次便要做好。招聘工作也是如此，务求使招聘的员工适合企业要求，同时入职培训也是十分重要和必不可少的。

5. 人际关系技巧

根据调查显示，对于推行全面质量管理的企业来说，在产品质量研讨会上能否提供反馈意见，能否耐心倾听并采纳顾客对产品的要求，这一切都需要具备较高的人际关系技巧。因此，为有关领导和个人提供人际关系技巧训练，对于推行全面质量管理是具有一定帮助的。

6. 督导技巧

每个管理人员必须接受适当的训练，掌握督导技巧，使下属不断提高工作能力，让员工充分发挥合作精神，经常保持求胜的斗志。要一级一级地发挥督导的功效，使整个企业顺利运行。

7. 教练技巧

管理人员应是一名熟练掌握技巧的教练，这对职位高的管理者更显重要。教练作用发挥得好，可以使下属的本领不断提高，并能增强企业的合作精神，保持求胜的斗志。

8. 团队精神

全面质量管理通常建立在共同合作的基础上，因此，加强团队之间的沟通和合作对推行全面质量管理有着重要的影响。

9. 奖励

推行全面质量管理其中一个重要的保证，就是实行奖励制度，包括工资、奖金、工资调整标准、晋升标准等，必须将这些制度与全面质量管理的要求与期望相结合，以提高全员的积极性。

10. 改进活动

"不断改进"概括了全面质量管理的所有内容。事实上，如果要保持竞争优势，必须在不断改进的速度上比竞争对手快。因此，所有推行全面质量管理的公司、企业都必定要有一套完整的计划去推动不同层次、不同形式的小组或部门作出改进。

11. 标准及尺度

任何推行全面质量管理的公司或企业，首先，要量度的是品质成本，这是比较容易表现品质改善及成本下降状况的指标；其次，顾客的满意程度对制定产品及服务的品质标准也有重大的参考作用。

12. 市场策略

品质策略与市场策略是不可分割的，只有在高层管理人员亲自领导及策划全面质量管理的情况下，才能有效地把市场策略及品质策略结合起来。

事实上，单靠个人力量来推行全面质量管理是不可行的，在高层管理人员的领导及参与下，通过全体员工上下一心、群策群力，以具有竞争力的成本，提供高品质且不断改进的产品及满意的服务，在客户中建立物有所值的良好声誉，这才是全面质量管理的精髓所在。

第六节　质量管理体系认证与审核

一、质量认证与审核的概念

1. 质量认证

质量认证又称合格认证，是指第三方（外部的组织）对某一产品、过程或服务符合规定的要求而给予书面保证的程序。

2. 质量审核

质量审核是为获得审核证据并对组织进行客观的评价，以确定组织满足审核准则的程度而进行的系统的、独立的并形成文件的过程。质量审核一般用于对质量体系或其要素、过程、产品、服务的审核，通常被称为"质量体系审核""过程质量审核""产品质量审核"和"服务质量审核"。质量审核应由与被审核领域无直接责任的人员进行，质量审核可分为为内部或外部的目的而进行。

二、质量管理体系审核与认证的步骤

1. 质量管理体系审核

质量管理体系审核，以第三方审核为例，主要分为以下四个阶段。

（1）审核方案的策划。审核策划是质量管理体系成功审核的基础。因此，在正式审核之前，应做好充分和必要的策划。

①确定审核方案的权限、目的和范围。

②确定管理审核方案所需的职责、资源和程序。

③实施审核方案。

④对审核方案进行监督和评审，以改进其有效性。

⑤保存记录。

（2）审核准备阶段主要包括以下内容。

①审核确定。

②审核组组成。

③文件审核。

④初访问和预审核。

⑤审核计划的编制。

（3）现场审核。现场审核的目的是到质量管理体系所覆盖的产品生产现场搜集证据，以证实形成文件的质量管理体系的实施情况和效果。现场审核后，应根据审核结果进行综合分析，全面评价组织的质量管理体系的运行情况和质量保证能力，编写审核报告，确定跟踪方式并进行合适的跟踪审核，决定推荐意见等。

（4）注册及注册后管理。现场审核结束后，认证机构要整理认证过程中形成的文件，上报或在认证机构审核后注册发证。注册发证后还需每年进行监督审核，证书有三年有效期，三年后需进行复审换证。

2. 质量管理体系认证

质量管理体系认证的实施过程分为两个阶段：一是申请和评定阶段，其主要工作是受理申请和对组织的质量管理体系进行审核和评定，并决定能否批准认证并颁发认证证书；二是对获证组织的质量管理体系进行日常监督管理，使获证组织在认证有效期内持续符合 ISO 9001：2015 标准的要求。

（1）申请和评定。

①申请。要求认证组织在确认自身的质量管理体系达到 ISO 9001：2015 标准要求后，即可向选定的认证机构正式提出认证申请。认证机构收到申请方的正式申请后，将对申请方的申请文件进行审查，包括填报的各项内容是否完整和正确，质量手册和内容总体上是否覆盖了 ISO 9001：2015 标准的要求等。

②评定。认证机构委派审核组组长，先对申请方的文件进行审核，符合要求后，由认证机构委派审核组织对申请方进行现场审核，符合要求后，出具文件审核报告和现场审核报告。认证机构对报告进行审查，符合要求的，批准注册并颁发注册证书。注册证书有效期一般为三年。

（2）监督管理。

①监督审核。是指认证机构对认证合格的组织质量管理体系的维持情况的监督性现场审核。通常，认证机构对初次获证组织在获证后的 6 个月进行第一次监督审核，视其质量管理体系的维持情况，每年至少一次对获证组织进行监督审核。

②认证暂停与撤销。认证暂停是认证机构对获证组织的质量管理体系发生不符合认证要求的情况时采取的警告措施。在认证暂停期间，组织不得使用质量管理体系认证证书进行宣传。认证撤销是指认证机构撤销对组织质量管理体系符合质量管理体系要求的合格证明。认证撤销由认证机构书面通知组织，并撤销注册、收回证书、停止组织使用认证标志。

③复审换证。在认证证书有效期满前，组织愿意继续延长时，可向认证机构提出复审换证的要求。复审换证的审核与初次认证相同，但由于连续性监督的因素，在具体的审核过程中将较初次认证有所简化。

（3）认证机构简介。中国进出口质量认证中心（China Quality Certification Centre for Import and Export，CQC），是于 1996 年 10 月设立的具有独立第三方公证地位的质量管理体系和环境管理体系认证机构。

CQC 经"中国国家进出口企业认证机构认可委员会"（CNAB）和"中国环境管理体系认证机构认可委员会"（简称环认委）评定认可，并在国家出入境检验检疫局注册，其建立和运行完全符合国际通用的 ISO/IEC 62 导则及 ISO 10011 标准的要求。CQC 的主要职责如下：

①组织实施进出口产品安全认证和质量认证。

②组织实施第三方质量管理体系（ISO 9000）认证。

③组织实施第三方环境管理体系（ISO 14000）认证。

④组织实施审核培训、认证业务培训。

CQC 拥有庞大的经国家认可的质量管理体系认证审核员队伍，是目前国内规模最大、认证企业数量最多、实力最强的认证机构。同时，CQC 拥有雄厚的师资力量，是国家认可的专门培训机构，为社会各界、各行业承办国际质量管理标准和环境管理标准的主任审核员、审核员和内审员培训班。

本章总结

品质是企业的生命，质量管理则是生产管理的核心。本章介绍了服装产品质量的概念与内涵，阐述了服装企业进行服装品质控制、质量检验的方法和手段，通过对 ISO 9000 质量管理体系的介绍，说明服装企业如何进行全面质量管理以及服装企业开展质量认证的意义、作用及方法。

思考题

1. 简述产品质量特性。

2. 影响产品设计质量有哪些因素？

3. 品质管理发展分哪几个阶段？

4. 怎样认识服装品质指标？

5. 服装外发加工生产中存在哪些主要问题？

6. 服装成品检验内容有哪些？

7. ISO 9001：2015 版标准的主要内容有哪些？

8. 申请 ISO 9000 系列认证一般的工作程序是怎样的？

9. 全面质量管理的基本特点是怎样的？

10. ISO 9000 族标准 2015 版有哪些特点？

11. 服装企业如何实施全面质量管理？

服装生产系统运行维护——

服装生产成本管理

课题名称：服装生产成本管理

课题内容：成本与成本管理概述

服装生产成本计算与分析

服装标准生产成本与成本计划的编制

服装生产成本的控制

课题时间：6 课时

教学目的：通过本章教学，使学生掌握服装生产成本及成本管理的基本概念和基本理论；掌握服装生产过程成本控制的理论和方法。

教学方式：以教师课堂讲述为主，辅以服装企业典型案例分析。

教学要求：1. 准确理解成本与费用概念的区别与联系。

2. 明确服装产品与生产成本的构成。

3. 熟悉服装标准成本、生产成本计划的制订方法。

4. 熟悉服装生产成本控制的手段和方法。

第九章 服装生产成本管理

服装企业同其他企业一样，为了提高企业经济效益，不仅要提高产品的质量和生产效率，同时还必须进行有效的成本管理与控制。成本管理就是在企业经营方针的指导下，贯彻执行各部门制订的降低成本或维持成本的目标并使之实现的一种手段。服装生产过程的成本管理主要是实施成本控制。成本管理涉及面广，要进行多种管理活动，本章论述的重点为服装生产成本的控制及降低生产成本的途径。

第一节 成本与成本管理概述

一、成本和费用的概念

服装企业在生产经营活动中，不可缺少地要为其产品生产付出各种各样的支出，根据支出发生的原因和目的，分别进行归类后，即成为企业的成本和费用。成本是指企业为生产经营一定的产品而耗费的资产或劳务的货币表现；费用是企业在生产经营过程中所发生的各项耗费，包括直接费用、间接费用和期间费用。因此，成本又可理解为产品生产中所发生的各种费用。

服装生产企业制作服装产品时，要耗费人力、物力、财力，即劳务费和材料费等。此外，服装生产企业有一部分产品或部件的加工是约请协作单位完成的，需支付外协作加工费，这也属于制造费的一部分，这种为生产产品而支付的各种费用，均属成本的内容。此外，成本还包括企业行政管理部门为组织和管理企业的生产经营活动所发生的各项费用，如管理费、财务费、销售费等。

上述各种成本费用按其计入成本的方式，可分为直接费用和间接费用。凡是可以直接确定成本对象，计入成本中的费用称直接费用，如直接材料费、直接人工费等。凡是无法直接确定成本对象，由多个产品共同发生，必须通过分配计入成本的费用称间接费用，如间接制造费用等。

二、服装产品成本的构成

服装产品成本是指服装制作过程中消耗的生产资料价值、管理费用及支付给作业人员劳动报酬等价值的货币表现，主要由材料费（物品的费用）、劳务费（人工费）和间接加工费三部分构成。

1. 材料费

（1）直接材料费。面料费、辅料（里料、衬料、缝纫线、纽扣商标及其他附属品）费等。

（2）间接材料费。缝纫机油费、缝纫针费、缝纫机零件（易耗物品备用品）费等。

2. 劳务费

（1）直接劳务费。直接生产工人的基本工资、计件工资、加班费及奖金等。

（2）间接劳务费。间接生产工人的工资、临时工资、休假日工资、退休退职金、奖金、福利费及其他费用等。

3. 间接加工费

（1）直接经费。工艺卡制作费、样衣试制费、专利费、外协作等加工费、设备租赁费。

（2）间接经费。福利卫生费、折旧费、保险费、税金、水电费、交通费、通信费、保管费、仓储损耗费等。

直接材料费、直接劳务费和间接加工费构成了产品的制造成本，如图9-1所示。

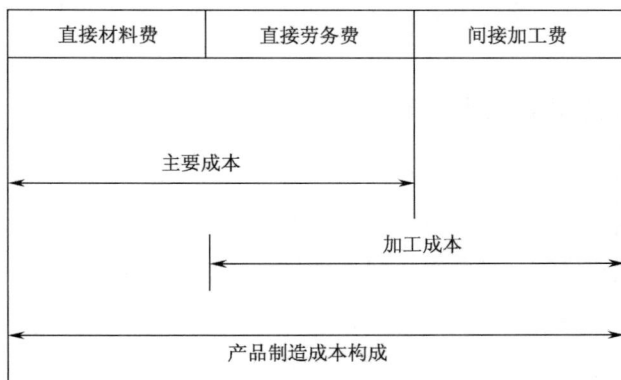

图9-1 产品制造成本构成

一般来说，在服装制造总成本中，物料成本约占50%，裁床部拉布、裁剪损失占1%，加工费用占19%，其他约占30%。

三、产品成本、售价、利润的关系

产品的成本、售价和利润三者的关系如图9-2所示。单位产品售价减去单位产品成本即为单位产品的利润。在产品销售价格不变的情况下，单位产品成本越高，则单位产品利润越低；相反，单位产品成本越低，则单位产品的利润就越高。

企业进行生产的目的就是为了获得利润。随着市场经济的发展，企业之间、产品与产品之间竞争日益激烈，企业单纯通过提高产品的销售价去获取更多的利润是行不通的。唯一可行的是，通过提高产品质量，维持成本或降低成本来提高利润。因此，通过对产品成

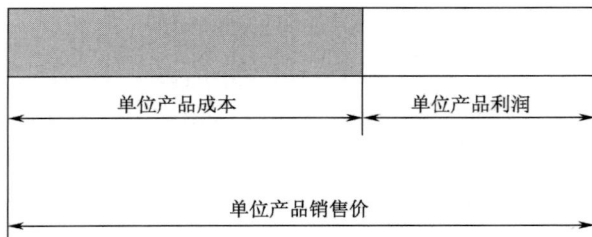

图9-2　成本、售价和利润关系图

本、售价和利润三者关系的分析就能看出，成本管理是企业中非常重要的管理职能，是实现企业生产目的的重要手段。

服装产品成本和价格的定价方法有以下两种。

（1）成本加权定价法。销售价＝成本＋利润。特点是只要在产品成本的基础上，加上一个适当的加权利润，即可构成销售价。这种计算方法表明制作服装需要花费一定的成本，再加上适当的利润就能形成销售价。但是这种方法不适用于商品竞争激烈的时代。

（2）竞争定价法。利润＝销售价－成本。特点是根据竞争对手的价格，确定自己产品的价格，即在销售价已定的情况下，只有通过提高产品的质量、降低产品的成本，才能获得更多的利润。

四、服装生产成本管理的主要内容

1. 生产成本管理的要求

生产成本管理的基本任务是通过对生产成本的预测、计划、控制、核算、分析和考核，反映企业生产经营成果，挖掘降低成本的潜力，努力降低成本。因此，科学的成本管理应符合以下要求。

（1）全员性的成本管理，为降低成本达成共识。

（2）全过程的成本管理，要保证不断降低产品成本，必须实行对成本形成全过程的综合性管理。

（3）预防性成本管理。由于现代化生产技术的特点是高速化、高效化，生产耗费受技术条件影响较大，因此，需要对产品形成过程中的费用进行预防性控制，防止出现偏差，避免造成损失和浪费。

2. 成本管理的主要内容

成本管理的基本任务，决定了成本管理的主要内容。

（1）开展生产成本预测，确定标准成本，编制生产成本计划。

（2）在生产成本形成过程中加强成本控制。

（3）准确、及时地核算产品成本。

（4）开展生产成本分析。

上述过程周而复始地贯彻形成了成本管理体系，即P（Plan）、D（Do）、C（Check）、

A（Action）在成本管理中的应用。

在服装生产中，首先应调查生产成本。如果成本过高，应采取降低成本的方法和措施，用合适的成本生产合格的产品。而现行的产品生产多数情况下是凭直觉和经验进行成本估算的，体现的仅是一种大致的标准。在市场经济竞争激烈的情况下，降低产品成本有着更为重要的意义。

第二节 服装生产成本计算与分析

在服装产品成本分析和计算时，会出现各种费用的名称，应全部列出，划分到所属区域，应做到以下几点。

（1）明确使用的是哪一种成本，是属于材料费、劳务费，还是制造经费。

（2）明确使用的部门。

（3）明确具体产品的成本数值。

在进行成本分析和计算时，首先，应根据不同类别的成本对服装产品的成本进行分类、统计和计算。其次，按各部门责任区域进行成本计算，各部门应按成本的承担责任范围进行分类、统计和计算。这样，就能按服装产品的种类进行精确的成本计算。

一、成本计算的方法

1. 材料费的计算方法

$$直接材料费 = 材料的消耗量 \times 实际价格$$

在服装生产中，服装材料进厂的渠道有两种，一种是从面料到各种辅料均由生产企业自行采购得到，另一种是由订货客户供给生产企业。后者在计算直接材料费时，有时只含缝纫线费用一项，有时连缝纫线费用都没有。

由于购买服装产品的面料、辅料等要耗费材料费，因此，应按材料种类，将有关费用记录到材料费结算单中，表9-1是购买材料的采购单与记账单。购入的服装材料应先放入仓库保管，裁剪车间需要用料时，可采用表9-2所示的材料出库单领取材料。当裁剪作业结束留有余料时，应以此为依据进行单据修改，同时，将多余的面料退回仓库，以便对使用服装材料的成本进行精确的计算。

表9-1 采购单与记账单　　　　　　日期：　　年　　月　　日

编　号	材料名	规　格	数量（m）	单价（元）	金额（元）	备　注
合　计						

由于缝纫线耗用量少，以出库单方式进行计算有一定的困难，因此，可将一定时间内开始时的缝纫线在库量减去产品完成后的在库量，其差值即为这段时间内缝纫线的消耗量。在估算服装产品加工费时，有时可按服装产品种类列出缝纫线使用的费用。大多服装生产企业都是根据目前已掌握的典型服装种类的缝纫线平均消耗量进行类比估算。

表9-2 出库单与记账单

款式名称：		合同编号：						交货期：		
面料规格：								部　门：		
面料名称		面料颜色及尺寸（m）								
		A	B	C	D	E	F	G	合计（m）	
A	预定数									
	实际数									
B	预定数									
	实际数									
C	预定数									
	实际数									
合　计	预定数									
	实际数									
复核人：				领料人：						

出库日期：　　年　　月　　日

2. 劳务费的计算方法

$$直接劳务费 = 产品作业时间 \times 标准工资率$$

$$工资率 = \frac{期间预计工资总额（直接工人的工资）}{工人人数 \times 开工天数 \times 每天作业时间 \times （1-缺勤率）}$$

劳务费可分为直接劳务费和间接劳务费两种。直接劳务费还可按作业内容细分为裁剪工人的工资、缝纫工人的工资、熨烫工人的工资等，计算时可根据作业时间报表。按上述公式算出工资金额，见表9-3。间接劳务费包括保全工、搬运工、修补工、包装工等间接工作人员的工资以及工厂干部、职工及其他管理人员的工资，他们的工资根据另一套工资标准计算。

表9-3 直接劳务费的统计

工艺单编号	产品名称	代号	数量	裁剪工			缝纫工			整烫工		
				总时间（min）	工资比例	金额（元）	总时间（min）	工资比例	金额（元）	总时间（min）	工资比例	金额（元）
合　计												

3. 产品加工费的计算方法

产品加工费种类很多，与产品的关系复杂，对于加工指定产品所需的费用，即为加工经费。

（1）与产品的产量成正比的费用，如机油费、低值易耗品费及产品运输费等。

（2）与产品的作业时间成正比的费用，如动力费、燃料费、间接工人的工资等。

（3）与产品的产量和时间无关的费用，如折旧费、固定资产税、保险费、交通费等。

加工费的掌握方法可根据某一时期内使用的费用来统计，加工费的分类和内容见表9-4。经费的使用可以用经费结算表的形式填写，记账计算。

表 9-4　加工经费的分类和内容

分　类		内　　　　　容
直接经费		外加工、租金等
间接经费	支付经费	租借费（除去租金）、修缮及易耗品费、搬运及一般管理费、保管费、旅费、车辆费、检验费、通信费、事物用品费、杂费等
	按月扣除的经费	折旧费、贷款分期付款费、保险费、税金、款式设计费、纸张费等
	测定经费	电费、燃料费、水费等
	其他经费	仓储损耗费等

二、服装加工费的确定

服装厂有些衣片或部件的生产需请外协作单位加工，需要支付外加工费，这种费用归入成本内。有些工厂在进行来样来料加工时，也要涉及加工费的计算。此外，客户还可通过签订合同的方式委托服装厂进行服装加工，也要核算加工费。一般来说，根据加工方式有两种加工价格：一种是经销加工价格，客户不提供面、辅料，以单件服装产品出厂时的价格来计算；另一种是纯加工价格，生产企业不仅负责加工，有时也包括一些包装材料及运输费等。不管哪一种加工方式，服装加工费（或加工成本）的计算和确定，在服装价格中占有十分重要的位置。

在服装产品加工订单签约中，先谈判价格，习惯称报价。价格是市场竞争的主要指标，报价过高，生产企业会有失去订单的可能；报价偏低，生产企业稍有失控，就会有亏损的风险。如何做到报价快速合理、有竞争力，对生产企业和客户都同样具有重要的意义。

确定服装加工费的目的有两个：一是生产企业进行成本核算和估计，作为生产成本控制和管理的依据；二是服装贸易洽谈时，作为纯加工或经销加工报价的基础。

1. 加工费的计算方法

精确地反映单件服装的加工费用是在完成服装订单作业之后，加工企业进行逐项成本核算后才能获得。在服装贸易报价中，服装加工费的确定只是一种估算，在价格谈判中，企业业务员要将加工费估算在企业有一定利润或有较高利润的水平上，客户则需要对生产报价的加工费的合理性进行分析。实践证明，操作性强的加工费计算方法是迫切需要的。

归纳起来，目前施行的加工费计算方法大致有以下几种：

（1）预计法。确定年度工资预计总额，再与预计生产数量相除即为加工费：

$$加工费 = \frac{年度工资预计总额 \times 预加工天数}{预计日生产件数 \times 全年劳动天数}$$

（2）扣除法。扣除从销售到订货为止每件服装的费用和利润，剩下的为加工费，即：

$$加工费 = 销售价 - （利润 + 税收） - 成本费 - 其他费用$$

（3）行市法。根据市场行情确定。

（4）估算法（经验类比法）。根据以前类似款式服装的加工费提出各种估算方案，从中选择最佳方案确定加工费。

（5）投标竞争法。根据市场反馈的接受价格，将加工费确定在某一价位，由工厂竞争投标接受。

（6）成本核算法。先确定一件服装加工需花费多少时间，计算每分钟价格，然后相乘算出加工费：

$$每分钟价格 = \frac{每人每天加工金额}{480}$$

（7）台板工缴计算法。根据工厂中量大面广的基础缝纫设备的数量来计算加工费。

上述几种方法各有优缺点，下面主要介绍第七种方法，这种方法在服装加工报价和估算的实践中，已显示出实用方便、准确度较高的特点。

2. 台板工缴计算法计算加工费

台板工缴计算法计算加工费的原则是将企业内部量大面广的基础缝纫设备作为计算单位。机织面料服装加工以平缝机为计算"台板"的单位，针织服装加工以包缝机为计算"台板"的单位。

设工厂每月总支出为 C（元），它主要包括以下费用。

（1）工资支出。即正常生产时全厂工资的总额。

（2）管理支出。如办公费、通信费、销售费、运输费等。

（3）生产费用支出。如水、电、煤、设备维修保养等费用。

（4）固定资产折旧费。

总之，C 值指工厂正常运转时每月的总开支。尽管每月支出有波动，但对服装厂来说，某一段时间内差异不会很大，基本上维持在同一水平上。

设流水作业时每人每天的定额为 M［件/（人·天）或件/（台·天）］，基础缝纫设备台板数为 n，每月以 22 天工作日计算，设台板工缴 P［元/（台·天）］，则：

$$P = \frac{C/22}{n} = \frac{C}{22n} \tag{9-1}$$

"台板工缴" P 的含义是每天每台基础缝纫设备应创造的价值。它与加工费 U（元/件）之间的关系为：

$$U = \frac{P}{M} = \frac{C}{22nM} \tag{9-2}$$

式（9-2）中，如果 C、M 值预估精度高，尤其是 M 值预估比较符合实际，则加工费的计算是相当准确的。事实上，工厂的每月实际工作日应按实际管理的情况确定。

若生产作业管理发生紊乱，如出现出勤率低、停电、面辅料供应不到位、工艺安排不当等情况，将导致某工序上产品积压、操作工熟练稳定期延长等，这些都会直接影响 M 值的预估精度，从而使加工费 U 值偏高。所以，式（9-2）必须加以修正。如服装节拍流水线作业中弹性修正系数为 $0.8 \sim 0.85$，一般取 0.85，实际加工费的修正计算公式则为：

$$U = \frac{C}{22nM \times 0.85} = \frac{C}{18.7nM} \tag{9-3}$$

例 某服装厂有 80 台平缝机，总人数 110 人，工资总额为 8 万元/月，每月其他主要支出，如设备、厂房折旧费为 3 万元，电费 0.7 万元，煤、水费 1 万元，通信费 0.5 万元，运输、交际、公关费 0.5 万元，办公费 0.2 万元，则：

$$C = 13.9 \text{ 万元} = 1.39 \times 10^5 \text{ 元}, \quad n = 80 \text{ 台}$$

$$P = \frac{C}{22n} = \frac{1.39 \times 10^5}{22 \times 80} = 79 \left[\text{元}/（台 \cdot 天）\right]$$

如该厂接到全棉色织布女衬衫订单，总件数为 2 万件，参考一般的女衬衫定额标准取 M 为 14 件/（天·人），则该厂最有竞争力的衬衫加工费，即保本价格为：

$$U = \frac{C}{18.7nM} = \frac{1.39 \times 10^5}{18.7 \times 80 \times 14} = 6.64 \text{（元/件）}$$

从上例计算可知，式（9-3）仅表示了工厂维持开销的最低价格、最有竞争力的价格，但并没有考虑利税的因素。在上例中，若取税率为 17%，利润率为 10%，则加工费价格 U' 应为：

$$U' = 6.64 \times （1 + 17\%）（1 + 10\%） = 8.55 \text{（元/件）}$$

因此，考虑利税后，式（9-3）加工费的价格 U' 可写为：

$$U' = \frac{C（1 + a_1）（1 + a_2）}{18.7nM} \tag{9-4}$$

式中：a_1——税率；

a_2——利润率。

注意，在小批量、多品种或加工难度较高的情况下，利润率 a_2 应适当提高。

3. 服装经销价格的构成

服装经销价格是由许多项目的价格组成，它的构成中有面料等成本的价格，还有加工费、利税等费用，所以，服装的价格构成是各项目的价格之和。设单件服装经销价格为 S，利税率为 $a\%$ 则：

$$S = (1 + \alpha\%)(a_1 + a_2 + a_3 + \cdots a_n) \qquad (9-5)$$

式中：a_1，a_2，a_3，$\cdots$，a_n 表示面料和辅料（里料、絮料、衬料、胆料、拉链等）费用、加工费、包装费等的费用；$\alpha\%$ 表示利税率，不同的质量要求、不同的地区和订单，利税率是不一样的。

例 某羽绒服装款式见表 9-5，数量 5000 件，面料为砂洗涂层电力纺，名义幅宽为 114cm，染色坯布单价为 38.5 元/m；四层做，夹层为 210^T 尼丝纺，单价为 8.5 元/m；每层胆料为 190^T 尼丝纺，名义幅宽为 150cm，7.2 元/m；絮料是 70/30 羽绒，每吨 23.5 万元，每件服装充绒 300g；在辅料中，优质金属拉链 1 根，价格 4 元/根；金属四合扣 6 粒，每粒 0.6 元；风帽边沿上缝毛皮，每条 70 元；其他如线、尼龙针毡搭扣、棉绳、橡皮筋和塑料绳扣、塑料吊钟等饰件匡算为 2 元/件。该款式工厂台板工缴 80 元/（台·天），工时定额估算每台缝纫机每天 4 件；包装箱、塑料袋和运输费，平均匡算为 2.5 元/件；计算的加工费每件为 20 元，利税率为 10%，试计算服装的经销加工价。

表 9-5 服装报价表

款式名称	毛领风帽羽绒服		款 号	DJ22	衣单号	03/2018	交货期 2018.8.15
批量（件）	5000	送货地点					

种类	名称	门幅宽（cm）	单价（元）	单价用料（m）	损耗数	实际用料（m）	金额（元）
面料	16m/m 涂层电力纺	114	38.5	2.64	3%	2.72	104.68
里料	210^T 尼丝纺	150	8.5	1.7	—	1.70	14.45
胆料	190^T 尼丝纺	150	7.2	3.1	—	3.10	22.32
絮料	羽绒 70/30 线		0.235（元/g）		—	300（g）	70.50

种类	名称	单价（元）	数量	金额（元）	款式尺寸（cm）			
辅料	拉链	4	1	4	衣长	83	裤长	
	四合扣	0.6	6	3.6	胸围	73	臂围	
	毛皮领	70	1	70	领围	54	直裆	
	其他			2	袖长	62	横裆	
					袖口	11.5	脚口	

款式名称	毛领风帽羽绒服		款　号	DJ22	衣单号	03/2018	交货期 2018. 8. 15
工缴费	加工费	20	1	20	款式图：		
	绣花						
	手工加工						
	后整理						
包装				2.5			
运输							
利税	10%						
合计	345.46 元/件						

根据式（9-5），计算经销加工费为：

$$S = (1+10\%)\,[38.5 \times (1+3\%) \times 2.64 + 8.5 \times 1.7 + 7.2 \times 3.1 +$$
$$0.235 \times 300 + 4 \times 1 + 0.6 \times 6 + 70 \times 1 + 20 + 2.5 + 2\,]$$
$$= 345.46 （元/件）$$

其中，利税金额为 31.4 元/件，算式中面料费用增加 3%，它是面料正常加工的损耗率。

实际运算时，可用报价表来表示经销服装的价格构成。工厂和客户可以根据常做的款式内容设计成适合实际的各种报价表格。表9-5 即为一报价表实例。报价表可有各种形式，简单的或详细的，不拘一格。但作为成本利润核算的报价表，应精确而又详细。

三、服装加工报价中常见的问题

服装加工报价中常遇到一些具体问题，下面就这些问题加以说明。

1. 服装用料的计算

服装面料费用是服装报价中的主要部分，面料的费用由用料数量和面料单价两部分组成。面料的单价一般根据质量上下浮动，出现偏差的机会很少。但面料用料多少与款式结构变化、排料方式、面料幅宽大小等因素有关，会产生较大差异。用料计算有用典型款式（如男女衬衫、西装、西裤等）的常规用料计算法、简易用料曲线图法等。实践表明，精确的用料计算只有在实际排料后才能算出，所以用料计算时，应考虑以下几种情况。

（1）用料的精确核算，不存在一种统一的用料计算公式或图表，实样排料图是精确计算用料的依据。

（2）在报价中，不能盲目用中间尺码估算用料，应该了解订单中各种尺码在数量上的搭配情况。所谓中间尺码，是以它为基准上下尺码数量基本相等的尺码。例如，S 码 100 件、M 码 100 件、L 码 300 件、XL 码 100 件，取中间码为 L 码，S 码的用料另作考虑，要有修正用料的余地。

（3）估算用料时，款式的结构和面料的丝缕方向应了解清楚。款式结构上的变化对用料影响较大，如羽绒服的三层做结构和四层做结构如果不标注，就会差一层夹里的用量。裤和T恤的门襟结构形式、袋盖、袖克夫的层数等，都必须在报价时详细说明，否则会影响材料的用量。另外，丝缕方向不同也会导致用料量的差异，如配合领和袖克夫丝缕排料方向，同样的款式，因丝缕方向不同会导致每件用料量产生20cm左右的差异。因此，估计用料时，款式结构和面料的丝缕方向在报价时也应详细说明，以免引起合同纠纷。

（4）用料损耗的计算。报价中服装的用料量是以单件服装的用料加上用料损耗量得到的，所以，报价中的用料量必须计入用料损耗量，这才是生产中实际的用料数量。用料损耗主要分裁剪损耗、调片损耗和后处理损耗三种。面料铺层头尾损耗一般为3~5cm。后处理时，面料会发生回缩，纸样尺寸应考虑缩率，缩率需做试验确定，否则会引起尺寸不准确。调片损耗是考虑面料疵点等因素，价格较高的面料取1%~3%的损耗率，价格较低的面料取4%~6%的损耗率。

2. 利税计算

式（9-5）的利税计算都是乘以利税因子的，这种报价方式称为总体报价，它具有操作简单、迅速的特点。利税率一般取10%左右，实践表明，利税率高于10%的报价属于较高利润的报价。还有一种报价方式称为分离报价，即基本价格中有开增值税发票的项目，如面料、辅料项目，工厂在这部分价格上不进行纳税，可以看成不变价格，而加工费、管理费和利润需要纳税，税金必须计入报价中，这部分可看成可变价格，将利税因子乘以可变价格的这种报价称为分离报价。一般来说，面料单价比较便宜，采用分离报价法利润高；面料单价较高，采用总体报价法利润较高。经销加工时也应采用总体报价法。

3. 包装、运输等费用的匡算

在服装报价体系中，包装用品费（纸箱、塑料袋、塑料夹、针等）和运输费以及其他费用（缝纫线、缝纫针等）分摊到每件服装上后，与面料、辅料费用及加工费用等相比，有时很少。所以，可以用匡算的形式来计算。一般情况下，在2.5~5元之间。如果塑料袋需要印字、套色，或有其他特殊规格要求，或需立体包装，每件带衣架等，价格超过匡算费用，则需要在报价项目中确立一个报价元素，单独作为一项费用计入总费用中。

4. 其他费用和样衣价格

报价时由于价格项目考虑不周，会造成报价失误。例如，服装后处理在外协作时的加工费用、服装上的绣花费用、特殊规格的纽扣费用、包纽的模具制造费用、外贸商检费用、各种单证费用、误工费用等，这些费用往往隐含在报价之中，易被忽视和遗忘，造成利润流失。

样衣分为设计样衣、推销样衣，其加工属于单件或少件的加工形式，要专门打样制板，并付出修改等劳动，还要考虑面辅料的准备、量少的面料的染色等问题，所以样衣的价格至少高于大货订单的20%~50%，有时甚至可以达到数倍。

总之，影响服装加工制作费用的主要因素是台板工缴费和面辅料等原材料的费用。

第三节　服装标准生产成本与成本计划的编制

通过标准成本的制订，能促使服装产品的工艺规格和作业工序处于比较稳定的状态。根据不同的产品和不同的生产条件，设立不同种类、不同部门的成本标准，便于对生产成本进行管理与控制，能取得显著的效果。

一、确定标准成本

1. 标准成本的种类

（1）理想标准成本。理想标准成本是根据理论上的生产能力、生产要素的理想价格和可能实现的最好经营效果来确定的标准成本，也就是效率、产量等一切因素都较先进时的成本。

（2）正常标准成本。正常标准成本是根据企业的正常生产能力、生产要素的正常价格和正常的经营成果计算的成本。

（3）现实标准成本。现实标准成本是指近期内，在现实生产能力条件下，经过努力能够达到的成本水平。

上述三种标准成本，通常采用现实标准成本较适当，现实标准成本可以取企业过去较长时期内实际成本的平均值，再适当考虑可变趋势而确定。

2. 标准生产成本的确定

如前所述，生产成本是由直接材料费、直接劳务费和间接加工费构成的。标准成本的各个项目分别由标准消耗量与标准价格来确定。即：

$$标准成本 = 标准消耗量 \times 标准价格$$

因此，按照上述公式，在分别确定标准直接材料费、标准直接劳务费和标准间接加工费之后，即可确定标准产品的制造成本。下面介绍如何确定标准成本。

（1）标准直接材料费的确定。

①确定材料的标准消耗量（材料消耗定额）。标准消耗量通常是指生产技术部门在一定生产条件下所确定的，制造单位产品必需耗用的各种直接材料的数量，它包括净用料量和裁剪加工时所必需的余量以及不能利用的边角料等，其具体确定方法如下：

● 对以往的单位产品材料消耗量的统计资料进行分析，然后确定标准消耗量。

● 以设计部门为中心，精确计算单位产品的材料消耗量，从而确定材料的标准消耗量。

● 实际试制产品，根据材料的实际消耗量来确定材料的标准消耗量。

在实际生产中，确定材料的标准消耗量时，通常是将上述几种方法结合起来使用。

另外，在生产加工中，服装材料，尤其是面料、辅料等并不是百分之百地都可成为产品。因此，在标准材料消耗量内，除了构成产品实体的材料消耗以外，还要包括必要地、不可避免地形成不合格产品所消耗的材料，这两部分损耗量统称为材料余量。因此，在确定材料的标准消耗时，应该将材料的余量考虑在内。

②确定材料的标准价格。标准价格通常是由采购部门和成本核算部门协作确定的。材料的标准价格要在充分考虑以往市场价格的统计资料和现行价格以及将来价格动向的基础上加以确定。

③确定标准直接材料费。在材料标准价格和标准消耗量确定后，即可按标准成本计算公式算出标准直接材料费，可用表格形式表示出来。

（2）标准直接劳务费的确定。

①确定标准时间（标准工时消耗量）。标准作业时间（参见第七章）与加工的服装种类、所用工具设备、作业方式、作业顺序、操作者的技术水平等有关。在确定标准作业时间时应注意以下两点内容：

- 将净作业时间与准备结束作业时间区分开来。
- 确定适当的宽裕（富裕）时间。

②确定标准工资率。标准工资率是指标准使用期间的预定工资总额与预计作业时间（有效时间）的比值，或与设备预计开动时间的比值，即单位时间的工资值。标准工资率应根据工种、操作工人技术等级以及所在车间等情况分别确定。

采用计件工资时，则以单位产品的计件工资作为标准工资率。标准工资率的计算公式为：

$$标准工资率 = \frac{计划作业期间预计工资总额}{工人人数 \times 预计开工天数 \times 每天作业时间 \times 出勤率}$$

根据设备开动时间计算标准工资率的公式为：

$$标准工资率 = \frac{计划作业期间预计工资总额（不同工种的直接工人工资）}{设备台数 \times 预计天数 \times 设备每天开动的时间}$$

③确定标准直接劳务费。在标准作业时间和标准工资率确定后，就可以按标准成本公式算出标准直接劳务费。

（3）标准间接加工费的确定。确定标准间接加工费，必须先确定标准时间和标准间接加工费分配率。标准时间和标准间接加工费分配率相乘，便可算出标准间接加工费。

①确定标准时间。与直接劳务费的标准作业时间的确定方法相同。

②确定标准间接加工费分配率。它是指单位时间所应分摊的间接加工费，其计算公式为：

$$标准间接加工费分配率 = \frac{计划作业期间的间接加工费预计总额}{计划作业期间预计开工工时总数}$$

根据设备开动时间计算标准间接加工费分配率的公式为：

$$标准间接加工费分配率 = \frac{计划期间间接加工费预计总额}{计划作业期间预计设备工作总时间}$$

③确定标准间接加工费。在标准时间和标准间接加工费分配率确定后，可算出标准间接加工费。

（4）产品标准生产成本的确定。标准制造成本是由标准直接材料费、标准直接劳务费和标准间接加工费三者构成。三者确定之后，经列表累计即可算出产品标准加工成本。表9-6所示为某产品的标准成本明细表。

表9-6 产品标准加工成本明细表

标准确定日期： 年 月 日 产品＿＿标准成本表

<table>
<tr><td rowspan="4">直接材料费</td><td>材料品种编号</td><td>标准消耗费（m）</td><td>标准消耗价格（元/m）</td><td colspan="2">第一工序</td><td colspan="2">第二工序</td></tr>
<tr><td></td><td></td><td></td><td>第1作业</td><td>第2作业</td><td>第3作业</td><td>第4作业</td></tr>
<tr><td>F-1</td><td>6.4</td><td>5</td><td>32.00</td><td></td><td></td><td></td></tr>
<tr><td>F-2</td><td>3</td><td>4.5</td><td></td><td>13.5</td><td></td><td></td></tr>
<tr><td colspan="4">各工序标准直接材料费</td><td colspan="4">45.50</td></tr>
<tr><td colspan="4">标准直接材料费</td><td colspan="4">45.50</td></tr>
<tr><td rowspan="4">直接劳务费</td><td>作业编号</td><td>标准直接作业时间（min）</td><td>工资率（元/min）</td><td colspan="2">第二工序</td><td colspan="2">第二工序</td></tr>
<tr><td></td><td></td><td></td><td>第1作业</td><td>第2作业</td><td>第3作业</td><td>第4作业</td></tr>
<tr><td>ZY-1</td><td>20</td><td>2.527</td><td>50.54</td><td></td><td></td><td></td></tr>
<tr><td>ZY-2</td><td>10</td><td>1.980</td><td></td><td>19.8</td><td></td><td></td></tr>
<tr><td rowspan="4">间接加工费</td><td>ZY-3</td><td>10</td><td>1.980</td><td></td><td></td><td>19.8</td><td></td></tr>
<tr><td>ZY-4</td><td>7</td><td>1.980</td><td></td><td></td><td></td><td>13.86</td></tr>
<tr><td colspan="3">各工序标准直接劳务费</td><td colspan="2">70.34</td><td colspan="2">33.66</td></tr>
<tr><td colspan="3">标准直接劳务费</td><td colspan="4">104</td></tr>
<tr><td rowspan="8">直接劳务费</td><td>分摊标准</td><td>标准直接作业时间（min）</td><td>标准分配率（元/min）</td><td colspan="2">第二工序</td><td colspan="2">第二工序</td></tr>
<tr><td></td><td></td><td></td><td>第1作业</td><td>第2作业</td><td>第3作业</td><td>第4作业</td></tr>
<tr><td>直接作业时间</td><td>20</td><td>6.50</td><td>130.00</td><td></td><td></td><td></td></tr>
<tr><td></td><td>10</td><td>6.50</td><td></td><td>65.00</td><td></td><td></td></tr>
<tr><td></td><td>10</td><td>3.90</td><td></td><td></td><td>39.00</td><td></td></tr>
<tr><td></td><td>7</td><td>3.90</td><td></td><td></td><td></td><td>27.30</td></tr>
<tr><td colspan="3">各工序标准间接加工费</td><td colspan="2">195.00</td><td colspan="2">66.30</td></tr>
<tr><td colspan="3">标准间接加工费</td><td colspan="4">261.30</td></tr>
<tr><td colspan="4" rowspan="2">各作业标准加工成本</td><td>200.54</td><td>103.00</td><td>58.80</td><td>41.16</td></tr>
<tr><td colspan="2">303.54</td><td colspan="2">99.96</td></tr>
<tr><td colspan="4">单位产品加工成本</td><td colspan="4">403.50</td></tr>
</table>

3. 质量成本的确定

质量成本是产品由于质量原因造成损失而发生的费用以及保证和提高产品质量支出的一切费用。它是企业生产总成本的一个组成部分。确定质量成本的目的是核算与质量有关的各项费用，寻求提高质量、降低成本的有效途径。

根据国际标准组织（ISO）的规定，质量成本是由两部分构成，即运行质量成本和外部质量成本。运行质量成本包括：预防成本、鉴定成本、内部故障成本和外部故障成本，其构成如图9-3所示。

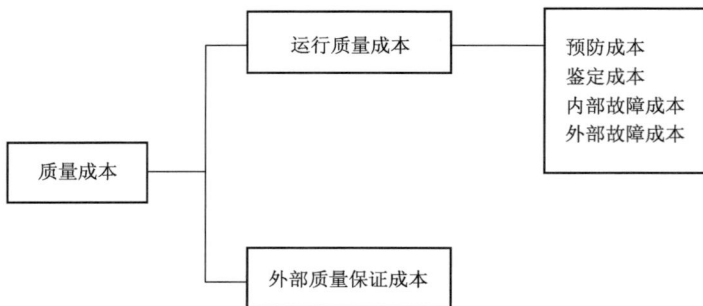

图9-3 质量成本构成

（1）运行质量成本（Operation of Quality Cost）。运行质量成本是指企业为达到和保证规定的质量水平所耗费的那些费用。

①预防成本（Prevention Cost）。用于预防不合格品与故障等所需的费用。

②鉴定成本（Appraisal Cost）。评定产品是否具有规定的品质要求所需的费用。

③内部故障成本（Internal Failure Cost）。交货前由于产品或服务不满足规定的品质要求所造成的损失。

④外部故障成本（External Failure Cost）。交货后由于产品或服务不满足规定的品质要求所造成的损失。

四项质量成本费用的比例关系通常是：内部故障成本占质量总成本的25%～40%，外部故障成本占质量总成本的20%～40%，鉴定成本占质量总成本的10%～50%，预防成本占质量总成本的0.5%～5.0%。四项成本之间并不是相互孤立和毫无联系的，它们相互影响、相互制约。如果产品不需检验就出厂，鉴定成本可以很低，但可能有很多不合格品出厂，一旦在使用中被用户发现就会产生显著的外部故障，致使质量总成本上升；反之，如果在企业内部严格检查，则鉴定成本和内部故障成本就会增加，而外部故障成本就会减少。但是，在一定范围内，如果增加预防费用并加强工序控制，则内、外故障，甚至包括鉴定成本都可能降低，使质量总成本大大降低。

在质量成本确定时，应了解和掌握这四大项质量成本合理的比例关系以及它们之间的变化规律，以便在采取降低质量成本的措施中做出正确的决策。某服装企业有关质量成本构成情况见表9-7。

表9-7 某服装企业质量成本构成

品质成本构成	金额（元）	占总品质成本比例（%）	占销售收入比例（%）
预防成本	2029.00	2.38	—
鉴定成本	6717.80	7.88	—
内部故障成本	75661.20	88.75	3.17
外部故障成本	844.00	0.99	0.035
总品质成本	85252.00	100.00	—

（2）外部质量成本（External Assurance Quality Costs）。外部质量成本是指企业按用户提供客观证据的要求而做的演示和证明所发生的费用。它包括特殊的和附加的品质保证措施、程序、数据、证实试验及评定等费用。

二、编制产品成本计划

服装产品的标准制造成本确定后，可根据企业的具体情况编制产品成本计划，使产品的生产在成本制造过程中有效地被加以控制。

1. 成本计划的内容

成本计划是企业生产经营计划的重要组成部分，是对产品成本进行科学管理的工具，也是企业进行成本控制、核算和分析的依据。其主要内容包括以下三项：

（1）主要产品单位成本。主要产品单位成本是按照成本项目规定计划期内某种主要产品的单位成本水平，如标准产品制造成本，计算方法如前所述。

（2）全部产品成本。全部产品成本包括企业计划期内各种可比产品（本企业过去正式生产过的产品）和不可比产品（本企业过去没有生产过的产品和新产品）的单位成本和总成本，以及可比产品成本的降低额和降低率。

（3）生产费用预算。生产费用预算是按照生产费用要素，综合反映企业在计划期内全部生产费用的支出。

2. 成本计划指标

成本计划指标在成本计划、控制、核算和分析中处于非常重要的地位。从一定意义上说，它是构成成本计划、成本报表的实质性内容，也是考核评价企业成本管理及全部生产经营活动的关键性指标之一。

（1）可比产品成本降低率。可比产品是指产品在性能、用途和质量指标等方面的可比性、一致性，一般可认为是本企业过去正式生产过、计划期继续生产的产品。有的产品虽在使用的面料、辅料、生产工艺、产品结构或花色等方面有所改变，但只要产品的经济用途和基本质量标准没有变化，仍可视为可比产品。反之，过去虽生产过，但用途和质检标准发生变化，仍需试制的产品，不能视为可比产品。

可比产品成本降低率计算公式如下：

$$可比产品成本降低率 = \frac{可比产品成本降低额}{\sum 可比产品计划期实际单位成本计算的总成本} \times 100\%$$

$$= \left(1 - \frac{计划期内可比产品总成本}{\begin{array}{c}各种可比产品\\计划产量\end{array} \times \begin{array}{c}各种可比产品\\计划期实际单位成本\end{array}}\right) \times 100\%$$

例 某服装厂有两种可比产品，甲产品计划期产量为 2000 件，计划期实际总成本为 14.4×10^4 元，计划期每件成本 75 元。乙产品计划期生产量为 1000 件，实际总成本 2.9×10^4 元，计划期每件成本 30 元。那么，可比产品的成本降低额为：

$$可比产品成本降低额 = （75 \times 2000 + 30 \times 1000） - （144000 + 29000）$$
$$= 180000 - 173000 = 7000 （元）$$

可比产品成本降低率为：

$$可比产品成本降低率 = \frac{7000}{180000} \times 100\% \approx 3.89\%$$

（2）全部产品成本降低额。全部产品成本降低额是一个考核指标。成本计划中只编列全部产品的计划单位成本和总成本。计划期的各种产品的计划单位成本，一般不得超过上一年度（上次计划期）各种产品的实际单位成本。计划外产品以设计时的预计成本为计划成本。计划成本（即标准成本）大于实际成本的差额，为全部产品成本降低额。成本降低额只要不是负数，即确定为完成成本计划。

3. 成本计划的编制程序和方法

成本计划编制是根据企业的标准成本（即目标成本）和成本降低指标，上次成本计划完成情况，生产、供应、工资、技术组织措施计划，各种定额资料，厂内计划价格以及各种预测资料进行的。成本计划的编制程序，一般是先编制生产车间的成本计划，再编制基本生产车间的成本计划，最后汇总全厂的成本计划。其编制计划工作通常采取自下而上的方法，即先由各车间编制各车间的成本计划，再由厂部根据各车间的成本计划，经与企业其他部门的计划指标反复平衡后，汇编成全厂的成本计划。

第四节　服装生产成本的控制

生产成本是成本中用于生产的部分，它在总体中占的比重最大，对总成本水平，尤其是利润水平有决定性的影响。在生产管理中，加强对生产成本的控制是提高生产活动实效的一项不可忽视的重要任务。

一、生产成本控制的内容

生产成本控制是企业为了降低成本，对各种生产消耗和费用进行引导、限制及监督，使实际成本维持在预定的标准成本之内的一系列工作的总过程。企业确定了标准成本和编制了降低成本的计划，在执行过程中，应按照各项消耗定额和费用标准，严格控制成本的形成。要坚持标准，不准超支，对发生的偏差，应及时找出原因予以纠正。

生产成本是在生产过程的各阶段、各环节发生的。因此，生产成本控制必须包括生产的全过程，主要包括下列内容。

1. 产品设计阶段的成本控制

产品设计阶段的成本控制，属于成本的事前控制。由于在设计阶段要决定产品的用途、产品的结构、产品和零部件规格、质量要求、产品和零部件的工艺方法及所用设备、工具等，因此也就决定了生产所需的原材料、能源动力种类及其消耗标准，也决定了所需工种及其工时消耗标准，即基本确定了产品生产过程中要消耗的工、料、费的水平。要降低产品成本，最根本的途径是搞好产品的工艺设计，即在产品的工艺设计中，积极采用最新科技成果，进行技术经济分析，提出质优、价廉的产品设计方案。

设计阶段的成本控制包括以下四项内容。

（1）对产品设计进行功能成本分析，消除多余的功能及用途。

（2）对工艺方案进行技术、经济分析，在保证设计要求的前提下，采取最经济的方案。

（3）对物料消耗定额和工时消耗定额进行审核，保证其先进、合理。

（4）记录、统计、比较分析设计的试制费用和周期，取消不合理的费用支出和时间花费，记录、核算和控制设计的试制成本。

在上述四项内容中，第（1）（2）项表现为设计工作的质量，决定了以后各阶段的生产费用、产品成本，第（3）项是以后各生产工序进行材料核算控制和工时费用核算控制的依据，第（4）项是设计阶段直接发生的费用。

2. 计划编制阶段的成本控制

计划编制阶段的成本控制，即在编制年（季）度生产计划和生产作业计划工作中的成本控制，也属于成本的事前控制。由于计划编制阶段要确定节拍、节奏、批量、生产周期、在制品定额等标准，规定全厂各环节、各单位在各时间周期的生产任务并加以实施，因此，它们都直接或间接地影响着人力、物力、财力的耗费与占用。

计划编制阶段的成本控制工作主要是控制因计划不周或失误带来的损失，具体如下。

（1）计划不及时造成的停工损失。

（2）生产任务与生产能力之间，生产任务与技术准备以及面料、辅料、动力、设备等生产要素之间，各生产环节之间，在生产的进度、数量、质量等方面协调配合不当而造成的损失。

（3）计划缺乏预见性，造成产销脱节，或导致供不应求，从而丧失销售机会，或导致供过于求，使产品积压。

（4）做出计划时缺乏多种方案对比分析，采用了非最佳方案而带来的损失。

（5）计划未进行优化，以缩短周期、降低费用和资金占用。

（6）投产不当，造成投产的时间及数量不合理而带来的损失。

（7）计划安排时，未考虑品种的合理搭配和均衡生产而带来的损失等。

生产计划和生产作业计划是指挥全厂生产技术业务活动的指令，其错误和不足也会带来巨大的经济损失。

3. 生产现场的成本控制

在设计和计划的成本控制之后，生产现场成本控制的关键是按生产制造单、工艺和计划进行生产，促进生产合理化。具体包括下列内容：

（1）按定额领料、用料，改进排料方法，促进原材料综合利用，实行废料分类堆放和回收，提高原材料的利用率。

（2）记录并统计废次品，降低产品的不合格率。

（3）进行时间、动作研究，改进工作方法，降低工时消耗，提高工作效率。

（4）提高工时和台时的利用率，减少停工、突击赶工和加班，实现均衡生产。

（5）记录、统计和控制辅助材料等的消耗。

（6）记录、统计与分析设备的故障损失，控制设备故障率和维修费用。

（7）控制在制品、半成品的占用量。

（8）分析和控制在制品、半成品的堆放及流动路线。凡是直接或间接造成工费消耗和资金占用的活动，都应在成本核算和控制之列。

生产现场的成本统计核算工作是大量的、琐碎的。但没有这些数字，产品成本难以清楚，不进行现场成本控制，目标成本难以实现，设计、计划再好也不等于现实，所以，需要靠全体员工的共同努力，对产品成本加以控制。

4. 材料库、半成品库及成品库的成本控制

材料库、半成品库、成品库的成本控制将影响企业的经济效益。

（1）储存量过大，造成资金积压。

（2）储存不足，不能及时满足生产和销售的需要，造成停产损失和销售机会损失。

（3）管理不善，造成储存物霉烂、变质、变形、丢失等。

（4）能力与任务不配套，造成库存能力不足或多余。

因此，库存的成本控制的主要内容是：按经济批量采购面料与辅料，及时完成进、出库任务，按定额实行限额发料，按规定的检查期进行盘存，使库存量经常保持在储备定额的水平，记录、统计控制库存损失，提高仓库的利用率。仓库还应进一步定出库存费用率，对库存费用进行综合控制。

5. 质量成本控制

为了提高产品质量，企业需要在成本支出中考虑为达到质量要求而增加的成本支出项。若忽略质量导致的利润增高，其实质是产生了一个滞后而且不断增大的成本支出。质量成本控制就是如何减少因质量问题导致的成本支出，这是各级管理者必须关心的问题。质管部和财务部应共同控制总质量成本，并及时对各部门质量成本计划的执行情况进行考核。

6. 销售过程中的成本控制

销售过程中的成本控制主要指对销售包装、运输、广告、推销费用、售后服务和销售机构等开支进行控制。

二、生产成本控制的程序

成本控制的目标是使实际成本维持在标准成本的水平上，达到降低成本的要求，因此，成本控制的基本程序如下。

1. 确定成本控制的标准

成本控制的标准包括成本计划指标、费用开支标准、各种费用支出限额、各种材料消耗定额以及每种产品和每个零部件的目标成本等。

2. 监督成本形成过程

经常把实际成本与标准成本进行对比分析，及时发现实际成本与标准成本的差异。出现差额时，及时、准确地找出原因，为纠正偏差提供数据和信息。

3. 提出措施纠正偏差

对实际成本与标准成本的差异，要查明原因，采取有效措施予以纠正，对可能产生的偏差要采取预防性措施，以保证按成本控制标准开支各项生产费用，从而达到降低成本的预期目标。

4. 总结工作、修订标准

要定期总结成本控制工作，考核成本指标，分析成本产生偏差的原因，明确经济责任。要根据企业生产技术组织工作的进展，不断挖掘开源节流的潜力，定期修订成本控制标准。

成本控制各步骤之间要前后衔接、首尾相连，它是一个周而复始的循环过程，每循环一次，就推动成本控制工作前进一步。

三、服装生产中面料成本的控制与分析

服装产品的成本中，面料成本占生产成本的比例较大。面料的有效利用和减少面料的浪费量是每一个服装生产企业不可回避的问题。

1. 面料利用的重要性

裁片的形状是不规则的，通常不可能都是方形或正方形，所以按照纸样裁剪，总会产生部分边角料，但边角料的多少决定于纸样上裁片的形状和铺料方法。面料成本是服装生产中最大的一项成本，几乎占总生产成本的50%，在某些情况下甚至占销售额的一半。如

下实例说明如果节省 2% 的面料，则利润可增加 10% 左右。

例 某服装厂的销售与利润情况，经简化汇总成如下的报表：

销售价	200 元/件
销售件数	1000 件
销售额	$200 \times 1000 = 20 \times 10^4$（元）
利润（销售额的 10%）	2×10^4 元（A）
面料成本（销售额的 50%）	10×10^4 元
省料 2%	0.2×10^4 元（B）

将 A 与 B 作一比较，就会发现 B 是 A 的 10%。由此，可以清楚地看出节省面料的重要性。要尽量减少裁剪后的边角料，就必须严格地节省用料。

2. 面料的利用率与省布率的关系

为了讨论面料利用率与省布率之间的关系，先举例介绍省布率与利用率的计算方法。

例 某女装衬衣，通过实际测量，得到各种号码（10、12、14、16）的裁片的实际面积，见表 9-8，面料幅宽为 112cm。当采用不同尺码进行混码排料时，试比较混码与单码排料时面料的利用率。

表 9-8 裁片面积表   单位：cm^2

裁片名称	各 服 装 尺 码 裁 片 面 积			
	10	12	14	16
后片	2550	2700	2875	2975
肩育克（过肩、复势）	550	560	575	600
前片	2500	2600	2700	2875
前肩育克	525	535	550	575
袖子	3425	3625	3875	4275
袖克夫	600	625	635	650
领子	1025	1050	1075	1100
门襟	1050	1100	1125	1225
总计面积	12225	12795	13410	14275

（1）计算面料的利用率。一般情况下，理论面料宽≈实际面料宽。所以，理论长 = 面料利用率×实际面料长。

$$面料利用率 = \frac{理论上所有裁片的面积}{面料实际面积} \times 100\%$$

$$= \frac{理论面料长 \times 理论面料宽}{实际面料长 \times 实际面料宽} \times 100\%$$

根据上述公式，算出的单码面料利用率、混码两件套排料的面料利用率和混码三件套排料的面料利用率汇总在表9-9中。从表中可以看出，排料方式不同导致面料利用率发生变化，排料时服装件数越多，面料的利用率越高。因此，在裁剪排料时，尽可能混码多件套排，这样可以提高面料的利用率。

表9-9　不同排料方式下面料利用率的对比

排料方式 项　目	单码一件				混码两件套排		混码三件套排	
	10	12	14	16	10+16	12+14	10+2×14	2×12+16
实测用量（m）	1.36	1.43	1.5	1.59	2.76	2.73	3.83	4.16
计算理论用料量（m）	1.09	1.142	1.197	1.275	2.339	2.364	3.486	3.559
面料利用率（%）	80.15	80.00	79.80	80.19	85.71	85.73	88.20	88.18
平均利用率（%）	80				85.72		88.18	
平均用料量（m）	1.468				1.373		1.331	

（2）计算面料省布率。用上例的数据进行计算，如果六件服装以单码单件排料（1/10、1/12两次，1/14两次，1/16），则所需用料量为：

$$L_单 = 1×1.36 + 2×1.43 + 2×1.5 + 1×1.59 = 8.81 \text{（m）}$$

$$\text{六件平均用料量 } L'_单 = 8.81/6 = 1.468 \text{（m）}$$

如果六件服装以混码三件套排分两次排（1/10+2/14和2/12+1/16），则所需用料量为：

$$L_混 = 3.83 + 4.16 = 7.99 \text{（m）}$$

$$\text{六件平均用料量 } L'_混 = 7.99/6 = 1.332 \text{（m）}$$

$$\text{节省用料量 } L_省 = 1.468 - 1.332 = 0.136 \text{（m）}$$

$$\text{省布率 } U = \frac{0.136}{1.468} × 100\% = 9.26\%$$

（3）面料利用率与省布率的关系。

因为，混码用面料长 $= \sum_i^i$ 单码单理论用布长 L_i

$$\text{单码面料利用率} = \frac{\text{单码理论用料长}}{\text{单码实际用料长}} × 100\%$$

$$\text{混码面料利用率} = \frac{\text{混码理论用料长}}{\text{混码实际用料长}} × 100\%$$

所以，混码理论用料量（长）$L =$ 混码面料利用率 × 混码实际用料长

$$= \sum_{i=1}^i \text{单码理论用料长 } L_i$$

$$= \sum_{i=1}^{i} 单码面料利用率 \times 单码实际用料长$$

$$= 单码面料利用率 \times \sum_{i=1}^{i} 单码实际用料长$$

$$\frac{单码面料利用率}{混码面料利用率} = \frac{混码实际用料长}{\sum_{i=1}^{i} 单码实际用料长}$$

$$1 - \frac{单码面料利用率}{混码面料利用率} = 1 - \frac{混码实际用料长}{\sum_{i=1}^{i} 单码实际用料长}$$

$$= \frac{\sum_{i=1}^{i} 单码实际用料长 - 混码实际用料长}{\sum_{i=1}^{i} 单码实际用料长}$$

$$= \frac{省料长}{\sum_{i=1}^{i} 单码实际用料长} = 省料率$$

所以 $$省料率\ U = 1 - \frac{单码面料利用率}{混码面料利用率}$$

把上列数据代入上式，得：

$$省料率\ U = 1 - \frac{80\%}{88.18\%} \approx 9.3\%$$

其计算结果与上例一致。即面料的利用率与省料率有很大关系。

3. 裁剪部物料的成本控制

影响排料的因素有很多，如排料工人的技术、排料方式等，但应有效地对面料的用量进行控制，尤其在裁剪部，尽可能利用现有生产条件节省面料、降低成本。

（1）利用裁床的长度。假如使用布匹的长为200m，考虑裁床头尾的消耗量为0.04m，每床布尾消耗的成本为2.00元/m，计算并比较不同排料长度对布尾消耗量的影响，计算结果见表9-10。从表中可以看出，排料长度越长，布尾的消耗量越少，因此，要尽可能利用裁床长度来选择排料方式，以节省面料。

表9-10　排料长度对布尾消耗量的影响

排料长（m）	每层布尾消耗（m）	200m可拉布铺（层）	布尾消耗量（m）	每层布尾消耗占比例（%）	布尾消耗成本（元）
1.5	0.04	129	5.16	2.6	10.32
3.0	0.04	65	2.6	1.3	5.2
6.0	0.04	33	1.32	0.66	2.64
12.0	0.04	16	0.64	0.32	1.28

注　每床拉布层数 $= \dfrac{200}{排料长 + 0.04}$，布尾消耗的占比例 $= \dfrac{布尾消耗量}{200} \times 100\%$。

裁床越长，减少布尾的消耗量就越多，但并不是裁床越长越好。利用以上的记录资料，定出附加条件：已知裁剪工人裁布速度为6m/h，付给工人的人工费为每小时2.4元，同样，裁200m面料，其成本消耗比较见表9-11。从表中可以看出，在不考虑面料排料利用率时，用不同的长度排200m长的面料，其成本消耗会有变化，并不是裁床越长越好，表中显示给定条件下，以6m排料为最经济的排料长度。

表9-11 不同裁剪长度成本消耗比较

排料长度（m）	裁剪时间（h）	裁剪工费（元）	每床布尾消耗成本（元）	两次合计成本（元）
1.5	0.25	0.25×2.4＝0.6	10.32	10.92
3.0	0.50	1.2	5.2	6.40
6.0	1.0	2.4	2.64	5.04
12.0	2.0	4.8	1.28	6.08

如考虑到混码后面料利用率的变化，为了节省面料，究竟排几件服装比较好呢？

假如得到如下资料：2件混码排料比单件排料节省面料2%，3～4件的省料率为4%，5～8件的省料率为5%，单件排料长为1.5m，布匹长仍为200m，共130件，面料成本为2.00元/m，比较其省布节约的成本。经计算列于表9-12中。

表9-12 混码排料对成本的影响

排料件数	省料率（%）	每件节省面料量（m）	130件总省料量（m）	130件节省成本（元）
1	0	0	0	0
2	2	0.03	3.9	7.8
4	4	0.06	7.8	15.6
8	5	0.075	9.75	19.5

由于剩下的面料长短不一，每一床裁出的服装数量不同，因此，不能进行准确比较。现把表9-10～表9-12的全部费用汇总在表9-13中后，就会发现，排料件数越多，节省面料的成本就越多。表9-13中8件为最经济的数量。裁剪数量越多，节省面料量及其成本就越多。

表9-13 全部节省费比较表

排料件数	节省面料成本（元）	布尾消耗费（元）	工人人工费（元）	总节省成本（元）
1	0	10.32	0.6	-10.92
2	7.8	5.2	1.2	1.40
4	15.6	2.64	2.4	10.56
8	19.5	1.28	4.8	13.42

（2）利用纸样工程修改纸样。单件服装所需的面料用量是由纸样决定的，所以通过修改纸样也可节省面料。当然修改纸样的部位一般都是服装上不太重要的部分，需设计师、排料师和纸样师密切配合完成。

本章总结

本章主要讲述了服装生产成本的概念和构成、成本管理的内容、产品成本分析、标准成本的制订和控制等相关内容。首先论述了服装企业成本与费用的概念、服装产品成本的构成及成本与售价、利润的关系，然后比较详细地讨论了服装生产成本计算方法、标准成本的制订与成本计划的编制。

思考题

1. 如何理解各种消耗或各种费用？

2. 试述产品制造成本的构成。

3. 成本管理的目的、意义是什么？

4. 服装加工报价方法有哪些？如何利用"台板工缴法"报价？报价时应注意哪些问题？

5. 如何确定产品标准直接材料费、标准直接劳务费及标准间接制造费？

6. 服装生产成本计划编制的主要内容有哪些？如何进行产品成本计划编制？

7. 服装生产成本控制要达到什么目的？应采取什么方法实行生产成本的控制？

8. 降低生产成本的主要途径是什么？

9. 如何通过节省服装面料用量达到降低材料成本的目的？

参考文献

［1］万志琴，宋惠景．服装生产管理［M］．北京：中国纺织出版社，1999．

［2］宋惠景，万志琴．服装生产管理［M］．2版．北京：中国纺织出版社，2004．

［3］杨以雄．服装生产管理［M］．上海：上海科学技术出版社，2005．

［4］吴登成．服装生产、筹划、组织、讲义［M］．香港：香港理工大学制衣与纺织学院印刷，2001．

［5］林光．企业生产运作管理［M］．北京：清华大学出版社，2006．

［6］黄卫伟．生产与运营管理［M］．北京：中国人民大学出版社，2006．

［7］方芸．服装加工费确定方法及价格结构的讨论［J］．服装科技，1996（4）：21－25．

［8］林荣瑞．管理技术［M］．厦门：厦门大学出版社，2005．

［9］陈心德，吴忠．生产运营管理［M］．北京：清华大学出版社，2006．

［10］张文斌．成衣工艺学［M］．3版．北京：中国纺织出版社，2002．

［11］冯翼，等．服装生产管理与质量控制［M］．北京：中国纺织出版社，2017．

［12］中国国家标准化管理委员会．GB/T 19001—2016/ISO 9001：2015质量管理体系要求［S］．北京：中国标准出版社，2017．

［13］万志琴，宋惠景，张小良．服装品质管理［M］．2版．北京：中国纺织出版社，2009．

［14］万志琴，宋惠景．服装生产管理［M］．4版．北京：中国纺织出版社，2013．